欧亚备要

主办：中国社会科学院历史研究所内陆欧亚学研究中心

主编：余太山　李锦绣

明代哈密吐鲁番资料汇编

陈高华 编

2017年·北京

图书在版编目（CIP）数据

明代哈密吐鲁番资料汇编 / 陈高华编. — 北京：商务印书馆，2017
（欧亚备要）
ISBN 978-7-100-12760-8

Ⅰ.①明… Ⅱ.①陈… Ⅲ.①新疆－地方史－史料－明代 Ⅳ.①K294.5

中国版本图书馆CIP数据核字(2016)第290134号

所有权利保留。

未经许可，不得以任何方式使用。

明代哈密吐鲁番资料汇编

陈高华 编

商 务 印 书 馆 出 版
（北京王府井大街36号　邮政编码 100710）
商 务 印 书 馆 发 行
三河市尚艺印装有限公司印刷
ISBN 978-7-100-12760-8

2017年2月第1版　　开本 710×1000　1/16
2017年2月北京第1次印刷　印张 30

定价：98.00元

编者的话

"欧亚备要"丛书所谓"欧亚"指内陆欧亚（Central Eurasia）。这是一个地理范畴，大致包括东北亚、北亚、中亚和东中欧。这一广袤地区的中央是一片大草原。在古代，由于游牧部族的活动，内陆欧亚各部（包括其周边）无论在政治、经济还是文化上都有了密切的联系。因此，内陆欧亚常常被研究者视作一个整体。

尽管司马迁的《史记》已有关于内陆欧亚的丰富记载，但我国对内陆欧亚历史文化的研究在很多方面长期落后于国际学界。我们认识到这一点并开始急起直追，严格说来是在20世纪70年代末。当时筚路蓝缕的情景，不少人记忆犹新。

由于内陆欧亚研究难度大，早期的研究者要克服的障碍往往多于其他学科。这也体现在成果的发表方面：即使付梓，印数既少，错讹又多，再版希望渺茫，不少论著终于绝版。

有鉴于此，商务印书馆发大愿心，选择若干较优秀、尤急需者，请作者修订重印。不言而喻，这些原来分属各传统领域的著作（专著、资料、译作等）在"欧亚"的名义下汇聚在一起，有利于读者和研究者视野的开拓，其意义显然超越了单纯的再版。

应该指出的是，由于出版时期、出版单位不同，尤其是研究对象的不同，导致诸书体例上的差异，这次重新出版仅就若干大的方面做了调整，其余保持原状，无意划一，借此或可略窥本学科之发展轨迹也。

愿本丛书日积月累，为推动内陆欧亚历史文化的研究起一点作用。

余太山

前　言

　　资料工作是研究工作的基础。对于我国民族史的研究工作来说，发掘整理有关的文献资料，更是重要。我们编辑这本资料，目的就是希望有助于新疆历史研究的开展。

　　百余年来，国内外的学者对新疆的历史资料，做了大量的搜集整理工作，取得了不少的成绩。但总的来说，明代是个薄弱的环节，这一时期的历史资料没有得到认真的发掘和清理，研究工作的成绩相对来说也要少些。迄今为止，关于明代新疆历史的许多问题，我们还不是很清楚。因此，搜集整理明代新疆的历史资料，是很有必要的一项工作。这一时期的历史资料，有汉文的，也有其他文字的。我们现在所做的工作，是从明代汉文的各种文献中辑录有关哈密和土鲁番的资料。明代的汉文文献，真可以说是浩如烟海，我们所接触到的，不过是其中的一部分。尽管如此，已经发现了不少有价值的东西，下面试举一些例子。

（一）土鲁番内部的状况

　　明代中叶，土鲁番势力强盛，曾一度对明朝发动过战争。但在有关的历史著作中，都没有对它的内部状况做过说明，因而也难以就明朝与土鲁番的关系做出比较合理的解释。这与资料的欠缺是有关系的。其实，这方面的资料还是有的。例如，在桂萼的《进哈密事宜疏》和李承勋的《论土鲁番入贡事》（均见本书第三部分）以及其他一些文献中，都有不少的记载。土鲁番政权"东西可二三百里，南北七八十里"（一说"南北相去约有百里"），"大小城堡共有十五六座"，"人以种植田猎业"，"秋冬居城郭，春夏随水草孳牧","其部下男女约有一万余人,除老弱,其余可以上马挽弓者止六七千人"(一说"通国一起[能战者]可五六千人")①。需要说明的是,这是明代中后期速檀满速儿当权时的情况。在此以前,在速檀阿力时,"所部精兵不过三百,马步兵不满二千"②。到速檀阿黑麻时,还没有多大发展,"戈甲不满三百,兵马不满三千"③。到了速檀满速儿时,如上所说,兵力增加了一倍,再加上威胁其他部落,"势驱沙、瓜,姻连瓦剌,借名诸番",号称"拥众二万"④。因此,我们看到,在阿力、阿黑麻时,土鲁番只能抢夺哈密,而到了满速儿时,就敢公开向明朝武装挑衅,要"插旗甘州城门上"⑤了。明代有的记载说土鲁番"控弦可五万骑"⑥,则是靠不住的。速檀满速儿时,土鲁番送交明朝的书信中也只是说"会众番王备下人马五万又有五千至此"⑦,"众番王"指南疆其他封建割据政权。联合起来自吹自夸也不过这点人马,那么土鲁番本身的兵力自然还不及此数。至于有的研究著作说速檀阿力时即有"军队五万人"⑧,那就更成问题了。

　　土鲁番军队数量已如上述。值得注意的是,军队不是常备的,而是临时抽充的,"差头目数人,分投于各族抽取"。出战以前召开军事会议,"众论纷纷,取其长者用之"。这些地方都和北方游牧民族差不多,交战时,"有金鼓旗帜,行列部伍,其阵森严整齐","每战虽败不退,最能持久"。⑨

　　有的研究著作推测 15 世纪下半期后,土鲁番居民"当有随着[王室]改信伊斯兰教的可能"⑩,态度是审慎的。现在,根据桂萼所述,土鲁番居民"凡女子十一二岁者,皆从满剌读书写夷字,只礼拜天地,不信佛教"。争斗及犯奸等民事纠纷,"告满剌处责治"。满剌是伊斯兰教僧侣。从这些叙述可

---

① 参见桂、李二疏。
② 《明宪宗实录》卷一百三十。
③ 《明孝宗实录》卷一百三十。
④ 卢问之疏,参见杨一清:《关中奏议》卷十二附录。另一个明朝官员也说:"度所纠集不过二万余人。"参见《明武宗实录》卷一百六十四。
⑤ 胡世宁:《遵祖法以处外夷疏》,《胡端敏公奏议》卷八。
⑥ 王世贞:《哈密志》。
⑦ 胡世宁:《回达入境官军击斩退去随递番文讨要羁留夷使疏》,《胡端敏公奏议》卷十。
⑧ 冯家升等:《维吾尔族史料简编》上册,民族出版社 1958 年版,第 137 页。
⑨ 参见桂萼奏疏。
⑩ 冯家升等:《维吾尔族史料简编》上册,第 152 页。

知，至迟在 16 世纪上半期，土鲁番居民均已信奉伊斯兰教。

（二）土鲁番速檀世系

土鲁番地方政权的首领称为速檀，汉文译为王子。对于速檀满速儿以后的世系，有的研究著作列如下表①：

吐鲁番速檀世系表（速檀满速儿以后）

王名	与前王之关系	在位年代	大事
满速儿			
沙	长子	1546—1570	1545 年，满速儿死，长子沙嗣为速檀。其弟马黑麻亦称速檀。分据哈密。
马黑麻	弟	1571—	马黑麻弟琐非等三人亦各称速檀。以后世系不明。

这份世系表是以《明史·土鲁番传》为根据的，其实有不少问题。速檀沙是嘉靖四十四年（1565）与瓦剌作战时"中流矢死"的，"拥众嗣立"的是他的堂弟马速。②隆庆四年（1570），速檀马黑麻"因旧土鲁番马速［与］已故沙王子是远房伯叔，不该做王子。伊兄弟系亲支，该做土鲁番［王子］。把马速王父子俱绑在牙儿坎地方去了，亲王子马黑麻做了"。隆庆五年（1571），他派遣使臣向明朝进贡谢恩，也就是要明朝政府承认他的地位。③速檀马黑麻兄弟九人，速檀琐非是长兄，马黑麻是三弟，随同马黑麻进贡的有琐非等兄弟四人，"兄弟五人，各据一方，自立为王"。所谓"马黑麻弟琐非等三人亦各称速檀"④是不准确的。没有多久，"土鲁番守城头目们，因马黑麻为王不仁，众人商量着要害他"，马黑麻惧怕逃走，这些头目们就从撒马儿罕把速檀马速的弟弟马黑麻阿力卜把都儿"取着来立王"。这大概是万历二年（1574）的事。万历三年（1575），这位新速檀又遣使进贡谢恩。⑤

---

① 冯家升等：《维吾尔族史料简编》上册，第 137 页。
② 《明世宗实录》卷五百五十六。殷士儋：《远夷谢恩求贡疏》，《金舆山房稿》卷四。
③ 殷士儋：《远夷谢恩求贡疏》。
④ 石茂华：《远夷谢恩求贡事》，《毅庵总督陕西奏议》卷六。殷士儋：《远夷谢恩求贡疏》。
⑤ 参见石茂华：《远夷谢恩求贡事》。

在马黑麻阿力卜把都儿之后，相继嗣位的土鲁番速檀还有阿卜纳西儿呵黑麻（万历七年进贡）、马黑麻虎答遍迭（万历十一年进贡）、哈喇哈失（万历二十年进贡）、阿黑麻、虎答遍迭（万历二十二年进贡）、阿都剌因（天启元年进贡）等。①

从上所述，可以看出，上引速檀世系表是有重大缺陷的，它既忽略了速檀沙与速檀马黑麻之间的速檀马速，又武断地断言马黑麻"以后世系不明"。现在根据有关的奏疏，与《明实录》相参证，可以对明代后期土鲁番速檀世系有更多了解。

弄清楚土鲁番速檀的世系，可以增加对土鲁番内部政治状况的认识，而土鲁番统治家族的动乱与否，直接影响到这个地方政权与明朝之间的关系。不仅如此，从马速—马黑麻—马黑麻阿力卜把都儿的更迭，可以看出土鲁番与南疆其他地区（如牙儿坎）以及中亚撒马儿罕是有密切关系的，这些地区的统治者很可能都有血缘联系。

（三）哈密、土鲁番与中原地区的经济联系

明代，哈密、土鲁番与中原地区的经济联系是很密切的。当时彼此之间的经济联系主要采取朝贡的形式。哈密和土鲁番不时派遣庞大的使节团向明朝进贡物品，人数常达几百人之多。朝贡的经济目的有二：一是向明朝政府进贡的物品都有一定的价格，可以得到相应的"回赐"。"回赐"主要是绢匹、彩缎等物，有时也给银、钞。因此，"朝贡"实际上也带有贸易的性质。此外，明朝政府还要给赏，哈密、土鲁番的头目还可以指名"乞讨"，"其获利数倍"②。这些方面都已形成制度，在《大明会典》中有明确的规定。另一是利用"朝贡"的时机，携带各种土特产品到内地贸易，换取各种生活必需品。明朝政府"听其量带方物来京贸易"③，允许贡使在进贡之后，于会同馆开市五日，"许官民各色铺行人等持货入馆，两平交易"④，"其获赐而鬻之

---

① 参见《明神宗实录》、《明熹宗实录》有关各条。万历二十二年土鲁番速檀二人，疑有误。
② 《明仁宗实录》卷五上。
③ 《明武宗实录》卷四十三。
④ 《大明会典》卷一百十二《礼部七十·给赐三》。

者"①，亦听其自便。有时还允许他们在河西临洮府等地贸易。哈密、土鲁番用来"进贡"和"开市"的物品有马匹、玉石、回回青、刀锉、硇砂、兽皮等，他们购买的物品主要有纱罗绫缎、瓷器、茶叶、铁器（锅、犁铧）、药材等。

哈密、土鲁番地区"服食器用，悉仰给于中国（指中原地区——编者）"②。"缎匹、铁、茶"等物，都是"彼之难得，日用之不可缺者"③。无论哈密或是土鲁番，对于"通贡"都是十分重视的，不断要求增加进贡次数和人数。而当土鲁番占据哈密或进犯明朝时，明朝政府就用断绝贡路作为手段，迫使土鲁番就范。"彼绝贡路，彩缎不去，则彼无华衣；铁锅不去，则彼无美食；大黄不去，则人畜受暑热之灾；麝香不去，则床榻盘虺蛇之害。"④明朝政府曾对土鲁番头目说，通贡"实尔国无穷之利，比之据守孤城，自阻道路，其得失无难辨者"⑤。事实正是如此。土鲁番与明朝之间曾多次发生矛盾冲突，但每次都很快便以土鲁番"悔过"而得到解决，主要原因是它依赖"贡路"而生存。新疆其他地方割据政权的首领们称"贡路"为"金路"⑥，可见在他们心目中的价值。这就是说，土鲁番、哈密等地，尽管地处西北边疆，但它们在经济上已与中原地区密不可分。

从上面简单的叙述中可以看出，本书辑集的一些资料，有助于明代哈密和土鲁番历史的研究。对于某些具体史实的考订，本书的某些资料也提供了新的线索。例如，一种比较流行的说法主张，中亚西部的蒙古人自称为"察合台人"，而把东部（今新疆境内）的蒙古人轻蔑地称为"察台"，即抢劫者之意。然而，我们在文献中发现，情况并非如此。当时哈密人就称土鲁番人为察合台，他们中有人在遭土鲁番掠夺后说："比先我们种著哈密地方过活，吃用都有，今被察合台将地方夺了。"⑦沙州一带少数民族则称"土鲁番察台

---

① 《明武宗实录》卷四十三。
② 李承勋：《议处哈密事宜疏》，《皇明经济文录》卷四十。
③ 卢问之奏疏，参见杨一清：《关中奏议》卷十二。
④ 陈九畴奏疏，参见杨一清：《关中奏议》卷十二。
⑤ 《明宪宗实录》卷一百三十八。
⑥ 王琼：《为夷情事（正德十四年六月）》，《晋溪本兵敷奏》卷七。
⑦ 同上。

人马"①。明朝官员也有"察台"②之称。看起来"察合台"和"察台"并没有多大差别，而当时中亚东部的蒙古人既称"察合台"，也称"察台"。哈密王室虽然也是元代蒙古贵族之后，但并非察合台系，故他们不在"察合台"之列。又如，原来土鲁番、哈密通用回鹘文，现存《高昌馆课》中收录的土鲁番、哈密文书都是用回鹘文写的，当时简称"番文"、"番书"。至迟到16世纪，开始出现用阿拉伯文字书写的文书，叫做"回回字文书"③，或者称为"高昌话回回字番文"④，"高昌话"指回鹘语，"回回字"即阿拉伯字母。这时土鲁番政权送交明朝政府的文书，既有"番书"，又有"回回字文书"，两种文字并用。这和伊斯兰教的传播是有关系的。随着伊斯兰教日益深入，回鹘文逐渐没落，最后为阿拉伯文字所代替。

　　为了便于读者使用，我们将搜集到的资料分成三个部分。第一部分"传记"，将《明史》中的土鲁番、哈密以及有关的几个传记辑录在一起。《明史》叙事简明扼要，可以给人们以比较完整的概念。当然其中也有错误，如以哈密、哈梅里为二地。第二部分"编年"，以《明实录》有关记载为纲，将其他资料凡年代可考者均与《明实录》记载一起，按年编排。第三部分"其他资料"，凡不便编年或正确年代难以确定者均编入这一部分。所有资料都加标点，明显的错讹加以校正。有些地方略加按语，予以说明。原书注文用圆括号（），脱漏补入用方括号[ ]。《明实录》的有关资料，年月日与正文之间常有删节，为避免出现过多的删节号，也用方括号来表示。本书辑录的史料，有个别字句，原书模糊不清，难以辨认，则以虚缺号□标明。

　　需要说明的是，本书辑集的资料均出自封建官僚或地主文人之手，他们一般都怀有偏见，对兄弟民族常有污蔑之词。为了保持资料原文的完整起见，我们原则上不加删节。还应该提到的是，不少资料中常有"中国"一词出现，但当时的"中国"概念与今天我们所说的"中国"概念是完全不同的，在很长的历史时期内，"中国"就是指中原地区而言。管辖中原地区的封建王朝，就可以自称"中国"。明朝开国皇帝朱元璋在南方活动时，就

---

① 王琼：《为夷情事（正德十四年九月）》，《晋溪本兵敷奏》卷七。
② 《明世宗实录》卷六十二。
③ 王琼：《为斩获犯边回贼首级追逐远遁事》，《晋溪本兵敷奏》卷七。
④ 王琼：《为夷情事（正德十三年六月）》，《晋溪本兵敷奏》卷七。

曾称当时元朝控制的北方为"中国",建议四川明玉珍与他联合起来,"与中国抗衡"[①]。可见,他就是把中原看成"中国"的。后来明朝统一北方,控制中原,当然也就以"中国"自称了。本书中许多资料都是在这个意义上使用"中国"这个名称的。这和我们今天所说的中国——统一多民族的中华人民共和国,完全是两回事。

  本书在编辑时,对于那些内容大致雷同的资料,尽量舍去不录,例如,明人编著的《皇明四夷考》(郑晓)、《四夷考》(叶向高)、《鸿猷录》(高岱)等,本书都没有选录。《全边略记》所记和《明实录》基本上一样,我们只选了一条资料,可以证明哈梅里即哈密。《皇明经世文编》一书,历来评价极高,实际上此书编者对选辑的文章往往任意删削,不做交代,而且错讹甚多。因此,我们尽可能从原来的文集、奏疏中征引。只有在找不到原书的情况下,才用此书。我们虽然在力所能及的范围内做了一点搜集和整理的工作,但限于学识和时间,一定还会有许多问题。资料挂一漏万,在所难免。整理加工肯定也会有不妥之处,敬请读者予以指正。

[①] 《明太祖实录》卷十七。

修订说明

《明代哈密土鲁番资料汇编》首版于1984年。此次修订，除了改正文字错讹之外，主要是：(1) 增补《明实录》有关记载三十余条。(2) 增补王琼《晋溪本兵敷奏》数篇。(3) 用北图藏《高昌馆课》取代社科院历史所藏《高昌馆来文》。(4)《西域土地人物略》原用《天下郡国利病书》本，现改用嘉靖《陕西通志》本。(5) 选录了《肃镇华夷志》中若干有关哈密、土鲁番的一些记载。(6) 补充其他记载，如选录《皇明经世文编》中的王崇古《议处熟番以昭威信疏》等。此外，将我写的《关于明代土鲁番的几个问题》作为附录收入，供读者参考。

我在大学学习期间曾到新疆参加少数民族社会历史调查，留下深刻的印象，参加工作以后，对新疆的历史一直怀有浓厚的兴趣。20世纪80年代参加联合国教科文组织主持的《中亚文明史》编委会，更促使我认真思考在这个领域做一些工作。根据自己的条件，先后编纂《元代畏兀儿哈剌鲁资料辑录》和《明代哈密土鲁番资料汇编》两书，贡献给学术界。《明代哈密土鲁番资料汇编》所辑录的资料，很多都是前人未曾利用过的，具有不容忽视的价值。回想三十余年前，埋头北京几家图书馆（主要是北京图书馆），在浩如烟海的明代文献中寻觅西域史料，有大海捞针的感觉，每有所得，常为之狂喜。至今思之，仍觉欣然。明代西域史的研究，常苦于资料的不足，本书多少有填补空白的作用，迄今不时有研究者提及，故愿加以修订出版。不妥之处，敬请指教。

陈高华
2012年9月

目 录

第一部分　传记

一　《明史》卷三百二十九 …… 002

二　《明史》卷三百三十 …… 018

第二部分　编年

一　明洪武时期（1368—1402）…… 020

二　明永乐时期（1403—1424）…… 024

三　明洪熙时期（1425）…… 045

四　明宣德时期（1426—1435）…… 047

五　明正统时期（1436—1449）…… 061

六　明景泰时期（1450—1456）…… 083

七　明天顺时期（1457—1464）…… 089

八　明成化时期（1465—1487）…… 103

九　明弘治时期（1488—1505）…… 133

十　明正德时期（1506—1521）…… 185

十一　明嘉靖时期（1522—1566）…… 260

十二　明隆庆时期（1567—1572）…… 351

十三　明万历时期（1573—1619）…… 355

十四　明天启时期（1621—1627）…… 365

十五　明崇祯时期（1628—1644）…… 366

第三部分　其他资料

- 一　《大明会典》（节录）...... 368
- 二　《大明一统志》（节录）...... 372
- 三　《高昌馆课》...... 375
- 四　《写亦虎仙供词》...... 394
- 五　《西域行程记》（节录）...... 400
- 六　《西域土地人物略》（节录）...... 404
- 七　《哈密分壤》...... 406
- 八　《进哈密事宜疏》...... 408
- 九　《论土鲁番入贡事》...... 413
- 十　《甘肃边论略》...... 415
- 十一　《筹边疏》...... 417
- 十二　《议处夷情以固边防疏》...... 419
- 十三　《应诏陈言边患疏》...... 421
- 十四　《继世纪闻》（节录）...... 423
- 十五　《哈密志》...... 428
- 十六　《肃镇华夷志》...... 431

附录　关于明代土鲁番的几个问题 437
引用书目 452
索　引 454

第一部分 传记

一 《明史》卷三百二十九

西域一

哈密卫　柳城

火州　土鲁番

哈密，东去嘉峪关一千六百里，汉伊吾庐地。明帝置宜禾都尉，领屯田。唐为伊州。宋入于回纥。元末以威武王纳忽里镇之，寻改为肃王。卒，弟安克帖木儿嗣。

洪武中，太祖既定畏兀儿地，置安定等卫，渐逼哈密。安克帖木儿惧，将纳款。

成祖初，遣官招谕之，许其以马市易，即遣使来朝，贡马百九十四。永乐元年十一月至京，帝喜，赐赉有加，命有司给直收其马四千七百四十匹，择良者十匹入内厩，余以给守边骑士。

明年六月复贡，请封，乃封为忠顺王，赐金印，复贡马谢恩。已而迤北可汗鬼力赤毒死之，其国人以病卒闻。三年二月，遣官赐祭，以其兄子脱脱为王，赐玉带。脱脱自幼俘入中国，帝拔之奴隶中，俾列宿卫，欲令嗣爵。恐其国不从，遣官问之，不敢违，请还主其众。因赐其祖母及母彩币，旋遣使贡马谢恩。

四年春，甘肃总兵官宋晟奏，脱脱为祖母所逐。帝怒，敕责其头目曰："脱脱朝廷所立，即有过，不奏而擅逐之，是慢朝廷也。老人昏耄，头目亦不知朝廷耶？即迎归，善匡辅，俾孝事祖母。"由是脱脱得还，祖母及头目各遣使谢罪。三月，立哈密卫，以其头目马哈麻火者等为指挥千百户等官，又以周安为忠顺王长史，刘行为纪善，辅导。冬，授头目十九人为都指挥等官。

明年，宋晟奏，头目陆十等作乱，已诛，虑他变，请兵防御。帝命晟发兵应之，而以安克帖木儿妻子往依鬼力赤，恐诱贼侵哈密，敕晟谨备。晟卒，以何福代，又敕福开诚抚忠顺。会头目请设把总一人理国政，帝敕福曰："置把总，是增一王也；政令不一，下安适从。"寝其议。自是，比岁朝贡，悉加优赐，其使臣皆增秩授官。

帝眷脱脱特厚，而脱脱顾凌侮朝使，沈湎昏聩，不恤国事，其下买柱等交谏不从。帝闻之，怒，八年十一月，遣官赐敕戒谕之。未至，而脱脱以暴疾卒。讣闻，遣官赐祭。擢都指挥同知哈剌哈纳为都督佥事，镇守其地，赐敕及白金、彩币。且封脱脱从弟兔力帖木儿为忠义王，赐印诰、玉带，世守哈密。十年，贡马谢恩，自是修贡惟谨，故王祖母亦数奉贡。

十七年，帝以朝使往来西域者，忠义王致礼延接，命中官赍绮帛劳之，赐其母妻金珠冠服、彩币，及其部下头目。其使臣及境内回回寻贡马三千五百余匹及貂皮诸物，诏赐钞三万二千锭、绮百、帛一千。二十一年，贡驼三百三十、马千匹。

仁宗践阼，诏谕其国。洪熙元年，再入贡，贺即位。仁宗崩，宣宗继统，其王兔力帖木儿亦卒，使来告哀。

宣德元年，遣官赐祭，命故王脱脱子卜答失里嗣忠顺王，且以登极肆赦，命其国中亦赦，复贡马谢恩。明年，遣弟北斗奴等来朝，贡驼马方物。授北斗奴都督佥事，因命中官谕王，遣故忠义王弟脱欢帖木儿赴京。三年，以卜答失里年幼，命脱欢帖木儿嗣忠义王，同理国事。自是，二王并贡，岁或三四至，奏求婚娶礼币，命悉予之。

正统二年，脱欢帖木儿卒，封其子脱脱塔木儿为忠义王，未几卒。已而忠顺王亦卒，封其子倒瓦答失里为忠顺王。五年，遣使三贡，廷议以为烦，定令每年一贡。

初，成祖之封忠顺王也，以哈密为西域要道，欲其迎护朝使，统领诸番，为西陲屏蔽。而其王率庸懦，又其地种落杂居。一曰回回，一曰畏兀儿，一曰哈剌灰，其头目不相统属，王莫能节制。众心离涣，国势渐衰。及倒瓦答失里立，都督皮剌纳潜通瓦剌猛可卜花等谋杀王，不克。王父在时，纳沙州叛亡百余家，屡敕王令还，止遣其半。其贡使又数辱驿吏卒，呵叱通事，当四方贡使大宴日，恶言诟詈。天子不加罪，但令慎择使臣，以是益无忌。其地，北瓦剌，西土鲁番，东沙州、罕东、赤斤诸卫，悉与构怨，由是邻国交侵。罕东兵抵城外，掠人畜去。沙州、赤斤先后兵侵，皆大获。瓦剌酋也先，王母弩温答失里弟也，亦遣兵围哈密城，杀头目，俘男妇，掠牛马驼不可胜计，取王母及妻北还，胁王往见。王惧，不敢往，数遣使告难。敕令诸部修好，迄不从，惟王母、妻获还。

十年，也先复取王母、妻及弟，并撒马儿罕贡使百余人掠之，又数趣王往见。王外顺朝命，实惧也先。十三年夏，亲诣瓦剌，居数月方还，而遣使诳天子，谓守朝命不敢往。天子为赐敕褒嘉。已，知其诈，严旨诘责，然其王迄不能自振。会也先方东犯，不复还故土，以是哈密获少安。

景泰三年，遣其臣捏列沙朝贡，请授官。先是，使臣至京，必加恩命。是时于谦掌中枢，言哈密世受国恩，乃敢交通瓦剌。今虽归款，心犹谲诈，若加官秩，赏出无名。乃止。终景泰世，使臣无授官者。

天顺元年，倒瓦答失里卒，弟卜列革遣使告哀，即封为忠顺王。时都指挥马云使西域，闻迤北酋乩加思兰梗道，不敢进。会哈密王报道已通，云乃行，至哈密。而贼兵实未退，且谋劫朝使。帝疑王与贼通，遣使切责。

四年，王卒，无子，母弩温答失里主国事。初，也先被诛，其弟伯都王及从子兀忽纳走居哈密。王母为上书乞恩，授伯都王都督金事，兀忽纳指挥金事。自卜列革之亡，亲属无可继，命国人议当袭者。头目阿只等言脱欢帖木儿外孙把塔木儿官都督同知，可继。王母谓臣不可继君，而安定王阿儿察与忠顺王同祖，为请袭封。七年冬，奏上，礼官言："乩加思兰见哈密无主，谋据其地，势危急，乞从其请。"帝命都指挥贺玉往，至西宁，逗遛不进。哈密使臣苦儿鲁海牙请先行，又不许。帝逮玉下吏，改命都指挥李珍，而敕安定、罕东护使臣偕往。阿儿察以哈密多难，力辞不行，珍乃返。

哈密素衰微，又妇人主国，众益离散。乩加思兰乘隙袭破其城，大肆杀掠。王母率亲属部落走苦峪，犹数遣使朝贡，且告难。朝廷不能援，但敕其国人速议当继者而已。其国以残破故，来者日众。

成化元年，礼官姚夔等言："哈密贡马二百匹，而使人乃二百六十人。以中国有限之财，供外蕃无益之费，非策。"帝下廷臣议，定岁一入贡，不得过二百人。制可。

明年，兵部言王母避苦峪久，今贼兵已退，宜令还故土。从之。已而贡使言其地饥寒，男妇二百余人，随来丐食，不能归国。命人给米六斗、布二匹，遣之。

初，国人请立把塔木儿，以王母不肯，无王者八年。至是头目交章请，词极哀。乃擢把塔木儿为右都督，摄行国王事，赐之诰印。五年，王母陈老病，乞药物，帝即赐之。寻与瓦剌、土鲁番遣使三百余人来贡，边臣以闻。廷议贡有定期，今前使未回，后使又至，且瓦剌强寇，今乃与哈密偕，非哈密挟其势以邀利，即瓦剌假其事以窥边。帝乃却其献，令边臣宴赉，遣还。贡使坚不受赐，必欲亲诣阙下，乃命遣十之一赴京。

八年，把塔木儿子罕慎以父卒，请嗣职。帝许之，而不命其主国事，国中政令无所出。土鲁番速檀阿力乘机袭破其城，执王母，夺金印。以忠顺王孙女为妾，据守其地。九年四月，事闻，命边臣谨戒备，敕罕东、赤斤诸卫协力战守。寻遣都督同知李文、右通政刘文赴甘肃经略。抵肃州，遣锦衣千户马俊奉敕往谕。时阿力留其妹婿牙兰守哈密[①]，而己携王母、金印，已返土鲁番。俊至，谕以朝命，抗词不逊，羁俊月余。一日，牙兰忽至，言大兵三万，即日西来，阿力乃宴劳俊等，舁王母出见。王母惧，不敢言，夜潜遣人来云："为我奏天子，速发兵救哈密。"文等以闻，遂檄都督罕慎及赤斤、罕东、乜克力诸部集兵进讨。十年冬，兵至卜隆吉儿川，谍报阿力集众抗拒，且结别部，谋掠罕东、赤斤二卫。文等不敢进，令二卫还守本土，罕慎及乜克力、畏兀儿之众，退居苦峪，文等亦引还肃州。帝乃命罕慎权主国事，因其请给米布，且赐以谷种。文等无功而还。土鲁番久据哈密，朝命边臣筑苦峪城，移哈密卫于其地。

十八年春，罕慎纠罕东、赤斤二卫，得兵一千三百人，与己所部共万人，夜袭哈密城，破之，牙兰遁走，乘势连复八城，遂还居故土。巡抚王朝远以闻，帝喜，赐敕奖励，并奖二卫。朝远请封罕慎为王，且言土鲁番亦革心向化，与罕慎议和，宜乘时安抚，取还王孙女及金印，俾随王母共掌国事，哈密国人亦乞封罕慎。廷议不从，乃进左都督，赉白金百两、彩币十表里，特敕奖劳，将士升赏有差。

---

① 编者按，"牙兰"亦作"牙木兰"。下同。

弘治元年，从其国人请，封罕慎为忠顺王。土鲁番阿力已死，而其子阿黑麻嗣为速檀，伪与罕慎结婚，诱而杀之，仍令牙兰据其地。哈密都指挥阿木郎来奔求救，廷臣请谕土鲁番贡使，令复还侵地，并敕赤斤、罕东，共图兴复。明年，哈密旧部绰卜都等率众攻牙兰，杀其弟，夺其叛臣者盼卜等人畜以归。事闻，进秩加赏。先是，罕慎遣使来贡，未还而构难，其弟奄克孛剌率部众逃之边方，朝命以赐罕慎者还赐其弟。

阿黑麻之去哈密也，止留六十人佐牙兰，阿木郎觇其单弱，请边臣调赤斤、罕东兵，夜袭破其城，牙兰遁去，斩获甚多，有诏奖赉。

当是时，阿黑麻桀傲甚，自以地远中国，屡抗天子命。及破哈密，贡使频至，朝廷仍善待之，由是益轻中国。帝乃薄其赐赉，或拘留使臣，却其贡物，敕责令悔罪。已，访获忠顺王族孙陕巴，将辅立之，阿黑麻渐警惧。三年，遣使叩关，愿献还哈密及金印，释其拘留使臣。天子纳其贡，仍留前使者。明年，果以城印来归。乃从马文升言，还其所拘使臣。文升又言："番人重种类，且素服蒙古。哈密故有回回、畏兀儿、哈剌灰三种，北山又有小列秃、乜克力相侵逼，非得蒙古后裔镇之不可。今安定王族人陕巴，乃故忠义王脱脱近属从孙，可主哈密。"天子以为然，而诸番亦共奏陕巴当立。五年春，立陕巴为忠顺王，赐印诰、冠服及守城戎器，擢阿木郎都督佥事，与都督同知奄克孛剌共辅之。

已而诸番索陕巴犒赐不得，皆怨。阿木郎又引乜克力人掠土鲁番牛马，阿黑麻怒，六年春，潜兵夜袭哈密，杀其人百余，逃及降者各半。陕巴与阿木郎据大土剌以守。大土剌，华言大土台也。围三日不下。阿木郎急调乜克力、瓦剌二部兵来援，俱败去。乃执陕巴，擒阿木郎支解之。牙兰复据守，并移书边臣，诉阿木郎罪。时土鲁番先后贡使皆未还。边臣以其书不逊，且僭称可汗，乞命将遣兵，先剿除牙兰，然后直抵土鲁番，馘阿黑麻之首，取还陕巴。否则降敕严责，令还陕巴，乃宥其罪。廷议从后策，令守臣拘贡使，纵数人还，赍敕晓示祸福。帝如其请，命廷推大臣赴甘肃经略。

初，哈密变闻，邱濬谓马文升曰："西陲事重，须公一行。"文升曰："国家有事，臣子义不辞难。然番人嗜利，不善骑射，自古未有西域能为中国患者，徐当靖之。"濬复以为言，文升请行。廷臣佥言北寇强，本兵未可远出。乃推兵部右侍郎张海、都督同知缑谦二人。帝赐敕指授二人，而二人皆庸才，但遣土鲁番人归谕其主，令献还侵地，驻甘州待之。明年，阿黑麻遣使叩关求贡，诡言愿还陕巴及哈密，乞朝廷亦还其使者。海等以闻，请再降敕宣谕。廷议言："先已降敕，今若再降，有伤国体。宜令海等自遣人往谕。不从命，则仍留前使，且尽驱新使出关，永不许贡，仍与守臣檄罕东、赤斤诸部兵，直捣哈密，袭斩牙兰。如无机可乘，则封嘉峪关，毋纳其使。陕巴虽封王，其还与否，于中国无损益，宜别择贤者代之。"帝以陕巴既与中国无损益，则哈密城池已破，如献还，当若何处之。廷臣复言："陕巴乃安定王千奔之侄，忠顺王之孙，向之封王，欲令镇抚一方尔。今被虏，孱弱可知，即使复还，势难复立。宜革其王爵，居之甘州，犒赉安定王，谕以不复立之故。令都督奄克孛剌总理哈密事，与回回都督写亦虎仙、哈剌灰都督拜迭力迷失等分领三种番人以辅之。且修濬苦峪城堑，凡番人散处甘、凉者，令悉还其地，给以牛具口粮。若陕巴未还，不必索取，我不急陕巴，彼将自还也。"帝悉如其言，敕谕海等。海等见敕书将弃陕巴，甚喜，即逐其贡使，闭嘉峪关，缮修苦峪城，令流寓番人归其地，拜疏还朝。八年正月，至京。言官交章劾其经略无功，并下吏贬秩，而哈密终不还。

文升锐意谋兴复，用许进巡抚甘肃以图之。进偕大将刘宁等潜师夜袭，牙兰逸去，斩其遗卒，抚降馀众而还。自明初以来，官军无涉其地者，诸番始知畏，阿黑麻亦欲还陕巴。然哈密屡破，遗民入居者旦暮虞寇。阿黑麻果复来攻，固守不下，讫散去。诸人自以穷窭难守，尽焚室庐，走肃州求济。边臣以闻，诏赐牛具、谷种，并发流寓三种番人及哈密之寄居赤斤者，尽赴苦峪及瓜、沙州，俾自耕牧，以图兴复。

时哈密无王，奄克孛剌为之长。十年，遣其党写亦虎仙等来贡，给币帛五千酬其直，使臣犹久留，大肆咆烋。礼官徐琼等极论其罪，乃驱之去。时诸番以朝廷闭关绝贡不得入，咸怨阿黑麻，阿黑麻悔，送还陕巴及哈密之众，乞通贡如故。廷议谓无番文不可骤许，必令具文，乃从其请。陕巴前议废，今使暂居甘州，俟众头目俱归心，然后修复哈密城堑，令复旧业。帝悉从之。冬，起王越总制三边军务，兼经理哈密。十一年秋，越言："哈密不可弃，陕巴亦不可废，宜仍其旧封，令先还哈密，量给修城、筑室之费，犒赐三种番人及赤斤、罕东、小列秃、乜克力诸部，以奖前劳，且责后效。"帝亦报可。自是，哈密复安，土鲁番亦修贡惟谨。

奄克孛剌者，罕慎弟也，与陕巴不相能。当事患之，令陕巴娶罕慎女，与之结好。陕巴嗜酒掊克，失众心，部下阿孛剌等咸怨。十七年春，阴构阿黑麻，迎其幼子真帖木儿主哈密。陕巴惧，挈家走苦峪。奄克孛剌与写亦虎仙在肃州，边臣以二人为番众所服，令还辅陕巴，与百户董杰偕行。杰有胆略。既抵哈密，阿孛剌与其党五人约夜以兵来劫。杰知之，与奄克孛剌等谋，召阿孛剌等计事，立斩之，其下遂不敢叛。乃令陕巴还哈密，真帖木儿还土鲁番。真帖木儿年十三，其母即罕慎女也，闻父已死，兄满速儿嗣为速檀，与诸弟相仇杀，惧不敢归，愿倚奄克孛剌，曰："吾外祖也。"边臣虑与陕巴隙，居之甘州。十八年冬，陕巴卒，其子拜牙即自称速檀，命封为忠顺王。

正德三年，写亦虎仙入贡，不与通事偕行，自携边臣文牒投进。大通事王永怒，疏请究治，写酋亦奏永需求。永供奉豹房，恃宠恣横，诏勿究治，两戒谕之。写酋自是益轻朝廷，潜怀异志。

初，拜牙即嗣职，满速儿与通和，且遣使求真帖木儿。边臣言与之便。枢臣谓土鲁番稔恶久，今见我扶植哈密，声势渐张，乃卑词求贡，以还弟为名。我留其弟，正合古人质其亲爱之意，不可遽遣。帝从之。六年，始命写亦虎仙偕都督满哈剌三送之西还。至哈密，奄克孛剌欲止之，二人不可。护至土鲁番，遂以国情输满速儿，且诱拜牙即叛。拜牙即素昏愚，性又淫暴，心怵属部害己，而满速儿又甘言诱之，即欲偕奄克孛剌同往，不从，奔肃州。八年秋，拜牙即弃城叛入土鲁番。满速儿遣火者他只丁据哈密，又遣火者马黑木赴甘肃，言拜牙即不能守国，满速儿遣将代守，乞犒赐。

九年四月，事闻，命都御史彭泽往经略。泽未至，贼遣兵分掠苦峪、沙州，声言予我金币万，即归城印。泽抵甘州，谓番人嗜利，可因而款也。遣通事马骥谕令还侵地及王，当予重赏。满速儿伪许之，泽即畀币帛二千及白金酒器一具。十一年五月①，拜疏言："臣遣通事往宣国威，要以重赏，其酋悔过效顺，即以金印及哈密城付之满哈剌三、写亦虎仙二人，召还他只丁，并还所夺赤斤卫印。惟忠顺王在他所，未还。请录效劳人役功，赐臣骸骨归田里。"帝即令还朝。忠顺王迄不返，他只丁亦不肯退，复要重赏，始以城

---

① 编者按，当作十年六月。

来归。

明年五月，甘肃巡抚李昆上言："得满速儿牒，谓拜牙即不可复位，即还故土，已失人心，乞别立安定王千奔后裔。此言良然。如必欲其复国，乞敕满速儿兄弟送还，仍厚赐缯帛，冀其效顺。"廷议："经略西陲已逾三载，而忠顺迄无还期，宜兴师绝贡，不可遂其要求，损我威重。但城印归，国体具在，宜敕责满速儿背负国恩，求取无厌。仍量赐其兄弟，令其速归忠顺。不从，则闭关绝贡，严兵为备。"从之。

初，写亦虎仙与满速儿深相结，故首倡逆谋。已而有隙，满速儿欲杀之，大惧，求他只丁为解，许赂币千五百匹，期至肃州界之，且啖之入寇，曰肃州可得也。满速儿喜，令与其婿马黑木俱入贡，以觇虚实，且征其赂。边臣以同来火者撒者儿，乃火者他只丁弟，惧为变，并其党虎都写亦羁之甘州，而督写亦虎仙出关，惧不肯去。他只丁闻其弟被拘，怒，复又夺哈密城，请满速儿移居之，分兵胁据沙州，拥众入寇，至兔儿坝。游击芮宁与参将蒋存礼，都指挥黄荣、王琼各率兵往御。宁先抵沙子坝，遇贼。贼悉众围宁，而分兵缀诸将，宁所部七百人皆战没。贼薄肃州城，索所许币。副使陈九畴固守，且先绝其内应，贼知事泄，虑援兵至，大掠而去。

十二年正月，羽书闻，廷议复命彭泽总制军务，偕中官张永、都督郤永率师西征。贼还至瓜州，副总兵郑廉合奄克孛剌兵，击败之，斩七十九级。贼乃遁去，又与瓦剌相攻，力不敌，移书求款，泽等乃罢行。

先是，写亦虎仙与子米儿马黑木、婿火者马黑木及其党失拜烟答俱以内应系狱，失拜烟答被搒死。及事平，械写亦虎仙赴京，下刑部狱，其子仍系甘州。失拜烟答子米儿马黑麻者，写亦虎仙侄婿也，以入贡在京，探知王琼欲倾彭泽，突入长安门讼父冤，下锦衣狱。会兵部、法司请行甘肃讯报，琼欲因此兴大狱，奏遣科道二人往勘。明年，勘至，于泽无所坐。琼怒，劾泽欺罔辱国，斥为民。坐昆、九畴激变，逮下吏，并获重谴。明年，写亦虎仙亦减死，遂夤缘钱宁，与其婿得侍帝左右。帝悦之，赐国姓，授锦衣指挥，扈驾南征。

满速儿犯边后，屡求通贡，不得。十五年，归先所掠将卒及忠顺王家属，复求贡。廷议许之，而王迄不还。巡按御史潘仿力言贡不当许，不听。明年，世宗嗣位。杨廷和以写亦虎仙稔中国情实，归必为边患，于遗诏中数其罪，并其子婿伏诛，而用陈九畴为甘肃巡抚。

时满速儿比岁来贡，朝廷待之若故，亦不复问忠顺王事。嘉靖三年秋，拥二万骑围肃州，分兵犯甘州。九畴及总兵官姜奭等力战败之，斩他只丁，贼乃却去。事闻，命兵部尚书金献民西讨，抵兰州，贼已久退，乃引还。九畴因力言贼不可抚，乞闭关绝贡，专固边防，可之。明年秋，贼复犯肃州，分兵围参将云冒，而以大众抵南山。九畴时已解职，他将援兵至，贼始遁。

当是时，番屡犯边城，当局者无能振国威，为边疆复仇雪耻，而一二新进用事者反借以修怨。由是，封疆之狱起。百户王邦奇者，素憾杨廷和、彭泽，六年春，上言："今哈密失国，番贼内侵，由泽赂番求和，廷和论杀写亦虎仙所致。诛此两人，庶哈密可复，边境无虞。"桂萼、张璁辈欲藉此兴大狱，斥廷和、泽为民，尽置其子弟亲党于理，有自杀者。复遣给事、锦衣官往按。番酋牙兰言："非敢获罪天朝，所以犯边，由冤杀写亦虎仙、失拜烟答二人故。今愿献还城印，赎前罪。"事下，兵部尚书王时中等言："番酋乞贡数四，先已下总制尚书王宪，因其贡使镌责。所请当不妄，第其词出牙兰，非真求贡之文，或诈以款我。若果悔罪，必先归城印及所掠人畜，械送首恶，稽首关门，方可听许。"帝纳之。萼以前狱未竟，必欲重兴大狱，请留质牙兰，遣译者谕其主还侵地。而与礼、兵二部尚书方献夫、王时中等协议，为挑激之词，言番人上书者四辈，皆委咎前吏，虽词多诋饰，亦事发有因。宜遣官严核激变虚实，用服其心，其他具如前议。九畴报捷时，言满速儿、牙兰已毙炮石下，二人实未死。帝固疑之。览萼等议，益疑边臣欺罔，手诏数百言，切责九畴，欲置之死，而戒首辅杨一清勿党庇。遂遣官逮九畴，尚书金献民、侍郎李昆以下，坐累者四十余人。

七年正月，九畴逮至下狱。萼等必欲杀之，并株连廷和、泽。刑部尚书胡世宁力救，帝稍悟，免死戍边。泽、献民等皆落职。番酋气益骄。而萼又荐王琼督三边，尽释还九畴所系番使，许之通贡。番酋迄不悔罪，侮玩如故。时以牙兰获罪其主，率部帐来归，边臣受之。满速儿怒，其部下虎力纳咱儿引瓦剌二千余骑犯肃州，至老鹳堡，值撒马儿罕贡使在堡中，贼呼与语，游击彭濬急引兵击之。贼言欲问信通和，濬不听，进战，破之。贼遁走赤斤，使人持番文求贡，委罪瓦剌，词多悖谩。琼希时贵指，必欲议抚，因言番人且悔，宜原情赦罪，以罢兵息民。并上濬及副使赵载功状。章下兵部。

初，胡世宁之救陈九畴也，欲弃哈密不守，言："拜牙即久归土鲁番，即还故土，亦其臣属，其他族裔无可继者。回回一种，早已归之，哈剌灰、畏兀儿二族，逃附肃州已久，不可驱之出关。然则哈密将安兴复哉！纵得忠顺嫡派，畀之金印，助之兵食，谁与为守。不过一二年，复为所夺，益彼富强，辱我皇命，徒使再得城印，为后日要挟之地。乞圣明熟筹，如先朝和宁交阯故事，置哈密勿问。如其不侵扰，则许之通贡。否则闭关绝之，庶不以外番疲中国。"詹事霍韬力驳其非。至是，世宁改掌兵部，上言："番酋变诈多端，欲取我肃州，则渐置奸回于内地。事觉，则多纵反间，倾我辅臣。乃者许之朝贡，使方入关，而贼兵已至，河西几危。此闭关与通贡，利害较然。今琼等既言贼薄我城堡，缚我士卒，声言大举，以恐吓天朝，而又言贼方惧悔，宜仍许通贡，何自相牴牾。霍韬又以贼无印信番文为疑，臣谓即有印信，亦安足据。第毋堕其术中，以间我忠臣，弛我边备，斯可矣。牙兰本我属番，为彼掠去，今束身来归，事属反正，宜即抚而用之。招彼携贰，益我藩篱。至于兴复哈密，臣等窃以为非中国所急也。夫哈密三立三绝，今其王已为贼用，民尽流亡。借使更立他种，彼强则入寇，弱则从贼，难保为不侵不叛之臣。故臣以为立之无益，适令番酋挟为奸利耳。乞赐琼玺书，令会同甘肃守臣，遣番使归谕满速儿，诘以入寇状。倘委为不知，则令械送虎力纳咱儿。或事出瓦剌，则缚其人以自赎。否则，羁其使臣，发兵往讨，庶威信并行，贼知敛戢。更敕琼为国忠谋，力求善后之策，以通番纳贡为权宜，足食固圉为久计，封疆幸甚。"疏入，帝深然之，命琼熟计详处，毋轻信番言。

至明年，甘肃巡抚唐泽亦以哈密未易兴复，请专图自治之策。琼善之，据以上闻，帝报可。自是置哈密不问，土鲁番许之通贡，西陲藉以息肩。而哈密后为失拜烟答子米儿马黑木所有，服属土鲁番，朝廷犹令其比岁一贡，异于诸番。迄隆庆、万历朝犹入贡不绝，然非忠顺王苗裔矣。

柳城，一名鲁陈，又名柳陈城，即后汉柳中地，西域长史所治。唐置柳中县。西去火州七十里，东去哈密千里。经一大川，道旁多骸骨，相传有鬼魅。行旅早暮失侣，多迷死。出大川，渡流沙，在火山下，有城屹然，广二三里，即柳城也。四面皆田园，流水环绕，树木阴翳。土宜稷麦豆麻，有桃李枣瓜胡芦之属，而葡萄最多，小而甘，无核，名锁子葡萄。畜有牛羊马驼。节候常和。土人纯朴,男子椎结,妇人蒙皂布。其语音类畏兀儿。

永乐四年,刘帖木儿使别失八里,因命赍彩币赐柳城酋长。明年,其万户瓦赤剌即遣使来贡。七年,傅安自西域还,其酋复遣使随入贡,帝即命安赍绮帛报之。十一年夏,遣使随白阿儿忻台入贡。冬,万户观音奴再遣使随安入贡。二十年,与哈密共贡羊二千。宣德五年,头目阿黑把失来贡。正统五年、十三年并入贡。自后不复至。

柳城密尔火州、土鲁番,凡天朝遣使及其酋长入贡,多与之偕。后土鲁番强,二国并为所灭。

火州又名哈剌,在柳城西七十里,土鲁番东三十里,即汉车师前王地。隋时为高昌国。唐太宗灭高昌,以其地为西州。宋时回鹘居之,尝入贡。元名火州,与安定、曲先诸卫统号畏兀儿,置达鲁花赤监治之。

永乐四年五月,命鸿胪丞刘帖木儿护别失八里使者归,因赍彩币赐其王子哈散。明年,遣使贡玉璞方物。使臣言,回回行贾京师者,甘、凉军士多私送出境,泄漏边务。帝命御史往按,且敕总兵官宋晟严束之。七年,遣使偕哈烈、撒马儿罕来贡。十一年夏,都指挥白阿儿忻台遣使偕俺的干、失剌思等九国来贡。秋,命陈诚、李暹等以玺书、文绮、纱罗、布帛往劳。十三年冬,遣使随诚来贡。自是久不至。正统十三年复贡,后遂绝。

其地多山,青红若火,故名火州。气候热。五谷、畜产与柳城同。地方十余里,僧寺多于民居。东有荒城,即高昌国都,汉戊己校尉所治。西北连别失八里。国小不能自立,后为土鲁番所并。

土鲁番,在火州西百里,去哈密千余里,嘉峪关二千六百里。汉车师前王地。隋高昌国。唐灭高昌,置西州及交河县,此则交河县安乐城也。宋复名高昌,为回鹘所据,尝入贡。元设万户府。

永乐四年,遣官使别失八里,道其地,以彩币赐之。其万户赛因帖木儿遣使贡玉璞,明年达京师。六年,其国番僧清来率徒法泉等朝贡。天子欲令化导番俗,即授为灌顶慈慧圆智普通国师,徒七人并为土鲁番僧纲司官,赐赍甚厚。由是其徒来者不绝,贡名马、海青及他物。天子亦数遣官奖劳之。

二十年，其酋尹吉儿察与哈密共贡马千三百匹，赐赉有加。已而尹吉儿察为别失八里酋歪思所逐，走归京师。天子悯之，命为都督佥事，遣还故土。尹吉儿察德中国，洪熙元年躬率部落来朝，宣德元年亦如之。天子待之甚厚，还国病卒。三年，其子满哥帖木儿来朝。已而都督锁恪弟猛哥帖木儿来朝，命为指挥佥事。五年，都指挥佥事也先帖木儿来朝。正统六年，朝议土鲁番久失贡，因米昔儿使臣还，令赍钞币赐其酋巴剌麻儿。明年，遣使入贡。

初，其地介于阗、别失八里诸大国间，势甚微弱。后侵掠火州、柳城，皆为所并，国日强，其酋也密力火者遂僭称王。以景泰三年，偕其妻及部下头目各遣使入贡。天顺三年，复贡，其使臣进秩者二十有四人，先后命指挥白全、都指挥桑斌等使其国。

成化元年，礼部姚夔等定议，土鲁番三年或五年一贡，贡不得过十人。五年遣使来贡，其酋阿力自称速檀，奏求海青、鞍马、蟒服、彩币、器用。礼官言物多违禁，不可尽从，命赐彩币、布帛。明年复贡，奏求忽拨思、筝、鼓罗、觇镫、高丽布诸物。廷议不许。

时土鲁番愈强，而哈密以无主削弱，阿力欲并之。九年春，袭破其城，执王母，夺金印，分兵守之而去。朝廷命李文等经略，无功而还。阿力修贡如故，一岁中，使来者三，朝廷仍善待之，未尝一语严诘。贡使益傲，求驯象。兵部言象以备仪卫，礼有进献，无求索，乃却其请。使臣复言已得哈密城池及瓦剌奄檀王人马一万，又收捕曲先并亦思渴头目倒剌火只，乞朝廷遣使通道，往来和好。帝曰："迤西道无阻，不须遣官。阿力果诚心修贡，朝廷不计前愆，仍以礼待。"使臣复言赤斤诸卫，素与有仇，乞遣将士护行，且谓阿力虽得哈密，止以物产充贡，愿质使臣家属于边，赐敕归谕其王，献还城印。帝从其护行之请，而赐敕谕阿力献王母及城印，即和好如初。使臣还，复遣他使再入贡，而不还哈密。

十二年八月，甘州守臣言，番使谓王母已死，城印俱存，俟朝廷往谕即献还。帝已却其贡使，复俾入京。时大臣专务姑息，致遐方小丑无顾忌。

十四年，阿力死，其子阿黑麻嗣为速檀，遣使来贡。十八年，哈密都督罕慎潜师掩哈密，克之。贼将牙兰遁走。阿黑麻颇惧。朝议罕慎有功，将立为王。阿黑麻闻之，怒曰："罕慎非忠顺族，安得立！"乃伪与结婚。

弘治元年躬至哈密城下，诱罕慎盟，执杀之，复据其城，而遣使入贡，称与罕慎缔姻，乞赐蟒服及九龙浑金膝襕诸物。使至甘州，而罕慎之变已闻，朝廷亦不罪，但令还谕其主，归我侵地。番贼知中国易与，不奉命，复遣使来贡。礼官议薄其赏，拘使臣，番贼稍惧。

三年春，偕撒马儿罕贡狮子，愿献还城印，朝廷亦还其使臣。礼官请却勿纳，帝不从。及使还，命内官张芾护行，谕内阁草敕。阁臣刘吉等言："阿黑麻背负天恩，杀我所立罕慎，宜遣大将直捣巢穴，灭其种类，始足雪中国之愤。或不即讨，亦当如古帝王封玉门关，绝其贡使，犹不失大体。今宠其使臣，厚加优待，又遣中使伴送，此何理哉！陛下事遵成宪，乃无故召番人入大内看戏狮子，大赉御品，夸耀而出，都下闻之，咸为骇叹，谓祖宗以来，从无此事。奈何屈万乘之尊，为奇兽之玩，俾异言异服之人，杂遝清严之地。况使臣满剌土儿即罕慎外舅，忘主事仇，逆天无道。而阿黑麻聚集人马，谋犯肃州，名虽奉贡，意实叵测。兵部议羁其使臣，正合事宜。若不停张芾之行，彼使臣还国，阿黑麻必谓中土帝王可通情希宠，大臣谋国，天子不听，其奈我何。长番贼之志，损天朝之威，莫甚于此。"疏入，帝止芾行，而问阁臣兴师、绝贡二事。吉等以时势未能，但请薄其赐赉。因言饲狮日用二羊，十岁则七千二百羊矣，守狮日役校尉五十人，一岁则一万八千人矣。若绝其喂养，听其自毙，传之千载，实为美谈。帝不能用。

秋，又遣使从海道贡狮子，朝命却之，其使乃潜诣京师。礼官请治沿途有司罪，仍却其使，从之。当是时，中外乂安，大臣马文升、耿裕辈，咸知国体，于贡使多所裁损，阿黑麻稍知中国有人。四年秋，遣使再贡狮子，愿还金印，及所据十一城。边臣以闻，许之，果以城印来归。明年封陕巴为忠顺王，纳之哈密，厚赐阿黑麻使臣，先所拘者尽释还。

六年春，其前使二十七人还，未出境，后使三十九人犹在京师，阿黑麻复袭陷哈密，执陕巴以去。帝命侍郎张海等经略，优待其使，俾得进见。礼官耿裕等谏曰："朝廷驭外番，宜惜大体。番使自去年入都，久不宣召，今春三月以来，宣召至再，且赐币帛羊酒，正当漫书投入之时，小人何知，将谓朝廷恩礼视昔有加，乃畏我而然。事干国体，不可不慎。况此贼倔强无礼，久蓄不庭之心。所遣使臣，必其亲信腹心，乃令出入禁掖，略无防闲。万一奸宄窥伺，潜逞逆谋，虽悔何及。今其使写亦满速儿等宴赉已竣，犹不肯行，曰恐朝廷复宣召。夫不宝远物，则远人格。狮本野兽，不足为奇，何至上烦銮舆，屡加临视，致荒徼小丑，得觏圣颜，藉为口实。"疏入，帝即遣还。张海等抵甘肃，遵朝议，却其贡物，羁前后使臣一百七十二人于边，闭嘉峪关，永绝贡道。而巡抚许进等，又潜兵直捣哈密，走牙兰，阿黑麻渐惧。其邻邦不获贡，胥怨阿黑麻。十年冬，送还陕巴，款关求贡，廷议许之。十二年，其使再求，命前使安置广东者悉释还。

十七年，阿黑麻死，诸子争立，相仇杀。已而长子满速儿嗣为速檀，修贡如故。明年，忠顺王陕巴卒，子拜牙即袭，昏愚失道，国内益乱。而满速儿桀黠变诈逾于父，复有吞哈密之志。

正德四年，其弟真帖木儿在甘州，贡使乞放还。朝议不许，乃以甘州守臣奏送还。还即以边情告其兄，共谋为逆。九年，诱拜牙即叛，复据哈密。朝廷遣彭泽经略，赎还城印。其部下他只丁复据之，且导满速儿犯肃州。自是，哈密不可复得，而患且中于甘肃。会中朝大臣自相倾陷，番酋觇知之，益肆谖构，贼腹心得侍天子，中国体大亏，贼气焰益盛。

十五年，复许通贡。甘肃巡按潘仿言："番贼犯顺，杀戮摽掠，惨不可胜言。今虽悔罪，果足赎前日万一乎？数年以来，虽尝闭关，未能问罪。今彼以困急求通，且将窥我意向，探我虚实，缓我后图，诱我重利。不于此时稍正其罪，将益启轻慢之心，招反覆之衅，非所以尊中国驭外番也。况彼番文执难从之词，示敢拒之状，当悔罪求通之日，为侮慢不恭之语，其变诈已见。若曰来者不拒，驭戎之常，尽略彼事之非，纳求和之使，必将叨冒恩礼，饱餍赏饩，和市私贩，满载而归。所欲既足，骄志复萌，少不慊心，动则藉口，反复之衅，且在目前。叛则未尝加罪，而反获钞掠之利，来则未必见拒，而更有赐赍之荣，何惮不为。臣谓宜乘窘迫之时，聊为慑伏之计，虽纳其悔过之词，姑阻其来贡之使，降敕责其犯顺，仍索归还未尽之人。其番文可疑者，详加诘问，使彼知中国尊严，天威难犯，庶几反侧不萌，归服可久。"时王琼力主款议，不纳其言。

明年，世宗立。贼腹心写亦虎仙伏诛，失所恃，再谋犯边。嘉靖三年，寇肃州，掠甘州。四年，复寇肃州，皆失利去。于是卑词求贡。会璁、萼等起封疆之狱，遂阴庇满速儿，再许之贡，议已定。

贼党牙兰者，本曲先人，幼为番掠，长而黠健，阿力以妹妻之，握兵用事，久为西陲患。至是，获罪其主。七年夏，率所部二千人来降。有帖木儿哥、土巴者，俱沙州番族，土鲁番役属之，岁征妇女、牛马，不胜侵暴，亦率其族属数千帐来归。边臣悉处之内地。满速儿怒，使其部下虎力纳咱儿引瓦剌寇肃州，不胜，则复遣使求贡。总督王琼请许之。詹事霍韬言："番人攻陷哈密以来，议者或请通贡，或请绝贡。圣谕必有悔罪番文，然后许。今王琼译进之文，皆其部下小丑之语，无印信足凭。我遽许之，恐戎心益骄，后难驾驭，可虞者一。哈密城池虽称献还，然无实据，何以兴复，或者遂有弃置不问之议。彼愈得志，必且劫我罕东，诱我赤斤，掠我瓜、沙，外连瓦剌，内扰河西，而边警无时息矣，可虞者二。牙兰为番酋腹心，拥众来奔，而彼云不知所向，安知非诈降以诱我，他日犯边，曰纳我叛臣也。我不归彼叛臣，彼不归我哈密，自是西陲益多事，而哈密终无兴复之期，可虞者三。牙兰之来，日给廪饩，所费实多，犹曰羁縻之策，不获已也。倘番酋拥众叩关，索彼叛人，将予之耶，抑拒之耶！又或牙兰包藏祸心，构变于内，内外协应，何以御之？可虞者四。或曰今陕西饥困，甘肃孤危，哈密可弃也。臣则曰：保哈密所以保甘、陕也，保甘肃所以保陕西也。若以哈密难守即弃哈密，然则甘肃难守亦弃甘肃乎？昔文皇之立哈密也，因元遗孽力能自立，因而立之，彼假其名，我享其利。今忠顺之嗣三绝矣，天之所废，孰能兴之。今于诸夷中求其雄杰能守哈密者，即畀金印，俾和辑诸番，为我藩蔽斯可矣，必求忠顺之裔而立焉，多见其固也。"疏入，帝嘉其留心边计，下兵部确议。尚书胡世宁等力言牙兰不可弃，哈密不必兴复，请专图自治之策。帝深纳其言。自是番酋许通贡，而哈密城印及忠顺王存亡置不复问，河西稍获休息，而满速儿桀骜益甚矣。

十二年，遣臣奏三事，一请追治巡抚陈九畴罪，一请遣官议和，一请还叛人牙兰。词多悖慢，朝廷不能罪，但戒以修职贡，无妄言。然自写亦虎仙诛，他只丁阵殁，牙兰又降，失其所倚赖，势亦渐孤。部下各自雄长，称王入贡者多至十五人，政权亦不一。十五年，甘肃巡抚赵载陈边事言："番酋屡服屡叛，我抚之太厚，信之太深，愈长其奸狡。今后入犯，宜戮其使臣，徙其从人于两粤，闭关拒绝。即彼悔罪，亦但许奉贡，不得辄还从人。彼内有所牵，外有所畏，自不敢轻犯。"帝颇采其言。

二十四年，满速儿死，长子沙嗣为速檀。其弟马黑麻亦称速檀，分据哈密。已而兄弟仇杀，马黑麻乃结婚瓦剌，以抗其兄，且垦田沙州，谋入犯。

其部下来告，马黑麻乃叩关求贡，复求内地安置。边臣谕止之，乃还故土，与兄同处。总督张珩以闻，诏许其入贡。二十六年，定令五岁一贡。其后贡期如令，而来使益多，逮世宗末年，番文至二百四十八道。朝廷重违其情，咸为给赐。隆庆四年，马黑麻嗣兄职，遣使谢恩，其弟琐非等三人亦各称速檀，遣使来贡。礼官请裁其犒赐，许附马黑麻随从之数，可之。迄万历朝，奉贡不绝。

二 《明史》卷三百三十

西域二　哈梅里[①]

哈梅里，地近甘肃，元诸王兀纳失里居之。洪武十三年，都督濮英练兵西凉，请出师略地，开哈梅里之路，以通商旅。太祖赐玺书曰："略地之请，听尔便宜，然将以谋为本，尔慎毋忽。"英遂进兵，兀纳失里惧，遣使纳款。

明年，五月，遣回回阿老丁来朝贡马，诏赐文绮，遣往畏吾儿之地招谕诸番。二十三年，帝闻兀纳失里与别部仇杀，谕甘肃都督宋晟等严兵备之。明年，遣使请于延安、绥德、平凉、宁夏，以马互市。帝曰："番人黠而多诈，互市之求，安知非觇我。中国利其马而不虞其害，所丧必多，宜勿听。自今至者，悉送京师。"时西域回纥来贡者多为哈梅里所遏，有从他道来者又遣兵邀杀之，帝闻之，怒。八月，命都督佥事刘真偕宋晟督兵讨之。

真等由凉州西出，乘夜直抵城下，四面围之。其知院岳山夜缒城降。黎明，兀纳失里驱马三百余匹突围而出，官军争取其马，兀纳失里率家属随马后遁去。真等攻破其城，斩豳王别儿怯帖木儿、国公省阿朵尔只等一千四百人，获王子别列怯部属千七百三十人，金、银印各一，马六百三十匹。

二十五年，遣使贡马、骡请罪。帝纳之，赐白金、文绮。

[①] 编者按，哈梅里，实即哈密。《明实录》中有哈梅里，又有哈密，实为同名异译。《明史》因而误以为二，既有《哈密传》，又有《哈梅里传》。

第二部分 编年

一　明洪武时期（1368—1402）

洪武十三年（庚申 1380）

　　[四月，甲申]，都督濮英练兵西凉，袭虏故元柳城王等二十二人，民一千三百余人，并获马二千余匹，遣使以所获符印来上。

　　[丁亥]，都督濮英复请督兵略地，开哈梅里之路，以通商旅。上赐玺书曰："报至，知所获人畜。略地之请，听尔便宜，但将以谋为胜，慎毋忽也。所获马二千，可付凉州卫。"

　　[五月，壬寅]，都督濮英兵至白城，获故元平章忽都帖木儿。进至赤斤站之地，获故元豳王亦怜真及其部属一千四百人，金印一。

《明太祖实录》卷一百三十一

　　[七月，甲辰]，都督濮英兵至苦峪，获故元省哥失里王、阿者失里王之母、妻及其家属，斩部下阿哈撒答等八十余人，遂还兵肃州。

《明太祖实录》卷一百三十二

洪武十四年（辛酉 1381）

　　[五月，乙酉，朔]，哈梅里回回阿老丁来朝贡马，诏赐文绮，遣往畏吾儿之地招谕番酋。

《明太祖实录》卷一百三十七

洪武二十一年（戊辰 1388）

纳门驸马书[①]

迭额列	大明	合罕纳	纳门古列根	昂客秃剌	巴秃儿	斡 臣	马 讷
上		皇帝行	女婿		勇士	奏事	俺的

忽札兀儿	兀鲁思	额 毡	成吉思	合罕讷	札儿里吉	阿 儿	额 毡
根源	国	主人		皇帝的	圣旨	里	主人

察阿歹	合罕纳	答 罕	撒合答合三	忙 豁	兀鲁昔	札儿沉阑周
皇帝行	随		分出	达达	百姓行	整治着

兀里都思	图 儿	马 讷	秃失周	蔑迭温周	不列额	帖 列
祖宗	里	俺的	委付着	管教着	有来	那

察合察	亦纳黑失答	腾吉里迭	亦协克迭周	免都额列	兀里都	约孙阿儿
时	以来	天	护助着	平常但	在前	道理依着

秃失克迭	周	阿 木	额朵额	莎余儿合巴速	也客兀鲁孙
委付	着	有	今	恩赐呵	大国的

拜里孩	额堆额堆	迭额列	巴邻都	灰	突 儿	额里臣	客列赤泥颜
基址	这些这些	上	相接	的	时分	使臣	传言语的

约孙阿儿	牙不温周	别积儿格惕斡儿脱兀的延	抹 儿	帖儿格口儿
道理依着	行教着	商 贾	路	道

捏额温坚	古纳失里王宜	合迷里	阿 儿	牙不灰	也 客	兀鲁孙
教开通	行	地名	从	行的	大	国的

拜里孩宜	额 邻	札儿沉阑忽宜
基址行	寻着	整治的

[①] 此书作于龙年，即洪武二十一年，书中提到合迷里。

合罕讷	札儿里	蔑迭秃该	斡臣	马讷	禄真	兀不仑
皇帝的	圣旨	知者	奏事	俺的	龙年	冬的
赫乞	撒剌因	乃蛮	失你迭	合剌迭列	不恢突儿	必赤伯
头	目的	八	初行	地名	有的时分	写了

《华夷译语》

洪武二十三年（庚午 1390）

〔五月，乙未〕，哈梅里王兀纳失里遣长史阿思兰沙、马黑木沙来贡马。

《明太祖实录》卷二百二

〔九月，戊申〕，上以哈梅里王兀纳失里与别部互相仇杀，遣使谕都督宋晟，训练凉州、甘肃等处兵马备之。

《明太祖实录》卷二百四

洪武二十四年（辛未 1391）

〔二月，戊午，朔〕，西域哈梅里王兀纳失里遣使请于延安、绥德、平凉、宁夏以马互市。陕西都指挥使司以闻。上曰："夷狄黠而多诈，今求互市，安知其不觇我中国乎！利其马而不虞其害，所丧必多，宜勿听。自今至者悉送京师。"

《明太祖实录》卷二百七

〔八月，乙亥〕，命左军都督佥事刘真、宋晟率兵征哈梅里。先是，西域回纥来朝贡者，多为哈梅里王兀纳失里所阻遏。有从他道来者，又遣人邀杀之，夺其贡物。上闻之，乃遣真等往征之。真等由凉州西出哈梅里之境，乘夜直抵城下，四面围之，知院岳山夜缒城降。黎明，兀纳失里驱马三百余匹突围而出，我军争取其马，兀纳失里以家属随马后遁去。真等遂攻破其城，斩豳王列儿怯帖木儿、国公省阿朵儿只等千四百人，获王子别列怯部属千七百三十人，金印一，银印一，马六百三十匹。

《明太祖实录》卷二百十一

［宋晟］升右军都督佥事，率兵征哈密。下令军中多具糗粮，倍道疾驰，一夕奄至城下。质明，金鼓之声震地，阖城股栗，即日克之。虏其王子别列怯及伪国公省哈朵儿只，收其部落辎重牛马以归。

《明太宗实录》卷六十九

　　二十四年，命都督宋晟、刘真，统兵征哈密。哈密去肃州千余里，虏所城也。晟等兵至其城，破之，擒其伪王子别列怯、豳王桑里失哥、知院岳山等，杀其国公阿朵只，俘获虏众千三百人，及金银印，悉送京师。

《全边略纪》卷五

　　［洪武］二十四年，充总兵官，与都督刘真讨哈梅里。其地去肃州千余里。晟令军中多具粮糗，倍道疾驰，乘夜至城下。质明，金鼓声震地，阖城股栗，遂克之。擒其王子列儿怯帖木儿及伪国公以下三十余人，收其部落辎重以归。自是番戎慑服，兵威极于西域。

《明史》卷一百五十五《宋晟传》

　　毛忠，字允诚，初名哈喇，西陲人。曾祖哈喇歹，洪武初归附，起行伍为千户，战殁。祖拜都，从征哈密，亦战殁。

《明史》卷一百五十六《毛忠传》

洪武二十五年（壬申 1392）

　　［十二月，辛未］，哈梅里兀纳失里王遣回回哈只阿里等来贡马四十六匹、骡十六只。诏赐使者白金、文绮有差。

《明太祖实录》卷二百二十三

洪武三十五年（壬午 1402）

　　［九月，戊戌］，西域回回者鲁剌丁等使哈剌火州还，贡硇砂等物，赐钞有差。

《明太宗实录》卷十二下

二 明永乐时期（1403—1424）

永乐元年（癸未 1403）

[十月，甲子]，敕甘肃总兵官左都督宋晟曰："知哈密安克帖木儿遣人贡马，尔已差人送京。其头目所贡者，可选善马送来，余皆以给军士。然须分别等第以闻，庶可计直给赏。盖厚往薄来，柔远人之道。凡进贡回回有马欲卖者，听于陕西从便交易。须约束军民，勿侵扰之。"

《明太宗实录》卷二十四

[十一月，甲午]，哈密安克帖木儿遣使臣马哈木沙、浑都思等来朝，贡马百九十匹。先是，上遣使臣亦卜剌金等赍诏往哈密抚谕，且许其以马入中国市易。至是，来朝贡马，其市易马四千七百四十四匹，上命悉官偿其值，选良者十匹入御马监，余以给守边骑士。

《明太宗实录》卷二十五

[闰十一月，壬戌]，赐哈密安克帖木儿使臣马哈木沙、浑都思等金织文绮衣各一袭，钞各百锭，及纻丝表里等物，仍命礼部赐安克帖木儿银百两、纻丝十表里。

《明太宗实录》卷二十五

永乐二年（甲申 1404）

[六月，甲午]，封哈密安克帖木儿为忠顺王。时安克帖木儿遣使来朝，表请赐爵。上命礼部尚书李至刚会太子太傅、成国公朱能等议。至刚等议

奏:"安克帖木儿兄忽纳失里元封威武王,改封肃王。忽纳失里卒,安克帖木儿继为肃王。今既内属,宜仍王爵而改封之。"上曰:"前代王爵,不足再论。今但取其能归心朝廷而封之,使守其地,绥抚其民可也。"遂封为忠顺王,遣指挥使霍阿鲁秃等赍敕封之,并赐之彩币。

《明太宗实录》卷三十二

哈密,本古伊吾庐地。……元有忽纳失里者,封威武王,已而改封肃王。卒,弟安克帖木儿嗣。本朝永乐二年,安克帖木儿遣使来朝,且贡马,因封为忠顺王,以头目马哈麻火只等为指挥等官,分其众居苦峪城。

《殊域周咨录》卷十二《哈密》

[十一月,己亥,朔],哈密忠顺王安克帖木儿遣兀鲁思等贡马谢恩,命赐钞及袭衣、绮帛。

《明太宗实录》卷三十六

永乐三年(乙酉 1405)

[春正月,乙巳],鞑靼扫胡儿与其弟答剌赤、八速台、迭儿必失等来归。扫胡儿,阿鲁台部属也,言:"鬼力赤闻兀良哈、哈密内属朝廷,遂相猜防,数遣人南来窥伺。"上曰:"狡虏情状固亦如是,谨吾边备,虏何能为?"遂遍敕边将,令备之。

[壬戌],火州回回满剌乞牙木丁等来朝,贡马及方物。赐钞、币、袭衣。

《明太宗实录》卷三十八

[三月,己亥],哈密头目遣使奏:"忠顺王安克帖木儿卒。"命礼部遣官赐祭,诏以脱脱袭封忠顺王,送还哈密。脱脱,安克帖木儿兄子,自幼俘入中国。上即位,求得之,抚养甚至。及闻安克帖木儿死,无嗣,欲以脱脱往嗣其爵,恐其众不从,尝遣回回可察吉儿等访其祖母速可失里及其头目。至是,哈密头目来告丧,且请脱脱还抚其众。乃命脱脱袭封忠顺王,赐印诰、玉带、文绮,并赐其祖母及母文绮表里。

《明太宗实录》卷四十

追我太宗文皇帝继承大统,开拓疆宇,始招来四夷,而西域入贡者尤盛。乃即哈密地封元之遗孽脱脱为忠顺王，赐金印，令为西域之襟喉，以通诸番之消息。凡有入贡夷使方物，悉令此国译文具闻。

《兴复哈密记》

洪武、永乐中，因关外诸番内附，复置哈密、赤斤、罕东、阿端、曲先、安定等卫，授以指挥等官，俱给诰印，羁縻（縻）不绝，使为甘肃藩蔽。后因诸番入贡者众，皆取道哈密，乃即其地封元之遗孽脱脱者为忠顺王，赐以金印，使为西域襟喉，凡夷使入贡者，悉令哈密译语以闻。而诸国之虚实向背，因赖其传报。由是，诸番唇齿之势成，而华夷内外之力合，边境宁谧余八十年。哈密之人凡三种，曰回回，曰畏兀儿，曰哈剌灰，皆务耕织，不尚战斗，脱脱善抚之，国殷富。

《平番始末》

三年，王寻为鬼力赤毒死，无嗣。其兄子脱脱幼俘入中国，命袭王爵，赐以金印、玉带。遣使送还其国，令为西域之喉襟，以通诸番之消息。凡有入贡夷使方物，悉令至彼，译表以上。管辖三种夷人，一种回回，一种畏兀儿，一种哈剌灰，俱生达，各授头目为都督等官，辅守疆土。

《殊域周咨录》卷十二《哈密》

［夏四月，庚辰］，遣使以彩币赐别失八里王沙迷查干。时哈密忠顺王安克帖木儿为鬼力赤毒死，沙迷查干率兵讨鬼力赤之罪。上闻而嘉之，故赐之，仍赐敕，令与嗣忠顺王脱脱惇睦。

《明太宗实录》卷四十一

永乐二年，［别失八里王沙迷查干］遣使贡玉璞、名马，宴赉有加。时哈密忠顺王安克帖木儿为可汗鬼力赤毒死，沙迷查干率师讨之，帝嘉其义，遣使赉以彩币，令与嗣忠顺王脱脱敦睦。

《明史》卷三百三十二《西域四·别失八里》

［九月，辛酉］，哈密忠顺王脱脱遣头目进马谢恩。赐之钞、币。

《明太宗实录》卷四十六

［十月，丁丑］，赐西洋古里、苏门答加、满剌加、爪哇、哈蜜等处使臣及归附鞑靼头目宴。

《明太宗实录》卷四十七

［十二月，癸酉］，甘肃总兵官西宁侯宋晟言："哈蜜归附头目买住、察

罕不花等二百七十八户居苦峪里，告饥，乞以预备仓粟赈济。"从之。

《明太宗实录》卷四十九

永乐四年（丙戌 1406）

[正月，辛酉]，甘肃总兵官西宁侯宋晟言："哈密忠顺王脱脱为其祖母速哥失里所逐。"遂遣[使]敕谕哈密大小头目曰："安克帖木儿死，朕念一方之人，无所统属，其侄脱脱久在朝侍卫，朕抚之如子，遂令袭封王爵，仍回哈密，承其宗祀，抚绥其人。比闻其祖母以脱脱不能曲意奉承，一旦逐出之。然脱脱朝廷所立，虽其有过，不奏而擅逐之，是慢朝廷。老人昏耄，任情率意，不顾礼法如此！尔大小头目亦不知有朝廷，故坐视所为而不言耶？朕念此事，初非出汝等本心，故持敕往谕尔等，宜即归脱脱，俾复其位，尔等尽心赞辅之，善事祖母，孝敬如初，则尔哈密之人，亦永享太平之福于无穷。"

《明太宗实录》卷五十

[三月，丁巳]，设哈密卫，给印章，以其头目马哈麻火者等为指挥、千百户、镇抚，辜思诚、哈只、马哈麻为经历，周安为忠顺王长史，刘行为纪善，以辅脱脱。复命脱脱："凡部下头目可为指挥、千百户、镇抚者，具名来闻，授之以职。"

《明太宗实录》卷五十二

[四月，乙丑]，赐哈密忠顺王长史周安钞九十锭，纪善刘行、卫经历辜思诚钞八十锭，各彩币一表里，衣一袭。

[丁亥]，赐……哈密忠顺王脱脱使臣、西番土酋、兀者卫野人女直宴。

《明太宗实录》卷五十三

[五月，戊戌]，别失八里王沙迷查干遣使来朝贡马，赐其使者钞、币，命礼部宴劳之。遂遣鸿胪寺丞刘帖木儿等赍敕及彩币往劳沙迷查干，令与其使者偕行。并赐所过哈剌火州、土鲁番、柳陈三城王子哈散等彩币。

[丁巳]，哈密忠顺王脱脱祖母速哥失里及头目各遣人谢罪，言："脱脱已复王位。"脱脱亦遣陪臣谢恩。上命遣使赍敕各戒谕之。

《明太宗实录》卷五十四

［闰七月，丁卯］，甘肃总兵官西宁侯宋晟……请给屯军农具及授忠顺王部下头目官。上……命工部如所奏给屯军农具、兵部量授忠顺王头目官。

《明太宗实录》卷五十七

［八月，壬子］，敕甘肃总兵官西宁侯宋晟曰："西北番国及诸部落之人，有来互市者，多则遣十余人，少则二三人入朝，朕亲抚谕之，使其归国，宣布恩命。"

《明太宗实录》卷五十八

［十一月，丁卯］，遣使赐哈密忠顺王脱脱及其祖母、母彩币，命其头目六十、阿里等十九人为都指挥、指挥、千百户等官，从脱脱所请也。

《明太宗实录》卷六十一

［十二月，甲寅］，哈密忠顺王祖母速哥失里遣使赤纳等贡马三十五匹。

《明太宗实录》卷六十二

永乐五年（丁亥，1407）

［三月，庚午］，哈密忠顺王脱脱遣人贡马。上复遣使戒谕脱脱，令孝以事亲，忠以事朝廷，善抚下人，毋令失所，并赐脱脱绮帛。

《明太宗实录》卷六十五

［四月，丁酉］，别失八里王沙迷查干遣使脱亦不花等贡玉璞及方物，且言："撒马儿罕本其先世故地，请以兵服之。"上命礼部宴赉脱亦不花等，而遣中官把泰、李达，鸿胪寺丞刘帖木儿等，赍玺书谕沙迷查干曰："宜审度而举事，慎勿轻动以取危辱。"并赐之彩币，令把泰等与脱亦不花等偕行。

哈剌火州王子哈散、土鲁番万户赛因帖木儿、柳陈城万户瓦赤剌等俱遣人贡玉璞等物，悉赐钞、币、袭衣。

［戊戌］，敕甘肃总兵官西宁侯宋晟曰："朝廷禁约下人私通外夷，不为不严。比年回回来经商者，凉州诸处军士多潜送出境，又有留居别失八里、哈剌火州等处，泄漏边务者，此边将之不严也。已别遣监察御史核治，自今宜严禁约。"盖因哈剌火州等处使者来言其事，故戒饬之。

《明太宗实录》卷六十六

［六月，戊子］，敕甘肃总兵官西宁侯宋晟曰："朝廷遣使，为虏拘留未归，未知其意何如。近回回沈安命帖木儿等来，言鬼力赤数遣人至哈密市马，本雅失里亦遣人与鬼力赤往来。今沈安命帖木儿去，尔可选人与之同往，察彼处动静以闻。"

［甲午］，哈密回回洗剌从等贡马，赐之钞、币。

《明太宗实录》卷六十八

［七月，壬子］，甘肃总兵官西宁侯宋晟奏："哈密头目陆十等作乱，忠顺王脱脱已杀之，恐有他变，遣人请兵为守备。"敕晟以兵五百或一千，选才能之将率领赴之，且令熟计，使相更代。又敕晟曰："安克帖木儿妻子往依鬼力赤，恐诱虏入侵哈密，不可不备。"且令会计所遣军士行粮，仍戒饬之，无为虏困。

《明太宗实录》卷六十九

［十月，丁未］，敕甘肃总兵官左都督何福曰："自今忠顺王脱脱遣人馈尔礼物，宜悉受之。盖其为人朴愚无智识，尔握兵边境，彼所畏也。礼馈见却，则生猜疑。不若开心抚纳，庶得其情。"

《明太宗实录》卷七十二

［十一月，己未］，哈密头目把都右等来朝，赐袭衣、彩币。

［丙子］，敕甘肃总兵官左都督何福曰："近得降虏朵儿只言：'北虏备挤马干粮，期冰冻时南寇东胜，亦欲寇甘肃、哈密。'尔须坚壁清野以待。若来，慎毋轻出兵击之，虑有诈也。戒慎戒慎。"又敕福曰："前命西宁侯宋晟选都指挥领骑士一千，同卖马回回，由甘肃取道出哈密之北，觇虏动静。晟任用非人，致谋泄露，卒无成功。所遣都指挥刘广，犹在沙漠逡巡视命，可令即还，毋致为虏所得。"

《明太宗实录》卷七十三

［十二月，丙戌］，哈密卫指挥马马火者等及哈剌火州等处回回也速等来朝贡马，赐之钞、币。

［甲午］，敕甘肃总兵官左都督何福曰："得奏：哈密指挥法都剌欲设把总官一员，以理政务。尔须度其可否及当委用何人。朕尝敕哈密官校惟听令于忠顺王，若复置把总官，则是又添一王，而政令不出于一。令出不一，则下难奉承，争强竞胜，乱所由生，宜审思熟计具可否以闻。"

［戊申］，哈密忠顺王脱脱遣头目那那贡马及方物，赐钞、币有差。

《明太宗实录》卷七十四

永乐六年（戊子 1408）

［正月，甲子］，遣太监王安等往别失八里。时鸿胪寺丞刘帖木儿不花等使迤西还，言："本雅失里初居撒马儿罕，后奔别失八里。今虏遣人迎立之。"边将亦报谍闻本雅失里事，且云："本雅失里若立，则诸虏拥之北行，必先掠边境。请选劲骑出塞觇伺或要击之。"上曰："此虏果立，亦未能大肆其志。姑遣人潜察所向如何。"遂遣安往别失八里，而敕总兵官都督何福等遣人往哈密等处买马，以觇本雅失里动静，令所遣者必与安声势相接，迤西诸卫所则发兵护送。

［正月，己巳］，火州等处回回阿的车并忽剌木丁等贡马及方物。赐予有差。

《明太宗实录》卷七十五

［二月，戊子］，哈密忠顺王脱脱及其祖母遣都指挥同知买住、头目哈剌哈纳、火鲁忽赤来朝贡马。赐脱脱等文币百匹、彩绢二百五十匹，命哈剌哈纳为都指挥同知，火鲁忽赤为指挥使，俱赐冠带袭衣。

《明太宗实录》卷七十六

［五月，辛酉］，土鲁番城僧清来率其徒法泉等来朝，贡方物。命清来为灌顶慈慧圆智普应国师，法泉等为土鲁番等城僧纲司官。赐清来白金五百两，钞千贯，彩币十二表里；其徒七人各赐白金三十两，钞五百贯，彩币三表里。

《明太宗实录》卷七十九

［六月，己亥］，太监王安奏："本雅失里自别失八里从他道北行，不经哈密，令其所部鞑靼十八人在哈密窥探边事，忠顺王羁之以俟命。"上敕忠顺王遣人送至总兵官都督何福所，令福俟至询其实即赐赍遣之，遂召安还。

［乙巳］，土鲁番城僧古麻剌失里等贡马及方物，赐白金百两、钞七百贯，彩币七表里，其徒钞、币有差。

《明太宗实录》卷八十

［九月，戊申］，哈密卫所镇抚黑的儿等及哈剌火州回回阿力迭力失等来朝，进硇砂，赐之钞、币。

《明太宗实录》卷八十三

永乐七年（己丑 1409）

［二月，庚辰］，哈密忠顺王脱脱遣都指挥同知哈剌哈纳等贡马。命百户李晟往赐脱脱金织文绮表里。

《明太宗实录》卷八十八

［四月，丁亥］，敕甘肃总兵官左都督何福曰："中国罗绮旧制禁出境，迩者朝贡使臣及往来市易之人，往往有私出者，更严禁约。若称朝廷赏赐，亦必验实，方许放出。"

《明太宗实录》卷九十

［闰四月，戊申］，哈密卫指挥同知母撒等遣人来朝贡马，赐钞、币、袭衣。

［庚午］，哈剌火州等城回回者伯里等来朝，贡方物。土鲁番千户难帖木儿贡马。赐钞、袭衣有差。

《明太宗实录》卷九十一

［六月，己巳］，给事中傅安等自哈烈、撒马儿罕还，哈烈等处遣使臣麽赍等，并所经火州等处各遣使贡西马共五百五十匹。赐钞各有差。寻遣安等送麽赍等还国，并赐其酋长锦绮彩币。

《明太宗实录》卷九十三

［九月，丙申］，哈密忠顺王脱脱及巴思罕安克王遣指挥伯颜朵儿只等贡马，及回回阿里等贡方物，各赐钞、币、袭衣。

《明太宗实录》卷九十六

［十一月，辛卯］，哈密等处回回你昝等贡马，赐钞三千七百锭。

［乙未］，设哈密卫僧纲司。

《明太宗实录》卷九十八

永乐八年（庚寅 1410）

［十一月，壬午］，遣指挥母撒等使哈密。时上闻忠顺王脱脱沉湎于酒，昏愦颠越，凌辱朝使，部下哈剌哈纳、买住、那那等谏之不从，故遣使戒谕。而复谕哈剌哈纳等，令善辅之。

《明太宗实录》卷一百十

［十二月，乙卯］，撒马儿罕并火州等处回回火者马儿等献玉璞、硇砂，赐钞、币、衣服有差。

《明太宗实录》卷一百十一

永乐九年（辛卯 1411）

［三月，丁卯］，指挥母撒使哈密还，言："忠顺王脱脱未闻戒谕之命，先以暴疾卒。"哈密亦遣指挥那速儿丁来奏，上悼叹久之。

《明太宗实录》卷一百十四

［三月，戊辰］，遣都指挥张鬼力赤、梁北斗奴，指挥徐晟使哈密，赐祭忠顺王脱脱曰："朕拔尔于厮养艰难之中，封尔为王，遣归哈密，承继宗祀。尔乃沉湎于酒，不治国事，肆为无道。方谕尔改过，尔遽云亡，盖尔自绝于天也。慨念平昔抚育尔之恩，特遣人谕祭，尔其享之。"并敕都指挥哈剌哈纳曰："脱脱受朕厚恩，不能慎终于始，自底灭亡。尔恭事朝廷，始终一致，简在朕心。今特升尔为都督佥事，赐彩币十表里，白金百两，命尔镇守哈密。其善抚军民，益坚忠诚，以副朕意。"赐张鬼力赤等钞、币、织金衣有差。鬼力赤，脱脱妻父云。

《明太宗实录》卷一百十四

［五月，癸酉］，土鲁番总统古麻剌失里遣僧南答失里等贡马及方物。赐南答失里等钞、币有差，复命礼部遣赐古麻剌失里彩币十六匹、僧衣三袭。

［丁亥］，哈密回回马黑麻哈非思遣人贡硇砂，命礼部给钞。

《明太宗实录》卷一百十五

［七月，甲戌］，都指挥张鬼力赤等归自哈密。哈密故忠顺王脱脱母遣

蒙哥帖木儿贡方物谢赐祭脱脱恩，都督佥事哈剌哈纳遣人贡马谢升职恩。各赐钞、币，命蒙哥帖木儿为千户。

《明太宗实录》卷一百十七

［九月，庚午］，哈密卫指挥那速儿丁等贡马及方物，赐之钞、币。

《明太宗实录》卷一百十九

［十月，癸卯］，封哈密兔力帖木儿为忠义王。遣指挥程忠等赍敕谕曰："哈密近在西境，曩命脱脱为忠顺王，俾抚治军民。乃肆为凶鸷，暴虐下人，慢侮朝使，天地鬼神不容，致其殒没。尔兔力帖木儿忠谨诚恪，众所推服，特封为哈密忠义王，赐印诰及彩币二十匹，玉带一，世守本土，抚其部属，恭修臣节，毋替朕命。"兔力帖木儿，脱脱从父之子也。

［乙巳］，哈密卫指挥同知哈剌马牙贡马，赐彩币遣归。

《明太宗实录》卷一百二十

洪武、永乐中，……因诸番入贡者众，皆取道哈密，乃即其地封元之遗孽脱脱者为忠顺王，赐以金印，使为西域襟喉，凡夷使入贡者，悉令哈密译语以闻，而诸国之向背虚实，因赖其传投，由是诸番唇齿之势成，华夷内外之力合，边境宁谧余八十年。哈密之人凡三种，曰回回，曰畏兀儿，曰哈剌灰，皆务耕织不尚战斗，脱脱善扶之，国殷富。脱脱故，有子孛罗帖木儿袭封。

《平番始末》卷上

［十一月，壬申］，哈密故忠顺王脱脱母遣人贡马，赐之钞、币。

［戊寅］，赐朝鲜、暹罗诸国及哈密等处使臣宴。

《明太宗实录》卷一百二十一

永乐十年（壬辰 1412）

［三月，丁未］，都指挥程忠等使哈密还，忠义王兔力帖木儿遣陪臣阿都儿火者贡马谢恩，赐钞千锭、文绮二十匹。

《明太宗实录》卷一百二十六

［四月，己巳］，哈的兰回回僧人马黑蛮、哈密回回百户阿马丹等来朝

贡马及玉璞，赐赍有差。

《明太宗实录》卷一百二十七

［五月，丁亥］，赐哈密忠义王兔力帖木儿使臣阿都儿火者宴。

［辛卯］，哈密忠义王兔力帖木儿所遣阿都儿火者，请于其地置僧纲司，且请以僧速都刺失为都纲，皆从之。给赐敕命及印。

［辛丑］，哈密卫指挥虎秃帖木儿、千百户母撒等来朝贡马及硇砂，赐之钞、币。

《明太宗实录》卷一百二十八

永乐十一年（癸巳 1413）

［正月，乙未］，赐朝鲜国使臣李从茂、哈密使臣奥足等宴。

《明太宗实录》卷一百三十六

［六月，癸酉］，西域哈烈、撒马儿罕、失剌思、俺的干、俺都淮、土鲁番、火州、柳城、哈儿等处俱遣使随都指挥白阿儿忻台等贡西马、狮、豹等物，赐予有差。

《明太宗实录》卷一百四十

［九月，甲午］，遣中官李达、吏部员外郎陈诚、户部主事李暹、指挥金哈蓝护送哈烈等处使臣还，就赍敕并文绮纱罗布帛等物，赐哈烈、撒马儿罕等处王子，报其来贡之勤也。[①]

《明太宗实录》卷一百四十三

［十一月，辛丑］，别失八里王马哈麻、火州王子哈三、土鲁番万户赛因帖木儿、柳城万户观音奴俱遣使从给事中傅安等贡名马、海青，赐赍其使有差。复遣使赍敕慰谕马哈麻等，并赐之彩币。

哈密忠义王兔力帖木儿遣人贡马。赐兔力帖木儿及其母并故忠顺王脱脱母彩币有差。

《明太宗实录》卷一百四十五

---

① 陈诚等出使，曾经过哈密、土鲁番等地，故录此条。

永乐十二年（甲午 1414）

［十月，丙戌］，哈密忠义王免力帖木儿遣使掌吉帖木儿等贡马，命掌吉帖木儿为都指挥佥事等官，仍赐之宴。

《明太宗实录》卷一百五十七

［十一月，癸丑］，哈密忠义王勉力帖木儿使臣掌吉帖木儿等陛辞，上命赐勉力帖木儿及其母以下金织文绮、彩币有差。其部属都指挥哈剌苦出等亦各赐彩币。

《明太宗实录》卷一百五十八

永乐十三年（乙未 1415）

［十月，癸巳］，中官李达、吏部员外郎陈诚等使西域还，西域诸国哈烈、撒马儿罕、火州、土鲁番、失剌思、俺都淮等处各遣使贡文豹、西马、方物。诚上《使西域记》，所历凡十七国，山川、风俗、物产悉备焉。……

别失八里，沙漠之地也。今马哈麻王子主之。马哈麻者，元之余裔，袭封居此。无城郭宫室，随水草畜牧、居则设帐铺毡罽，寒暑坐卧于地。其王戴小罩刺帽，簪鹔鹴翎，衣秃袖衫，削发贯耳。妇女以白布裹首缠项，衣窄袖衣。饮食惟肉酪，间食米面，不酿酒，惟饮乳汁，间种穄麦，及织毛布为衣。地有松桧榆柳细叶梧桐。六畜羊马最广，多雪霜，风气极寒，深山大谷，六月亦飞雪。人性犷戾，君臣上下无体统。询其国人，云：故疆东连哈密，西至撒马儿罕，后为帖木儿驸马侵夺。今西至脱忽麻，北与瓦剌相接，东南抵于阗、阿端。

于阗有河，河中产玉。又有哈石之地，亦产宝石、金银云。

火州在柳城西七十里，城北近山，其地多热。山青红若火，故名火州。城方十余里，僧寺多而居民少，东有荒城，盖古高昌国治也，汉西域长史、戊己校尉亦居此。今隶别失八里。

柳城，古柳中县，在火州东，去哈密千余里。经一大川，至其国。地皆沙碛，无水草，道傍多骸骨，土人相传有鬼魅，行旅或早暮失侣，多迷死。出大川，度流沙河，有山青红如火焰，山下城屹然，广二三里，即鲁陈城。四面多田园，流水环绕，树木阴翳，土宜穄麦、豆、麻、桃、杏、小枣、瓜、胡芦之属，而葡萄最多。小而甘无核者，名锁子葡萄。畜有牛、羊、马、驼。气候和暖，人皆醇朴，男子椎髻，妇人蒙皂布，垂髻于额，俱衣胡服。男子削发戴小罩刺帽，号回回妆，妇女白布裹头，号畏兀儿妆。方音皆畏兀之语，风俗大略与火州同。

土鲁番在火州之西百里，即古交河县之安乐城，城方一二里，地平，气候多暖少雨雪。土宜麻、麦，有桃、李、枣、杏、葡萄，畜多羊、马。城中有屋舍，居人信佛法，多建僧寺。故老云：其国在汉为车师，唐为伊西节度之地。城西二十里有小城名崖儿城，中有断崖，其下二水交流，倚崖为城，故名。城广仅二里，居民百余家，相传故交河县治所，又云：古车师国王居此，今其地并入土鲁番矣。

盐泽在崖儿城西南，去土鲁番城三十余里，城居平川，广二①里，居民百家。城北有矮山，产石盐，坚白可琢为器，盛肉菜食之，不必和盐，故名盐泽。

哈密居平川，城周三四里，开二门。东有溪西北流，地碱卤，间有楸杏，农耕须粪壤，所种惟豌豆二麦。其北有山，与瓦剌相界。其西接火州等城。故哈密为西北诸胡往来要路。人性犷悍，与蒙古、回回杂处，礼俗各异。（下略）②

《明太宗实录》卷一百六十九

别失八里，地名，沙漠间，今为马哈木氏王子主之。马哈木盖胡元之余裔，前世锡封于此，不建城郭宫室，居无定向，惟顺天时，逐趁水草，牧牛马，以度岁月。故所居随处设帐房，铺毡罽，不避寒暑，坐卧于地。其王戴小罩刺帽，簪鹅鹆翎，衣秃袖衫，削发贯耳。妇女以白布裹首缠项，衣窄袖衣，饮食惟肉酪，间食米面，希有菜蔬，少酿酒醴，惟饮乳汁。不树桑

---

① 一本下有"三"字。
② 《实录》所载，与刊本《西域番国志》文字颇有出入，现将《西域番国志》有关部分摘录于下条，以供比较。

麻，不务耕织，间种穄麦。及为毛布。有松、桧、榆、柳、细叶梧桐。广羊马。多雪霜，气候极寒。平旷之地，夏秋略暖，深山大谷，六月飞雪。风俗犷戾，服食卑污。君臣上下，绝无纪律。究其故疆，东连哈密，西至撒马儿罕，西北至脱忽麻，北与瓦剌相接，南至于阗、阿端云。

于阗有河，中产玉石。哈石哈地面出宝石、金银、桑麻、禾粟。

其封域之内，惟鲁陈、火州、土尔番、哈石哈、阿力马力数处，略有城邑民居田园巷陌，其他处所虽有荒城故址败壁颓垣，悉皆荒秽，人多居山谷间，盖为其国主微弱，恐为邻境相侵故也。度其地方东西尚有五千余里，南北不下千里，人民可以万计，犹能知尊长其所长而无变态者故，岂不由其前人积德乎！

土尔番城在火州之西仅百里，即古交河县之安乐城。城方一二里，居平地中，四山大而远，天气多暖少寒，稀鲜有雨雪。土宜麻、麦，水稻不生。有桃、杏、枣、李，多蒲萄，畜羊马。城近而广人烟，广有屋舍。信佛法，僧寺居多。在唐为伊西〔北〕庭节度之地，在汉为车师国王所居。城西三十里有小城，居水崖上，名崖儿城，则故交河县。去城西北百余里，有灵山，相传为十万罗汉佛涅槃之处。近山有土台，高十余丈，云唐时所筑。台畔有僧寺，寺下有石泉一泓，林木数亩。由此而入山，行二十余里，经一峡之南，有土屋一间，傍多柳树。沿土屋之南，登山坡，坡上有石垒小屋一间，高不五尺，广七八尺，房中有小佛像五位，傍多木牌，皆书夷字，云游山者纪其姓名。前有一土池，一口不甚大，浅无积水，洁无尘污。池东面山石青黑，远望纷若毛发状，云十万罗汉佛于此洗头削发，遗下此灵迹。循峡而东南行六七里，临一高崖，崖下小山群列，土皆赤色，细软虚浮，峰峦秀丽，分布行列土土有白石成堆，似璧玉而轻脆。堆中有灵骨，形状甚真，坚硬如石，文缕分明，颜色光润，云十万罗汉佛涅槃于此。白石堆者，毫光变化；灵骨不朽者，罗汉佛之所遗。顺峡而东下一石崖，向南行数里，峡东崖上石中有石笋，如人手足胳膊之状。又南行数里矮坡上赤土中，有白石一堆，莹洁如玉，高出地上三四尺，云此为辟支佛涅槃之处。周行群山约二十余里，悉皆五色砂石，光焰灼人。四面峻壑穷崖，千态万状，不可胜纪。草木不生，鸟兽稀少，真灵境也。

崖儿城在土尔番之西二十里，二水交流，断崖居中，因崖为城，故曰崖儿。广不二里，居民百家，旧多寺宇，有石刻存。古为车帅国王所居复，后立交河县治，今并入土尔番焉。

盐泽在崖儿城之西南，去土鲁番城三十余里，城居平川中，广不二里。居民百家。城中有高冢二处，环以林木，周以墙垣，盖故国王黑的儿火者夫妻之坟。坟近有小冢，云其平亲昵爱之臣从葬也。城北有矮山，产石盐，坚白如石，可琢磨为器，以盛肉莱，不必和盐。此盐泽之名是也。

火州在鲁城之西七十里，城近北山，地势卑下，山色青红若火，天气多热，故名火州。城方十余里，风物萧条。昔日人烟惟多，僧堂佛寺过半，今皆零落。东边有荒城基址，云古之高昌国治，汉西域长史、戊己校尉并居焉。唐置伊西［北］庭节度使，今为马哈木所隶。自陕西行都司肃州嘉峪关至此行一月程。

鲁陈城，古之柳中县地，在火州之东，去哈密约千余里。其间经大川砂碛，茫然无有水草，头匹过此，死者居多。若遇大风，人马相失。道傍多骸骨，且有鬼魅，行人晓夜失侣，必致迷亡，夷人谓之瀚海。出川至流沙河，河上有小冈，云风卷浮沙所积。道北有山，清红如火，名火焰山。城方二三里，四面多田园，流水环绕，树林阴翳，土宜穄麦，麻豆广植，种蒲萄、桃、杏、花红、胡桃、小枣、甜瓜、胡芦之属。有小蒲萄，甘甜而无核，名曰锁子蒲萄。土产绵花，能为布而纰薄。善酿蒲萄酒，畜牛、羊、马、驼，气候和暖，人民醇朴。有为回回体例者，则男子削发，戴小罩刺帽，妇女以白布裹头。有为畏兀儿妆束者，男子椎髻，妇人蒙以皂巾，垂髻于额。俱衣胡服。方音皆畏兀儿语言。火州、土尔番、鲁陈三处民风土产大概相同。

哈密城居平川中，周围三四里，惟东北二门。人民数百户，住矮土房。城东有溪水西南流，果林二三处，种楸、杏而已。农耕须粪壤，惟穄、麦、豌豆、大小二麦，多陷卤。北面大山，三面平旷。东南去肃州约一千六百余里，北至瓦剌地面疾行约一月程。西去火州三个城约千里。在唐为伊州之地，今为西北诸胡往来之冲要路。其人多犷悍。凡经此处必有求马。蒙古、回回杂处于此，衣服礼俗各有不同。（下略）

《西域番国志》

十二年，行在验封员外郎陈诚奉使西域还，言："哈密城在平川，河（周）三四里，东北二门。王称速壇，人仅数百户，顾非一种，多蒙古、回回人，俗习各异。产马、驼、玉石、镔铁、大尾羊、阴牙角。城北大山，西南东皆平旷，地多碱卤。宜穄麦、豌豆，农耕亦用粪壤。人犷悍好利。西域三十八国入贡，经哈密者，相拦出入，索道路钱乃已。"

《殊域周咨录》卷十二《哈密》

［十一月，丁酉］，赐哈烈、撒马儿罕、火州、土鲁番、失剌思、俺都淮等处使臣虮不花等及郎古卫指挥速苦等宴。

［己酉］，哈密忠义王兔力帖木儿并都指挥木纳法虎儿丁等遣使贡马，……赐钞、币有差。

［辛亥］，命哈密忠义王兔力帖木儿使臣赤丹不花为指挥佥事，撒都儿为副千户，买丹为百户，薛丹为所镇抚。

《明太宗实录》卷一百七十

［十二月，甲子，朔］，赐哈烈、撒马儿罕、火州、失剌思、土鲁番、哈密、乞儿麻等处使臣马黑木等宴。

《明太宗实录》卷一百七十一

永乐十四年（丙申 1416）

［二月，丁亥］，火州、土鲁番使马黑木等辞还，赐之钞、币。

［辛卯］，哈密忠义王兔力帖木儿及都指挥木纳法虎儿丁使臣辞还，赐兔力帖木儿彩币及绢各百匹，其母及故忠顺王脱脱母彩币、绢各十匹，升木纳法虎儿丁为都督佥事，赐彩币、表里各十匹。

《明太宗实录》卷一百七十三

［十月，丙子］，撒马儿罕、土鲁番地面回回法忽儿丁等贡马百七十匹，皇太子命礼部赐赉如例。

［丙戌］，哈密忠义王兔力帖木儿遣指挥脱脱不花贡马三百匹，哈密回回马黑麻撒剌只等各贡方物。

《明太宗实录》卷一百八十一

［十一月，己亥］，赐哈密忠义王使臣脱脱不花等及哈密回回马黑麻撒剌只等宴。

［壬寅］，撒马儿罕、土鲁番回回法忽儿丁等辞归，赐之钞、币。

［丁巳］，哈密忠义王兔力帖木儿使臣脱脱不花及回回马哈麻撒剌只等辞归，赐钞、币有差。

《明太宗实录》卷一百八十二

永乐十五年（丁酉 1417）

［九月，甲寅］，哈密忠义王兔力帖木儿遣使兀马儿沙贡马，赐钞、币遣还。

《明本宗实录》卷一百九十二

［十一月，己卯］，哈密忠义王兔力帖木儿遣使阿力迷里等贡方物。

《明太宗实录》卷一百九十四

［十二月，癸巳］，赐……哈密忠义王使臣阿力迷里……等宴。

《明太宗实录》卷一百九十五

永乐十六年（戊戌 1418）

［二月，庚子］，哈密忠义王兔力帖木儿遣使把失忽里等贡马及方物，命把失忽里为指挥使，余为百户，各赐冠带袭衣。

《明太宗实录》卷一百九十七

［三月，壬子］，赐……哈密忠义王使把失忽里……等宴。

《明太宗实录》卷一百九十八

［九月，戊申，朔］，哈烈沙哈鲁、撒马儿罕兀鲁伯使臣阿儿都沙等辞还，遣中官李达等赍敕及锦绮纱罗等物往赐沙哈鲁、兀鲁伯等，并赐哈密忠义王兔力帖木儿、亦力把里王歪思及所过之地酋长彩币，与阿儿都沙等偕行。

《明太宗实录》卷二百四

永乐十七年（己亥 1419）

［三月，丙午］，哈密、土鲁番等处回回土鲁迷失等百三十七人来朝贡马，凡赐钞万锭、文绮七十匹、彩绢二百匹。

［己酉］，遣中官李信、林眷使哈密，赐忠义王兔力帖木儿绮、帛各七十匹，并赐其母及妃金珠、固姑冠服并绮、帛、布有差。故忠顺王子卜答失里及哈密所部头目法虎儿丁等亦各赐绮、帛。以朝使自西域还者言其能致礼延接故也。

《明太宗实录》卷二百十

［九月，丁巳］，哈密等处使臣及经商回回满赖撒丁等二百五十人贡马三千五百四十六匹及貂鼠皮、硇砂等物，赐钞三万二千锭、文绮百匹、绢千五百匹遣还。

《明太宗实录》卷二百十六

［十一月，丙午］，哈密忠义王兔力帖木儿遣使兀马儿火者等各贡马及方物。……赐兀马儿火者等纱及绮币，命礼部并赐宴。

《明太宗实录》卷二百十八

永乐十八年（庚子 1420）

［闰正月，癸酉］，赐……哈密卫回回正使格失等宴。

《明太宗实录》卷二百二十一

永乐十九年（辛丑 1421）

［六月，庚戌］，哈密忠义王兔力帖木儿言：瓦剌比遣人侵掠其境。遣使赍敕责贤义王太平等，令还所侵掠。

《明太宗实录》卷二百三十八

永乐二十年（壬寅 1422）

［三月，甲戌］，哈密忠义王兔力帖木儿遣使赤丹卜花、土鲁番等处遣使阿儿禄等贡马，赐钞、币有差。

《明太宗实录》卷二百四十七

［十二月，戊子］，哈密忠义王兔力帖木儿遣使舍黑马哈麻及土鲁番都督尹吉儿察贡马千三百匹，柳城打剌罕者马儿丁及哈密大师虎都卜丁等贡羊二千余只，赐赉有差。

［己亥］，瓦剌贤义王太平等遣使贡马，谢侵掠哈密之罪。哈密忠义王兔力帖木儿等亦遣使献马。各赐彩币表里。

《明太宗实录》卷二百五十四上

永乐二十一年（癸卯 1425）

［六月，丙子］，哈密忠义王勉力帖木儿遣使兀马儿火者等九十人贡马千匹、驼三百三十六头，优赐以答之。

《明太宗实录》卷二百六十

永乐二十二年（甲辰 1424）

［正月，丁亥］，哈密回回千户悟[①]牙思……等来朝贡马，各赐钞、币。

［丁酉］，哈密忠义王兔力帖木儿遣使兀马儿火者等九十人贡马。

［甲辰］，哈密忠义王勉力帖木儿使臣兀马儿火者等辞还，赐钞六万一百五锭、彩币七十表里、绢千一十六匹。

《明太宗实录》卷二百六十七

---

① 编者按，悟，一本作"恪"。

［二月，癸丑］，哈密回回失阿蛮等贡羊马，各赐钞、币。

《明太宗实录》卷二百六十八

［三月，己丑］，哈密忠义王兔力帖木儿遣使打剌罕马黑麻、迭力迷失等百六十人贡马及方物，优赐赉之。

［戊戌］，土鲁番都督速哥、尹吉儿察等进马，赐银百六十两、钞四百锭、彩币六十表里、纱罗绫䌷各三匹，余赐钞、币有差。

［己亥］，哈密回回苦剌虎力敏答等来朝贡羊马等物，赐袭衣及钞、币、表里有差。

《明太宗实录》卷二百六十九

［八月，丁巳］，［仁宗］以嗣位……大赦天下，诏曰："一、往迤西撒马儿罕、失剌思等处买马等项及哈密取马者，悉皆停止。将去给赐段匹、磁器等件，就于所在官司入库。……"

《明仁宗实录》卷一上

［八月，戊辰］，哈密卫指挥秃儿迷失……贡马，赐钞、币有差。

《明仁宗实录》卷一下

［九月，戊寅］，哈密等回回者剌刀丁等贡马、方物，赐袭衣、钞、币、表里遣还。

《明仁宗实录》卷二上

［九月，甲申］，哈密回回舍人阿力等贡方物，赐钞、币。

《明仁宗实录》卷二中

［十月，己未］，哈密等回回舍黑马黑麻等贡马及方物，赐钞、币有差。

《明仁宗实录》卷三下

［十一月，癸酉］，遣中官鲁安等以即位诏谕哈密忠义王兔力帖木儿，并赐之彩币表里。

《明仁宗实录》卷四上

［十二月，丁未］，礼科给事中黄骥言："西域使客多是贾胡，假进贡之名，藉有司之力，以营其私。其中又有贫无依者，往往投为从人，或贷他人马来贡。既名贡使，得给驿传，所贡之物，劳人运至，自甘肃抵京师，每驿所给酒食刍豆，费之不少。比至京师，又给赏及予物直，其获利数倍。以此胡人慕利，往来道路，贡无虚月。缘路军民，递送一里，不下三四十人，俟

候于官，累月经时，妨废农务，莫斯为甚。比其使回，悉以所得贸易货物以归，缘路有司出车载运，多者至百余辆。男丁不足，役及妇女。所至之处，势如风火，叱辱驿官，鞭挞民夫。官民以为朝廷方招怀远人，无敢与较。其为骚扰，不可胜言。乞敕陕西行都司，除哈密忠顺王及亦力把里、撒马儿罕等处番王遣使朝贡，许令送赴京来，不过一二十人，正副使给与驿马，余以驿驴，庶几陕西一路之人，可少苏息。臣又窃见西域所产，不过马、硇砂、梧桐碱之数，惟马国家所需，余无裨于国。乞自今有贡马者，令就甘肃给军士，余一切勿受，听其与民买卖，以省官府之费。"

上嘉纳之，以其奏示礼部尚书吕震曰："骥尝奉使西域，故具悉西事。卿陕西人有不悉耶？为大臣当存国体，恤民穷，无侵削本根。骥所言其皆从之。"

《明仁宗实录》卷五上

骥，全州人。……永乐时，擢礼科给事中，尝三使西域。仁宗初，上疏言："西域贡使多商人假托，无赖小人，投为从者，乘传役人，运贡物至京师，赏赉优厚。番人慕利，贡无虚月，致民失业妨农。比其使还，多赍货物，车运至百余辆，丁男不足，役及妇女。所至辱驿官，鞭夫隶，无敢与较者。乞敕陕西行都司，惟哈密诸国王遣使入贡者，许令来京，止正副使得乘驿马，陕人庶少甦。至西域所产，惟马切边需，应就给甘肃军士，其硇砂、梧桐碱之类，皆无益国用，请一切勿受，则来者自稀，浮费益省。"

帝以示尚书吕震，且让之曰："骥尝奉使，悉西事。卿西人，顾不悉邪！骥言是，其即议行。"

《明史》卷一百六十四《黄骥传》

三　明洪熙时期（1425）

洪熙元年（乙巳 1425）

［二月，壬寅］，敕大同总兵官武安侯郑亨，参将都督沈清及宣府总兵官都督谭广曰："又哈密近遣人进硫黄，从前不闻哈密产此物，先帝时亦不曾有进。……"

［乙巳］，哈密忠义王兔力帖木儿遣打剌罕马哈木沙等奏事，赐衣服、钞、币表里有差。

《明仁宗实录》卷七上

［二月，己未］，哈密忠义王兔力帖木儿遣人贡马四，……各赐钞、币、表里。

《明仁宗实录》卷七下

［六月，戊午］，哈密回回满刺撒丁等来朝贡马及方物。

［丙寅］，赐哈密忠义王使臣马黑麻等六十六人钞、彩币表里有差。

《明宣宗实录》卷二

［七月，壬申］，赐哈密回回满刺撒丁等钞、彩币表里及纻丝袭衣有差。

《明宣宗实录》卷三

［七月，丁亥］，哈密忠义王兔力帖木儿遣都指挥脱脱不花……等来朝贡马。

［辛卯］，土鲁番城都督佥事尹吉儿察……来朝贡马。

［丁酉］，升哈密忠义王遣来使臣都指挥同知脱脱不花为都督佥事。千户把把孩为都指挥同知。

《明宣宗实录》卷四

［闰七月，乙巳］，命哈密忠义王差来百户兀麻儿为指挥佥事，也速迷力袭其故父职指挥同知，打剌罕把剌为所镇抚，兀鲁思、舍人速来蛮为正千户，舍人哈密火者、在奴丁、伯吉、扯答住、也先帖古里、小温赤不花、阿里赤、那阿黑八失、阿里木丁为试百户，各赐冠带。

［己酉］，赐土鲁番城都督佥事尹吉儿察……等钞、币有差。

《明宣宗实录》卷五

［闰七月，癸丑］，行在兵部尚书李庆奏："在京居住鞑官千户也先不花言：初归附时，其子也先帖古里为哈密忠义王所拘。今随哈密使臣来朝，乞给与侍养。"上曰："父子至亲，岂夷虏异情哉！应给与之。但今自哈密来，留之不遣，彼将谓拘其使臣，非待远人之道。令归言于忠义王，遣之再来。"

［甲子］，赐哈密忠义王使臣都督脱脱不花及从人银、钞、纻丝、纱罗、绫绢有差。仍令脱脱不花赍敕及彩币表里往赐忠义王免力帖木儿并王子土干帖木儿等。

《明宣宗实录》卷六

［八月，己卯］，赐哈密差来都督佥事脱脱不花、都指挥同知把把孩、指挥同知也速迷力、指挥佥事兀麻儿、正千户把剌、试百户哈密火者等十七人诰敕。

［癸巳］，赐哈密忠义王使臣赛因等二人钞、币。

《明宣宗实录》卷八

［九月，甲寅］，命哈密忠义王差来使臣所镇抚赛因为正千户，赐以冠带。

［己未］，上谕行在户部尚书夏原吉曰："哈密卫指挥佥事母撒、副千户察黑麻久寓甘州，今言愿求居于彼。凡草场田土可以旷闲之地给之。"

《明宣宗实录》卷九

［十一月，壬子］，上命行在户部：差往哈密官军俸粮，自起程日始，依旧例关支，仍蠲其家丁役。

《明宣宗实录》卷十一

［十二月，庚午］，命哈密差来使臣夹失为副千户，赐冠带遣归。

［乙亥］，命内官张福赍彩币表里往赐哈密忠顺王男卜答失里等，其从行官军都指挥佥事张言等赐钞、绢、彩币表里、袭衣有差。

《明宣宗实录》卷十二

四　明宣德时期（1426—1435）

宣德元年（丙午 1426）

［正月，庚戌］，遣使祭故哈密忠义王兔力帖木儿，仍命其侄卜答失里嗣封忠顺王。先是，上谕行在礼部臣曰："哈密受皇祖厚恩，封为王，而能恭修臣职。今既死，宜有继承。然兔力帖木儿初承其兄忠顺王脱脱，今脱脱子卜答失里亦长，宜仍立为忠顺王，守其地。"赐以绮帛，其诸臣亦皆赐赍。复赐诏谕之曰："朕祗奉天命，主宰华夷。夙夜惓惓，惟上体天心，欲使天下生灵，咸得其所。爰自即位之初，以今年为宣德元年，大赦天下，四方万国之人，皆已翕然从化。惟尔哈密，近在西境，昔我皇祖太宗皇帝临御之日，尔大小官员军民人等能识达天命，竭力效忠，恪修职贡，是以朝廷眷待，弥久弥厚。朕今绍承先皇帝之志，用广一视同仁之德，特遣使赍诏往谕。凡尔哈密大小官员军民人等，自诏书至日以前所犯罪无大小，悉赦不问。尔等自今宜笃初心，归诚朝廷，安处本境，打围飞放，自在生理，庶以永享太平之福。"

《明宣宗实录》卷十三

［三月，庚子］，哈密卫头目哈剌苦出……等来朝贡马。

［丙辰］，赐……哈密卫头目哈剌苦出……等钞、彩币表里、袭衣有差。

《明宣宗实录》卷十五

［五月，丙午］，哈密忠顺王卜答失里遣使臣舍剌夫丁等来朝，贡马及方物。

［丙辰］，赐……哈密忠顺王使臣舍剌夫丁等钞、彩币表里、袭衣有差，仍加赐舍剌夫丁等钞，偿所贡物值。

《明宣宗实录》卷十七

［六月，辛卯］，哈密千户把剌、百户答木……以奏事至京，赐钞、币、袭衣有差。

《明宣宗实录》卷十八

［七月，癸卯］，哈密等处使臣镇抚小丁等来朝，贡方物。

［己未］，土鲁番城回回僧巴剌马答失里等来朝贡马。

［辛酉］，赐哈密等处使臣镇抚小丁等二百三十五人纻丝、纱罗、绫绢、衣服、绵布，……土鲁番城回回僧巴剌马答失里……等钞、币各有差。

《明宣宗实录》卷十九

［九月，丁酉］，土鲁番城故都督锁恪子也苦着儿……等来朝，贡马、驼等物。

［壬寅］，土鲁番城都督佥事尹吉儿察……等来朝，贡马及方物。

［丁未］，哈密回回打剌罕忽都卜丁等来朝贡马。

［辛亥］，赐……土鲁番城故都督锁恪子也苦着儿……等银、钞、彩币表里有差。

《明宣宗实录》卷二十一

［十月，壬戌］，赐土鲁番城都督佥事尹吉儿察等……银、钞、彩币表里、纱罗、绫绢、文绮袭衣有差。

［戊辰］，赐……哈密回回打剌罕忽都卜丁等钞、彩币表里、袭衣、靴靺有差。

［甲申］，行在礼部奏："土鲁番城都督佥事尹吉儿察等令还甘肃居住，凡其日用之物请旨量给。"上曰："远人朝贡，皆是向慕中国，若待之失宜，岂不觖望。况此人已受重爵，宜令缘途有司优与饮食，陕西行都司拨与居宅，毋令失所。"

《明宣宗实录》卷二十二

［十一月，戊戌］，赐哈密忠顺王所遣奏事回回失纳伯赛的等钞及彩币表里、袭衣等物。

《明宣宗实录》卷二十二

宣德元年，遣使祭故哈密忠义王兔力帖木儿。后上命行人萧鉴往谕诸番①，至哈密，群夷多馈方物，鉴厉声叱曰："天子仁圣，唯恐六合之外一物

---

① 编者按，此事时间不明，姑系于此。

不得其所，故遣使宣谕汝等，岂为受赂来耶！"群夷闻之，遂不敢有所献，皆遣使修职贡。

《殊域周咨录》卷十二《哈密》

宣德二年（丁未 1427）

[正月，壬辰]，哈密卫回回打剌罕倒兀等来朝进羊马。

[丁未]，哈密回回打剌罕马哈木等来朝贡马。

[乙卯]，赐……哈密回回打剌罕倒兀……钞、彩币表里、毡帽有差。

《明宣宗实录》卷二十四

[二月，壬戌]，赐……哈密回回打剌罕马哈木等钞、彩币表里有差。

[庚午]，哈密回回打剌罕沙卜……及哈密忠顺王卜答失里遣回回火者孛罗等贡马及方物。

[癸未]，赐……哈密卫回回打剌罕沙卜……及哈密回回火者孛罗等钞、彩币表里有差。

《明宣宗实录》卷二十五

[三月，丙辰]，命哈密卫故都督佥事法火儿丁弟忽剌出、都指挥使哈剌苦出弟不剌纳、都指挥佥事赤丹不花弟脱脱不花袭职，命伯伯、脱脱帖木儿、兀马剌、陕西丁为都指挥佥事，火者迭儿、必先秃烈、阿都火剌者为指挥同知，皆从哈密忠顺王卜答失里所奏也。

《明宣宗实录》卷二十六

[四月，庚午]，哈密忠顺王卜答失里等遣弟北斗奴、乞力麻、打剌罕合思老讨烈思、打剌罕赛打黑麻、失剌思使臣阿力，土鲁番城僧人善实等贡驼、马及方物。

《明宣宗实录》卷二十七

[五月，丁酉]，命哈密忠顺王弟北斗奴为都督佥事，所部马儿火兀者为指挥同知，速来蛮为指挥佥事，阿力木丁等为千百户所镇抚，赐之冠带。升指挥佥事也苦著儿为都指挥佥事。也苦著儿，土鲁番城人。父速哥，永乐中来朝，升都督佥事，卒。也苦著儿告袭职，初命袭指挥佥事，至是，升之。

[庚子]，赐……哈密忠顺王弟都督佥事北斗奴等银、钞、彩币表里有差。

[庚戌]，赐乞力麻、打剌罕合思老讨烈思、打剌罕赛打黑麻，失剌思使臣阿力及土鲁番城僧善实等钞、彩币表里有差。

《明宣宗实录》卷二十八

[七月，乙未]，赐哈密忠顺王差来都督佥事北斗奴、……土鲁番城使臣都指挥佥事也苦著儿及哈密卫指挥同知、佥事、千百户、镇抚诰敕。

[戊戌]，命哈密故都指挥佥事那苏儿丁侄舍列夫丁、故指挥同知阿思兰孙舍黑马黑麻、阿里子马黑麻袭职。

《明宣宗实录》卷二十九

[八月，庚辰]，命哈密差来哈只火者为副千户，阿老丁、哈利甫丁、回回马哈麻答儿月失皆为百户。

《明宣宗实录》卷三十

[九月，辛亥]，赐哈密忠顺王卜答失里、忠义王脱欢帖木儿纻丝各二十表里，忠顺王母十表里，王妃各八表里。赐其都督、都指挥、指挥、千户二十三人有差。

《明宣宗实录》卷三十一

[十月，丙子]，凉州、永昌、山丹土鞑官军摆摆罗哈剌等七十家居哈密者皆思归，令怕哈木来奏，愿赴京师效力。上遣内官李信、林春赍敕谕哈密忠顺王卜答失里、忠义王弟脱欢帖木儿，俾悉遣来。

《明宣宗实录》卷三十二

宣德三年（戊申 1428）

[正月，庚寅]，以哈密忠顺王卜答失里尚幼，未能胜事，遣使立故忠义王免力帖木儿之子脱欢帖木儿嗣为忠义王，俾同忠顺王绥抚部属。遂赐二人彩币表里，并赐其母妻及都督、都指挥术纳以下有差。

[戊戌]，命……哈密遣来使臣满剌亦蛮、舍黑马黑麻为指挥佥事，其下授官有差，悉赐冠带。

《明宣宗实录》卷三十五

［三月，辛卯］，哈密忠顺王卜答失里遣使臣满剌亦蛮，忠义王脱欢帖木儿遣使臣舍黑马黑麻等贡方物。

《明宣宗实录》卷三十九

［三月，戊戌］，土鲁番城千户他力麻敏何秃等来朝，瓦剌部属忽打罕等来归，皆奏愿居京自效。命为指挥佥事、所镇抚等官，赐冠带、金织袭衣、彩币、银、钞、绢布、鞍马有差，仍命有司给与房屋、器皿、牛羊等物如例。

［癸卯］，赐哈密忠顺王使臣满剌亦蛮、忠义王使臣舍黑马黑麻等钞、彩币表里、纻丝袭衣有差，又遣中官赍敕及彩币、金织文绮往赐二王并王子、头目人等。

《明宣宗实录》卷四十

［四月，己未］，以瓦剌顺宁王脱欢、亦力把里王歪思、哈密忠顺王卜答失里、忠义王脱欢帖木儿各遣人朝贡，遣行在羽林前等卫指挥佥事昌英等使哈密及亦力把里，都指挥毛哈剌、指挥使孙观、指挥佥事岳谦等使瓦剌，赍敕褒谕其王，及赐金织文绮彩绢有差。

《明宣宗实录》卷四十一

［七月，癸酉］，土鲁番城都督佥事尹吉儿察子满哥帖木儿……贡马。

［戊寅］，赐土鲁番城都督佥事尹吉儿察子满哥帖木儿等金织纻丝紬绢袭衣及纱罗绫紬绢有差。

《明宣宗实录》卷四十五

［十二月，甲午］，土鲁番城都督锁恪弟猛哥帖木儿来朝贡马，命为指挥佥事。

《明宣宗实录》卷四十九

宣德四年（己酉 1429）

［二月，己丑］，哈密所镇抚罗哈喇等来朝贡马。

［丁酉］，赐……哈密所镇抚罗哈剌等钞、彩币表里及纻丝表里有差。

《明宣宗实录》卷五十一

［三月，癸丑］，哈密忠顺王卜答失里遣都指挥使把台、土鲁番城僧桑

果大师等贡马。

[己巳]，赐哈密等处使臣都指挥使把台等四十六人、土鲁番城僧桑果大师……等银、钞、彩币表里有差。

《明宣宗实录》卷五十二

[四月，乙酉]，命哈密卫故都督佥事术纳子尹赤袭职，从忠顺王卜答失里请也。

《明宣宗实录》卷五十三

[五月，壬子]，升哈密差来都指挥使把台为都督佥事，副千户夹失为正千户，百户哈密火者伯颜秃所镇抚，卜他罕为副千户。命亦那失里袭为指挥佥事，阿马力火写因为所镇抚。

[戊午]，土鲁番城都指挥佥事也苦著儿、哈密等处回回剌罕倒兀等来朝贡马。

[己未]，命土鲁番城僧桑果大师为本处僧纲司都纲，哈密卫僧太仓为本卫僧纲司都纲。时俱来朝贡马，故命之。

[壬戌]，哈密忠顺王卜答失里遣使臣打剌罕哈忻等贡马。

[丙寅]，赐哈密使臣打剌罕哈忻等钞及纻丝金织袭衣、彩币表里等物有差。

[庚午]，给赐哈密差来都督佥事不剌纳、指挥佥事亦那失里等诰命。赐土鲁番城都指挥佥事也苦著儿及哈密回回剌罕倒兀等彩币表里、纱罗绫䌷绢有差。

《明宣宗实录》卷五十四

[六月，壬午]，遣都指挥喜剌丁等赍敕赐哈密忠顺王卜答失里、忠义王脱欢帖木儿及都督脱脱不花、都指挥陕西丁等文绮彩绢有差。时内官李信等自哈密还，言忠顺王等能谨修臣职，恪守边疆，故有是赐。又遣指挥牙忽等赍敕往亦力把里及剌竹等处抚谕，赐其王及头目文绮彩币及绢有差。

《明宣宗实录》卷五十五

[七月，壬子]，哈密回回打剌罕赛夫剌……等来朝，贡方物。

[壬戌]，赐……哈密回回打剌罕赛夫剌等三十四人钞、彩币表里有差。

《明宣宗实录》卷五十六

[八月，庚子]，土鲁番城国师把剌马剌失里……等来朝贡马。

《明宣宗实录》卷五十七

［九月，辛亥］，土鲁番城都指挥佥事爱鬼着儿等来朝，奏愿居京自效。赐金织袭衣、彩币、银、钞、绵布、鞍马，仍命有司给房屋器皿等物如例。

［庚申］，赐……土鲁番城国师把剌马剌失里……等钞、彩币、绢有差。

《明宣宗实录》卷五十八

宣德五年（庚戌 1430）

［四月，庚辰］，哈密忠顺王卜答失里遣使臣指挥佥事速来蛮……来朝贡马。

［戊子］，柳城等处头目阿黑把失……来朝贡马及方物。

赐……哈密忠顺王所差奏事指挥舍黑马黑麻等二人彩币、纻丝表里、绢各有差。

［丙申］，哈密忠顺王卜答失里、忠义王脱欢帖木儿奏求婚姻礼币，……命悉与之。

《明宣宗实录》卷六十五

［五月，辛丑］，赐哈密忠顺王卜答失里所遣使臣指挥佥事速来蛮等三十五人彩币表里及绢有差，命速来蛮赍敕及彩币归赐卜答失里。

［壬寅］，土鲁番城番僧佛先等来朝贡马。

［癸卯］，赐……柳城等处头目阿黑把失等彩币表里及绢有差。

［戊申］，命土鲁番城僧佛先嗣其故父法先之职为都纲，嘉其躬来朝贡也。

［乙卯］，赐……土鲁番城番僧佛先等钞、彩币表里有差。

［丁卯］，赐……柳城等处头目阿黑把失等钞、彩币表里及绢有差。

《明宣宗实录》卷六十六

［六月，丙戌］，哈密忠顺王卜答失里遣指挥佥事舍黑马黑麻、打剌罕满剌哈密，者帖列山卫指挥佥事咬束，土鲁番城都督尹吉儿察侄撒都等来朝贡马。

［丁酉］，土鲁番城都指挥佥事爱鬼着儿所部舍人哈因虎里等……皆奏愿居京自效，命为所镇抚，赐冠带、金织袭衣、彩币、银、钞、鞍马，仍命有司给房屋器皿等物如例。

《明宣宗实录》卷六十七

［七月，乙巳］，赐……哈密使臣舍黑马黑麻及打剌罕满剌哈密等，者帖列山卫指挥佥事咬束等，土鲁番城都督尹吉儿察侄撒都等彩币表里、绢、布、袭衣有差。

［丁巳］，土鲁番城头目都督佥事尹吉儿察奏："臣率家属来朝，愿居京师，以图报效。"上嘉其诚，从之，赐金织文绮袭衣，命行在工部与居第什器等物，户部给俸禄。

《明宣宗实录》卷六十八

［九月，庚戌］，土鲁番城回回撒都等……来朝，皆奏愿居京自效，命撒都等二人为百户，各赐冠带、金织袭衣、彩币、银、钞、鞍马，仍命有司给房屋器皿等物如例。

《明宣宗实录》卷七十

［十一月，癸卯］，命行在户部：土鲁番城来归都督佥事尹吉儿察月俸视山后人例，于北京米钞各半支给。

［己未］，哈密忠顺王卜答失里遣使臣脱脱帖木儿及都指挥佥事拜拜兀马儿等来朝贡马。

《明宣宗实录》卷七十二

［十二月，壬申］，赐哈密忠顺王使臣脱脱帖木儿、拜拜兀马儿等彩币表里、绢、布有差。

［丁亥］，柳城万户阿黑把失等十六人来朝，奏："愿居京自效。"命阿黑把失等五人为副千户等官，赐金织袭衣、彩币、钞、布有差，仍命有司给房屋、器皿等物如例。

［戊子］，土鲁番城指挥佥事猛哥帖木儿等三十八人来朝，奏："愿居京自效。"赐金织袭衣、彩币、钞、绢、绵布，仍命有司给房屋、器皿等物如例。

［庚寅］，土鲁番城都指挥佥事也先帖木儿来朝贡马。

［壬辰］，哈密忠顺王卜答失里遣使臣迭力迷失、亦力把里歪思王遣使臣亦思剌麻失等贡马及玉石等方物。

《明宣宗实录》卷七十三

［闰十二月，癸丑］，赐土鲁番城都指挥佥事也先帖木儿钞、彩币表里。

《明宣宗实录》卷七十四

宣德六年（辛亥 1431）

［正月，辛巳］，赐……哈密使臣迭力迷失及亦力把里使臣亦思剌麻失等一百二十人白金、彩币表里、纱罗、绫绢有差。

《明宣宗实录》卷七十五

［二月，丁酉］，哈密忠顺王使臣都指挥佥事伯伯、舍人哈剌虎力等六人来朝，奏愿居京自效。命哈剌虎力等五人为所镇抚，赐冠带、金织袭衣、彩币、银、钞、绵布、鞍马，仍命有司给房屋器物如例。

［壬寅］，赐哈密忠义王所遣镇抚小丁……等钞、彩币表里、绢布及金织袭衣有差。

［癸卯］，土鲁番城胡马儿舍等来归，皆奏愿居京自效，命为指挥佥事、百户等官，赐冠带、金织袭衣、彩币、银、钞、鞍马有差，仍命有司给房屋器物如例。

《明宣宗实录》卷七十六

［三月，癸巳］，哈密忠义王脱欢帖木儿遣副千户阿木力丁等来朝贡马及方物。

《明宣宗实录》卷七十七

［四月，甲寅］，赐……哈密忠义王使臣阿木力丁等彩币、绢布有差。仍遣千户高斌赍敕及彩币表里往赐脱欢等。

［戊午］，哈密头目黑蛮、亦力把里头目聂力拜等来朝，贡方物。

《明宣宗实录》卷七十八

［五月，庚午］，赐哈密头目黑蛮、亦力把里头目聂力拜等钞、彩币表里有差。

［辛未］，哈密忠义王子脱脱帖木儿陛辞，遣指挥岳谦等护送，并赐其父及忠顺王卜答失里彩币，又赐其头目脱脱卜花、阿鲁哈赤、北斗奴及都指挥阿鲁秃等有差。

《明宣宗实录》卷七十九

［七月，壬申］，哈密忠顺王卜答失里遣指挥速来蛮等来朝贡马。

[壬午]，赐哈密忠顺王使臣速来蛮等彩币表里有差。

《明宣宗实录》卷八十一

[十月，甲午]，赐哈密忠顺王及瓦剌牙纳失力王所遣使臣百户桑哥失里等彩币及绢、袭衣等物。

[十一月，癸未]，哈密卫回回舍人哈三……等来朝贡马及方物。

《明宣宗实录》卷八十四

[十二月，辛丑]，赐……哈密卫回回舍人哈三……等白金、彩币、纱罗䌷绢、金织袭衣等物有差。

《明宣宗实录》卷八十五

宣德七年（壬子 1432）

[正月，丁卯]，遣中官李贵等使西域哈烈等国，……并敕哈密忠顺王卜答失里、忠义王脱欢帖木儿，沙州、赤斤蒙古二卫都督困即来、都指挥察罕不花等，以兵护送。

[丙子]，哈密卫回回副千户克牙思子马黑麻等来朝贡马。

《明宣宗实录》卷八十六

[二月，乙未]，赐哈密卫回回舍人马黑麻等……彩币表里等物有差。

《明宣宗实录》卷八十七

[四月，己亥]，哈密忠顺王卜答失里遣使者兀马儿火者等及所部都指挥拜拜之子舍伯儿沙等来朝贡马。

[辛亥]，赐哈密忠顺王使臣兀马儿火者、舍伯儿沙等彩币表里、绢、布及纻丝袭衣有差。

《明宣宗实录》卷八十九

[五月，辛巳]，哈密忠顺王卜答失里遣使臣倒剌火者等贡马及玉石、硇砂等方物。

《明宣宗实录》卷九十

[六月，乙巳]，赐……哈密使臣倒剌火者等……银、钞、纻丝、纱罗、绢、布及金织袭衣有差。

[甲寅]，哈密忠顺王遣镇抚早丁等二人奏事至京，赐钞及彩币表里等物有差。

《明宣宗实录》卷九十一

[七月，庚午]，哈密忠顺王卜答失里遣指挥舍黑马黑麻等及哈烈等处头目沙哈鲁米儿咱遣使臣马速等来朝，贡驼、马、玉石。

《明宣宗实录》卷九十三

[八月，辛卯]，赐哈密使臣捨黑马黑麻……等白金、纱罗绫䌷、绢、布及金织纻丝袭衣有差。

[癸卯]，土鲁番城舍人陈檀等来朝，奏愿居京自效，赐纻丝袭衣、彩币、钞、布有差，仍命有司给房屋器物。

[壬子]，遣羽林前卫都指挥佥事昌英往哈密赐忠义王脱欢帖木儿等……彩币表里。

《明宣宗实录》卷九十四

[九月，甲申]，哈密忠顺王卜答失里遣百户他竹等二人奏事至京，赐之彩币表里等物有差。

《明宣宗实录》卷九十五

宣德八年（癸丑 1433）

[正月，丁丑]，土鲁番城回回僧海失都来归，奏愿居甘州。皆从之，赐纻丝袭衣、钞、布有差，仍命顺天府及陕西行都司给房屋器物如例。

《明宣宗实录》卷九十八

[二月，乙巳]，哈密忠顺王卜答失里差镇抚虎赛因等二人，兀者卫女直指挥佥事猛古等六人，俱奏事至京，赐钞、彩币表里、金织纻丝绢袭衣等物有差。

《明宣宗实录》卷九十九

[三月，壬午]，哈密忠顺王卜答失里遣百户古力火者……等来朝，贡驼、马、方物。

《明宣宗实录》卷一百

［四月，甲午］，赐哈密忠顺王使臣古力火者等四十七人……彩币、绢、布及金织袭衣有差。

《明宣宗实录》卷一百一

［七月，庚辰］，镇守肃州都督佥事王贵奏请躬进马朝京。敕贵曰："朕命尔守边，边事为重，马岂所急。肃州西北要冲，况胡寇猛哥卜花等方钞掠哈密，当夙夜严备。尔能尽心竭力，保境安民，即尔能恭臣职矣，进马不足为恭，其止勿来。"

《明宣宗实录》卷一百三

［八月，乙酉］，哈密忠顺王卜答失里遣都指挥佥事亦麻剌、指挥佥事速来蛮打剌罕、舍人沙马力等贡驼、马、玉石。

［己巳］，赐哈密忠顺王使臣亦麻剌、速来蛮，舍人沙马力等彩币、绢布及纻丝袭衣有差。

［己酉］，赐……哈密忠顺王所遣镇抚早丁等二人钞、彩币、绢、布及纻丝袭衣有差。

《明宣宗实录》卷一百四

［闰八月，乙卯］，哈密忠顺王卜答失里差都指挥同知兀马剌、亦撒、格来等朝贡，命兀马剌为都督佥事，亦撒、格来俱为指挥佥事，赐之冠带。

［癸亥］，命哈密卫故都指挥佥事脱脱帖木儿子把秃帖木儿、指挥同知秃剌子阿卜都剌袭职，从哈密忠义王脱欢帖木儿所请也。

《明宣宗实录》卷一百五

［九月，壬辰］，哈密忠顺王卜答失里等差指挥佥事舍黑马黑麻等五人来朝，赐钞、彩币表里、袭衣等物有差。

［十月，丙寅］，土鲁番城回回伯颜帖木儿等来归，奏愿居京自效，赐纻丝袭衣、钞、布，仍令有司给房屋器物如例。

［庚午］，哈密打剌罕火者阿老丁……等来朝贡马。

［己卯］，哈密等处打剌罕兀思答、马黑麻、忽先……等来朝贡马。

《明宣宗实录》卷一百六

［十一月，乙酉］，赐哈密打剌罕火者阿老丁、兀思答、马黑麻、忽先……等钞、彩币表里及纻丝袭衣等物有差。

《明宣宗实录》卷一百七

宣德九年（甲寅 1434）

［四月，辛酉］，哈密忠顺王卜答失里遣百户撒剌……等来朝贡马。

［壬申］，沙州卫掌卫事都督佥事困即来等奏："数为罕东卫鞑靼及西番侵侮，虐取人畜，阻隔道路，不能安居，乞容于察罕旧城居住。"上遣敕谕之曰："尔归附已久，朝廷待尔素厚，处沙州三十余年，户口滋息，耕牧富饶，皆朝廷力也。往年哈密尝奏尔部属侵掠其境，今之外侮，亦所自致。自今但安分守法，保境睦邻，随寓可安，何必察罕旧城哉！东迁西徙，自取劳悴，无益也。"又敕罕东鞑靼及西番，果尝侵夺沙州人畜，悉追还之。

［甲戌］，赐哈密忠顺王等差来百户撒剌等……钞、彩币有差。

《明宣宗实录》卷一百十

［六月，壬戌］，命哈密差来阿讨剌为指挥佥事。

［七月，丙戌］，哈密忠顺王卜答失里遣舍人赛奴，忠义王脱欢帖木儿遣爪秃米昝……等来朝贡马。

［庚子］，赐哈密差来舍人赛奴、爪秃米昝等……钞、币、绢布及纻丝袭衣有差。

《明宣宗实录》卷一百十一

［八月，丙寅］，敕甘肃总兵官都督佥事刘广等：撒马儿罕及诸外夷使回，不许挟带中国之人及买中国童幼出境。

《明宣宗实录》卷一百十二

［十月，乙丑］，土鲁番城舍人卜烟川儿等率妻子来归，奏愿居京自效。命卜烟川儿为正千户，赐冠带、金织袭衣、彩币、钞、绢、布有差，仍命有司给房屋器物。卜烟川儿者，已故都督佥事尹吉儿察之子。初，尹吉儿察居土鲁番城，为歪思王所逐，归附来京，太宗皇帝授都督佥事，后以病卒。至是，卜烟川儿来归，且告袭职，故有是命。未几，升卜烟川儿为指挥佥事，而以其部属捨黑马黑麻等五人为试所镇抚。

《明宣宗实录》卷一百十三

宣德十年（乙卯 1435）

［正月，乙酉］，甘肃总兵官都督同知刘广奏："哈密忠顺王卜答失里遣使臣来报：猛哥卜花等众欲来剽掠沙州等处。"上敕广戒饬沿边诸将严兵备御，及礼遣其使臣归国，其撒马儿罕使臣久处甘州者并与敦遣，仍加访察，毋令私挟我人口出境。

《明英宗实录》卷一

［三月，乙酉］，哈密忠顺王卜答失里遣使臣哈非思俱来贡驼马、方物、器皿，赐彩币等物有差。

《明英宗实录》卷三

［四月，壬戌］，陕西安定卫安定王、哈密忠义王遣人并撒马儿罕地面头目来朝贡马，赐彩币等物有差。

《明英宗实录》卷四

［七月，庚午，朔］，甘肃总兵都督同知刘广奏："近差指挥把台等赍敕往赐沙州卫都督困即来等礼币，并送回哈密、瓦剌顺宁王脱欢等处使臣，道经赤斤、罕东等卫，被番达贼寇劫掠彩币、马驼、器械，请发兵征剿。"上以戎狄宜涵容之，但敕谕其头目，令追获原掳诸物，给与使臣，护送出境。其劫掠之罪，悉宥不问。

《明英宗实录》卷七

［十二月，癸丑］，沙州卫都督困即来为哈密所侵，率所部二百余帐来附边，且陈其被侵饥窘之状。上命边臣抚按量与米麦赈之。

《明英宗实录》卷十二

五　明正统时期（1436—1449）

正统元年（丙辰　1436）

[闰六月，乙亥]，哈密忠顺王卜答失里遣指挥速来蛮等……来朝，贡马驼、方物。赐宴并赐彩币等物有差。

《明英宗实录》卷十九

[十一月，丙辰]，升哈密忠顺王卜答失里等差来使臣所镇抚早丁、百户宰奴丁俱为副千户，仍赐敕谕遣还。

[辛酉]，瓦剌、哈密、脱火麻三地面顺宁王脱欢等各遣使……俱来朝，贡马及方物，赐宴并赐彩币等物有差。

《明英宗实录》卷二十四

[十二月，庚寅]，陕西整饬兵备右佥都御史曹翼奏："瓦剌前有两起使臣在我中国年久未回，今年又连差使臣来。臣料此意无他，一则探看前使在此有无，及作何看待；一则窥我边境整搠军马严怠何如。况彼使臣久留不回，恐脱欢心生疑贰，别起衅端。今问得新来使臣说：'哈密一路已通。'以臣愚见，莫若将彼前后使臣一一发回本国，以安彼心。"事下，行在礼部覆奏，从之。

《明英宗实录》卷二十五

正统二年（丁巳　1437）

[三月，丙申]，土鲁番城都纲佛先、舍人南忽力等奏："愿居京自效。"命

佛先等安插在京寺院，日与饩廪；南忽力等隶锦衣卫，给房屋、什器、月粮。

［丁未］，亦力把里等处也先卜花王、瓦剌顺宁王脱欢、哈密忠顺王卜答失里及黑娄等处各遣使臣马黑麻迭力迷失等来朝，贡马驼、方物，赐宴并彩币等物。

《明英宗实录》卷二十八

［五月，甲午］，沙州卫古南他木儿、哈密卫巴木各率妻孥来归，愿自效。俱授所镇抚，赐冠带，令于山东属卫支俸，有司给田庐、器皿、牛羊。

《明英宗实录》卷三十

［七月，壬辰］，哈密忠义王脱欢帖木儿遣使宰奴丁……来朝贡马驼、方物，赐宴并彩币、钞绢有差。

［丁巳］，哈密忠顺王卜答失里遣指挥把失虎力等六十三人……来贡，俱至甘州。左副总兵都督任礼遣人送正副使把失虎力等十一人至京师，宴赐如例，余留甘州，皆馆馈之。土鲁番地面国师巴剌麻答失遣僧人格来贡马及方物，赐如例。

《明英宗实录》卷三十二

［九月，乙卯］，哈密忠顺王卜答失里等遣使臣把失虎力等……来朝贡马、驼及方物。赐宴并赐彩币等物有差。

《明英宗实录》卷三十四

［十一月，庚寅］，命故哈密头目都督佥事法火儿丁子母撒、指挥使阿鲁哥子哈三袭职，以头目忙该秃、撒满赤俱为副千户，依忠顺王卜答失里请也。

［甲午］，封哈密脱脱塔木儿为忠义王。

《明英宗实录》卷三十六

［十二月，乙丑］，哈密忠顺王卜答失里遣使臣兀马儿火者等……来朝贡马驼及方物，赐宴并彩币等物有差。

［己卯］，升哈密使臣指挥使把失忽里为都指挥同知、指挥同知兀马儿火者为指挥使、指挥佥事格来为指挥同知、副千户倒剌火者为指挥佥事，以其远道朝贡勤劳故也。

《明英宗实录》卷三十七

正统三年（戊午 1438）

［九月，戊申］，行在骁骑右卫指挥同知陈友奏："瓦剌顺宁王使臣朵南即沙撒答等朝贡回还，已至大同。今又欲带男妇驼马转往甘肃出境，恐为未便。"上赐敕谕友曰："迩闻甘肃至哈密一路有警，道路阻塞，来往之人，多被劫夺。宜令其仍从大同出境，拨军护送，毋致生事扰人。尔其慎之。"

《明英宗实录》卷四十六

正统四年（己未 1439）

［二月，丙辰］，哈密忠顺王卜答失里遣使臣主乃……来朝，贡马驼、玉石、方物。赐宴并赐彩币等物有差。

《明英宗实录》卷五十一

［六月，戊寅］，哈密忠顺王卜答失里遣使臣阿力加……来朝，贡驼马及方物。赐宴并赐彩币等物有差。

［戊戌］，沙州卫都督困即来等奏："都指挥阿赤不花等一百三十余家皆逃往哈密，屡奉命往取，不即发遣。"又言："罕东卫都指挥班麻思结率领人民擅入本卫地方居住。"上敕哈密忠顺王及班麻思结等，令发回逋逃，各守疆界，睦邻保境，共享太平之福，勿长恶不悛，以启衅端。……命故哈密卫都督佥事兀马剌子阿卜敦……袭职。

《明英宗实录》卷五十六

［七月，戊申］，敕谕沙州卫都督困即来曰："比得尔奏，都指挥阿赤不花等及部下原食粮人一百三十六家窜居哈密并赤斤蒙古卫，俱为占留不发。又奏罕东卫都指挥班麻思结等侵居尔地截路抢扰等因，具悉。夫朝廷置卫设官，盖欲其抚集所部军民，各安本地生业。尔果能敦睦邻绥众之道，则下人必不窜，而邻卫又岂肯侵乎！已遣敕往谕哈密忠顺王卜答失里并赤斤蒙古卫指挥革古者、罕东卫都指挥班麻思结等，俾还所窜，归所侵，不许彼此恃强互相占扰，自启衅端。尔继今亦宜恪遵号令，爱恤军民，永享太平之福。"

《明英宗实录》卷五十七

［八月，丙子，朔］，沙州卫都督困即来密令人至瓦剌、哈密诸处诇事，具得其状，遣使臣保童等入奏。上……赐困即来金织文绮、表里各八，仍赐敕奖谕之。

《明英宗实录》卷五十八

［十月，辛丑］，沙州卫都指挥同知阿赤卜花奏："先被阿台、朵儿只伯等劫掠，遁往哈密地面。后闻平定欲回，而哈密都督皮剌纳等不遣，意欲相图。且其国中自相仇杀，又与瓦剌有衅。臣恐祸及，因弃部属遁还。乞遣官赍敕谕皮剌纳等，俾放还臣等部属。"上从之，且敕沙州都督困即来遣兵防送。

《明英宗实录》卷六十

［十二月，戊寅］，遣金吾左卫带俸都指挥佥事张信、锦衣卫带俸指挥同知牙鹘为正使，封已故哈密忠顺王卜答失里男哈力锁鲁檀为忠顺王，赐敕谕之曰："比闻尔父忠顺王卜答失里已卒，哈密军民无所统属。兹特遣使赍敕命尔哈力锁鲁檀承袭父爵，仍为哈密忠顺王，抚治人民，保守地方。已敕都督头目皮剌纳等协赞抚绥，不许头目人等互相仇杀，俾大小官员各安其职，军民各安其业。凡朝廷使臣及诸番进贡使臣来往经过，尤须至诚礼待，不可轻忽。尔其益顺天心，敬承朕命，永笃忠诚，以副宠眷之隆。如有头目人等不遵朝廷号令，仍前仇杀，不服管束者，王即具实奏闻。必罪不赦。"并敕陕西总兵官定西伯蒋贵等，依例资给二使，拨军送至沙州。仍敕沙州卫都督同知困即来及赤斤蒙古卫都指挥且旺失加等护送至哈密。封王毕，将先年沙州移去哈密住坐都指挥阿赤不花等遗下人口，尽数领回原卫，如旧生理。遂赐哈力锁鲁檀织金文绮、蟒龙袭衣、彩绢，及哈密大小头目并困即来、且旺失加织金袭衣、彩绢有差。张信、牙鹘及带去人员各赏钞锭、彩段表里。哈力锁鲁檀一名倒瓦答失里。

《明英宗实录》卷六十二

正统五年（庚申 1440）

［四月，丙子］，哈密忠顺王倒瓦答失里遣使臣马黑麻、都督裴纳都纳

遣使臣虎皮马黑木等俱来朝，贡马、驼、鹰及貂鼠皮、药品。赐宴并赐彩币等物有差。

《明英宗实录》卷六十六

［五月，己酉］，哈密使臣马黑麻等陛辞，命赍敕并彩币等物归赐忠顺王及妃。

［丙寅］，哈密忠顺王倒瓦答失里等遣都指挥脱脱不花，并乌思藏铁禅等寺剌麻远丹坚错等俱来朝，贡马驼、佛像、铜塔、舍利。赐彩币等物有差。

《明英宗实录》卷六十七

［六月，甲申］，升赤斤蒙古卫都指挥使且旺失加为都督佥事……先是，朝廷遣使哈密，且旺失加备糇粮骒马，……上嘉其诚，故升授之。

《明英宗实录》卷六十八

［七月，丁巳］，敕谕哈密忠顺王倒瓦答失里、都督皮剌纳，赤斤蒙古卫都指挥革古者等曰："乡者沙州卫都督同知困即来奏：因本处艰难，其都指挥等官阿赤不花等一百四十余家逃往哈密居住。朕已令都指挥张信等赍敕谕尔，令悉遣还。比闻都指挥桑哥失力等八十四家已遣还矣，尚有指挥哈剌苦术等六十八家仍留不遣。朕体天心爱民，以天下为家，无间远迩，皆欲其和睦相安。尔等当体朕心以爱人，岂可有彼此之间。其未还者，不知其家业已成不肯回还乎？抑不知尔等及下人拘留不遣乎？彼此各有统属，拘占不还，实启争端。敕至，尔等即挨究哈剌苦术等家，悉付沙州差来人领回复业，庶见尔等敬遵朝命和睦邻境之心。如此不特尔子子孙孙永膺富贵，而尔一方之众亦皆安生乐业同享太平之福，于悠久矣。"复谕困即来曰："尔奏逃移人户，今发敕谕二道，尔即遣人分投赍去忠顺王及都指挥革古者处，追取原逃人口，毋怠毋忽。"

［辛酉］，哈密忠顺王倒瓦答失里遣都指挥脱脱不花……来朝，贡驼马及方物。赐宴并赐彩币、袭衣等物有差。

［丁卯］，行在礼部奏："译出撒马儿罕使臣刾法儿言：'欲往哈密地方贸易货物，乞人护送。'不无劳扰边军。今哈密使臣都指挥脱脱不花等朝贡在京，宜俟其回日，令与同归为便。"从之。

《明英宗实录》卷六十九

［八月，甲戌］，哈密来归人崔敬等进马二匹，给赏，收敬充勇士，余

送原卫完聚。

［乙亥］，甘肃总兵官定西伯蒋贵言："得沙州卫都督困即来与赤斤蒙古卫各报虏情，言：'捏列骨同陕西丁率人马攻围哈密甚急，而忠勇王弟猛哥卜花新迁于把思阔之地，率兵大败捏列骨之众。'……"

［庚辰］，升行在金吾左卫都指挥佥事张信为都指挥同知，行在锦衣卫达官指挥同知雅忽为指挥使，皆食禄不视事，以使哈密有劳故也。寻各赐钞二百锭。

［壬辰］，升沙州卫指挥佥事薛令为指挥同知，正千户昂克为指挥佥事，副千户猛哥不花为正千户，百户哈迷帖木儿为副千户，舍人薛答儿等六名为所镇抚，以采探哈密声息故也。

［丁酉］，敕甘肃总兵官定西伯蒋贵等曰："尔等尝奏捏列骨、陕西丁劫掠哈密，为猛哥不花所败。今得哈密使臣言：'捏列骨、陕西丁既败皆遁，而猛哥不花尚围哈密未解。'盖虏情谲诈，未可遽信，况猛哥不花曾有寇沙州之意，也先失干亦欲来追猛哥不花，其情俱不可测，尔等在边，宜慎之慎之。"……升沙州卫都督同知困即来为右都督，子都指挥佥事喃哥为都指挥同知，以缉探哈密声息有劳故也。

《明英宗实录》卷七十

［九月，辛丑］，哈密忠顺王倒瓦答失里使臣指挥撒蛮赤等奏："彼处都督皮剌纳潜通胡寇猛哥卜花等，谋杀忠顺王倒瓦答失里弟兄，撒蛮赤同弟马哈失力、头目猛哥秃等奋力以卫之，杀其凶者，忠顺王始免于难。"行在礼部尚书胡濙等言其忠义可嘉，请褒宠以励将来。上命升撒蛮赤为都督同知，倍加赏赉遣之。

［癸卯］，柳城地面头目米儿咱阿都剌……来朝贡马及方物。赐宴并彩币等物有差。

［甲辰］，行在礼部尚书胡濙等奏："哈密等处使臣都指挥脱脱不花等来朝进贡，欲将赏绢货换食茶、纱罗等物回还，茶系出境违禁之物，未可许，其纱罗等物，宜听于街市两平交易。"从之。

《明英宗实录》卷七十一

［十一月，丙午］，哈密忠顺王倒瓦答失里遣舍人也先帖木儿奏："母斡难答里构疾，乞赐医药。"上遣医官哈先给所宜药，偕所遣人往疗之，仍赐

敕奖谕，令俟母疾愈即遣哈先回京。

［丙辰］，哈密使臣早丁忿赐宴不备，肆詈诸通事，都指挥佥事陈友等乞擒早丁下法司，以惧其余。从之。

［辛酉］，敕哈密忠顺王倒瓦答失里曰："朕体天地祖宗之心，怀柔万方，凡四夷遣使朝贡，皆优待以礼，而使臣亦皆感恩奉法，罔弗虔谨。近王差千户早丁进贡来京，缘途凌辱驿官，笞詈驿卒，需索虐人，所司请治其罪。朕以王所遣，特宥不问。及至京，即命所司宴赏。其早丁乃敢傲慢放肆，喝詈通事。后大宴四夷使臣于朝，又对众发恶，毁詈通事人等，略无忌惮，大失观瞻，全不知朝廷礼法，罪不可容。已命法司收问，仍留其子，供给饭食。此虽小人无礼，实王所遣不当。王诚能敬天事上，欲保境土，自今遣使须择谨愿诚恪之人，仍严加戒饬，令其谨守礼法，庶几保全令名，永享太平之福。"

《明英宗实录》卷七十三

［十二月，壬申］，升……哈密卫指挥同知格来为指挥使，头目猛哥秃等三人为正千户，完者帖木儿等七人俱为副千户。

［丙戌］，哈密忠顺王倒瓦答失里遣使臣哈斤等贡马驼、玉石、梧桐碱等物。赐宴并赐彩币等物有差。先是，四夷朝贡者正使而下朝参出入皆给马，至是，始令止给正副使，著为令。

《明英宗实录》卷七十四

正统六年（辛酉 1441）

［正月，甲子］，哈密使臣打剌罕哈斤等陛辞，命赍敕并彩币赐忠顺王倒瓦答失里，敕曰："先差故都督佥事术纳次男副千户撒满赤来朝，并奏撒满赤发觉皮刺纳谋叛之事。朕嘉其为尔尽忠，准袭父职，厚加赏赉遣回。及王差千户早丁朝贡到京，又得王母与哈只书云：'撒满赤与皮刺纳有同谋杀害之情，乞朝廷不必放回，庶免后患。'已准所言，遣人驿召至京，就留居住。特谕王知之。"

《明英宗实录》卷七十五

［六月，丙寅］，敕谕哈密忠顺王倒瓦答失里曰："得奏，言罕东卫都指

挥班麻思结等虏掠尔城外居民孳畜，遣人取索，不复归还。朕已遣敕谕班麻思结等，令其迁善改过，戒约部属，悉还所掠。敕至，尔可遣头目往彼，照番俗体例，讲和取索。自今尤宜消释旧怨，睦邻保境，以共享太平之福于悠久。"复遣敕谕罕东卫都指挥绰儿加、班麻思结等曰："尔等于往岁冬擅率人马至哈密城外，虏其居民老稚百余人，马百匹，牛羊无算。及哈密遣人取索，尔等执吝不还。朕以尔与哈密境土相邻，尤宜辑睦，若自恃强犷，先启祸端，甚非保境之深计也。敕至，尔即省谕部属，俟哈密使来，悉还所掠。如或别有所言，亦许奏闻区处。朕已敕哈密，与尔消释旧怨，不许怀忿互相侵犯。尔宜恪遵朕命，毋取愆尤。"

［壬申］，瓦剌、哈密使臣扯里把失等陛辞，命各赍彩币表里归赐其太师淮王也先、也先弟大同王也勤孛罗并哈密忠顺王倒瓦答失里及头目人等，仍各遣敕谕之。

［癸未］，哈密忠顺王倒瓦答失里遣使臣马黑麻等……来朝，贡马驼、方物。赐宴并赐彩币等物有差。

［己丑］，敕谕赤斤蒙古卫都督佥事且旺失加，都指挥佥事革古者、可儿即等："近遣医官哈先往哈密公干，已敕尔及沙州卫都督困即来等遣人护送出境。沙州卫已即遵承，而尔等竟致违误。……自今宜恪秉勤诚，恭承朝命，毋蹈前非，庶几享福于悠久。"

《明英宗实录》卷八十

［七月，癸丑］，哈密使臣马黑麻沙马力等回，命赍敕及彩币赐忠顺王倒瓦答失里。

《明英宗实录》卷八十一

［十月，庚午］，命哈密卫故指挥佥事兀麻儿子发鲁袭职。

［辛卯］，米昔儿等地面使臣赛亦得阿力辞，命赍敕及彩币赐其王速鲁檀阿失剌福、……土鲁番地面头目巴剌麻儿答失里、怜真地面头目薛烈答鲁花。

《明英宗实录》卷八十四

正统七年（壬戌 1442）

［二月，庚戌］，遣敕并彩币表里往赐哈密忠顺王倒瓦答失里，嘉其能

遣人护送亦力把里等处使臣来朝并修职贡故也。

《明英宗实录》卷八十九

［六月，庚子］，哈密忠顺王倒瓦答失里遣使臣千户莽恪剌等贡马及方物，赐衣服靴袜有差。

《明英宗实录》卷九十三

［七月，丙寅］，升哈密卫都指挥同知脱脱不花为都指挥使。

［戊寅］，哈密忠顺王倒瓦答失里奏："近遣头目亦剌马丹送礼与赤斤蒙古卫都督佥事且旺失加缔婚，至中途被本卫都指挥可儿即男写令掠其牛羊马驴。"上敕写令还之。敕谕哈密忠顺王倒瓦答失里及王弟孛罗哥、都指挥脱脱卜花，帖卜烈思地面头目者罕沙，柳城地面头目阿卜都剌，哈剌火州地面头目阿剌苦困等，各赐以彩币表里有差，命来使莽哈剌等赍与之。又以忠顺王奏，欲与也先太师缔婚，及建佛寺答父母恩，别赐以纻丝彩绢及颜料等物。

《明英宗实录》卷九十四

［八月，丙午］，敕谕沙州卫掌卫事都督困即来及头目人等曰："比者尔等言哈密援引瓦剌人求索物件及踏看道路，已力拒不与，尔之忠诚，朕深嘉悦。盖尔等臣事朝廷，已历四朝，继自今务坚此心。如复有人邪言扇诱，慎勿听信，则上天鉴祐，永远享福。尔虑瓦剌今冬或来劫掠，欲修赤斤城以为备御，又言赤斤是且旺失加地方，虑有争竞，乞修尔沙州境内苦峪旧城。朕已敕总兵镇守官遣官军前来修理，汝可熟计，若尔与且旺失加等两相和好，久后无争，欲修赤斤城，即从修理，如以苦峪城为便，即修苦峪城。计定当即兴工，时将寒冻，不可缓也。尔等亦须起集军马，协力修筑，远出哨瞭，不可怠忽。"

《明英宗实录》卷九十五

［十一月，癸未］，哈密忠顺王倒瓦答失里、亦力把里地面头目裴力哈只、土鲁番头目革力虎力遣使臣满剌阿黑麻的等贡马及玉石，赐宴并彩币等物。

［甲申］，沙州卫都督困即来赴京朝贡。先是困即来得敕，计议止修旧苦峪城以居，边将率戍卒往助之。及是城成，乃自备马驼入谢云。

《明英宗实录》卷九十八

［十二月，乙卯］，敕甘肃总兵官宁远伯任礼等曰："得奏哈密使臣传报，

达贼猛哥下花等欲依西番近边居住。穷蹙之余或有此心，但其反复谲诈，不可不防。尔等其严饬边备，遣人往谕西番、赤斤蒙古、罕东等卫，如遇其来，即令飞报，相机剿捕。"

《明英宗实录》卷九九

正统八年（癸亥 1443）

［正月，癸亥］，哈密忠顺王倒瓦答失里遣使臣满剌阿黑麻的等……来朝贡马及方物，赐宴及赐彩币、钞、绢有差。

《明英宗实录》卷一百

［二月，己亥］，瓦剌使臣卜儿罕、哈密使臣满剌阿黑麻的等辞归，命赍敕及彩币赐瓦剌太师也先、哈密忠顺王倒瓦答失里等。

［甲寅］，哈密忠顺王倒瓦答失里、瓦剌太师也先各遣使贡马驼，赐宴并赐彩币等物有差。

《明英宗实录》卷一百一

［三月，辛未］，哈密忠顺王倒瓦答失里使臣沙兔力、爪秃等辞归，命赍敕及彩段归赐其国王。

《明英宗实录》卷一百二

正统八年（癸亥 1443）

［七月，丁丑］，敕赤斤蒙古卫都督且旺失加、沙州卫都督困即来曰："日者哈密诸处贡使回，朝廷念其远来，道经番夷，恐有疏虞，特敕尔等卫之出境。今得边将奏言，前项使臣至赤斤，尔且旺失加称人马放散，令其自去。至沙州，尔困即来称疾，令使臣少驻，俟其收集人马，延数日竟无一骑卫送。朕以尔等为国内属，朝廷恩待积有岁年，今遽违命，恐有他端。敕至，各具实来闻，毋朦胧欺蔽，自取祸愆。"

《明英宗实录》卷一百六

［九月，乙卯］，甘肃总兵官宁远伯任礼奏："近得边报，瓦剌也先遣其徒那那舍利王等率众三千攻围哈密，分遣款哥伯等领众二万，欲来劫掠沙州、赤斤及肃州。"上敕沿边诸将严为守备。

［丙辰］，敕谕赤斤蒙古卫都督同知且旺失加、都指挥佥事革古者可儿即及大小头目人等曰："近者哈密等处朝贡使臣沙兔力、爪秃等回，朕念其远来，缘途恐有疏失，已敕尔等遣人护送。今得甘肃总兵官奏：'遣千户周晟赍敕伴送使臣至沙州，困即来遣都指挥南哥领人马护送至莽来川，被尔卫所千户乞巴他儿等四十四人欲行劫夺。使臣畏惧，与三梭布十匹、鞯六副、小刀十把。又追逐至哈剌忽鲁烘地面，复欲劫夺，使臣又与布十五匹、洗白布四匹、锅二口，方肯放去。'然此事必下人所为，未审尔等知否？敕至，尔等即拘千户乞巴他儿等追究原勒要使臣沙兔力、爪秃布匹等物明白，听尔等自行惩治其罪，仍具实奏来。"

《明英宗实录》卷一百八

［十月，己亥］，敕谕哈密忠顺王倒瓦答失里曰："得奏：瓦剌人马抢杀尔部属，悯尔罹此凶害。又闻尔遵守朝命，不肯去瓦剌，足见忠诚。已遣敕谕也先，令敬顺天道，无听谗构祸。尔尚谨守地方，用图保全。其沙州及赤斤蒙古卫掠去尔头墩人口，已敕甘肃总兵官差人往彼追究赔还。并赐尔织金袭衣、彩币，至可领也。"

［庚子］，敕缘边诸将曰："瓦剌虽岁遣入贡，然虏情不常，讵可忘备！曩闻也先遣人纠合兀良哈，近复攻劫哈密，擒其王母，又与沙州等卫结婚，其情皆未可测。尔等受朕边阃重寄，须夙夜尽心，严督训练，以防警急。……"

敕谕沙州卫左都督困即来、赤斤蒙古卫都督同知且旺失加等曰："得奏，知也先差头目款哥伯送马匹酒礼，欲娶尔困即来女为弟妇，且旺失加女为男妇。尔等敬畏朝庭，不敢承命，特遣人奏请，具见忠诚之心。也先与尔等皆朝廷臣属，结亲之事，听从所愿，但须审实差来头目，以防欺诈。今有敕谕也先，可令其头目款哥伯赉与之。"

其敕曰："近哈密奏称，太师头目奄克土剌等率领人马寻猛哥不花，同哈密逃叛头目陕西丁围哈密城一月，杀头目三人，及城外男妇五十余人，抢去忠顺王母及人口千余并牛羊马匹等件，纵火焚其田苗。又令忠顺王逼年去瓦剌，见令陕西丁同忠顺王一处管事。惟哈密去甘肃不远，其地方人民视他处最少，然与太师世为亲戚，未尝侵扰。今太师若见王之母及头目果有不律，为亲戚之耻，当以大义正之。见其微弱，当体尔先人之志，厚加存恤，使保其境土，安其部属，不宜欺凌劫杀之也。大抵惟德有常，势力强弱无常，虽豪杰不能保后，但在人勉于为善以求天祐耳。天道好还，不可不审。太师宜深体朕言，遏绝小人，以扶微弱，以保亲谊，则上天鉴临，享多福于悠久矣。……"

《明英宗实录》卷一百九

[十一月，丁卯]，敕镇守陕西都督同知郑铭、右副都御史陈镒曰："比闻瓦剌也先屡遣兵侵扰哈密及赤斤、沙州等处。已敕各边总兵等官严加备御。复得尔奏，甘肃传报亦集乃等处贼寇寇出没，寻敕任礼等谨慎防备，遇警急飞报尔等，调兵策应，或在他处亦然，毋得推避延缓。"

《明英宗实录》卷一百十

正统九年（甲子 1444）

[二月，戊申]，命……哈密地面正使陕西丁为正千户，……土鲁番城使臣孛罗帖木儿俱为正千户。

《明英宗实录》卷一百十三

[三月，甲寅]，瓦剌太师也先并哈密忠顺王倒瓦答失里遣使臣察力把失等来朝，贡驼马、玉石。赐宴并纻丝袭衣、彩段等物有差。

[壬戌]，戎地面及哈密等处使臣沙力免力、陕西丁等陛辞，命赍敕并彩币表里归赐其国王头目等。

[癸亥]，敕沙州等卫都指挥同知等官喃哥等曰："今戎地面来朝使臣千户沙力免力等回，朕念其路远，恐小人在途邀劫，有失远人归化之心，已敕甘肃总兵镇守官遣人送至尔处，尔等宜各发人马，护至哈密，听其自去，毋致疏虞。如尔等钤束不严，致强横之徒劫其财物，并治尔等之罪不宥。"

[己卯]，瓦剌、哈密等处使臣察力把失等陛辞，命赍敕并金织纻丝表里归赐其太师也先并忠顺王倒瓦答失里等。

《明英宗实录》卷一百十四

〔四月，辛巳〕，升哈密卫都指挥佥事陕西丁为都指挥同知，从忠顺王倒瓦答失里奏请也。

〔庚寅〕，敕谕沙州卫故都督困即来男都指挥喃哥、赤斤蒙古卫都督阿速、都指挥可儿即及大小头目人等曰："今瓦剌太师也先差来使臣察剌八失等回，朕念其道里遥远，虑小人在途邀劫，有失远人归化之心，已敕甘肃总兵镇守官差人护送至尔处，尔等即各差拨人马护送至哈密，听其自去，毋致疏虞，用副朝廷优待远人之意。如尔等不钤束部属，致强横之徒于路邀取使臣财物，尔等之罪并治不宥。"

《明英宗实录》卷一百十五

〔五月，乙卯〕，哈密忠顺王倒瓦答失里遣指挥把鲁等……来朝贡马。赐宴及彩币表里等物有差。

〔丙寅〕，升哈密卫都指挥使脱脱不花为都督佥事，从忠顺王倒瓦答失里奏请也。

《明英宗实录》卷一百十六

〔八月，甲戌〕，敕缘边诸将曰："比使臣自瓦剌回，备言也先为人凶狡桀骜，信谗多疑，专行诡道。而兀良哈头目掘赤等又在彼请兵，图为报复。沙州、赤斤皆与结亲，哈密忠顺王兄弟亦为所劫制，其心盖昭然可见矣。今虽朝贡，安知非诈，卿等宜同心协力，经画方略，为先事之备。"

《明英宗实录》卷一百二十

〔十一月，壬寅〕，哈密卫镇抚沙免力来朝贡马。赐宴及彩币表里。

《明英宗实录》卷一百二十三

〔十二月，乙卯〕，敕靖远伯王骥等曰："近又得右都御史陈镒等奏，瓦剌遣人往沙州三卫要结，又分遣人马于沙州近界围猎。已敕哈密并沙州三卫不得听诱为非。卿其即同各总兵镇守官严饬守备。头目中有勇略超出者，采访拔用，以励其余。"

〔癸亥〕，敕谕哈密忠顺王倒瓦答失里曰："近得尔差镇抚沙免力赍奏到京，备言前被小人于也先处谮言，将尔子母取去，今俱差人送回。具悉。然尔去岁尝奏也先取尔子母赴瓦剌，已尝敕谕也先以义处之，全尔亲亲之意，毋听谗言交构，有伤大理。今彼以礼遣尔子母还土，是亦顺天道尊朝命之所为也，朕甚悦之。又闻彼累差人往来尔处，然也先与尔俱世事朝廷，往来和好如同一家，皆以保境安民为心，朕固不禁绝之。但虑往来之人，或有交构蛊惑，坏久长之好，甚非尔一方之福也。朕切虑之。且尔祖脱脱早亡，父继亡，伯茕茕无依，乃流来中国，我皇高祖特加恩养育成人。暨我皇曾祖即位，尔祖脱脱之叔安克帖木儿来朝，特封以王爵，颁给金印，俾管治哈密人民，保御边境。其后亡没，皇曾祖俯念尔宗祀无人承继，特命尔祖脱脱袭封王爵，遣还抚治人民，恩礼锡赉，视之如子。迨尔父卜答失里及尔承袭王爵，世受朝廷大恩，下及头目，俱受重职，恩赏愈久愈厚。尔当体念国家厚恩，勉竭忠诚，一心无二，庶不负尔先世之志。若或昧于大理，罔知顺逆，岂臣子忠孝之道。已往之事，悉置不问，自今尔益宜敬顺天道，忠事朝廷，坚秉臣节，恪修职贡，用图保全于长久。严禁部属头目人等，各怀忠诚，毋为小人所诱，自作不靖，以取灭亡。敢有奸诈之徒生事启衅者，尔即严加惩治，毋累良善。其有强横凶恶构怨生灵不听尔惩治者，即具实奏来，调大军剿杀。盖天道以福善祸淫为心，国家以赏善诛恶为治，一于至公，远迩无间，尔其钦承之。"

戊辰，哈密忠顺王倒瓦答失里……来朝贡马驼及方物。赐宴并彩币等物有差。

敕缘边诸总兵官曰："近得哈密使臣报，瓦剌也先分遣人马于沈答罕等处驻扎，欲俟我大同官军送彼使臣出境，谋为劫掠。如其得利，即分道入寇。此虽传闻之言，然观此贼近年残害同类，要结诸夷，实有为恶之意。……"授哈密使臣捏伯沙为百户，赐冠带袭衣，以能忠顺朝廷故也。

《明英宗实录》卷一百二十四

正统十年（乙丑 1445）

［三月，丙戌］，哈密忠顺王倒瓦答失里等遣使臣哈只马黑麻、泰宁卫都督拙赤遣指挥同知失连帖木儿等来朝，贡驼马及玉石等物。赐宴并彩币表里、纻丝袭衣有差。升失连帖木儿为都指挥佥事。仍命哈只马黑麻、失连帖木儿等赍敕及彩币表里归赐其王及拙赤等。

［丁酉］，迤北鞑靼哈撒并脱脱迷失同妻忽秃鲁，哈密鞑靼速答、克伯帖

木儿等来归贡马。上命迷失、克伯帖木儿为头目,哈撒、速答为所镇抚,俱于南京锦衣卫安插,月支食米二石,仍赐彩币表里、纻丝袭衣、钞、布、房屋、床榻、器皿等物。

[辛丑],升哈密等卫都指挥使脱脱不花为都督佥事,都指挥同知陕西丁为都指挥使,指挥同知亦鲁伯为都指挥佥事,滕吉思为指挥使,指挥佥事可儿加为指挥同知,正千户速南加失、瓦撒为指挥佥事,以指挥同知结都思加子土儿只开代职,故指挥同知保童子绰失加袭职。

《明英宗实录》卷一百二十七

[四月,甲寅],哈密忠顺王倒瓦答失里遣使臣阿力沙……来朝贡驼马。赐宴并彩币表里等物有差。

《明英宗实录》卷一百二十八

[六月,辛亥],哈密忠顺王倒瓦答失理遣使臣知院阿不都剌……来朝贡马驼等物。赐宴并彩币表里、钞锭有差。

《明英宗实录》卷一百三十

[七月,戊戌],赐哈密忠顺王倒瓦答失里驼钮镀金银印,从所请也。

《明英宗实录》卷一百三十一

[八月,甲辰],命哈密卫故都督佥事脱脱卜花子撒力袭为都指挥同知,升指挥佥事火者迭儿必失为指挥使,头目哈只、沙不丁俱为百户。从哈密忠顺王倒瓦答失里奏请也。

[戊申],命哈密卫指挥佥事阿鲁哥子秃鲁帖木儿袭职。

[己巳],敕谕沙州卫掌卫事都督佥事喃哥及大小头目人等曰:"得哈密忠顺王倒瓦答失里奏:'前岁被沙州头目掠去人畜,请为追究。'今特命甘肃总兵镇守官差人同尔等审勘明白,如抢劫是实,即著令陪还财物,听依番俗讲和,不许固执构怨,自取罪愆。"

《明英宗实录》卷一百三十二

[九月,甲午],授哈密使臣马哈麻、迭里必失、哈的百户,俱以其往来朝贡,能效劳勤也。

《明英宗实录》卷一百三十三

[十月,庚申],敕甘肃总兵官宁远伯任礼等曰:"得奏送沙州等卫使臣至京,备言瓦剌也先遣人求结亲,及令都督喃哥亲送其女。已敕哈密忠顺王

遣人缉探声息，飞报尔等隄备。……"

并敕谕哈密忠顺王倒瓦答失里："今后瓦剌差人数多及无印信文书不系紧要者，尔处不必起送。其假托瓦剌差人，即皆谕遣发还，不必放进。"

《明英宗实录》卷一百三十四

正统十一年（丙寅 1446）

［二月，己亥］，升哈密使臣副千户阿都剌为指挥佥事，伯火只为正千户，命指挥同知兀马儿火者子绰剌克袭职。

《明英宗实录》卷一百三十八

［三月，丙戌］，哈密忠顺王倒瓦答失里遣使臣同知阿黑麻等……来朝，贡金银器皿，象、马、驼等物。赐宴及彩币表里等物有差。

《明英宗实录》卷一百三十九

［五月，壬申］，哈密忠顺王倒瓦答失理遣指挥法奴……贡马驼及方物。赐彩币表里、纻丝袭衣有差。

［庚辰］，土鲁番地面回回所镇抚撒法儿来归，上命隶南京锦衣卫，月支食米二石，赐彩币表里、纻丝袭衣、靴韈等物。……敕谕哈密忠顺王倒瓦答失里及头目人等曰："尔忠顺王遣指挥法鲁沙等赍奏至京，备言：'近日瓦剌也先令头目塔剌赤等至哈密，取尔母妻弟。适有撒马儿罕兀鲁伯曲烈干遣使臣满剌麻等一百余人进贡方物，路经哈密，被塔剌赤等逼诱，同往瓦剌，又将沙州逃来人家，亦强逼带去。'又称：'瓦剌令三百人马至边体探事情'等因。具悉。然朝廷屡敕尔等，凡远来朝贡使臣，即遣人迎送无失。比因沙州卫都督喃哥等奏所管人民往尔哈密趁食，又敕尔等省谕遣回。尔等皆恬不介意，致塔剌赤等诱引前去，论罪俱不可容。但尔遣人奏报，特皆宽贷。敕至，即将沙州等卫逃移人民，遣回原卫，仍具奏来。果有归慕朝廷欲来进贡使臣，审实起送入境。尔部属中若有奸诈小人，通同外夷生事害众者，即会众擎送甘肃总兵处惩治，庶不为良善之累。如尔等党恶纵容不问，及不念国恩，故违朝命，必命将统军，直抵尔境，捕剿不宥。尔等世忠朝廷，朕待之如一家，故特开心谕之。"

《明英宗实录》卷一百四十一

［六月，癸丑］，命……哈密使臣同知阿哈麻、大使迭儿必失俱为所镇抚。

《明英宗实录》卷一百四十二

［七月，壬辰］，哈密使臣所镇抚哈剌别吉愿居京自效，上命送南京锦衣卫带俸安插。

《明英宗实录》卷一百四十三

［九月，戊子］，兵部言："甘肃总兵官宁远伯任礼奏：'哈密忠顺王使臣捏伯沙来报，也先遣人至哈密，勒王及王母、头目陕西丁等往瓦剌，至则礼待甚厚，赠以貂皮、马羊等物，又将前后劫虏人口六百有余纵还，王已回至本境。闻也先将往斡儿者地面过冬。'捏伯沙又密言：'陕西丁归国时，也先属其约束人马，以俟亦纳失力王调用。亦纳失力王者，故朵儿只伯从兄弟也。'臣等窃观也先无一日不欲南牧，事机已著，不可不为之备。乞敕文武大臣会议方略。"上命待捏伯沙至日，审问得实，会官集议。

《明英宗实录》卷一百四十五

［十月，辛丑］，升哈密卫百户捏伯沙为指挥佥事，从忠顺王倒瓦答失里奏请也。

《明英宗实录》卷一百四十六

正统十二年（丁卯 1447）

［七月，丙午］，哈密忠顺王倒瓦答失里遣千户马黑麻的，同亦力把里地面使臣阿力、朵颜卫指挥完者朵等来朝，贡马驼、方物。赐宴并彩币、衣服等物有差。

《明英宗实录》卷一百五十六

［八月，壬辰］，哈密等处使臣所镇抚哈剌别来朝贡马，愿居京自效。命隶南京锦衣卫，并赐彩币表里、金织袭衣、房屋、床榻、器皿等物。

［甲子］，哈密忠顺王倒瓦答失里遣千户马黑麻的……贡马，赐宴并彩币表里等物有差。

《明英宗实录》卷一百五十七

［九月，丁巳］，骁骑右等卫副千户马青奉使瓦剌，以脱脱不花王及太

师也先使臣皮儿马黑麻等二千一百四十九人来贡。……时也先既诱挟买卖回回锁鲁檀等与其使俱至，又诱令哈密使臣脱脱卜花同撒马儿罕使臣马黑麻的等男妇三百三十九人自陕西入贡，陕西如例宴之，公私骚扰，边患益深。

《明英宗实录》卷一百五十八

［十月，丙戌］，哈密忠顺王倒瓦答失里遣千户马黑麻的等，亦力把力地面头目革来卜撒亦等遣千户阿力等贡马，赐彩币表里。仍命马黑麻的等赍敕并彩币归赐忠顺王及革来卜撒亦等。

《明英宗实录》卷一百五十九

［十一月，壬辰］，先是，罕东卫千户阿束盗哈密马，哈密头目脱火赤率众报之，道遇赤斤卫指挥锁火者，杀之，尽掠其人畜而还。后以锁火者家属还其子总失加，而质其人畜，令索还罕东所盗以赎。至是，交奏其侵害之状。上以敕谕之，令各还所掠，依番俗偿其死伤，且切责哈密忠顺王，数其不能戢下之罪。

［戊戌］，沙州卫遗众矮尔丁把剌亦等来归。先是，沙州之众有散在哈密诸处者，及喃哥来附，尽驱其家属入塞，至是，随哈密使臣入朝，遂愿留自效。命还其妻子，分隶东昌、平山二卫。

［癸丑］，哈密忠顺王倒瓦答失里遣脱脱卜花及撒马儿罕使臣舍黑马黑麻等贡马六十三、驼二十七、速来蛮松都鲁思玉石二万斤、青鼠皮三万张。赐宴及袭衣、靴韈。

《明英宗实录》卷一百六十

［十二月，丙寅］，升哈密卫都督佥事脱脱不花为都督同知，都指挥使陕西丁为都督佥事，指挥佥事失黑麻哈麻为指挥同知。故指挥使革来子亦不剌佥、指挥同知阿都剌火只子马赞、纳邻河卫故指挥佥事薛隆哥子阿哈答俱袭职。

［甲申］，甘肃总兵官宁远伯任礼等奏："比得哈密使臣报：瓦剌也先所部把把来王率众二千屯伯塔山。猛哥不花子与头目满剌平章乘其出，率众袭之，悉俘其人畜。"上曰："也先既失志，必欲报复，其令甘宁、延绥总兵镇守官严饬兵备。"

［乙酉］，哈密忠顺王遣指挥阿卜都剌并云南孟养头目刀库孟等贡金银器皿、土锦、象、马、方物。赐宴并彩币有差。

《明英宗实录》卷一百六十一

正统十三年（戊辰 1448）

［正月，壬寅］，哈密忠顺王倒瓦答失里遣使臣鬼里赤……等俱来朝贡马驼、银鼠及方物。赐宴并赐彩币表里、绢、布、钞锭等物有差。

《明英宗实录》卷一百六十二

［二月，丁巳，朔］，敕谕哈密忠顺王倒瓦答失里及管事大头目人等曰："昔我皇曾祖君临大位，尔祖之叔安克帖木儿首先率义来朝，特封忠顺王，锡以金印，命管治哈密人民，保御边境。其后尔祖脱脱承袭王爵，克效忠勤，特命守把西陲后门，缉探外夷声息，恩待尤厚。逮尔父卜答失里及尔嗣爵以来，遣使朝贡，恩赏愈加。尔宜尽心补报，凡外夷来朝贡者，必护送之，毋令失所。其有狡黠之徒诈诱良善为非者，悉拒绝之，庶见尔之忠诚。前岁撒马儿罕等处来朝使臣回至尔处，不即遣人护送，却纵令无知之人，潜通瓦剌，拘留使臣，夺取赏赐。揆之大法，当捕治示众。今姑不问，尔等自今宜各效忠诚，谨守法度。若迤北人来诈诱，悉拒绝勿听，远夷使臣往来者，皆如旧护送，庶盖前愆。若尔等悖逆朝命，仍私通夷虏，贻患生灵，必调大军剿捕。尔等其毋忽。"

《明英宗实录》卷一百六十三

［三月，乙巳］，赐哈密等处使臣都督脱脱卜花等宴。

《明英宗实录》卷一百六十四

［四月，甲申］，哈密忠顺王倒瓦答失里，亦里把力地面亦速力火者王及亦迷力火者王、阿剌木地面头目讨瓦干、阿端地面头目伯蓝舍、兀失地面头目锁擅亦速伏、他石哈牙地面头目阿剌乩力的、帖力他地面头目阿卜罕、鲁城地面头目阿卜都剌、哈剌火州地面头目哈苦、儿白地面头目赛的马黑麻、苦先地面头目舍剌、领真地面头目虎歹乩力的等、鸦儿地面头目赛打力、察弟儿地面头目牙的哈儿、散竹地面头目米南沙、脱辛地面头目革来、刺术地面头目纳速剌打鲁瓦歹、昔儿勤地面头目阿他木儿、秃由地面头目马黑木速鲁檀、他替儿地面头目把黑的牙儿等俱遣人来贡马。赐宴并彩币表里有差。

《明英宗实录》卷一百六十五

[五月，乙巳]，命……哈密卫使臣已故指挥使卜颜朵儿只子鬼里赤袭职。

《明英宗实录》卷一百六十六

[六月，癸酉]，命……土鲁番城地面使臣马黑麻、苦察地面使臣迷儿马哈木、虎坛地面使臣哈只马黑麻、脱辛地面使臣火只阿力、哈密地面使臣撒的儿等四人俱为所镇抚。

《明英宗实录》卷一百六十七

[九月，甲申，朔]，哈密忠顺王倒瓦答失里等遣使臣哈三等来朝，贡马驼、玉石。赐宴并彩币表里、绢、布等物有差。

《明英宗实录》卷一百七十

[十月，丁巳]，哈密忠顺王倒瓦答失里遣头目哈三等来朝贡马。赐宴及彩币等物。陛辞，命赍敕及金织表里归赐其王。

[己卯]，敕谕哈密忠顺王倒瓦答失里曰："尔奏瓦剌太师也先因亲戚之故，遣人邀尔往见彼母，及也先声言出军回尔亦当往见，并所有尔遗民，候尔到时俱与领回等因。具见尔忠敬之意。朕以天下为家，一视同仁，固无分彼此。但尔世膺王爵，守御近边，洊受恩宠，忠诚尤笃。凡有事务，宜与尔图长久。也先虽与尔为亲戚，其部属安能尽体也先之心。倘为利害所惑，一言不合，必生嫌隙。况相去窎远，山坂溪涧之间，或为小人所乘，祸患难测。古云：'人无远虑，必有近忧。'又尔以王爵统守一方，亦当知所自重，思患豫防，斯无后悔。也先果促尔行，尔以保守地方之事明白回答。或选一良使往彼致意，用全交好，亦无嫌疑。尔尤须谨守礼法，不许轻听奸诈怵诱，妄谈是非，自速后祸。盖朝廷选将练兵，赏善诛恶，行之未尝或爽。尔宜体国厚恩，益坚臣节，庶几永保富贵。尔等其钦承之。"

《明英宗实录》卷一百七十一

[十一月，壬寅]，迤北瓦剌脱脱不花王并太师也先遣使臣完者帖木儿等，哈密忠顺王倒瓦答失里遣知院马黑麻……俱来朝，贡马驼及方物。赐宴并袭衣、钞币等物有差。

《明英宗实录》卷一百七十二

[十二月，甲戌]，先是，哈密忠顺王倒瓦答失里奏也先遣使来请其母，

不敢辄往。赐敕嘉之。至是，哈密头目马黑麻等到京，言："倒瓦答失里已于今年五月内率众从也先使臣往瓦剌，至七月间方回。"上以其行与言违，遣敕责之。

《明英宗实录》卷一百七十三

正统十四年（己巳 1449）

［二月，甲寅］，敕谕赤斤蒙古卫都督佥事阿速，都指挥可儿即、亦鲁伯、薛令等曰："比者甘肃官军护送哈密使臣脱脱不花等出境，至苦峪城驻扎，尔卫都指挥总儿加陆、指挥写帖儿锁南卜等，纠同罕东都指挥阿黑巴等，率众千余围城，声言欲报脱脱不花旧仇，及欲与官军拒敌。后官军缉捕总儿加陆，监收营内，又窃逃回。总儿加陆等世受朝廷官赏，宜谨守法度，以图补报。今乃若此，皆尔等平日不严切约束所致。论法当追捕，今悉姑宽容。敕至，尔即挨捕总儿加陆等，押送甘肃总兵官处解来。仍戒饬人民，毋或为非，斯可长久享福。"复谕罕东卫都指挥同知赏卜儿加、指挥佥事观禄等曰："曩者尔卫都指挥阿黑巴等私带部属移来沙州居牧，尔父绰儿加等请赶回本卫。已省谕阿黑巴等，至今未回。近者阿黑巴邀截哈密使臣，敕至，尔等即调领人马，将阿黑巴等尽起回本地方居牧。若彼敢恣肆不回，必调官军剿捕，正以大法。"

［甲子］，赏赤斤蒙古卫都督佥事阿速，指挥巴萨合结等、千户果果加等、镇抚克罗俄思加等四十八人各银一两、绢二匹、布二匹，以护送哈密使臣出境功也。

［乙亥］，敕谕赤斤蒙古卫都督佥事阿速，都指挥同知可儿即、亦鲁伯、薛令等曰："比因哈密朝贡使臣脱脱不花等回，朕念其道里辽远，恐在途有失，特敕尔等拨人马防送。尔等不体朕优待远人之意，纵容部属，纠合凶党，邀截使臣，抗拒官军，致擒获犯人写帖儿等七人解京。……论法宜将各犯处决，但念其归顺年久，特推大恩，悉宥其罪。令人押送，给与口粮脚力，送付甘肃总兵镇守官处，转差人各送回本卫。……"

《明英宗实录》卷一百七十五

［三月，乙巳］，甘肃总兵官宁远伯任礼奏："罕东卫都指挥班麻思结居大沙州，与瓦剌也先通好，近与哈密仇杀，报复不已。令回本卫，庶不为边方之患。"上敕赏卜儿加拘之回罕东，仍敕班麻思结即同部属回卫，毋故违命，以取罪愆。

《明英宗实录》卷一百七十六

　　［四月，己未］，哈密忠顺王倒瓦答失里遣使臣额鲁赤把失忽里等来朝贡马，因奏母疾，乞赐药疗治。上命太医院如所求与之。

　　［乙丑］，敕甘肃总兵官宁远伯任礼、参赞军务右副都御史马昂等曰："得尔等奏及沙州寓居罕东卫都指挥佥事班麻思结奏，备称近被哈密抢杀人畜，乞朝廷遣官追理。彼不能安分，累与哈密结怨，今被劫掠，本难与理。但念远夷数千里遣人来诉，情有可悯。又哈密忠顺王累诱瓦剌之人来抢近边夷人，若置不问，恐小人效尤，引寇生患。今敕尔等选通夷情头目赍敕谕忠顺王等，追取所抢给还，庶来诉者知所感激，谲诈者有所忌惮。且哈密近年常与北虏往来，尔等所遣务在得当，不许轻忽生事。或彼中有北虏事情，就密以闻，尔等其钦承之。"

《明英宗实录》卷一百七十七

　　［五月，辛丑］，哈密忠顺王倒瓦答失里遣使臣阿力虬等来朝，贡方物。赐宴并彩币表里等物有差。

《明英宗实录》卷一百七十八

六 明景泰时期（1450—1456）

景泰元年（庚午 1450）

［五月，庚申］，赏赤斤蒙古等卫达官都督、都指挥、千百户、镇抚鞑靼人等阿速等三百一十四人彩段表里并绢有差，以杀哈密叛寇之功也。

《明英宗实录》卷一百九十二

［十二月，庚寅］，撒马儿罕地面进贡回回哈三、土鲁番进贡回回察乞儿并凉州回回沙即班等来归，命为头目，送南京锦衣卫安插，给赐钞、布、纻丝衣、鞋鞡、牛羊、柴米、房屋、床榻等物。

《明英宗实录》卷一百九十九

景泰二年（辛未 1451）

［十二月，乙酉］，哈密忠顺王倒瓦答失力遣使臣阿力虮……等来朝贡马及方物。赐宴并彩币表里等物有差。

《明英宗实录》卷二百十一

景泰三年（壬申 1452）

［正月，甲辰］，赤斤蒙古卫都督羽鲁伯等伴送哈密等处地面忠顺王倒瓦答失里所遣臣百户阿力虮等来朝贡马及玉石方物，赐宴及彩币表里、钞、

绢、袭衣、靴帽等物有差。

《明英宗实录》卷二百十二

[二月，庚午]，哈密使臣阿力乩辞归，赐宴并彩币等物，仍命赍敕及彩币等物归赐其王及头目有差。

《明英宗实录》卷二百十三

[七月，戊申]，陕西行都司掌司事都督任启等言："羌夷近岁以玉石进者，每石一斤得赐绢一匹，今哈密使臣哈的所贡至三万三千五百余斤，是为绢三万三千五百余匹也。夫以丝帛易此玩物已为伤财，况远运至京，重劳民力，殊为非计。且其意实规厚利，假称朝贡，曰某头目所差，某王子所遣，杂遝纷纭，不可识别。而所贡玉石草恶杂进，不复辨验，日长日增。宜有处置，以押其贪心，以纾我财力。"于是礼部请令边关，视其碎杂瑕疵者却之，其入贡无验者勿纳。从之。

《明英宗实录》卷二百十八

[八月，己丑]，哈密地面遣使臣捏列沙等……来朝，贡驼马及方物。赐宴并赐彩币表里、青红布绢等物。哈密忠顺王倒瓦答失里奏：乞升指挥捏列沙等职。兵部议："哈密世受国恩，不能思报，乃阳为尊事朝廷，阴则交通北虏，漏泄事机，以构边患。今虽服罪来朝，终是心怀谲诈，若又滥与升职，则是恩加有罪，赏出无功，宜不允所奏，待其有功而后升赏。"从之。

《明英宗实录》卷二百十九

[十月，丁未]，哈密忠顺王倒瓦答失里遣使臣扎力虎赤、黑牙思等……来朝贡马及方物。赐彩币等物有差。

《明英宗实录》卷二百二十二

[十一月，壬午]，赐哈密等处使臣哈的马黑麻、迭力迷失等……宴。

[十一月，丙戌]，前军右都督杨俊言："今之所以急莫北虏比，此虏往时酋长尚在，东西诸番未附，然犹取获而归。今则脱脱不花王即为所弑，悉有其众，而东自女真、兀良哈野人，西有蒙古赤斤、哈密，皆受其约束。此其包藏祸心，窥伺边境，直须时而动。……"

《明英宗实录》卷二百二十三

[十二月，己丑，朔]，哈密忠顺王倒瓦答失里、头目脱脱不花，亦力把里地面也先卜花王并妃虎都速旦、头目舍剌，土鲁番地面也密力虎者王并

妃古瓦儿速檀等、头目马麻米儿咱等，察力失地面也密力虎者王、姊打剌闷等、头目打剌乩儿的，脱忽麻地面卜剌孩王，赛兰地面头目革来坛，把丹沙地面头目速鲁坛马黑木，速鲁坛牙地面头目速儿卜撒温，阿思乩地面札尼乩王，舍力湾乃丁地面速坛阿力王等，阿剌母剌地面赛你阿卜丁王子阿的罕沙，并克失迷儿、哈剌火州、帖力蛮、扫兰等一百二十一处地面头目俱遣使来朝贡马。赐宴并彩币表里、纻丝袭衣等物。仍命来使各赍敕书、彩币表里归赐其王及妃并头目有差。

[癸巳]，敕哈密忠顺王倒瓦答失里曰："我朝廷自祖宗以来，待尔哈密恩礼极厚。今尔复遣使臣黑牙思等赴京进贡，求医士，特念尔等久居边鄙，坚守臣节，保障地方，悉允所请。尔等宜体朕意，图报国恩。近闻中国被虏之人自北回南者，多有在尔哈密地方存住。敕至，尔等即遣人送赴甘肃总兵官处，交送来京，庶见尔等忠顺朝廷之意。"

[乙巳]，敕赤斤蒙古卫都督阿速亦鲁伯并头目人等、罕东卫指挥阿黑巴、把麻思结并头目人等曰："今后但有哈密并瓦剌等处走回及送回中国人口到尔地方经过，尔等不许拘留杀害，即便令人伴送至甘肃总兵镇守等官处交收，转送来京，庶表尔等敬顺朝廷之意。……"

[丁巳]，授亦力把里及哈密使臣哈马里丁、满剌赛夫丁俱为指挥佥事，满剌把巴等三人俱为副千户。

《明英宗实录》卷二百二十四

景泰四年（癸酉 1454）

[四月，庚戌]，哈密忠顺王倒瓦答失里遣使臣阿力乩克等同瓦剌等处地面使臣火者碾黑麻等来朝，贡马驼、玉石、貂鼠皮等物。赐宴及彩币表里等物有差。

《明英宗实录》卷二百二十八

[九月，庚午]，镇守甘肃太监蒙泰奏："哈密忠顺王倒瓦答失里所遣来甘州使臣言：'忠顺王等往虏酋也先处议事。'又言：'虏众已立也先为王，而以其次子为太师。'虽其言未可深信，但哈密累受朝廷厚恩，乃阴结丑虏，

必贻我边患。"兵部言："宜行各处总兵镇守等官,整军马,谨烽堠,遇有警急,相机守战。"从之。

《明英宗实录》卷二百三十三

景泰五年（甲戌 1454）

[十一月，丙寅]，哈密使臣阿力乩殴死甘州驿卒,当抵死,赦其王令自治之。

《明英宗实录》卷二百四十七

景泰六年（乙亥 1455）

[正月，甲子]，提督甘肃军务左副都御史宋杰奏："哈密忠顺王世受朝廷爵赏,为我藩篱。迩年也先叛逆,彼乃阴与结附。今也先被杀,又不以实报我,然犹遣人进贡,乞拒绝之。"帝命兵部议,言："哈密既以进贡为名,亦难遽然拒绝,以失柔远意。宜候其使至日,研审明白,果无别情,如例馆待。"从之。

《明英宗实录》卷二百四十九

[二月，辛卯]，哈密忠顺王倒瓦答失理遣使臣法六等诣官进贡奏事。赐宴及彩币表里、袭衣、靴韈等物。其使臣捏伯沙欲于甘肃地面坐住,诏允其请,命甘肃总兵镇守等官给房屋薪米,仍严加关防,勿致疏虞。

《明英宗实录》卷二百五十

[五月，己酉]，哈密忠顺王倒瓦答失里遣使臣可儿陆凯牙等来朝贡马,并奏："也先既死后,其长子火儿忽答、孙楚王伯颜帖木儿、送知院,及也先妻者密失哈屯有人马一万,居于干赶河。其母并一妻赛因失里又在达达之处。"

[甲子]，赐哈密等处使臣可儿陆凯牙等钞、彩币表里、纻丝袭衣有差。

[壬申]，敕哈密忠顺王倒瓦答失里曰："累闻迤北走回人言：汉人男女先被达贼抢去,有转卖与尔哈密地方者,有自逃回尔地方潜住者,有经过尔

处被尔部下拘留不发者,前后约有三千余人。中间被尔部下卖与撒马儿罕地面去者约一千余人,其余尚有二千余人。朕以尔祖父以来,世受朝廷爵赏,尔亦自称与朝廷守把后门,岂可以求微利,致失尔之信义。敕至,尔即以朕言宣谕部下,但有拘留人口者,尽数遣人送还,朝廷自有赏赐,决不吝惜。尔其体朕至怀。"

是日,复以忠顺王使臣阿力虬殴伤人命,赐敕谕之曰:"法司奏尔先次进贡使臣阿力虬等回至甘州地方,不守法度,强夺人羊及打伤伴送总旗身死。朝廷立法,凡白昼抢夺人财物者罪当死,无故打伤人命者亦当死。今阿力虬犯两死罪,律该斩首示众。今尔奏乞宽恕,朕念尔能敬顺朝廷,遵守礼法,特准所言,即令有司放回付尔。至日尔须依法整治,仍须戒约后来使臣,不许仍前凶恶,不守法度,违者朝廷必处以法不恕。特谕尔知之。"

《明英宗实录》卷二百五十三

[六月,癸卯],命故哈密卫都指挥佥事掌吉帖木儿子克先秃袭职。

《明英宗实录》卷二百五十四

[七月,丁亥],镇守甘肃太监蒙泰奏:"撒马儿罕地方使臣言:亦力把里也咩力火者王领人马来劫哈密。"兵部议:"哈密与甘肃为邻,窃虏扰边境,乞移甘肃及治边总兵官昼夜密切哨探,以备不测。"……从之。

《明英宗实录》卷二百五十六

景泰七年(丙子 1456)

[二月,庚子,朔],敕谕赤斤蒙古卫都督阿速曰:"得甘肃镇守总兵官奏,尔将逃叛指挥可儿加等送出到边,令带驼马赴京进贡。询知可儿加等曩随达贼也先人马往迤北居住,近因也先被杀,仍复走回,其罪固难容恕。尔受朝廷重任,不能钤束部落亲属,致其逃出外境,论法亦当究治。今皆置之不问,已将可儿加等优待遣回。尔当自今以后用心抚管下人,固守境土,保障边外。其余逃判人口有在哈密潜住未曾回者,尔即差人招抚回还,俾之安生,毋怀二心。"

《明英宗实录》卷二百六十三

［五月，己巳，朔］，后军都督佥事昌英卒。英回鹘人，百户松忽儿之子，永乐二年袭父职。……十一年，赐姓。累使迤北和宁王阿鲁台、忠勇王也先土干及亦力把里、哈密诸处。……

《明英宗实录》卷二百六十六

［六月，丁卯］，敕谕哈密忠顺王倒瓦答失里、撒马儿罕地面卜撒因王、亦力把里地面也密力虎者王及王母、王妃、王弟、王姑，并把丹沙等处地面头目速鲁檀马黑麻各大小头目人等，赐织金文绮表里、器物有差，俱命原来使臣分赍与之。

《明英宗实录》卷二百六十七

［九月，癸巳］，哈密并脱忽麻等处使臣指挥陕西丁……等来朝贡马及方物，赐宴并彩段表里等物有差。

《明英宗实录》卷二百七十

七 明天顺时期（1457—1464）

天顺元年（丁丑 1457）

［二月，庚子］，朝鲜国并哈密等处使臣闵骞等辞，命赍敕书彩币归赐其王。

《明英宗实录》卷二百七十五

［三月，辛巳］，命都指挥佥事贺玉、指挥使金贵使哈密，指挥使马云、正千户詹昇使撒马儿罕，正千户于志敬、马亮使亦力把里，俱升一级。

《明英宗实录》卷二百七十六

［四月，庚子］，升授哈密等处使臣都指挥同知撒力为都指挥使，都指挥佥事把秃帖木儿为都指挥同知，马黑麻打剌罕等四人为指挥佥事，土麦秃哈申等三人为副千户，哈只等十二人为百户，俱赐冠带。

《明英宗实录》卷二百七十七

［五月，丁丑］，忠义前卫司吏张昭言："臣近闻皇上遣官舍预给一二十月本色俸米，令其粜用，赏给银两、表里，赍往西洋、土鲁番、亦力把里、撒马儿罕、哈密等处，分投和番。臣伏思皇上光复宝位，首先和番，甚非美事……"奏下公卿博议，覆奏："下西洋和番都指挥马云等今已不遣。其关过赏赐财物钱粮，宜令云等将已易货物并未易见在者，具数开奏，以俟再遣。"上曰："姑已之。"

《明英宗实录》卷二百七十八

张昭，不知何许人。天顺初，为忠义前卫吏。英宗复辟甫数月，欲遣都指挥马云等使西洋，廷臣莫敢谏。昭闻之，上疏曰："安内救民，国家之急务；慕外勤远，朝廷之末策。……今畿辅、山东仍岁灾歉，小民绝食逃窜，妻子衣不蔽体，被荐裹席，鬻子女无售者。家室不相完，转死沟壑，未及埋瘗，已成市脔，此可为痛哭者也。望陛下用和番之费，益以府库之财，急遣使振恤，庶饥民可救。”奏下公卿博议，言：“云等已罢遣，宜籍记所市物俟命。”帝命姑已之。

《明史》卷一百六十四《张昭传》

天顺元年，复议通西域，大臣莫敢言，独忠义卫吏张昭抗疏切谏，事乃止。

《明史》卷三百三十二《西域四·哈烈》

[八月，乙巳]，哈密忠顺王弟卜列革遣使臣阿都剌等……来朝贡驼马及方物。赐宴并钞、彩币表里、纻丝袭衣等物。

《明英宗实录》卷二百八十一

[九月，癸酉]，遣都指挥贺玉、金贵为正副使，赍敕命哈密卜列革袭兄忠顺王倒瓦答失里爵，从其母奏请也。仍命玉等赍彩段表里赐之。升哈密使臣指挥使阿都剌为指挥佥事，指挥同知阿都剌为指挥使。

《明英宗实录》卷二百八十二

天顺二年（戊寅 1458）

[闰二月，丙戌]，哈密忠顺王弟孛罗革得被虏汉人男妇五十二人，遣使送之来归。

《明英宗实录》卷二百八十八

[六月，己未]，哈密等处使臣桑哥失里等来朝贡马驼，赐宴并彩币袭衣、靴韈有差。

《明英宗实录》卷二百九十二

[九月，辛卯]，哈密忠顺王卜列革以母疾，遣使臣察马力丁来朝贡马，奏求通医术者一人并丁香、桂皮诸药。上曰：“哈密路远，医人不必遣，第给所需药，付来使赍回赐之。”

《明英宗实录》卷二百九十五

天顺三年（己卯 1459）

[正月，丁未]，敕哈密忠顺王卜列革："先差使臣马云等往迤西公干，因尔处有达贼乜加思兰截路为恶，不曾前进。后因尔处通报贼情宁静，道路无虞，以此使臣进去。及至尔处，其原差使臣指挥乌钦、舍人沃能回还报说：乜加思兰仍在彼处，差人见王，谋为劫夺之举。使臣在彼，进退两难。以此言之，过实在尔。且尔祖宗以来，世受朝廷大恩，守此境土。永乐年间，使臣往来护送恭勤，何曾有失。尔宜遵承前志，不可与贼交通。今使臣在彼，尔即差人送去迤西。如不可前进，尔即差人护送回还。尔若背逆天道，包藏祸心，助贼为恶，以致钱粮人马疏失，朝廷必调大军征剿，决不尔宥。尔其慎之，毋贻后悔。"

《明英宗实录》卷二百九十九

[二月，丙子]，哈密、土鲁番、亦力把里、黑娄、哈失哈儿、吉兰兀、鲁木思、戎等处正副使及从人二十六名来朝贡，兵部具升例以闻。上命正副使原有官者升一级，无官者正使授百户，副使授所镇抚，哈失哈儿等处使臣俱授所镇抚。皆给赐冠带。从人赏赐如例。

[己卯]，礼部奏："哈密等处地面使臣已将马驼进贡，其余玉石千二百斤乞令自卖。"从之。

[辛巳]，哈密地面遣使臣哈只等……来朝贡马及方物。赐宴并彩币表里等物有差。

《明英宗实录》卷三百

[三月，甲申]，升哈密等处使臣副千户舍力夫丁、卫镇抚满可里不花俱为正千户，百户哈只、撒都剌俱为副千户，所镇抚哈思马力为百户。授满剌马哈麻等四人为百户，马哈麻、土买秃等八人为所镇抚。

[庚寅]，哈密地面遣使臣演赤虎力等……来朝，贡马及方物。赐宴并彩币表里等物有差。

《明英宗实录》卷三百一

[四月，丁巳]，哈密等处使臣辞归，宴赐有差。命赍敕及彩币表里赐

哈密忠顺王卜列革、亦力把里地面也乜力火者王等、帖必力思地面速鲁檀王等。

《明英宗实录》卷三百二

[六月，壬申]，哈密忠顺王卜列革奏求朝服冠带笏佩、母妻冠服及诸兵器轿乘等物。上命有司制与一品朝服一袭，珠翠翟蹉冠二顶，余不允。

《明英宗实录》卷三百四

[七月，庚寅]，命哈密忠顺王卜列革使臣都指挥佥事阿都剌、千户阿马力、百户舍力夫丁俱升一级。

[辛丑]，哈密忠顺王卜列革遣使臣拜帖木儿等来朝，贡马驼。赐宴并彩币表里、纻丝袭衣等物。

《明英宗实录》卷三百五

[八月，庚戌，朔]，升哈密忠顺王使臣都指挥同知把秃帖木儿为都指挥使，伯都王使臣指挥佥事失剌力为指挥同知，命克失秃王使臣故都督佥事把秃子把秃孛罗为指挥佥事。伯都王、克失秃王皆自瓦剌寓居哈密者。

[辛亥]，哈密忠顺王卜列革遣使臣舍剌罕等奏报边事至京，赐钞、彩币表里、金织纻丝袭衣等物。

[癸亥]，哈密使臣都督脱脱不花、指挥虎都帖木儿等陛辞，宴赐如例，仍命赍敕并彩段表里归赐忠顺王卜列革及瓦剌也先弟伯都王。

《明英宗实录》卷三百六

[九月，庚寅]，命哈密忠顺王使臣得失儿哈为指挥同知。

[癸卯]，加赐哈密使臣撒满赤等十二人人彩段一表里，从其都指挥使把帖儿奏请也。

《明英宗实录》卷三百七

[十二月，己巳]，升哈密指挥佥事苦出帖木儿为指挥同知，正千户阿都剌为指挥佥事，百户哈只为副千户，授失儿哈等六人俱为百户。以忠顺王卜列革奏其迎送朝廷使臣有劳故也。

《明英宗实录》卷三百十

天顺四年（庚辰 1460）

［正月，乙未］，赐哈密忠顺王母努温答失里轿、洗面盆各一，金箔一百贴，细茶三十斤，乳香、檀香、丁香、心红各三斤，良姜、桂皮各五斤，桐油、胡椒、荜茇、白矾各十斤，厚榜纸、中夹纸各三百张，从其请也。

［壬寅］，升土鲁番等处使臣都指挥同知木撒法儿为都指挥使，指挥使伯兰火只为都指挥佥事，指挥佥事虎秃不丁为指挥同知，正千户撒的为指挥佥事，副千户哈只马黑麻、马黑木、困麻蛮俱为正千户，百户阿力等三人为副千户，迷儿马哈麻等十四人俱授所镇抚。故都指挥佥事舍黑马哈麻子迭儿必失、指挥使失黑马哈麻子沙的儿火只等四人俱袭职。

《明英宗实录》卷三百十一

［二月，丙辰］，赐哈密地面使臣都督佥事虎迭力迷失等宴及彩币表里、袭衣、靴帽、钞、绢等物。

《明英宗实录》卷三百十二

［三月，丁酉］，哈密忠顺王母努温答失里遣指挥同知虎迭力迷失……来朝贡马，赐宴有差。

［甲辰］，升哈密使臣正千户火者忽思老为指挥佥事，授丁伯也即等三人俱为所镇抚。

《明英宗实录》卷三百十三

［五月，丙申］，命都指挥佥事金贵、指挥使马晋使哈密，指挥白全、指挥同知郭春使土鲁番，都指挥同知程俊、指挥同知马亮使乜加思兰。特三处遣使入贡，故遣贵等往赍之。

［庚子］，哈密使臣哈的马黑麻、迭力迷失等贡马驼。赐宴并彩币等物有差。

《明英宗实录》卷三百十五

［七月，丙子］，礼部奏："哈密使臣哈即马哈麻等累奏欲以自带来玉石并驼进收，请照例将玉石送内府，每十斤赏绢一匹，驼一只送御马监，赏彩段三表里、绢十匹。"从之。

［丙戌］，命哈密、阿速等处差来使臣都指挥同知等官阿哈麻等四人俱

升一级，赛剌阿卜丁等二十二人俱为所镇抚，故都指挥同知兀思答阿里子阿马丁、都指挥佥事阿剌乞已子撒哈丁等十八人各袭父兄原职，为指挥佥事、千百户、镇抚等官。

［庚寅］，敕甘肃总兵官宣城伯卫颖等曰："今得尔等奏报：撒马儿罕公干使臣都指挥马云等，路阻难进，在哈密被贼劫去驼马、骡驴等情，具悉。今有敕与马云等并哈密忠顺王母及大头目，尔等可即令马云等赍去，或差人与之同去，务度量可否，不致疏虞。"

《明英宗实录》卷三百十七

［九月，庚辰］，哈密使臣哈哈贡马九匹，礼部验系甘肃总兵等官择退之数，羸弱不堪，宜令本使自鬻。从之。

［辛卯］，兵部奏："锦衣卫带俸都指挥佥事金贵等遣往哈密并三个城、土鲁番地面公干，行次甘肃，闻先遣使撒马儿罕等处都指挥佥事马云等尚在哈密，为乩加思兰攻劫。欲如云例，遣兵送至卜鲁克秃地面，并敕赤斤蒙古、罕东二卫防护。"上敕甘肃总兵等官留贵等，待道通时遣之。

［戊戌］，哈密忠顺王母努温答失里奏求诸色颜料、金箔并香纸等物。上以努温答失里先求厚薄纸并桐油、白矾、金箔之类，已如数给予，今几何时，乃复有求，不允。

《明英宗实录》卷三百十九

［十月，壬子］，哈密使臣阿力克……来朝，贡马驼及方物。赐宴并金织纻丝袭衣、彩段表里、绢、布等物有差。

［己未］，兵部奏："先差锦衣卫带俸都指挥佥事马云等赍敕书金牌往撒马儿罕等处，行至哈密，为乩加思兰攻劫，回在肃州，奏称有堕思马黑麻王等处所差使臣二百余人各赍方物，欲同来朝贡，乞命礼部照例遣官迎迓。"上从之，且命召云等回京。

《明英宗实录》卷三百二十

天顺五年（辛巳 1461）

［正月，戊申］，哈密等地面遣使臣陕西丁等……来朝贡马及方物。赐

宴并彩币表里等物有差。

《明英宗实录》卷三百二十四

［三月，癸亥］，升哈密使臣指挥同知阿忽沙、陕西丁俱为指挥使。

《明英宗实录》卷三百二十六

［四月，甲申］，命瓦剌也先弟伯都王为都督佥事、侄兀忽纳为指挥佥事。伯都王即哈密王母之弟兀忽纳母之侄也，因也先乱后，俱依哈密住居。至是王母努温答失里上书，乞与伯都王一职，兀忽纳亦自上书求升，故有是命。

［五月，己未］，命哈密使臣牙安帖木儿、阿鲁巴俱袭父职指挥佥事，千户克俄加升为指挥佥事。

《明英宗实录》卷三百二十八

天顺六年（壬午 1462）

［四月，癸未］，哈密忠顺王母努温答失里等遣使火只乩儿的……来朝，贡马及方物。赐钞、币如例。

《明英宗实录》卷三百三十九

［五月，丙申］，土鲁番地面遣使臣米列等……来朝贡马及方物。赐宴并彩币表里、纻丝袭衣等物有差。

《明英宗实录》卷三百四十

［六月，丙寅］，命土鲁番王使臣米郎为指挥使，指挥佥事马黑麻、迭力迷失为指挥同知。

［丁卯］，京卫指挥等官邬钦等一百二十七名，下锦衣卫狱。初，钦等各领白金、彩币等物，随使臣马云等往西域诸国贸易。至中途，闻哈密王母言前路有贼，钦等畏惧逃回，尽费其物。诏锦衣卫执问追陪，候马云回罪之。

［壬申］，升留守卫指挥使白全为都指挥佥事，金吾右卫指挥同知葛春为指挥使。全等出使土鲁番还，奏乞迁职，故有是命。

［癸酉］，命哈密故指挥佥事舍黑咱答子亦不剌佥袭职，升千户哈只、失哈力俱为指挥佥事。……哈密忠顺王母弩温答失里奏：被乩加思兰尽掠其羊

畜，乞于陕西边境买羊一千，以图孳牧。上命止买二百。

〔七月，乙未〕，命哈密等处使臣都指挥使木撒法儿、指挥佥事阿领沙、千百户镇抚等官马哈麻撒剌迷等十二人俱升一级，失迷儿必失等二十人俱为所镇抚。命哈密地面指挥使完者土干侄那颜、指挥佥事沙班子失马黑麻、马黑麻买土秃子陕西丁、兀思班地面指挥同知恰恰侄失马哈麻，土鲁番地面指挥同知舍黑马黑麻子把卜，把搭黑商指挥同知土速看子阿卜都剌，乩加思兰处指挥佥事满剌子阿巴俱袭职。

〔辛丑〕，赏锦衣卫都指挥佥事金贵银十两、彩币二表里，指挥佥事冯普银七两、彩币一表里，总小旗、舍人等各银五两、绢五匹，以出使迤西哈密抚谕番夷有功也。

〔己未〕，哈密忠顺王母弩温答失里等遣头目满剌阿黑麻等来朝贡马，赐宴并彩币表里、纻丝袭衣等物，仍命满剌阿黑麻等赍敕并彩币表里归赐王母。

《明英宗实录》卷三百四十二

〔九月，辛亥〕，哈密忠顺王母努温答失里遣使奏称："前后所遣使臣往往于甘州延住，或三年或五年者有之，乞行催督回还。"兵部奏："请命甘肃总兵等官遣出境。"从之。

《明英宗实录》卷三百四十四

〔十月，丁卯〕，敕甘肃总兵等官宣城伯卫颖等曰："得尔奏报，乩加思兰强取哈密忠顺王妃，及逼胁哈密人马往掠赤斤、罕东二卫，可见其势渐盛。今此虏又遣使来朝，似有远交近攻之意。尔等宜严兵为备，以防不虞，及遣译者往谕二卫，俾加备之。"

〔壬午〕，哈密忠顺王母努温答失里等遣使臣把帖木儿等……来朝贡马及方物。赐宴并金织袭衣、彩段、绢、钞有差。

《明英宗实录》卷三百四十五

〔十二月，甲戌〕，锦衣卫带俸都指挥赵荣使土鲁番，索所部贿。下法司，论当赎流。会赦，特命降二级调外卫。

《明英宗实录》卷三百四十七

天顺七年（癸未 1463）

［正月，辛亥］，命土鲁番等处使臣百户满剌马哈麻为副千户，所镇抚亦不剌忻为百户，授法虎儿丁等五人俱为所镇抚。

［癸丑］，命哈密使臣都督同知把帖木儿为右都督，副千户锁鲁滩为正千户，故指挥同知夫哈里弟阿力乩，指挥佥事阿哈麻子哈兰沙、脱脱子哈儿必失，副千户真帖木儿子昂克帖木儿、赛因台子完者帖木儿俱袭职。

《明英宗实录》卷三百四十八

［二月，己巳］，哈密等处使臣指挥哈只等俱来朝，贡马驼、方物。赐宴及彩币表里、袭衣等物有差。赏光禄寺署丞沙廷玉等白金、彩币表里，以其出使哈密回还也。

［辛未］，命都指挥同知海荣、指挥使马全使哈烈，指挥使詹昇、葛春使撒马儿罕，指挥同知刘福、普贤使哈失哈儿，都指挥佥事白全、百户白暹使阿速，都指挥同知桑斌、正千户刘海使土鲁番，都指挥同知古儿赤、都指挥佥事金贵使哈密，都指挥同知柏贵、副千户杨贵使乩加思兰。俱敕遣之。……陕西、甘州寄住哈密回回指挥佥事捏伯沙等来贡马、驼、玉石等物，赐宴及彩币表里等物有差。

《明英宗实录》卷三百四十九

七年，帝以中夏乂安而远蕃朝贡不至，分遣武臣赍玺书、彩币往谕，于是都指挥海荣、指挥马全往哈烈。

《明史》卷三百三十二《西域四·哈烈》

［三月，丁酉］，升……哈密指挥同知失儿哈为指挥使。

［辛亥］，升哈密使臣指挥佥事哈只为指挥同知。

《明英宗实录》卷三百五十

［四月，辛未］，哈密等处遣使臣写亦哈三等……贡马及方物。赐宴并彩币等物有差。

［癸未］，哈密地面遣使臣哈只等贡马及方物，赐宴并彩币等物有差。

《明英宗实录》卷三百五十一

[五月，甲午]，命哈密卫都指挥同知阿都剌为都指挥使，指挥使苦出帖木儿、亦不剌金俱升都指挥佥事，从哈密王母努温答失里奏保也。

《明英宗实录》卷三百五十二

[闰七月，癸亥]，哈密正使钵若舍力……等来朝，贡马、驼、方物，赐宴并赐彩币等物。

《明英宗实录》卷三百五十五

[八月，壬辰]，哈密忠顺王母弩温答失里遣指挥恰恰等奏事，……赐彩币等物有差。

[戊戌]，命土鲁番等处差来指挥使鬼力赤、指挥佥事阿马力沙力兔力俱升一级，那速儿丁等十七人俱为所镇抚，故都指挥同知兀思塔阿里侄撒因阿力火只，都指挥佥事法黑儿者罕侄秃买秃马哈麻、赤儿米即，指挥佥事奴儿丁弟马麻答力、满剌亦麻的子陕西丁俱袭职。

《明英宗实录》卷三百五十六

[九月，庚申]，哈密忠顺王母弩温答失里奏举必剌牙失里袭从父绰颜帖木儿国师职。上曰："国师乃朝廷优待西僧职之重者，非戒行精专，莫能胜之。彼必剌牙失里何人，乃欲遽得是职。其第以都纲授之。"

[辛酉]，哈密使臣阿蛮乜力……来朝贡马及方物。赐宴并金织袭衣、彩币表里等物有差。

[戊辰]，哈密忠顺王母弩温答失里奏："本国僧兀歹奴往乱加思兰处，妄言羊儿年本国城当破，乱加思兰信之，兴兵攻围本国城者两月。今乱加思兰遣此僧赴京朝贡，乞将此僧拘留放之南方。"兵部言："所奏不可从，恐失外夷心。"上曰："然。"

《明英宗实录》卷三百五十七

[十月，庚寅]，哈密忠顺王母弩温答失里遣都指挥苦儿鲁海牙……来朝贡马及方物。赐宴并金织袭衣、彩币等物有差。

《明英宗实录》卷三百五十八

[十一月，丙寅]，哈密忠顺王卜列革死后世绝未封，屡诏哈密议当袭封者。其使臣哈只请以命王女之子把塔木儿，王母奴温答失里请于阿儿察王兄弟中命一人，至是使臣苦儿鲁海牙来言："把塔木儿难袭，阿儿察王见居阿真地面，乃王母同祖兄弟，宜袭。乞差人去彼选取。"礼部言："哈密孤城

悬在万里之外，迫于乜加思兰，危在乾夕。今苦儿鲁海牙乃哈密用事得力之人，云：'若袭封不定，王母必须自来。'其哀苦迫切之情，无非为本国生民之计。况救急存亡，朝廷大义，宜俯顺其情，令于阿儿察王兄弟七人中推一人赴哈密，待王母复奏，然后授以王爵，主掌城池。"上从之。

《明英宗实录》卷三百五十九

[十二月，乙未]，命哈密故指挥同知马哈木子马哈麻袭职，升指挥佥事马黑木为指挥同知，授桑哈失里等九人俱为所镇抚。

《明英宗实录》卷三百六十

天顺八年（甲申 1464）

[四月，丙午]，哈密王母弩温答失力奏："乜加思兰欺侮侵扰，乞差人往阿儿察王处，取其兄弟一人，定与职名，掌管哈密地方。"上命甘肃守臣郭登等省谕其使臣阿都剌等回，令王母保守城池，听候朝廷行取掌管之人，至日处分，毋听信下人，轻易扰攘，致乖大体。

《明宪宗实录》卷四

[五月，丁丑]，哈密地面使臣苦儿鲁海牙奏："先因本国王死无嗣，乜加思兰欲侵据其地。访得西番阿儿察安定王与国王同出一祖，见有兄弟七人，乞选取一人来主国事。已奏，蒙敕遣都指挥贺玉等同臣往安定选取。行至西宁，距安定城仅十日程，玉等称奉诏不行，亦不容臣等自往。臣于西宁适闻安定灌顶国师舍剌藏卜等二人言：'如有圣旨，我二人即当引领使臣往安定王处。'仍乞敕罕东、安定二卫，令其护送。"事下，礼部复奏："玉等既受敕往彼公干，又蒙赏赐银、段，所干者乃封国安边之事，非寻常和番之比。却乃畏避艰难，假称诏旨，擅自回京，狡猾不忠，方命误事。合逮玉等付法司问罪，及追原赏银、段还官。仍请敕一道，将原赉彩段表里付苦儿鲁海牙等赍捧，再请敕三道，一赐舍剌藏卜等二人，俾同苦儿鲁海牙往哈密；一赐罕东；一赐安定，令护送各使往还。如果成功，更加赏赐。"上命执玉等于狱治罪，仍降敕俾苦儿鲁海牙等赍原给彩段往哈密，并敕罕东、安定二卫护送。

《明宪宗实录》卷五

为夷情事

姚 夔

礼部为夷情事，抄译出哈密差来使臣苦儿鲁海牙番字奏："奉圣旨差奴婢去安定卫取安定王兄弟内选一人去哈密掌管国土人民，袭忠顺王职事。有阿儿察王的弟巴失剌失里是个聪明智惠的，跟随他去是他叔父绰思公巴男帖古思、阿儿察王的男出忽罕等，三人在那里预备等候，要往哈密去。因此差他叔父绰思公巴等来了。今洪福主人怎生怜悯，做得济的好事务内里差通晓言语的使臣大人每去呵，奴婢等领的十人著随大人每同去的不去的及取王子的，朝廷前奏讨明降，将绰思公巴且著王母根前住，待巴失剌失里等三人来时，这等呵凡事易得完成。怎生，恩赐圣旨知道。"抄出。查得先该兵部咨兵科抄译出安定王领占干些儿阿儿察王番字奏："比先根本我每同忠顺王是一父母所生的，因此王母弩温答里差使臣赍文书来，我每也差使臣赍文书去哈密说：'你每往朝廷前奏，看有圣旨来取时，我每才敢去。'因此王母及头目每商议了，差都指挥长史苦儿鲁海牙朝廷前奏去了，著我每亲族内选一员好的，即便前去袭忠顺王职事，掌管哈密城池住坐。蒙朝廷与了圣旨敕书及重赏赐，著苦儿鲁海牙同灌顶国师舍剌藏卜、赖麻锁南坚粲从西宁城通事姚斌等差来了。我每这里十分欢喜。我每弟兄十一人内，今选有造化的一人，名巴失剌失里，及令帖古思、出忽罕二人跟去。将这巴失剌失里赐与忠顺王职事来呵，朝廷就差一员职事大人，带些跟随的人，从甘州、肃州来呵，邻近路途中有赤斤蒙古卫都督阿速，都指挥可儿加宗儿、者六撒答儿、亦鲁伯等处，及沙州卫桑吉儿格苦苦、藏尚吉儿吉等处，各与一道敕书，著他每引领使臣大人每来取去住坐，才好往西宁。来时途中有西番说了，誓愿阻当不放，今这等艰难，不能前去，专差我的亲叔父绰思公巴等，急紧差往朝廷前进贡谢恩去了。若不信实呵，将我这亲叔父在王母根前住坐，着圣旨知道。"及该镇守甘肃太监并总兵巡抚等官定西侯蒋琬等各奏，审据安定卫公干通事姚斌等亦说称前事，要乞早颁恩典，涣及夷王，令从安定卫顺路径从哈密，以迎王母等情，通咨到部。

案查先该哈密王母及使臣人等奏称无人掌管卫事，本部节次奏准，请敕王母及大小头目，听令议取。续该苦儿鲁海牙奏要差遣使臣同去，蒙英宗睿皇帝特旨，差都指挥贺玉等赍捧敕书、表里，与苦儿鲁海牙回还。奏称：贺玉等到于西宁，不肯前去，奏要与安定灌顶国师舍刺藏卜等二人同去，乞敕罕东、安定二卫护送等因。本部已经参奏贺玉送问外，仍请敕及赏赐罕东等卫头目表里，责付苦儿鲁海牙，行移西宁镇守总兵等官，选差通事一人，与同苦儿鲁海牙并舍刺藏卜等前去安定卫，选取相应一人，前去哈密王母处住坐听候。去后，今苦儿鲁海牙及安定王各奏已选定弟巴失剌失里在彼，又被路阻，不能前来。其苦儿鲁海牙再三陈说，国之存亡，在此一举，事若不成，人各投窜别部，日后恐非中国之利。及审据原差通事并国师人等姚斌等各执称，巴失剌失里言说，务要哈密本土多差人马，与朝廷使臣同来，方肯起身前去。各夷所言，情甚急切。

合无俯顺夷情，请敕书一道，与哈密王母，令选委大头目，多领人马，前去安定卫，迎接巴失剌失里。及请敕一道与安定王，照依原奉事理，多令的当头目，护送巴失剌失里前去哈密王母处住坐。再请敕二道，一道与赤斤蒙古卫都督阿速等，一道与沙州卫桑吉儿格苦苦等，各另差人引领使臣，往来用心防护，毋致疏虞。本部行令通事都督同知李铎等，从公推举通达夷情不贪不诈的当都指挥一员，请敕与同苦儿鲁海牙前去，带领哈密人马，同往安定卫，申晓朝廷扶弱保小之意，守取原选定巴失剌失里同到苦峪城，交与王母处住坐，管束人民。其巴失剌失里果为主母委任，随即具奏，另行差人封授王爵。仍行移兵部，转行甘肃等处镇守总兵、巡抚等官，如遇差去人员到彼，量拨人马，伴送前去。如此则哈密或可图存，而朝廷兴灭继绝之仁，著于四夷。题。

奉圣旨："是。钦此。"

《姚文敏公遗稿》卷十

[六月，乙未]，给哈密大小麦种子一百石。时哈密忠顺王母累奏为乜加思兰所侵，禾苗无种，乞赐赈济。故给之。

《明宪宗实录》卷六

[八月，丙午]，哈密地面差使臣扎马力丁等贡马。赐衣服、彩段等物有差，仍以赐忠顺王母弩温答失力等彩段表里付扎马力丁赍给之。

《明宪宗实录》卷八

［九月，辛未］，哈密忠顺王母弩温答失力遣使贡马。诏赐彩段表里，并赐其使臣有差。时哈密人民溃散，无所依归，数以进贡为名，一年至者三次，惟求衣食图栖止而已。至是，人数多至千二百余。礼部言："若不审量事机，听其自来自往，费扰实多。今后宜审验相应者，方许放入。"诏从之。既而弩温答失力复奏讨衣药及保其僧人阿必答儿麻失里为国师，诏止与衣药。

《明宪宗实录》卷九

八　明成化时期（1465—1487）

成化元年（乙酉　1465）

[正月，戊辰]，哈密地面使臣写亦舍力乜力等来朝，贡马驼。赐衣服、彩段等物有差。其忠顺王母弩温答失力等附进马驼回赐彩段表里等物，及存留甘州打剌罕等赏赐，俱付写亦舍力乜力领回给与。

《明宪宗实录》卷十三

[三月，己巳]，哈密使臣指挥哈只等，安定王使臣都指挥辍思恭巴等，俱来朝贡马。赐宴并衣服彩段等物有差。

《明宪宗实录》卷十五

[四月，辛巳]，哈密地面遣都指挥苦儿鲁海牙等贡驼马。赐衣服、彩段等物有差。

[戊子]，遣锦衣卫带俸都指挥佥事李珍使哈密，赐珍银八两、彩段二表里，并赐赤斤蒙古、沙州三卫敕书各一道，彩段各二表里，付珍等赍给之。初，哈密王母以忠顺王绝嗣，请择安定卫阿儿察王之弟一人继立，已尝敕阿儿察王，令其推择以闻。至是推名巴失里者堪继，且称道阻，乞遣使臣。乃敕其经过地方勿令阻遏。上命珍往为处置，特赐以遣之。

《明宪宗实录》卷十六

[九月，丁卯]，哈密地面遣使臣哈的马黑麻等来贡。礼部议：“哈密贡马才二十匹，而使臣来者三百六十余人，皆欲给赏。今岁饥民困，以有限之府库，供无益之远夷，请会官议处可以经久长行者。”从之。

《明宪宗实录》卷二十一

[十月，丙戌]，礼部尚书姚夔会太保会昌侯孙继宗等议："哈密乃西域

诸番之要路，祖宗待之特为优厚。然朝贡有期，遣使有数。近年为乩加思兰残破其国，人民溃散，无所栖止，不时来贡，动以千百。将瘦损驼马数匹，名为进贡，实则贪饕宴赐。朝廷保小怀远之仁，固不恤此，然道路疲于迎接，府库竭于赏赐。合酌量事体，哈密使臣岁一入朝不得过二百人，乩加思兰五十人。其土鲁番、亦力把力等或三年、五年入贡经哈密者，依期同来，不得过十人。宜敕陕西、甘肃等处镇守总兵、巡抚、巡按三司等官抚谕夷民，严加防范。及敕哈密王母弩温答失力收集流散，保守土境，依时来朝，庶全朝廷始终优厚之意。"从之。

[己丑]，赐哈密使臣哈的马黑麻等衣服、彩段等物有差。

《明宪宗实录》卷二十二

[十一月，辛酉]，哈密使臣卜鲁罕虎力等来朝贡马。赐彩段等物有差。

《明宪宗实录》卷二十三

[十二月，戊寅]，乌思蛮敏阿先随哈密使臣哈只来贡乞职事冠带。命为所镇抚。

[庚寅]，哈密回回指挥使苦出帖木儿为其王母所杀，其子卜儿罕虎力赍原授敕书二道来朝，乞袭父职。上命为指挥佥事。

《明宪宗实录》卷二十四

成化二年（丙戌 1466）

[二月，庚寅]，哈密忠顺王母弩温答失力遣指挥阿剌卜沙等来朝贡马。赐宴及衣服、彩段等物，仍命阿剌卜沙赍敕回赐王母，并以彩段等物给赐其来朝而存留边境者各有差。

《明先宗实录》卷二十六

[闰三月，己亥]，兵部奏："哈密地方被北房乩加思兰侵掠，忠顺王母率部属避居赤斤苦峪。今北房已退，宜敕王母复还哈密旧地，以抚其众，以卫边塞。"诏可。

《明宪宗实录》卷二十八

[四月，壬子]，哈密王母弩温答失力遣镇抚亦撒等来朝奏事，赐衣服、

彩段等有差。

［辛酉］，锦衣卫带俸都指挥佥事李珍使哈密还，无功。珍，都督同知季铎所荐者，至是礼部请并置之于法。上曰："李珍出使无状，季铎举用非人，法固难容，姑宥之。"

《明宪宗实录》卷二十九

成化三年（丁亥 1467）

［三月，癸酉］，哈密遣使臣斩阿沙等来朝，贡驼马。赐袭衣、彩段、绢、钞等物有差。

［戊子］，哈密来朝使臣闪思丁奏："本土饥寒，男妇二百六十余人随来，在边乞食，不能回还。"命人给绵布二匹、米六斗以遣之。

《明宪宗实录》卷四十

［四月，丁酉］，命哈密故忠顺王脱欢帖木儿外孙都督同知把塔木儿为右都督，摄行国王事，赐印并金织衣一袭。降敕谕之，曰："尔哈密地方自我祖宗以来设立卫分，世世为忠顺王，给与印信，管束人民，以卫我边方。今王不幸物故，王母独存，嗣续乏人，人民失所。朕以尔为忠顺王之亲，又尝受我朝廷都督同知之职，特准都督母杂法儿并指挥只杭沙等奏保，升尔前职，别给印，命尔掌管哈密城池。尔其敬顺天道，恭事朝廷，管束人民，辅佐王母，保安境土，捍御边方。三年之后，如果事妥民安，国人亲信，朝廷另行处置。今赐尔金织衣一袭，就令母杂法儿等赍去，至可领之。尔其如敕奉行。"初，哈密以忠顺王国绝，请立把塔木儿继之，而王母弩温答失力谓臣不可继君，请以王之族弟阿儿察为继嗣。尝命都指挥李珍往其国处置，以阿儿察畏避不居而还。至是，都督母杂法儿等率其国众交章复请立把塔木儿，控诉哀切。事下廷臣议，佥谓："扶弱保小，王者至仁，兴灭继绝，朝廷大义，宜权遂所请，量升把塔木儿一级，给以铜印，假以威权。待三年之久，以观夷情向背。果为王母所信托，国人所爱戴，具词来闻，然后徐为封建。仍敕弩温答失力，谕以朝廷矜恤之意。"上可其奏，故有是命。

《明宪宗实录》卷四十一

为夷情事

姚 夔

礼部为夷情事，译出哈密地方都督把塔木儿等及大小头目奏："比先永乐太宗皇帝，将四方八面普天下人民，一统主宰。那时设立哈密王在西边境外有来。后因地方乱了，有圣旨赐与忠顺王，给与印信，掌管哈密城池。今到此时，有忠顺王的亲戚都绝了，因此各处歹人多了，我每处人民不得安稳，老老少少都遇见艰难至死的时候了，紧要的好道理都混乱了。比先为无掌管哈密城池，两次奏去，要往安定卫取掌管的人。蒙圣旨差使臣去，不曾取得人来。我每大小人民心意冷淡了。今无头脑的上头，朝廷前如何不奏知！比先设立的边境卫分衙门，不要空了。今怎生将奴婢每奏准了呵，相应做王子的人少了。"又奏"今我每处无有承袭王爵的人。奏得朝廷知道。我每哈密地方原奉圣旨印信王爵，边境上卫分衙门，如何断绝得，今奴婢每紧望朝廷明白处置的。因此，奴婢都〔督〕把塔木儿等及众头目每哭着奏，怎生明白分拣的，恩赐圣旨知道"等因，具奏。该本部官钦奉圣旨："该部知道。"钦此。钦遵抄咨到部行间，又准兵部咨，兵科抄译出哈密差来使臣都督母杂法儿、指挥只杭沙等四十八人奏"大明世主皇帝，奉天命主宰万国，永光宝位万万年。今日哈密城子孙人民都是朝廷的。经今八年有余，城中无人掌管，至今等待朝廷命人去掌管，未曾有一个人去。前年差使臣往安西卫取人，不曾得成。人心皆乱，多有反出各处达达地面并西番土儿地面去了。盖因无人掌管，朝廷将哈密不肯怜悯。奴婢每都是朝廷的人，若自己的事不说呵，如何知得，仰望圣恩方便。奴婢们哈密地内，有把帖木儿都督，比众官人每为长。他的根基是脱欢帖木儿王姐姐生的，即是王女的儿子，王母又是他的乳母。见今人心皆服。若圣旨准呵，将把帖木儿都督相应为王"等因。

查得先该哈密差来使臣哈只等奏，要将忠顺王脱欢帖木儿的职事恩赐与把帖木儿。本部具奏，请敕王母，着与众头目会议应否，奏来定夺。续该哈密差来都挥苦儿鲁海牙奏称："王母并大小头目商议，哈密无有王的亲属，这把塔木儿虽好，只是王女所生，系臣宰的儿子，不相应做。今有阿真地面与王母一祖所生的阿儿察王，见有弟七人，乞圣旨差使臣去拣选一人，着来掌管卫事。"本部又经具奏，请敕差人前往。阿儿察王回称，先前选中之人被果吉地面仇人捉去，无从起送。回还具奏，别无施行外，今哈密都督把塔木儿等及差来使臣人等奏称前因。看得扶弱保小，王者至仁，兴灭继绝，朝廷大义，今哈密虽微，附我边境，祖宗以来，世封爵以为西域藩捍，缘国无其主，众叛亲离。其王母一妇人，流离困苦。新复境土，国人控诉再三，情实哀切，无非欲仗朝廷威灵，选择一人，赐与名号，总理卫事，庶几人民有所归戴，土地不致丘墟。设使朝廷置之不问，彼将投托别部，非惟为边境之忧，抑且失怀柔之礼。合无会同五府六部都察院通政使司大理寺六科十三道等衙门，从长计议得哈密虽蕞尔小夷，朝廷设置卫分已久，今嗣守乏人，控诉哀切，义不可不为处置。照得把塔木儿系已故忠顺王脱欢帖木儿外甥，尝授都督同知职事，于哈密为至亲，于人望为重，宜其为彼众所信服。但王母奏保的确情词，难以遽授王爵。今都督母杂法儿等既合辞奏报，合无俯顺夷情，将都督同知把塔木儿量升一级，重其名号，请敕一道，假以威权。另铸哈密卫铜印一颗，俾其收掌行用，上以辅佐王母，下以管束人民。候过三年，果为王母所信托，为国人所亲戴，事妥民安，得长人之体，宜从王母并合国人民奏请定夺。仍请敕一道，晓谕王母弩温答失力，俾知朝廷矜恤之意。如此，则边夷有赖，而事体得宜。题。

奉圣旨："是。"钦此。

《姚文敏公遗稿》卷十

成化四年（戊子 1468）

［三月，辛巳］，哈密忠顺王母弩温答失力遣都指挥阿都剌等来朝，贡马驼。赐宴并衣服、彩段等物有差。

《明宪宗实录》卷五十二

［五月，壬申］，命故哈密等处指挥佥事黑的儿沙弟羽速夫沙袭职。

《明宪宗实录》卷五十四

成化五年（己丑 1469）

[三月，辛卯]，北虏斡失帖木儿部下作乱，其党拜亦撒哈平章等率众近哈密住牧。事闻，兵部恐其乘隙入寇，请命甘肃镇巡等官严督所属整兵提备。

[乙未]，礼部奏："陕西都司送到哈密等地面使臣哈只乩等各来朝贡，例应给赐。但正统年间哈密使臣每年许朝一次，多不过二百人，亦力把力等处使臣三年或五年一朝，每处不过十人。已敕所在官司及省谕其国王知会。今违例来朝，不当给赐，然既到京，宜量为处置，以慰其心。请敕赐其国王，并行陕西镇守等官，一体禁约。"从之。

《明宪宗实录》卷六十五

[四月，乙卯]，哈密王母弩温答失力自陈患病乞药，上念远夷特赐之。

《明宪宗实录》卷六十六

[辛丑]，甘肃总兵官定西侯蒋琬奏："有男子自虏中走还，云：有瓦剌虏酋拜亦撒哈率众四百人，皆披甲，至哈密城中屯聚，令哈密人奉使入贡，私觇虚实，约寇赤斤、肃州。"先是，琬等又言："乩加思兰率四万骑至把思阔屯驻，其拜亦撒哈及弩温答失力之人俱已服属，欲令二酋钞略沙、肃渚州。"兵部言："乩加思兰纵横诸番中，实西北劲敌，近年踪迹无闻，今一旦传报，纠合丑类，屯驻边境。哈密、瓦剌二部既听指挥，蜂虿之毒，必逞于我，不可不为之防。"上敕镇守总兵、巡抚等官饬兵防御之。

《明宪宗实录》卷六十七

[六月，丁丑]，土鲁番等使臣写亦马黑麻等来朝贡驼马，赐宴并衣服、彩段等物有差。

《明宪宗实录》卷六十八

[十月，己卯]，初，哈密王母并土鲁番速檀阿力王及瓦剌拜亦撒哈遣使二百余人入贡，至甘肃，守臣以闻。事下礼部，会吏部尚书姚夔等议："外夷入贡，已有定制。今哈密、土鲁番等使臣在京未回，而各夷又邀结瓦剌遣使来贡，既违奏定额数，又非常贡时月。若听其来京，以后冒滥难拒。若驱使空还，又恐招怨启衅。且瓦剌乃强悍丑虏，今却依托残破小夷，混杂来贡，若非哈密挟其势以求利，必是瓦剌假其事以窥边，中间事机，颇难测

度。宜令兵部详度，庶不堕其奸计。"奏可。于是，敕镇守太监颜义等曰："各夷朝贡，俱有年限，今非其时，尔等其谕以朝廷恩威，就彼宴赍遣回，所进马驼却还之，听其自鬻，以为己资。其果有边情，不得已起送三五人来京。"至是，义等奏："使臣马黑麻满剌秃力等谕遣之不听，固欲亲见朝廷，及哈剌忽思不受赐，又云彼处兵扰，道路不通，亦无由归，虽死于此可也。"礼部覆奏，请每物入十之一，以安远人之心。从之。

《明宪宗实录》卷七十二

成化六年（庚寅 1470）

[十一月，己卯]，礼部奏："哈密忠顺王母弩温答失力等遣使来朝贡，而瓦剌平章拜亦撒哈亦遣使与之偕来。缘瓦剌迤北地面，常年进贡当从大同路入，今却与迤西哈密之使同来，宜从哈密例赏。"诏可。

《明宪宗实录》卷八十五

[十二月，丙午]，哈密等地面使臣马黑麻等请以所带玉石、大黄、硇砂易买纱罗段并布、绢、瓷器、铜锡、药饵、鞍辔等物。礼部言："鞍辔及铁器不可许，其余宜准于会同馆开市，令与民交易。"从之。

《明宪宗实录》卷八十六

成化七年（辛卯 1471）

[四月，辛未]，瓦剌平章拜亦撒哈差头目哈剌忽思同哈密王母所差头目马黑麻来朝贡。哈剌哈思至京，奏甘肃蒋总兵及通事索其贿而稽留逾岁且棰骂之事。下礼部。蒋总兵者，定西侯蒋琬也。礼部移文诘之，琬奏："两国男妇二百余人到边，有旨令遣十之一赴京，瓦剌头目不肯从，固留之，彼甚忿怨，故诬辞以奏，实未尝索贿且棰骂之也。盖回回人有仕中国者，每岁与彼使私交，诱其乞茶营利，且唆其诬词妄奏，宜严禁之。"礼部覆奏："请移文甘肃巡抚等官，今后各夷入贡，必须遇之以礼，禁约在边军民，不许交

通漏泄事情。仍令琬译写番文晓示哈密王母,凡遣使可选老成之人,戒约而来,不许混以他种番人冒入。果系传报边情,止可数人,不必过多。"从之。

《明宪宗实录》卷九十

［六月,乙丑］,哈密忠顺王母弩温答失力等遣使臣火只哈三等来朝,贡马驼。赐宴并衣服、彩段等物有差。

《明宪宗实录》卷九十二

［七月,癸巳］,哈密遣头目阿卜都儿等来朝谢恩。赐宴并衣服、彩段等物有差。

《明宪宗实录》卷九十三

［八月,壬寅］,赐哈密忠顺王母弩温答失力药物,从其请也。

［戊申］,命哈密兀孙沙袭其父塞卜儿沙职为都督同知,从忠顺王母弩温答失力奏也。

《明宪宗实录》卷九十四

成化八年（壬辰 1472）

［五月,戊午］,哈密使臣母撒法儿等、土鲁番使臣哈辛等各来朝,贡驼马及方物。赐宴并衣服、彩段等物有差。

《明宪宗实录》卷一百四

［六月,乙亥］,哈密故右都督把塔木儿子罕慎、都指挥使阿都剌子舍剌甫丁、都指挥佥事鬼力赤子你恪俱乞袭其父职,并求冠带。得旨:"允其袭职,而不与冠带。"

《明宪宗实录》卷一百五

成化九年（癸巳 1473）

［二月,壬午］,哈密忠顺王母弩温答失力等遣使臣失迭力迷失等各来朝贡马驼,赐衣服、彩段等物有差,仍命赍敕并彩段表里回赐王母。其使臣

乞易买纱罗、食茶、瓷器等物，礼部请如例，仍定与数目，不许过多，并禁约沿途私买。从之。

《明宪宗实录》卷一百十三

[四月，丙寅]，土鲁番速檀阿力侵哈密卫，据其城。初，速檀阿力累引兵劫掠哈密诸部，地已略尽。正月，围其城，破之，执其王母，夺朝廷所降金印，遂留居之。哈密回回马黑麻者，窃贼马以逃，赤斤蒙古卫遣人送之，憩于甘肃守臣。都督同知鲍政等以闻。事下兵部，尚书白圭等以为："哈密乃朝廷所封，世为藩篱，非他夷比。今丧地失国，奔走控诉，安可置而不问。请命通事都指挥詹升赍敕往谕速檀阿力，令其悔过自新，退还哈密境土。并敕赤斤蒙古等卫会兵并力，以相卫翼。仍敕甘肃总兵等官，振扬威武，相机以行。"从之。

[丙戌]，兵部奏："土鲁番速檀阿力并吞哈密，已遣通事都指挥詹升赍敕省谕：今西番都督赤伯革等又奏此贼僭拟大号，挟制邻境，不可不为之备。"上曰："詹升且不必往，宜敕甘肃镇守等官悉心提备。"仍敕赤斤蒙古等卫曰："近者土鲁番速檀阿力悖逆天道，欺凌哈密忠顺王母寡弱无嗣，侵夺其城池，抢杀其人民财畜，又欲诱胁尔等归附。暴虐僭妄，莫此为甚。且尔西番与哈密素为唇齿之邦，世受朝廷爵赏，为中国藩屏。土鲁番虽来朝贡，终系远夷，尔等岂出其下！哈密因无统属，一时为彼侵据，尔有统领，何患于彼！但唇亡齿寒，不可不虑。尔等宜于邻境互相结约，各保境土，遇贼侵犯，即并力截杀，勿听其哄诱抢劫。若速檀阿力尚在哈密不去，尔等尤宜量度势力，会合精兵，驱剿出境，一以伸讨贼之义，一以施睦邻扶弱之仁，而于尔地，亦免后患矣。事成之日，朝廷重赏不吝，尔等其知之。"

《明宪宗实录》卷一百十五

[五月，丁未]，哈密使臣皮剌的牙失力等来朝，贡马。赐宴并衣服、彩段等物有差，复以彩段表里付使臣赍赐其王母。时王母努温答失力已为速檀阿力所虏，上悯其情，仍赐之，使臣盖未被虏时所遣也。

《明宪宗实录》卷一百十六

[七月，壬辰]，敕遣都督同知李文，右通政刘文往甘肃，规复哈密城。哈密既为土鲁番速檀阿力所并，累求救援。兵部言，"哈密实西域诸夷喉咽之地，若弃而不救，窃恐赤斤蒙古、罕东、曲先、安定、苦峪、沙州

等卫亦为土鲁番所胁,则我边之藩篱尽撤,而甘肃之患方殷。设使河套之虏不退,关中供亿愈难继矣。"上命集廷臣议之,会昌侯孙继宗等谓:"宜及今贼势未盛,党与未成,乘时遣使敕赤斤蒙古、罕东等卫,加之厚赏,谕以大义,俾知唇亡齿寒之势。且速檀阿力今亦遣使进贡,或有向化之心,因赐之敕,使悔过自新,庶可以散其奸谋。纵哈密不能自存,亦足以坚各卫内向之志。"因举文等习知夷情,宜委以使事。议入,上是之,乃敕文等曰:"朝廷设立哈密城池,为西夷要路。近因忠顺王无嗣,被土鲁番速檀阿力欺凌王母寡弱,攻劫城池,复遣人招诱邻境,意图吞并。今特命尔等会同甘肃镇守总兵巡抚等官计议,亲诣赤斤蒙古、罕东等卫,宣德布威,抚安众情,务令固守境土,毋为所扇惑,以自取罪戾。仍遣人赍敕往谕速檀阿力,令退还哈密城池,速归本土,已往之罪,悉从宽宥。若其畏威远遁,尔等即将哈密人民安辑,询访彼中头目,兼察夷情。或于安定别取亲族王子为王,或别立大头目一人掌管。若此虏冥顽弗悛,仍前占据,各卫果能合兵进剿,宜从运谋设策,随机进止。务在计出万全,毋或轻率寡谋,堕贼奸计,致生他虞,其钦承朕命,勉之慎之。"

《明宪宗实录》卷一百十八

[八月,己巳],哈密僧必剌牙失里把的剌奏,其种落数遭速檀阿力劫杀,避住甘州者二百人,无以自给,乞拨边方闲地耕住,暂为量给口粮。户部议以夷人固所当恤,但甘肃储积不易,且其情真伪未辨,请行总兵、巡抚勘实及稽积储有无可给。上允其议。

《明宪宗实录》卷一百十九

[十月,丙子],土鲁番速檀阿力王等遣使臣写亦米儿马黑木等来朝贡马,赐宴并衣服、彩段等物有差。

《明宪宗实录》卷一百二十一

[十一月,甲寅],命哈密卫故都指挥佥事陕西丁子马哈木、指挥佥事哈兰沙子马哈麻俱袭职。

《明宪宗实录》卷一百二十二

成化十年（甲午 1474）

［正月，壬子］，以哈密头目脱脱不花等为指挥佥事等官，命暂居苦峪城。都督同知李文、右通政刘文奏："奉敕至甘州，适遇速檀阿力有使入贡，即遣人随其使赍敕往谕之，俾归哈密之地。尚未报。又哈密头目脱脱不花等六人见居甘州，自言愿率众五百归附，乞官职赏赐，暂居苦峪，誓必克复故城。臣等谓宜俯顺夷情，使为捍卫。如速檀阿力顽犷不服，即调赤斤、罕东等卫，并力攻剿，以图成功。"事下，兵部言："以夷攻夷，中国之利。况成大事者不计小费，宜从所请，并令文等以所赍银币，量给赐之，仍各量授一职，奖其归向之诚。"故有是命。

《明宪宗实录》卷一百二十四

［二月，丁丑］，土鲁番速檀阿力王遣使臣打鲁瓦迭力迷失阿力等来朝，贡马。赐宴并袭衣、彩段等物有差，仍令赍敕及彩段表里归赐其王。

《明宪宗实录》卷一百二十五

［三月，甲辰］，都督同知李文、右通政刘文奏："比赤斤蒙古等卫都督佥事昆藏等言：土鲁番速檀阿力遣其党三人以书招降之，不从，因缚其人并书以闻。乞降敕奖赉，以励忠诚。"会昆藏等亦上书言："速檀阿力累见招诱，已杀其使者，誓以不从。比蒙遣使赐赉，谕以发兵攻讨，但恐孤弱不克，乞调汉兵数千为助。不然，恐其势益横流，渐及甘肃。"事下，兵部议："赤斤、罕东诸夷能去逆效顺，谨守臣节，宜降敕给赏，俟成功之日，与以官职。乞兵为助，事难遥制，仍令文等与甘肃镇守总兵等官颜义量调以往。"从之。

《明宪宗实录》卷一百二十六

［闰六月，乙巳］，升锦衣卫正千户马俊为指挥佥事。都督同知李文、右通政刘文之规复哈密也，俊实从行。文等至甘肃，遣俊及总旗王希恭、回回通事指挥佥事哈林等赍敕往谕速檀阿力，俾还哈密城，及归王母。时速檀阿力已留其妹婿牙兰守哈密，而挟其王母以去。俊至土鲁番城，以敕开谕，速檀阿力抗语不逊。明日，辄称有事远征，率所部出城，羁留俊等。月余，牙

兰忽自哈密夜至，报言朝廷遣二大臣，调兵三万在甘州，欲来攻讨。速檀阿力乃还，始以番礼宴劳俊等，并异王母至，令与之语。王母见左右皆番人，不敢言其情，但托言哈密城已残破，不欲还矣。至夜，乃潜遣人来云："幸为我恳奏天朝，多遣兵来收复哈密，使后人好听。我老寡妇虽死于此不足惜也。"明日，速檀阿力遣使以番书及方物随俊等入贡。复过哈密城，旧土人及番人新戍者可千余。土人窘甚，潜从来归者五百人。文等以闻于朝，且言："速檀阿力所部精兵不过三百，马步兵不满二千。与巡抚都御史朱英等议，欲调官军一千出境，会合赤斤、罕东等卫番、达，并哈密都督罕慎及乜克力指挥脱脱卜花等诸部人马，克期收复，且乞升用俊等，以为边方效力之劝。"事下，兵部覆奏，请敕文等相机从事。诏可，马俊等各升一级。

《明宪宗实录》卷一百三十

［七月，庚午］，土鲁番遣使臣满剌马里麻等来朝贡马驼。赐宴并衣服、彩段等物有差。

《明宪宗实录》卷一百三十一

［十月，己丑］，命哈密都督罕慎暂管本处人民，于苦峪城居住。都督同知李文、右通政刘文奏："奉诏往征速檀阿力，已会调赤斤、罕东二卫兵马，至卜隆吉儿川屯驻。累得传报云：亦郎骨俺奔、白河儿酋那南奔等，集骑四千，欲乘二卫已发之后，虏其家产。臣等计罕东卫西连洛扯儿禅并曲先卫境，南与安定、亦郎骨人马接境驻牧，使所报果然，恐顾彼失此。又报者称：速檀阿力已调集洛扯儿禅等处人马协力提备。如此则虽进兵克复哈密，而都督罕慎年幼力绵，所部哈密及畏兀儿夷人数少，且其城初无积聚，必难固守。莫若抚结二卫，则可控制外寇，使不敢侵入，且足为甘肃西北之藩篱矣。臣等为是，已罢遣所调二卫兵，令固守本境。而哈密并乜克力、畏兀儿夷人，令于甘肃苦峪等处安驻种牧，臣等亦还兵肃州，分往西宁阿吉罕东羌咂等簇，抚安番夷，令无贰志。"章下，兵部尚书白圭等请如文等所议，且言："哈密城池既未克复，安定王子亦未必来，彼地人民无统之者，宜敕谕罕慎等，令暂掌管。又速檀阿力所遣使臣多系哈密之人，反覆变诈，先是暂留在彼，宜行文等审勘。果土鲁番夷人，即彼遣回；若系哈密变诈之人，则具闻处治。"上皆从之。

遂敕罕慎曰："今特命尔掌管哈密人民，暂于苦峪等处驻扎，仍令乜克力指挥脱脱不花等协谋守护，蓄养锐气，以图后功。俟安定王子①至日，更为处画。若速檀阿力罔知改悔，仍肆侵扰，朝廷自有处分。尔其钦承无怠。"

《明宪宗实录》卷一百三十四

孛罗帖木儿故，无嗣，王母努温答力理国事，严毅有威，国人畏服。有谋弑之者，见其面则战栗失措，剑器皆堕。成化九年，速檀阿力王侵哈密，与战不胜，遂虏王母、金印以去，三种夷人皆逃来甘州。朝廷虑其有变，移置苦峪、赤斤等处，而命高阳伯李文、右通政刘文往抚之。至则调集诸军驻苦峪地方，徒张声势。土鲁番闻之，坚阵以待，而诸军竟不敢前，遂无功而还。自是，土番谓中国兵易与，志颇骄横。朝廷累敕守臣经略，而夷情变诈，猝未易定。

《平番始末》

［十一月，庚申］，土鲁番使臣之自朝贡还也，初议留，暂处甘、凉，后恐其泄漏事情，复议候李文还自哈密日，方许出关。其留甘州者十余人，乘隙逃去。甘肃镇守总兵巡抚等官太监颜义等以闻。兵部言："义等防范不严，俱当究治。"又请行巡按御史，令究甘州北关通事千户哈只马黑麻等罪。上是之，而宥义等不治。

［戊寅］，土鲁番速檀阿力遣赤儿米即等来朝，贡方物。赐宴及彩段等物有差。赤儿米即等上奏求驯象。兵部言："象以备仪卫之用，礼有献贡，例无求索，宜令译者谕之。"报可。

《明宪宗实录》卷一百三十五

［十二月，丙申］，土鲁番使臣都指挥佥事满剌马哈麻、赤儿米即奏：其主速檀阿力初无叛意，欲请遣朝臣往彼通道。事下，兵部言："速檀阿力已夺哈密城，今其所奏乃文过之辞，宜令译者谕指，令归说其主，务为敬顺，不可悖逆天道，自取祸亡。"从之。

《明宪宗实录》卷一百三十六

---

① 《明实录》无"子"字，据《明宪宗宝训》卷三补。

成化十一年（乙未 1475）

［正月，己巳］，土鲁番速檀阿力遣使臣赤儿米即、哈只马哈麻等来朝，贡驼马。赐宴并衣服、彩段等物有差。

［癸酉］，土鲁番使臣赤儿米即等各奏："已得哈密城池及瓦剌奄檀王人马一万，又收捕曲先并亦思渴头目倒剌火只，乞朝廷遣使通道往来和好。"上曰："迤西频年入贡，道路无阻，不须遣官。速檀阿力果能诚心奉贡，朝廷不计前过，仍以礼待之，其令通事以朕意谕其使。"

诏给哈密种子。时哈密都督罕慎等为土鲁番侵掠，部落分散，遣使通款，乞衣粮种子。巡抚右副都御史朱英等谓其为我藩篱，宜有以慰结其心。又恐奏报延久，不能猝济，已发布三百匹、粮五百石赈之。至是，奏闻，因并以种子给之。

［丁丑］，赐土鲁番速檀阿力及其女速烈等红织段并琵琶等物，令其使臣领回，从所请也。

［己卯］，兵部奏："甘肃地方诸夷杂处，反侧不常。虽尝命都督同知李文、右通政刘文赴彼区处，莫克济事。近又传说瓦剌乱吉帖木儿拥众驻近哈密，倘与速檀阿力构结犯边，则恐寄住安插夷人复为内应。今土鲁番使臣哈只马哈麻等又私藏军器，谋焚我积刍，私逃出境，不可不慎为之防。虽有总兵、巡抚官，而名位稍轻，恐未足以慑服安辑，宜别推武职重臣才望素著熟知边务者一员，往会处之。"上以重臣未可轻遣，乃敕镇守甘肃太监颜义、总兵官都督同知鲍政、巡抚右副都御史朱英曰："近闻土鲁番差来使臣哈只马黑麻等密议，欲侦察中国事情，盗夷人马驼逃归，报速檀阿力率众来寇边。临行又欲焚城中草场。切计腹里安插及寄住夷人动计千余，狼子野心，反侧不常。近又传说瓦剌人马切近哈密地方驻扎，万一速檀阿力与之构结，扰我边境，则腹里寄住等项夷人，未免因而为奸，内外势合，猝难防范。敕至，尔等即同副参等官熟思审处，何法可以安其反侧，何策可以消其后患，务使枢机周密，计虑万全，外而夷人信服，内而境土安静，庶副一方重寄。仍一一条具奏闻。若尔等难于处置，亦须驰奏，别为之处。尔等其钦承勿怠。"

《明宪宗实录》卷一百三十七

请防甘肃属夷疏[1]

项 忠

诸夷寄居甘肃久矣，但所在千计，反侧不常。虽命都督李文、通政刘文赴彼镇抚，恐不克济。近谍报瓦喇乩吉帖木儿拥众驻近哈密，纠合速檀阿力大举抢掠，恐诸夷多复内应。又土鲁番差至使臣哈只马哈麻等，密议欲侦中国情形，盗北房马驼逃归，勾速檀阿力人犯，且潜藏军器，谋焚草场。甘肃即有镇抚，而名位稍轻，未足慑服安辑，宜别推武职重臣才望素著熟知边务者，驰会酌处。

《皇明经世文编》卷四十六《项襄毅公集》

[二月，丙申]，土鲁番使臣赤儿米即等复奏："与赤斤蒙古等卫素有仇隙，乞差副总兵等官护送还国。"又言："速檀阿力王虽得哈密城池，止以物产充朝贡。旋以自悔不暇，今各愿留使臣家属于甘肃为质，请敕归谕其王，将所得哈密金印还献于朝，以求通好。"事下兵部议，以为：赤儿米即等词多文饰，且非出速檀阿力本意，难以遽信，然亦宜遣人护送出境。上曰："速檀阿力若能退还哈密地方，朝廷自有厚赏。其使臣令甘肃镇守等官差人护送还国，毋使失所。"仍敕速檀阿力曰："近尔国使臣来朝，多有愿留京师及近边居住者。朕再三省谕之，不听其留。尔国使臣吐诉真情，以谓迤[2]西一带赤斤蒙古诸番，俱于哈密有连，为尔国破其城池，虏其王母，仇恨已深，恐中国护送军马出境而回，进至川中，必为所害，以此眷属赍装，愿留甘肃。朕思我祖宗设立哈密城池，本于中国无益，实为尔迤西开通道路，俾各处朝贡使臣往来得以驻泊，有所恃赖。今乃无故兴兵占据，其曲在尔。朕体天地之量，不与深较，但尔使臣所奏情词，有可矜悯，特俯从之。兹其回降敕令赍以谕王。敕至，王能翻然改悔，退出哈密城池，送还王母金印，令其照旧管理，将见在委守头目牙兰取回，已往之事，朕一切不问。听尔与哈密结为亲邻，永相和好，以后同差使臣朝贡，朕当待之如初。其甘肃暂留人

---

[1] 编者按，此文与《明实录》所载略有出入，录此以供比较。
[2] 编者按，《明宪宗宝训》卷三，作"海"。

货，待事定之日，差拨官军护送出境。西番诸人知尔敬顺朝廷，必释仇解怨，使臣回还，庶几可以保全。此实尔国无穷之利，比之据守孤城，自阻道路，其得失无难辨者。若或执迷不悛，不从众议，今后尔处并迤西使臣，俱不必差遣来京，免致途中抢杀失所，尔其图之，毋贻后悔。"

《明宪宗实录》卷一百三十八

[五月，壬子]，兵部议上巡抚甘肃都御史朱英等区处边夷七事。"一，移土著以除祸根。欲将甘州等处久住夷人迁徙河南、陕西地方，庶免交通漏泄，诚为思患预防之计。但戎夷易叛难服，人情安土重迁，一旦无故迁移，恐启彼狐疑，致生他变。宜令守臣暂加抚谕，俟边方宁静之日议遣之。一，安流离以消后患。欲将先年哈密残破夷人随土鲁番使臣入境分寄甘肃一带者，暂送腹里陕西、河南地方，拨地给粮，以俟发遣。盖以哈密地方既为土鲁番所并，其人无所于归，但土鲁番使臣赤儿米即等先以力求请敕归国，谕速檀阿力退还哈密土地，并送还王母、金印，事之诚伪，虽不可知，然须俟其还奏。如果哈密国土已复，方可与土鲁番诸夷一体发遣归国。若土地未复，只宜拨临边有粮地方暂住，其余撒马儿罕等远夷则听从量拨官军护送出境。一，简贡使以省边储。欲行禁约土鲁番等国，遣使入贡之时，不许夹带他部夷人混入边境，糜费边储，传报消息。信如所奏，请移守臣译谕，今后不许仍前夹带，亦不可因是而概阻远夷向慕之诚。其有不因贡献输情款塞愿投降者，宜俯顺其情，如例送京裁处。一，补官长以统操练。……一，补官马以备征操。……一，分内外以防奸细。欲令行都司于甘州城东关墙之内，将已废夷馆重为缮治，遣官设驿，以待进贡远夷，并禁革军民交通漏泄。一，谨烽堠以传声息。欲于通贼要路择高耸有水之处，增筑墩台，拨军哨守，庶烽燧相连，仓卒有备。"七事皆合准所言。诏如议。

《明宪宗实录》卷一百四十一

[六月，丙戌]，甘肃镇守总兵巡抚等官右副都御史朱英等奉敕议上边方事宜，以为，"比年外番所进马驼，虽有高下，不宜简斥贾怨，宜即其马印记，上者进京，次者给军，下者入驿传。驼亦即验收在官，易马骑操可也。又夷人入京，近例止许什一，而留边者多，往往忿争构隙，宜量宽禁例而倍其人数，则夷情少慰矣。"事下，礼部覆奏，从之。

[丁酉]，迤西哈密卫指挥使伯颜儿孙米列乞、乩加思兰都指挥使迭儿

必失子满剌哈、亦力把力指挥同知哈麻里丁子答儿月失朝贡来京,奏乞各袭祖父原职,上皆许之。仍赐敕遣还。

《明宪宗实录》卷一百四十二

[十月,壬辰],土鲁番速檀阿力王遣使臣写亦哈六剌等来朝,贡驼马,赐宴并彩段等物有差。

《明宪宗实录》卷一百四十六

成化十二年(丙申 1476)

[正月,甲子],撒马儿罕使臣马黑麻舍儿班等、土鲁番使臣满剌哈三等各来朝,贡马驼。赐宴并衣服、彩段等物有差。

《明宪宗实录》卷一百四十九

[三月,甲子],镇守甘肃总兵官鲍政奏:"哈密右都督罕慎、乜克力指挥脱脱卜花等为土鲁番所驱,在苦峪城暂住。罕东卫头目盼卜等为其族兄剌儿加所驱,在阿丹城暂住已久。各诉困乏,乞衣粮、种子、牛羊等物。臣等恐其饥寒切身,或生他变,已将肃州预备仓附余米麦八百石俾运回本土,均分接济。"奉上命:"所司知之。"

《明宪宗实录》卷一百五十一

[四月,庚辰],兵科都给事中章镒等言:"方今灾异屡见,边方多事。……又如速檀阿力阴通哈密叛臣,吞灭其国,虏其王母、金印,虽朝廷遣使经略,迄无成功。哈密遗种,寄附我边,日增月益,在在有之。脱有不逞之徒,传漏事机,招引边衅,为患非小,亦不宜置之度外。为今之计,莫先于选将练兵。……"奏入,上命所司看详以闻。

[丙戌],兵部议覆:兵科都给事中章镒等所言癿加思兰及土鲁番吞并哈密等事,本部累行区画,岂敢置之度外。

[壬辰],哈密指挥同知阿的纳等三人来降,给赏如例。

《明宪宗实录》卷一百五十二

[七月,癸亥],太子少保吏部尚书兼文渊阁大学士商辂等言,"臣等谨陈时政数事,伏望采纳。一、节财用。朝廷货财多为下人侵耗,如哈密等处

番人来京,俱带玉石,多被细人诱引进贡,计嘱铺行人等多估直卖官,规取库藏银两。……"

《明宪宗实录》卷一百五十五

弭灾疏

商 辂

…………

近年以来,朝廷货财多为下人侵耗,如哈密等处番人来京,俱带玉石。被细人诱引,先将次等者进贡,存留一等者在后,计嘱铺行人等,多估价值卖官,规取库藏银两。……乞敕甘肃等处巡抚等官,今后哈密诸番来京,带有玉石,责令通事谙晓玉石之人辩验等第。一等者计数封号,装盛送京,次等者许其量带盘费,其余悉令在彼货卖,不许一概带来,沿途扛运,应付艰难。如违许巡按分巡等官径自拿问。

《商文毅公集》卷三

[八月,丙戌],宥都督同知赵英罪。先是,英充副总兵,分守凉州,纵令家人与哈密回回贩私茶,并买违禁之物,私自差人驰驿骚扰道路。刑部请究治其罪,且言其已经赦。上命宥之,仍戒各边不许私自差人驰驿,违者一体治罪。

[甲午],巡抚甘肃右副都御史宋有文等奏,"土鲁番速檀阿力复遣其使赤儿米即等入贡,且致书镇守总兵等官,饰其攻灭哈密之罪,谓王母已死,城郭、人民与金印俱存,须朝廷遣使往谕之,即献纳。然虏性狡狯,实无还意。其赤儿米即等宜许令赴京抚慰遣还。"事下,兵部言:"速檀阿力蕞尔小夷,夸诈无惮,屡遣使臣游说构乱,宜先究治其使,然后徐兴问罪之师,以彰兴灭之义。但自古中国之驭夷狄,视若禽兽不足与较,况哈密夷众流亡之余,存者无几,纵使得其城池及印,卒难兴复,宜暂用羁縻之术,以俟可乘之机。乞行甘肃镇守总兵、巡抚等官,拘集土鲁番前后所遣使者晓谕之,谓赤儿米即欺狂无信,朝廷念尔小国之臣,曲加涵贷,免其解京,量加犒劳,遣人护送出境。仍倍加谨饬,以戒不虞。"诏可。已而礼部复言:"宜俯顺夷情,许其入贡,而限其名数,不许过多。"复有旨:"每十人内许一人来贡。"

［戊戌］，初，哈密都督罕慎等自苦峪城差使臣阿儿加等以驼马来贡，礼部因奏："罕慎等既系苦峪住坐，比与原地来者不同，其赐彩段等物宜递减。"诏可。至是，阿儿加等复奏，欲仍旧给赐。事下，礼部覆奏，诏令每等加绢一匹，俟复还本土，仍旧赐之。

《明宪宗实录》卷一百五十六

［九月，丁巳］，分守肃州镇夷右参将都指挥使刘晟奏："苦峪降夷乜克力指挥脱脱卜花等计穷托处，非其本心，求取无厌，辄生离间。顷有同居哈密夷人来报，谓其将因入贡，往奔北虏。今果有朝贡之请，使其计得行，为患非细。莫若因其至京，安置内地，以靖边患。"事下，兵部言："乜克力夷人自来降迄今，未闻犯顺，若止信传报，遽尔拘留，恐他番闻之，各怀疑惧。然狼子野心，亦不可测，宜移文甘肃巡抚镇守官，拘集哈密乜克力留边使人，令译者审其各酋部落在于苦峪出入往来和睦与否，乜克力果有离间之言叛背之意与否。若晟所奏果传报虚词，仍令如旧安集，不然则具奏处画。"报可。

［戊辰］，诏岁调甘州兵五百赴肃州备冬。初，巡按御史许进言："肃州兵备单弱，宜摘甘州兵一千、凉州兵五百往彼备御。"兵部移文甘肃守臣议处之。至是，太监颜义等言："肃州镇夷等处僻处西陲，道路悬隔，自初至今未曾分兵戍守。矧速檀阿力自占哈密以后，累谋窥边，诚宜增兵防御。但凉州兵亦不足，难以分调，而甘州所备者众，兵亦未可调。且彼地给饷亦难，宜审处之。"仍议调甘州马军三百、步军二百，每岁以十月初旬至肃州守备，明年二月中放还。仍选都指挥一人往来提督，凡遇警急，听参将刘晟调遣杀贼。

《明宪宗实录》卷一百五十七

［十一月，乙巳］，铸哈密卫印给都督罕慎，以其旧印为土鲁番所劫也。

［壬戌］，哈密使臣阿儿加奏言："部落众多，苦峪城小难容，又其地皆沙碛无水，不可耕垦。而肃州东有金塔寺并魏城、魏里城等地，乞赐与一处为便。"章下，兵部劾其不念国恩，妄有求请。且言："金塔寺等处切近肃州，不可听其内迁以贻后患。请令译者晓谕夷使，令回语都督罕慎，约束部属，安分守常，以图兴复，不可需求无厌，屡来奏扰。"报可。

《明宪宗实录》卷一百五十九

成化十三年（丁酉 1477）

[九月，辛卯]，苦峪寄住哈密都督罕慎等遣使臣沙六海牙等来朝，贡马驼。赐宴并彩段等物有差。

《明宪宗实录》卷一百七十

[十月，戊申]，复立哈密卫于苦峪谷。时苦峪旁近赤斤、罕东二卫，屡相仇杀，都督罕慎等孤穷无援，朝廷恐其不能自立，乃敕甘肃都督佥事王玺等于苦峪谷筑城，复立哈密卫，令罕慎等居之，且赐以布帛、米粮，分给土田及牛具、谷种。

《明宪宗实录》卷一百七十一

[十二月，丁未]，命赐罕东卫指挥同知绰扇等彩段、羊酒，以劳其功。时速檀阿力既占哈密，其势甚张，宣言欲寇苦峪、肃州，令其下牙兰来寇厂剌。绰扇等与战鹁鸽城，斩首六，夺回人口一百余，驼马牛羊五百。兵部请赏其功，故有是命。

《明宪宗实录》卷一百七十三

成化十四年（戊戌 1478）

[七月，壬午]，敕谕哈密右都督罕慎。时巡抚甘肃左佥都御史王朝远等传闻速檀阿力部下携叛，谓哈密故城可以因时克复，奏请调赤斤、罕东二卫精锐番兵五千，甘凉马、步兵一万，罕慎部下兵七百，付总兵官署都督佥事王玺总理调度，期以八月中直抵其城，相机克取。既取之后，令罕慎权处分国事。下廷臣集议。于是，兵部尚书余子俊及府、部、科、道等官，英国公张懋等言："兴灭继绝，固国之大体；兵凶战危，亦事之大机。若四境皆靖，诚宜及此，第今北虏犯边，南蛮久叛，军饷调发，未有宁岁，自古为治之序，必先中国而后夷狄，此不可一也。以羁縻夷兵随我官兵远出数千里之外，地无水草，战士赍粮，意外之患，大有可虑。况番兵素有嫌隙，使其半

途叛还，或随营失律，置之则难以成功，绳之则难保不叛。此其不可二也。城池虽可克复，无王与守。罕慎其国甥也，使之权国，亦恐同类不服。安定亲族数取不至，必有所见。此其不可三也。今止宜敕谕罕慎，嘉其兴复之志，示以利害之几，令于安定卫访求国王亲族，请于朝而封之。兼抚所部，种牧以养锐气，结罕东、赤斤二卫，以相保障，且冀为他日兴复之助。又行朝远等量备彩段，以犒罕慎本境酋长并赤斤、罕东二卫，以结其心。或安定亲族未得，则以缓图之，不宜急遽。"报可。

遂赐敕曰："太宗文皇帝置哈密城作中国西藩，且为诸番朝贡顿宿之所。比速檀阿力敢行称乱，罪莫大焉。尔乃能收集叛亡，数请兴复，其志可嘉。第廷臣议者咸谓功难苟成，且克复之后，国无亲王，谁与为守。敕至，尔须遣人往安定卫访求国王亲族一人，遣使请封。兼抚绥部民，待时而动。尤须睦邻结好，互相保障，冀为他日兴复之助。如亲族访求未得，亦宜徐图之，不可急遽，以启他衅。尔其钦承勿忽。"

［己丑］，给哈密马马平章布帛、牛种。初，马马为速檀阿力所胁服，后率众奔还苦峪，与都督罕慎协力屯守。巡抚都御史王朝远等已给口粮赈之，至是，复请赐以布帛及牛具、种子等物。从之。

《明宪宗实录》卷一百八十

成化十五年（己亥 1479）

［二月，辛卯］，哈密都督罕慎等遣使臣指挥火者马黑麻、扎罕沙、并失哈三等来朝，贡马驼谢恩。赐宴并衣服、彩段等物有差。

《明宪宗实录》卷一百八十七

［五月，丙辰］，哈密使臣指挥使米列乞等五人入贡，援例求升职。兵部言："哈密部落久失所据，若所求不与，阻归附心，宜越常例许之。"命各升一级。

［庚午］，福余卫都指挥扭歹等奏报："迤北乩加思兰为其族弟亦思马因所杀。"乩加思兰虏酋之桀黠者，有智术，善用兵。其初，部下止三四百人，在迤西土鲁番地面往来抢掠，西域贡使多苦之。天顺间，遣使赍敕书赏赐招抚，乃移近哈密城外巴儿思渴地方住扎，自是渐犯边。成化初，入黄河套，

与孛鲁忽、满都鲁、猛可、斡罗出等相会，榆林边患从此起。既而同孛鲁忽将猛可并其头目杀死，斡罗出觉而避之，乩加思兰乃与众商议，欲立孛鲁忽太子为可汗，而以己女妻之，因立己为太师。孛鲁忽不敢当，让其叔满都鲁。乩加思兰乃以女妻满都鲁，而立为可汗，己为太师，有众数万，由是调度进止惟其所命。居数年，满都鲁部下大头目脱罗干等不忿，与亦思马因谋杀之，遂立亦思马因为太师。亦思马因者，其父毛那孩曾为太师，故众心归之也。

《明宪宗实录》卷一百九十

[九月，甲子]，立罕东左卫于沙州。初，西宁所辖罕东卫番夷奄章因与诸族相仇杀，流落于故沙州卫地，朝廷许其于此放牧，岁纳茶马于肃州。其后部落日蕃，与罕东益不相统摄，奄章子班麻思结既以功历升都指挥使，而卫尚未立。至是，其孙只克请如罕东、赤斤例，降印立卫。守臣以闻。下兵部议，以为西番诸夷密迩甘肃，其安靖骚扰，实系边方一带安危。曩者土鲁番速檀阿力并吞哈密，七八年间，罕东诸夷各不相保，边境亦为之不宁。今虽译报速檀阿力已死，而克伯速檀又欲占据其地，火者亦速、牙兰等尚相仇杀，罕东、赤斤、苦峪又各有嫌隙。设使沙州更无统摄，又复如前，则边方愈见多事。今宜如所请，于沙州立为罕东左卫，令只克仍袭都指挥使以统之。上从其议。

《明宪宗实录》卷一百九十四

成化十六年（庚子 1480）

[四月，辛未]，命安插哈密人四百于苦峪，给与牛种，以其尝被掠于土鲁番得回也。

《明宪宗实录》卷二百二

[十一月，丁酉]，甘肃总兵官都督佥事王玺等奏："八月中，哈密卫夷人至边，诉言赤斤卫酋长累行抢掠。右参将刘晟遂遣抚夷千户董和等十有五人出境抚治。和至赤斤境上，乃为所杀。"因劾晟遣和之时，不能约束，宜治其罪。事下，兵部请记晟罪，而令尽心防御，仍请优恤和等家，以为死事者劝。上是之，命置晟不问。

［戊戌］，土鲁番兀隆各并撒马儿罕遣使臣满剌马黑麻母的等来朝贡马，赐宴并衣服、彩段等物有差。其回赐在彼头目彩段表里及敕付使臣领回给与之。

［己亥］，哈密卫右都督罕慎等遣使臣阿黑麻等来朝，贡马驼，宴赉如例。罕慎奏："乞如忠顺王时例给赏。"事下，礼部覆奏："先年罕慎遣使进贡，本部议哈密地方为土鲁番侵占，与忠顺王存日事体不同，递减其赏。其后屡请加赏，奉旨复加以绢。今前后七请，辞益恳切。殊不知忠顺王之在哈密，遥控诸番，以奠西裔，传报夷情，多有劳勋，此朝廷所以厚其赏也。今罕慎侨居苦峪，未能克复故境，宜止如递减及加赏绢例。"从之。

《明宪宗实录》卷二百九

成化十七年（辛丑 1481）

［九月，庚子］，哈密卫都督罕慎遣使臣都纲约家等，土鲁番使臣赤儿米即等，各来朝，贡马驼，赐宴并衣服、彩段等物有差。

《明宪宗实录》卷二百十九

［十月，癸卯］，命哈密卫故指挥同知亦思马因子迷剌力袭为凉州卫指挥同知。

《明宪宗实录》卷二百二十

［十一月，庚寅］，土鲁番速鲁檀兀也思王遣使臣指挥撒丁等来朝贡马、驼，赐宴并衣服、彩缎等物有差，仍以敕并彩缎表里付使臣归赐其王。

［十一月，乙未］，赐土鲁番速鲁檀兀也思王及哈密王母孙女满堆阿哈察金织麒麟彩段各一，从其请也。

《明宪宗实录》卷二百二十一

成化十八年（壬寅 1482）

［正月，壬辰］，土鲁番使臣皮剌黑麻等来朝贡马，赐宴并衣服、彩段

等物有差。

《明宪宗实录》卷二百二十三

［三月，甲申］，哈密卫右都督罕慎遣使臣指挥满剌阿力克等来朝，贡马驼，赐宴并衣服、彩段等物有差。

《明宪宗实录》卷二百二十五

［四月，癸丑］，克复哈密卫城。甘肃总兵官都督同知王玺等奏："哈密城既为土鲁番所据，都督罕慎等寄居苦峪城者几十年。臣等比尝以计间土鲁番党牙兰守哈密城者，不听，然得其所羁留及虏掠者九十余人以来，其势渐孤。乃召赤金（斤）、罕东二卫兵将，犒以牛酒，令助罕慎。于是二卫兵一千三百、罕慎兵八千六百夜袭哈密城，破之。牙兰走，余或降或死，遂复城八，得人一千五百，罕慎始归旧城居之。"事下，兵部覆奏。上曰："罕慎等卧薪尝胆，奋志成功，克复故国，其事可嘉。赤斤、罕东诸卫能排难解纷，庶几守望相助之义。而我边臣王玺等发纵运谋，以助其役，于兴灭继绝之道，亦有合焉。其各赐敕奖励，仍赏其差来人钞各千贯。"

《明宪宗实录》卷二百二十六

初，哈密为土鲁番所扰，使其将牙兰守之。都督罕慎寄居苦峪口，近赤斤、罕东，数相攻，罕慎势穷无援。朝议敕玺筑城苦峪，别立哈密卫以居之。玺遣谍者间牙兰，牙兰不听，得其所羁掠九十余人以归，具悉虚实。十七年，召集赤斤、罕东将士，犒以牛酒，令助罕慎。罕慎合二卫兵，夜袭哈密及剌木等八城，遂复其地，仍令罕慎居之。事闻，奖劳，赍金币。

《明史》卷一百七十四《王玺传》

［正德三年，春正月，庚申］，致仕南京工部尚书侯瓒卒。瓒字奉璋，保定雄县人也，景泰五年进士，……进都察院左佥都御史，巡抚甘肃。成化十七年，哈密王国久为土鲁番所侵，瓒经略致赤斤蒙古之兵，复哈密剌木八城，归其男妇千五百余人。

《明武宗实录》卷三十四

［五月，丁酉］，哈密都督罕慎差阿力克等来朝，贡马驼、方物，未及议赏，而阿力克奏罕慎已克复哈密地方，乞以哈密赏例赐之。礼部以为阿力克受差犹在寄居苦峪之时，合依苦峪赏例。诏可，其赐罕慎敕及彩币等物俱

令阿力克领回给之。

《明宪宗实录》卷二百二十七

［七月，壬申］，哈密都督罕慎乞药饵及乐器等物，许之。

《明宪宗实录》卷二百二十九

［十二月，庚午］，录克复哈密功，升哈密卫右都督罕慎为左都督，仍掌卫印，总理国事，赏彩段十表里、银一百两。其余协助擒斩阵亡并攻城有功官舍夷兵都督佥事昆藏等一千六百九十余人，升赏有差。镇守太监覃礼、总兵官王玺、巡抚都御史侯瓒俱赏彩段二表里、银十两。左右副总兵都指挥使康永、刘晟，监枪奉御屈杰，巡按御史李经俱彩段一表里、银五两。初甘肃总兵官王玺等奏："哈密克复之后，其下无所统属。右都督罕慎以忠顺王外孙，能雪仇复国，夷心归附，乞俯顺其情，或加封王爵，或量授重职，俾统御之。今土鲁番之众亦革心向化，与王孙女称臣纳贡，又与罕慎讲和，乞乘时赏劳，或因抚取王孙女并金印归国，令随王母掌行国事。"而哈密夷众亦上书乞封罕慎嗣忠顺王后。

事下，兵部集官议处，皆谓："罕慎虽为国人所服，然王爵之封，遽难轻议，止宜量加崇秩，重其名号，使仍掌卫印，总理国事。俟其奉职效诚，诸番日附，通国举奏，别为处分。王孙女并土鲁番夷众俱宜赏劳，并降敕奖谕罕慎并赤斤、罕东三卫头目。"上从之。

乃敕罕慎曰："得甘肃守臣奏，尔差头目舍列夫丁等进贡谢恩。通事译审说称，尔国虽有忠顺王女阿黑察见在土鲁番居住，安定王累取不来，别无应继亲属。惟尔系王婿把塔木儿之子，有根基力量，克复哈密，收捕剌木等八城，人民俱已归向，瓦剌小列秃并土鲁番头目亦各差人递马讲和，乞将尔封王，掌管地方。朕念哈密自祖宗朝世授封爵，藩捍西陲，近因嗣守乏人，被土鲁番欺凌，遂至残破。尔罕慎率领余众，欲近边屯种，朕特加恩，令守臣安置赒给保全。今尔果能抚辑散亡，报雪仇耻，保境睦邻，功业可嘉。所据王封，朕非尔吝，但境土新复，人心未固，金印未获，未可轻议。今特升尔为左都督，仍掌卫印，总理国事，给赐尔银两、彩币。尔尚勉奋忠义，敬事朝廷，抚恤下人，结好邻番，保固边境。待后果得国人爱戴，诸番亲附，听从合国举保，朕自有处置。尔其钦承之。"

《明宪宗实录》卷二百三十五

成化十九年（癸卯 1483）

［十二月，戊寅］，诏哈密卫指挥同知马哈麻迭儿必失、百户火只也先俱进一级。时黑娄、失剌思、撒马儿罕、把丹并羽奴思王遣使来贡狮子，使者过哈密，罕慎因遣二人伴送，且为乞升授，故有是命。

《明宪宗实录》卷二百四十七

成化二十年（甲辰 1484）

［正月，己亥］，甘肃总兵官署都督同知王玺等奏："哈密部落野乜克力因避土鲁番之害，徙居甘肃境外，屡掠镇番等境，踪迹诡秘，不可不防。今欲令都督罕慎招谕之，不悛则进兵剿灭。"事下，兵部言："罕慎方遣使入贡，宜于其还，敕令招抚。果冥顽不服，则奏闻处置。"从之。

《明宪宗实录》卷二百四十八

［二月，癸酉］，哈密都督罕慎等遣使臣舍列夫丁等来朝，贡马驼谢恩。赐宴并衣服、彩段等物有差。仍令赍敕并彩段表里回赐罕慎等。

《明宪宗实录》卷二百四十九

［四月，戊寅］，土鲁番等处王孙女阿黑察等遣使臣亦撒等来朝，贡驼马、镔铁刀、银鼠皮、玉石等物。赐衣服、彩段等物有差，仍令赍敕并彩段表里回赐阿黑察等。

《明宪宗实录》卷二百五十一

［五月，丁亥，朔］，都察院经历李晟言边务五事：……三，封固哈密。谓西域诸夷，哈密为重。祖宗时尝封为忠顺王，以障我西鄙。比因失国，来依于我。其臣罕慎乃能复其土地之旧，是宜封之故号，使世为我藩，弭西戎东窥之心，断北虏南通之臂，此上策也。顾乃靳一册封，但授以都督之职，岂非惜虚名而失实利也哉。

事下，兵部［以］……哈密之封，河套之图，为未可猝举。上卒从兵部议。

《明宪宗实录》卷二百五十二

［九月，己亥］，诏释土鲁番贼党之系甘州狱者。都督罕慎之克复哈密也，执土鲁番所遣守城酋长哈哈，械送甘州。既而使人来奏，请释之。兵部移文甘肃守臣勘议。至是，巡抚右佥都御史侯瓒等奏，谓："土鲁番旧侵哈密，实使牙兰城守，哈哈其党与耳。今彼此自释前憾，莫若俯顺夷情，谕而遣之。"兵部请从瓒议。上曰："胁从罔治，古之法也。矧在夷狄，固当略之。哈哈可遣归本国，仍令传谕其国王孙女阿黑察及大小诸酋目，后务睦邻保族。毋相残以干国法。"

《明宪宗实录》卷二百五十六

［十月，甲子］，甘州守臣言："哈密都督罕慎欲遣朝使往土鲁番索金印并王孙女，夷情狡诈，未必见还。且瓦剌诸酋屯牧哈密旁地，使臣经彼，恐为所执，皆不可不虑。宜谕来使，令罕慎自遣人索之。"事下，兵部覆奏，诏可。

《明宪宗实录》卷二百五十七

成化二十一年（乙巳 1485）

［二月，庚申］，哈密左都督罕慎遣使臣满剌法虎儿丁等来朝，贡马驼。赐宴并衣服、彩段等物有差。

《明宪宗实录》卷二百六十二

［四月，庚辰］，哈密都督罕慎遣指挥哈哈、马黑麻打力等来朝，贡马驼。赐宴并衣服、彩段等物有差。

《明宪宗实录》卷二百六十四

成化二十二年（丙午 1486）

［二月，己卯］，巡抚甘肃右副都御史唐瑜等奏："鸿胪寺主簿马义比往使哈密，与土鲁番使臣家属四百余人，行遇罕东卫都督把麻奔等率众邀劫财畜，义等避之，仅以身免。宜讨捕元凶，以正其罪。但闻虏酋亦思马因与瓦

剌连和，欲犯瓜、沙二州，方拟防守，难遽兴兵。请赐裁处。"事下，兵部言："宜令镇守等官遣人抚谕罕东诸夷，许如番族体例讲和，责令把麻奔等悉还所虏番使财畜。如其冥顽不服，奏闻再议。"从之。

《明宪宗实录》卷二百七十五

[六月，辛卯]，巡抚甘肃右副都御史唐瑜等奏："虏寇出没庄浪者多自东北而来，其寇凉、永者则满都鲁部下，寇甘、肃者则亦思马因等酋部下也。虏之出没，路径既多，我军惟兰州一路，不据而守，使虏知先据河桥，则我之援饷俱绝。为今之计，宜宿重兵于兰州，加轻兵于古浪、镇番、镇夷、高台等处，而又严备肃州，且遣人往谕哈密都督罕慎，使厚结小列秃，因之招诱亦思马因等酋，至彼屯聚，毋令东行，为我边患，则我之战守举得其要矣。"事下，兵部言："其招诱诸夷之计，宜从其便。"报可。

《明宪宗实录》卷二百七十九

[七月，壬申]，镇守甘肃总兵官焦俊奏："哈密都督罕慎遣人来报：'虏酋瓦剌克舍并亦思马因已死，两部人马散处塞下。而克舍部下立其弟阿沙亦为太师。阿沙之弟曰阿力古多者，与之有隙，率众至边，欲往掠甘肃，且胁罕慎，欲与和亲。瓦剌小列秃闻之，亦欲移至瓜、沙二州潜驻。'报至，已议行肃州右参将李俊遣译[者]往谕罕慎，勿与和亲，兼留小列秃在彼住牧。又报赤斤、罕东二卫，令整兵防御，勿怀二心。且益肃州兵以防冲突之患。"事下，兵部言："所处已善，今宜仍驰文二纸，分遣译者二人赴哈密及赤斤、罕东，复申前谕，又通行甘肃各路整饬边防。"从之。

《明宪宗实录》卷二百八十

[八月，甲午]，镇守甘肃都督佥事王义奏："曩尝承委赍文往觇土鲁番国势，克复哈密，有通道抚谕之功，乞如例升赏。"事下所司看详。兵科劾义擢用未久，辄伐微劳，贪得无厌。兵部亦奏："义本无擒斩功状，而乃妄求升赏，宜量加罚治。"上数其罪，而以边事方殷，命姑宥之，仍停其俸三月。

《明宪宗实录》卷二百八十一

[九月，己巳]，哈密都督罕慎遣使臣火者阿里麻等来朝，贡方物。因奏："瓦剌阿力古多王欲与和亲，乞赐彩币诸物，又乞遣使臣出境，处置边事。"又举赤斤蒙古卫都指挥同知苦鲁思格有劳，乞为加职。事下，兵部议覆。有旨："不必差官，令阿里麻等赍敕及诸赐物，谕罕慎勿与和亲。升苦

鲁思格为都指挥使。并敕赤斤、罕东二卫，亦赐彩币，仍命镇守太监覃礼差人同给之。"已而，礼部言："宜抚顺夷情。"复命于例外加赐彩段、绫绢七十匹。

《明宪宗实录》卷二百八十二

[十一月，己巳]，哈密大小头目奏保管国事都督罕慎袭封王爵。事下，兵部请会廷臣议。上命不必会议，但令译者省谕各夷，待罕慎抚辑夷虏有功，朝廷自有爵赏。

《明宪宗实录》卷二百八十四

成化二十三年（丁未 1487）

[四月，甲戌]，巡抚甘肃右副都御史唐瑜等奏："瓦剌养罕王将入寇哈密，罕慎来报，不得利去。养罕王憾之，掠其刺木城，又与阿力古多王合兵，谋犯甘肃，且欲与罕慎结姻。罕慎固不肯从，但恐哈密力不能支，则将及于赤斤、罕东。今宜假罕慎以名位，使益固臣节。赤斤、苦峪创残之民，宜拯恤之。"兵部以为然，请谕罕慎云："尔于养罕王有甥舅之分，宜曲意调护，使革心悔过，仍多方用间，分散其党，保尔部落，守尔疆土，不可弃前人累世之绩。"其赤斤余民以米一千余石赈给之。诏可。

《明宪宗实录》卷二百八十九

[五月，丙寅]，甘肃总兵官都督同知周玉等奏："哈密都督罕慎译报：虏酋瓦剌养罕王率众七千在把思阔境屯驻，大瓦剌阿沙太师与其平章把秃撒及阿力古多王、兀麻舍王等分驻察罕阿剌帖儿等境，欲入边剽掠。而羽奴思王子锁檀阿麻王复侵夺察力失等四城，野乜克力达子亦分屯失把力哈孙及禽山等处，欲往甘肃剽掠。今庄浪境外亦有烽火贼迹，加之东西二路俱有警报，虏若拥众犯边，恐边兵不足备御。乞预调陕西延宁等处官军，并力戍守。"事下，兵部言："罕慎能遣使臣火者阿黑麻等驰报虏情，累蒙恩遇，抚谕再三，且与赤斤、罕东二卫同降敕旨，量议赏赉，正欲其知所感激，计安边夷。而火者阿黑麻等乃淹留累月，恐误边事。请先谕罕慎等，令其戮力同心，固守疆圉。且所报虏情，虽诚伪叵测，但酋长既多，部落必

盛，如使拥众寇边，得利而去，则关西之患方殷。请敕甘肃、陕西守臣申严边备，仍移各边一体戒严，遇警互为声援，勿容偾事。"诏可，仍译遣使臣速令就道。

《明宪宗实录》卷二百九十

［九月，丙寅］，赐哈密卫左提督罕慎织金纻丝二表里，及盔甲、弓箭等物，升使臣指挥使满剌阿力克等二人各一级，并赏劳赤斤、罕东等处效劳夷兵各有差。罕慎既复哈密，奏称："番虏侵逼，艰于城守，多乞升赏。"及请差官处置。兵部会议，以为罕慎所求多不当与，但新承责任，远近从违，其机在此，宜少答其意，使知自效。故有是命。

土鲁番兀也思太子及兀也思王等公主并哈密卫左都督罕慎母各贡马匹、方物，因求彩段等物。赐织金纻丝并帐房、彩段、绢匹、药物、法器等物有差。

《明孝宗实录》卷三

［十月，戊辰］，哈密卫都督罕慎并土鲁番各遣使来贡，赐宴并彩段等物有差。

《明孝宗实录》卷四

［十一月，戊戌］，兵部言："镇守甘肃都督周玉等奏称，瓦剌养罕王屡至赤斤、罕东窃掠，云欲犯甘肃。近与罕慎缔亲，又遣使随哈密使臣奏欲入贡，此其情皆不可测。请各差通事省谕罕慎，辑和诸夷，抚绥部落。瓦剌果欲入贡，当从旧路而进。并敕镇巡等官严为之备。"从之。

《明孝宗实录》卷六

［十一月，甲子］，土鲁番兀也思王为其使臣火者马哈麻等十三人奏乞职事。兵部言："各夷原无授职敕书，又无捷报劳绩，但今甘肃方有警，请于常格赏赐外少加彩币以慰其意。"从之。

《明孝宗实录》卷七

九　明弘治时期（1488—1505）

弘治元年（戊申　1488）

[二月，丁未]，封哈密卫左都督罕慎为忠顺王。兵部言："甘肃孤悬河外，太宗皇帝以诸夷杂处难守，特设赤斤、罕东等卫，各授头目为都督等官，以领袖西戎。又设哈密卫，封脱脱为忠顺王，以锁钥北门，然后甘肃获宁。其后脱脱之孙无嗣，朝廷命其甥把塔木儿为都督以治之。既而为锁鲁檀阿力王所杀，并据其地。哈密遗民逃居苦峪，朝廷复命把塔木儿之子罕慎袭受都督，管领遗民，许以有功封王。久之，罕慎克复故城，哈密人再疏请封如脱脱故事，且谓瓦剌养罕王及阿塞太师等在彼逼胁，未获宁处，得假宠天朝，庶可镇压远夷，永为中国藩屏。事下，本部会多官议，佥谓宜从所奏。"上曰："罕慎既能克复境土，抚辑夷众，其令袭封忠顺王，给金印、冠服。应否遣使，礼部查例行之。"

《明孝宗实录》卷十一

[九月，丁卯]，哈密等卫使臣把把亦速等奏事至，赐宴并衣服、彩段等物有差。

[丁丑]，命给肃州回回坟旁空地五亩以葬凡哈密使臣之道死者，从使臣赛因虎仙奏也。

《明孝宗实录》卷十八

[十月，戊戌]，礼部言："比年，哈密及土鲁番等处入贡，多不以时，且人数过多，縻费益甚。请各降谕谕之，俾知遵守。甘肃守关官员滥冒起送不照例沮格，乞下巡按御史治罪。"上从其议，守关官姑宥之。

《明孝宗实录》卷十九

[十一月，丙戌]，先是，哈密忠顺王罕慎为土鲁番速檀阿黑麻所杀，并夺其城池。其属阿木郎等来奔，且求援。甘肃守臣上闻，兵部请下廷臣集议。于是，英国公张懋等疏谓："兴绝继灭，姑俟徐图，而救灾恤患，诚不可后。今土鲁番方有贡使至甘州，宜敕甘肃守臣于哈密来奔之中择一人与俱往谕阿黑麻，还其侵地。仍敕赤斤蒙古、罕东三卫，谕以唇齿邻好之义，以共图兴复，有功重加升赏。其众依住苦峪者，守臣宜赡给之种粮衣器，以不失其求援之意。"从之。

《明孝宗实录》卷二十

弘治元年，阿黑麻以罕慎非贵族，乃假结亲而杀之。寻遣夷使入贡，且乞大通事往和番，因求为王，以主哈密国事。予^①时任兵部尚书，以为近日迤北大房亦不遣使通好，今阿黑麻，自有分地，亦难封彼为王，以主哈密；彼若入贡，亦所不拒。乃具以上闻，请降玺书，付甘州守臣，遴遣哈密夷人曾居甘州者赍赐阿黑麻，切加责谕。

《兴复哈密记》

未几，阿黑麻怒曰："罕慎贱族也，安得为王？"弘治元年，乃悉众假以欲结亲罕慎，执而杀之。寻遣使称贡，且乞天使和番，并求为哈密王。时钧阳马公在兵部，议谓：遣使和好，虽迤北大房未有此行。又阿黑麻自有分地，难复王哈密。至于入贡，则有常例，在所不拒。请下玺书，切责阿黑麻。

《平番始末》

弘治元年，阿黑麻称罕慎非脱脱族，何得王哈密，哈密我当王，欲杀罕慎，畏未敢发。乃为好语诒罕慎曰："吾为尔联姻，尔为王益安，无外侮。"罕慎喜，许之。阿黑麻至哈密，诱罕慎顶经结盟，遂杀罕慎。亦未敢显言据哈密，即遣使入贡，言："罕慎病死国乱，乞遣大通事和番，立我为王，居哈密，领西城职贡。"兵部尚书马文升言："外夷北房最强，屡入贡，乞通使，我不听。阿黑麻小夷，且与哈密各有分地，不可辄通使，亦不得王哈密。彼若入贡，我亦不拒。请敕阿黑麻，谕令送王母及金印还哈密。"

《殊域周咨录》卷十三《土鲁番》

---

① 编者按，即马文升。

弘治二年（己酉 1489）

[四月，壬子]，先是，土鲁番使臣火只哈辛赴京进贡，至河南卫辉府，违例索要船只。至临清州，收买违禁食茶、彩段五十余柜。至是，上命执伴送人于法司论罪，仍查究临清市商已卖物货，命所司斟酌给带。

《明孝宗实录》卷二十五

[五月，甲子]，命升他失卜剌哈孙等处有功夷人绰卜都及脱脱卜剌官各一级，仍赐其同功二十人各彩段二表里。初，土鲁番阿黑麻王攻哈密，杀都督罕慎，而委其酋长牙兰住守。绰卜都等旧款附哈密，遂攻牙兰，杀其弟，仍夺其叛臣者盼卜等人畜以归。上念哈密残破，欲激励诸夷，以图兴复，故有是命。

[丁丑]，先是，哈密卫部下都指挥阿木郎并脱脱卜花等避土鲁番阿黑麻之难，率众来归。诏给口粮、牛具、种子、农器，居之于苦峪、沙州等处。至是，巡抚都御史罗明言："哈密使臣人等前后留住陕西，今应起送回还者共二百五十八人，其陆续来贡与今随来避难人等复九百七十人。况苦峪城垣岁久倾圮，今宜修筑。赤斤、罕东二卫以缺食求赈于我者尤众，阿黑麻因阿木郎之来心亦忧疑，宜遣人赍敕往谕。凡百供给之费，非肃州储积所能独供。"于是，户部请发陕西布政司库银五万两及各府所贮赃罚纸价等银并添拨各府民粮于肃州输纳以给。从之。

《明孝宗实录》卷二十六

[七月，甲子]，土鲁番等地面阿黑麻王等遣使臣火只哈辛等，罕东左卫都督只克等遣都指挥把牙思虎郎等，哈密卫都指挥阿木郎遣使臣约加等来朝，贡马驼等物。赐宴并衣服、彩段。其回赐彩段表里及留边关夷人彩段等物，亦付使臣领回给与。

[丙子]，礼部言："哈密都督罕慎等所遣来贡二等以下使臣及存留甘州男妇，俱如例给赐。但闻罕慎近被土鲁番阿黑麻王杀害，地方亦被占据。罕慎有弟曰奄克孛罗①，率部落寄住边方。其回赐罕慎马驼价物，宜令伴送通事

---

① 编者按，"奄克孛罗"亦作"奄克孛剌"。下同。

官带付甘肃守臣，俾审奄克孛罗果系罕慎亲弟，即以给赐。"从之。

《明孝宗实录》卷二十八

［八月，辛卯］，命甘肃守臣给罕东左卫头目盼卜等食米。先是，盼卜率所部攻速檀阿黑麻王，以报哈密都督罕慎之怨，不利。既还卫，乏食，其都督佥事只克为请于朝。下户部覆议，以罕东为我边藩篱，今有难而告急于我，于义我固宜赈之。遂有是命。

［壬子］，礼部言："比土鲁番速檀阿黑麻王并其妻哈屯呵嗒，各具番书遣使贡马。本部已请赐马价、表里。此外又贡磁黄青金石，非边关验放之数，未敢进收。阿黑麻又奏称与哈密都督罕慎结亲，因乞赐蟒龙、九龙、浑金各色膝襕、绽丝等物。然自遣使之后，即诱杀罕慎，据有其地。其不义如此，今得免于诛伐足矣，所乞恩赏，恐不可滥施。"上曰："罕慎为朝廷效力，阿黑麻既与结亲，又忍心杀之，所奏乞之物，皆勿与。其令通事以此意谕来使知之。"

礼部奏："迤西各处贡使该贸易之物，俱有成例定数。今土鲁番及哈密使者各违例收买食茶、箭竹等物过多，请准潼关盘检事例，俱没官。仍令大通事晓谕在馆诸夷，各遵守禁例，如违俱照此例行之。其未给赏者即递减其赏。并行各守边官员，凡外夷来贡曾犯法者，再不许起送，著为令。"从之。

［乙卯］，巡抚甘肃都御史罗明等奏缴原封故哈密卫左都督罕慎忠顺王敕书、印信、冠服及原赐绽丝、彩绢、药材、颜料、盔甲等物，盖敕、印未至之前，罕慎已遇害故也。

《明孝宗实录》卷二十九

［十月，己亥］，初，速檀阿黑麻之去哈密也，留牙兰及夷众六十余人守之。至是，哈密都指挥阿木郎觇知其虚弱，请援于守臣，调赤斤、罕东兵夜袭攻其城，牙兰遁去，斩获颇多。事闻，下兵部议，命降敕奖谕镇守太监傅德等。

［戊申］，命哈密故都督罕慎之弟奄克孛剌袭都督同知，给新印，赐彩段、金织衣等物。并赐其保送指挥使卜答散答等彩段、衣服等物有差。以旧印为阿黑麻所劫也。

《明孝宗实录》卷三十一

［十二月，庚戌］，礼部以陕西都司起送土鲁番进贡使臣斩阿沙等四百十四

人，违例过多，其该赍验马勘合并青册，又过期不至，无凭拟赏，致使臣久留京馆，请逮治其罪。从之。

《明孝宗实录》卷三十三

弘治三年（庚戌 1490）

[二月，己亥]，太傅兼太子太师英国公张懋陈禁革处置夷情事宜，谓："京城原设两会同馆，各有东西前后九照厢房，专以止宿各处夷使及王府公差内外官员。……又各处使臣多习巧诈，往往交通馆夫及市人，不待礼部开市之期，预将违禁货物私卖。近哈密等国夷人带来玉石等货，又为奸人赊卖，久不还价，夷人延住经年，或出外饮酒为非，通事累促起程，亦被拨置奏害，虽有榜禁，漫不知畏。乞敕礼部申严禁约，令缉事官校访捕。如弊在通事及馆夫人等，则治以重罪；如弊在夷人，亦宜没入违禁货物，俾知惩戒。……"俱从之。

[庚子]，礼部言："哈密等处贡使马黑麻打力等所贡玉石等物，多与原报名色不同，姑请通送内府交收，另行查例，奏请给价。"从之。

《明孝宗实录》卷三十五

[三月，丙辰]，撒马尔罕马黑麻王、天方国速檀阿黑麻王、土鲁番速檀阿黑麻王、哈密卫左都督罕慎及把丹沙等地面失保丁等各遣使贡马驼、玉石等物。时罕慎自遣使后寻为速檀阿黑麻所杀。礼部谓阿黑麻及其使臣宜量减赏赐，其应赐罕慎者则请给罕慎弟袭本卫都督奄克孛剌收领。从之。

《明孝宗实录》卷三十六

[四月，丁未]，土鲁番速檀阿黑麻王遣使来贡狮子、方物，具云愿献还哈密城池并金印，以赎还先次拘留使者，且乞遣使通好。甘肃守臣都督周玉言："阿黑麻辞虽顺而情未实，所遣使或以为即罕慎旧部之人，恐有异谋，请仍留先次使者而徐议处置之宜。"从之。

《明孝宗实录》卷三十七

[五月，庚午]，撒马尔罕速鲁檀阿黑麻王及土鲁番速檀阿黑麻王各遣使贡狮子并哈剌虎剌等兽，陕西镇守太监傅德、总兵官周玉等先图形来上，随

遣人驰驿起送。巡按监察御史陈瑶论其靡费骚扰，请却之。事下，礼部议，谓宜容一二人赴京，依例给赏，其余使人并所贡兽一切却回，量给犒劳，且劾镇守等官，以为圣明在御，屡却外夷贡献异物，德等不能奉顺德意，顾为画图奏进，请治以罪。上曰："尔等所言是。既贡使将至陕西，不必阻回，令镇巡官止起送一二人来京，其余给与口粮，令住城内，候事完量与赏劳，发遣还国，狮子等每兽日止给一羊，不许妄费。傅德等姑贷其罪，仍移文谕之。"

《明孝宗实录》卷三十八

初，撒马儿罕及土鲁番皆贡狮子，甘肃镇守太监傅德先图形以进，巡按御史陈瑶请却之。[礼部尚书耿] 裕等乞从瑶请，而治德违诏罪。帝不从。后番使再至，留京师，频有宣召。裕等言："番人不道，因朝贡许其自新，彼复潜称可汗，兴兵犯顺，陛下优假其使，适遇倔强之时。彼将谓天朝畏之，益长桀骜。且狮子野兽无足珍异。"帝即遣其使还。

《明史》卷一百八十三《耿裕传》

[七月，乙亥]，前军都督府同知白瑜卒。瑜，哈密卫人，始名阿讨剌，后赐姓名白瑜。父曰哈只阿力，为哈密都督佥事，英宗北狩时，有翊戴功。英宗既复辟，哈只阿力挈家入附，未至，道死。母倒剌挈瑜以来。瑜上疏乞袭父官，不许，许为都指挥佥事，锦衣卫带俸，居京师，赐地五十顷。成化元年，广西荔浦断藤峡之捷，瑜以功进都指挥同知。三年，以郁林功，进都指挥使。十二年，追录广东新会功，进都督佥事，左军都督带俸。十五年，管前府事。寻充右参将。以征辽东建州功，进都督同知。至是，卒，赐祭如例。瑜虽出西域，居中国久，善用部曲，知礼，敬士大夫。子镔袭为指挥使。

《明孝宗实录》卷四十

[八月，甲午]，命哈密卫故都指挥佥事米例乞之子昆马哈麻袭父原职。

《明孝宗实录》卷四十一

[九月，己巳]，兵部言："往年有旨诘问土鲁番杀哈密都督罕慎之故，阿黑麻王陈状，尚未输服，因再降敕省谕。今番书再奏，稍知警畏，请迎其善意，复申谕之，令退还哈密城池、金印，以赎前愆。哈密避难番夷及诸国番使，籍口粮之给，贪互市之利，往往留寓甘肃，恐有前代氐羌杂处近甸之患，请谕诸守臣，凡入贡番使回至甘肃者，悉发遣出关，毋令久住。哈密避

难者，及今秋成时月，亦护送至苦峪居住，俟其克复时还国。"从之。

《明孝宗实录》卷四十二

［闰九月，丁酉］，先是，土鲁番尝遣使臣哈只火辛等从海道入贡狮子，有旨令广东守臣却之。至是，哈只火辛乃潜自赴京。礼部请治广东都、布、按三司及沿路关津官之罪，上曰："夷人远道而来，必有情弊，礼部仍同大通事审察，奏闻处置。广东三司等官及沿路所由官司命巡按御史究治之。"

［乙巳］，初，土鲁番速檀阿黑麻王遣使来贡，乞赐蟒龙、九龙、浑金、描金等物。上以其有戕害罕慎之罪，不与。至是，复遣使申请。兵部言："黠胡阳为朝贡，阴怀异图，请下甘肃守臣严为之备。仍命礼部谕其来使，俟阿黑麻悔过效顺，乃如奏给赐。"从之。

《明孝宗实录》卷四十三

［十月，庚申］，先是，迤西贡使满剌土儿的等还，欲遣内官监左监张苗伴送至甘肃，且令内阁写敕与之。于是，大学士刘吉等奏："张苗之差，旧无此例。缘此等敕书，有关夷情事体，不敢不言。何则？迤西速檀阿黑麻本一蕞尔小夷，往来进贡，多受恩赏。一旦背恩忘义，将朝廷所立都督罕慎杀死，其轻侮中国罪恶甚矣。若命一大将统领雄兵，捣其巢穴，灭其种类，揆之人心天理，亦不为过。或不即讨，如古之帝王封闭玉关，绝其贡使，不容往来，犹为不失中国大体。今皆不能，顾乃宠其使臣，厚加优待，临行又差内官伴送，此何理哉！仰惟皇上凡事悉遵祖宗成宪，不意今秋无故召各番使进入大内看戏狮子，遂使各夷得以面近天颜，大赍御品，夸耀而出。京城内外，有识之人，无不寒心，以为自祖宗朝以来，未尝见有此事。……今若又差内官伴送，不惟近处人心惊忧将见，自京师至甘肃一路所过需索应付，人心无不嗟怨，其为圣政之累岂小小哉！况今差来使臣满剌土儿的系罕慎妻父，马黑麻打力系哈密久住之人，今皆忍心害理，忘主事仇，实逆天无道之人。阿黑麻又聚集人马，欲抢肃州，见今边将奏其名虽进贡，实则设诈兵缓兵，兵部议奏整兵提防，及将今次使臣回至甘肃拘留，不许放回。此正事体紧关慎处之时，皇上若不止张苗之差，彼使臣回国，阿黑麻必谓中国帝王亦可通情希宠，大臣谋国，君不听信，其奈我何。长夷狄之志，损中国之威，违祖宗之制，贻军民之患，莫此为甚。乞令礼部照例止差通事伴送各夷回还为当。或者有以往日怕六湾回曾差内官韦洛伴送为言，不知彼往广东泛海，

须造船只，与此不同。如臣等言不可信，乞令多官会看定夺。"奏上，苐遂不遣。

[辛酉]，内阁大学士刘吉等言："臣等所言命将、闭关二事，盖谓哈密乃我太宗文皇帝建立卫分，初封脱脱为忠顺王，俾世守其地，以为甘肃之藩篱，以通西番之贡路。后忠顺王死无嗣，被逆虏速鲁檀阿力将王母并金印抢去，又将王女抢占为妾，哈密人民俱逐散来我边苦峪地方住种。罕慎以忠顺王外甥，间关辛苦二十年余，方仗天威，率领夷众，克复哈密，归向朝廷，已蒙钦命封为左都督，又因其夷众奏保，准封思顺王，铸印给赏，俾继脱脱之后。差官未去，又被逆虏速檀阿黑麻将罕慎哄诱杀死，人民复逐回苦峪。似此凶恶夷贼，欺侮朝廷，若命在边总兵官出兵往正其罪，大加诛戮，诚不为过。缘今陕西天旱薄收，人民疲困，未可言兵，所谓不能者，盖以天时欠顺人力不能也。昔汉光武时，西域思汉威德，咸乐内属，愿请置都护官，光武不许，后世称帝王美事。今阿黑麻名虽进贡狮子，其实设诈缓我兵备，边臣止知循例起送，不知阿黑麻之罪，在所难容。礼部虽尝参其不先奏请，已无及矣。所谓不能者，盖以人情事势有不能止也。以此言之，其使臣只宜从减相待，不宜加厚。然臣等愚意又有望于皇上当施行者。闻狮子等兽日用羊二只饲养，以十年计之，计用羊七千二百只。又常拨校尉五十名看守狮子房，见今做工缺人，以一月计之，人五十名，日该五十工，以年计之，该一万八千工。此皆无益之费，所当省者。皇上若将此兽绝其羊只，免人饲养，听其自死以省费节工，天下人心无不痛快，传之千载，实为美谈，是即周武王珍禽奇兽不育于国之意。此诚皇上圣德之所能，臣等恳切颙望，乞赐施行，由是，比隆尧舜，又何难哉！臣等钦承圣问二事，无任祇惧，谨具以闻。"

《明孝宗实录》卷四十四

弘治四年（辛亥 1491）

[八月，癸丑]，甘肃镇巡等官以土鲁番速檀阿黑麻王遣使至肃州，求入贡，因献还哈密城池、金印，请赐处分。兵部议谓："哈密为甘肃藩篱，自都督罕慎被杀之后，驯至多事。朝廷恶阿黑麻不道，因减其使臣赏赐，或却

其贡方物，两赐敕谕，令悔罪。近又取哈密忠顺王脱脱近属子孙陕巴，权掌国事，听继王爵。凡所处置，皆合机宜，故能不费财力，坐取十九年已失城池并金印。皇上之威德远被，至于如此。彼今所贡狮子等物，盖假此以为请罪之地，与向来入贡之意不同。谓宜特赐容纳，原拘留在边使人亦宜资给遣归，而徐图所以劳来哈密、安集陕巴之道，似为柔远长策。"从之。

《明孝宗实录》卷五十四

本年八月，予①以为哈密国回回、畏兀儿、哈剌灰三种番夷同居一城，种类不贵，彼此颉颃。北山一带又有小列秃、野乜克力数种强虏，时至哈密需索，稍不果愿，辄肆侵陵，至为难守。必须得元之遗孽袭封，以理国事，庶可慴服诸番，兴复哈密。不然，虽十年未得安耳。先是，曲先安定王遣使入贡，即忠顺王裔派也，予因命通事询贡使：安定王族中子侄有可以主哈密国事者？贡使举王侄陕巴可任状，予遂奏令甘肃守臣取陕巴审可否。守臣寻以陕巴堪举及据哈密三种大头目奄克孛剌等亦皆合词告保陕巴年少量宏足以服众、愿乞早袭王爵管理国事状闻。

《兴复哈密记》

阿黑麻得[玺]书，怒，谋欲勒兵近塞要求之②。其酋牙兰曰："哈密去吾土千余里，敌国辐辏，远出已难，况又近塞乎？今既杀其国王，则夷汉之心皆怒，若合谋并进，非我利也。不如乘势还城、印以款之，再图后举。"阿黑麻以为然，弘治四年，乃以城池、金印来归。守臣具闻，下兵部，大臣欲求忠顺王子孙袭封，询诸夷使，得安定王侄名陕巴者系其裔。

《平番始末》

弘治元年，哈密奸回见罕慎非贵族，阿黑麻系同类，密相构引，假以求亲，诱杀罕慎。罕慎弟奄克孛剌袭授都督，管领残众。番酋求和以主哈密（番酋阿黑麻也），诏不从其请，但许入贡，且降玺书，遣哈密头目写亦虎仙往赏赐之，谕令归金印、城池，时王母已故。四年，番酋遂以金印、城池归，乃升写亦虎仙为都督佥事。

《殊域周咨录》卷十二《哈密》

---

① 编者按，即马文升。
② 编者按，指求为哈密王。

弘治三年，［安定王］领占干些儿卒，子千奔袭，赐斋粮、麻布，谕祭其父。先是，哈密忠顺王卒，无子。廷议安定王与之同祖，遣官择一人为其后，安定王不许。至是，访求陕巴于安定，册为忠顺王，命千奔遣送其家属。千奔怒曰："陕巴不应嗣爵，爵应归绰尔加。"绰尔加者，千奔弟也。且邀厚赏。兵部言："陕巴实忠顺王之孙，素为国人所服。前哈密无主，遣使取应立者，绰尔加自知力弱不肯往。今事定之后，乃尔反覆，所言不可从。"陕巴迄得立。然千奔以立非己意，后哈密数被寇，竟不应援。

《明史》卷三百三十《西域二·安定卫》

弘治中，安定王子陕巴居曲先。廷议哈密无主，迎为忠顺王。

《明史》卷三百三十《西域二·曲先卫》

［十一月，丙申］，寄居苦峪城哈密卫都指挥阿木郎遣使臣阿力克等来贡。迄西哈剌灰及他失卜剌哈孙等地面头目原属哈密，今同寓苦峪者，亦遣使随之入贡。礼部议谓："今次给赏哈密彩段、马值等物，合依近年减赏事例，俟回居哈密后，仍从旧例全赏。其哈剌灰等使臣亦宜视哈密例给赏，以慰其意。"从之。

《明孝宗实录》卷五十七

［十二月，甲子］，土鲁番速檀阿黑麻王遣使臣写亦满速儿等进贡驼马方物，并献还金印一颗，城池十一座，人口五百余。甘肃守臣以闻，具疏言："哈密初复，人心未定，切恐群夷摇动，别启衅端，瓦剌闻风，或有他谋。欲将取到安定王派孙陕巴，先送哈密管领夷众，其甘肃各卫寄住哈密哈剌灰夷人，除先已送三百人于彼住守，今再拨精锐三百余人，令肃州移文右参将彭清等委付陕巴并头目阿木郎等管领，各量给米粮盘费，差抚夷官员通事量带军马护至出关，至应止地方，抚调赤斤、罕东二卫头目，调领番兵，转送哈密，并力住守。其原带家口并取到陕巴家小至日，俟已安定，再为发遣。其所还金印，宜付陕西行都司暂收，候阿黑麻输诚纳款，遣使进贡，请敕一通，量加赏赉，以安慰固结其心，庶与陕巴等永为和安，哈密得以久安矣。"事下，兵部覆奏，以甘肃守臣所言宜从，仍请敕一道，赍付镇守太监傅德、总兵官右都督周玉，奖其先能运谋成功；及升任巡抚右副都御史冯续，勉其协谋以图后效；及各严督守分等官操练军马，以备不虞。从之。

《明孝宗实录》卷五十八

弘治五年（壬子 1492）

［正月，戊子］，赐土鲁番阿黑麻王彩段五表里、金织衣一袭。以献还哈密城池、金印也。

《明孝宗实录》卷五十九

［二月，丙寅］，诏哈密故忠顺王脱脱近属侄孙陕巴袭封忠顺王，给赐金印、冠服，并护门兵器等物，仍赐哈密都督同知奄克孛剌及升都指挥使阿木郎为都督佥事，谕令拥戴陕巴以立国。

《明孝宗实录》卷六十

［五月，乙酉］，土鲁番地面遣使臣写亦满速儿等进狮子，上纳之，留其夷人四名，分班调养。礼科给事中林元甫上言："彼狮子番方之猛兽耳，陈之庙堂不可以备仪卫，列之军旅不可以御外患，矧其性不食草，惟嗜羊肉。奈何以有用之牲，饲无用之兽乎！乞却之便。"命下其言于礼部。

《明孝宗实录》卷六十三

［七月，己丑］，升哈密卫故都督佥事赛亦撒隆之侄写亦虎仙、都指挥使哈剌参俱为都督佥事，以土鲁番献还哈密城池多写亦虎仙等前后抚谕之功也。

《明孝宗实录》卷六十五

［八月，癸卯］，礼部言："土鲁番所贡玉石等物，多不堪用，宜却之还。但彼以献还哈密城池、金印而来，乞收之，以答其善意。"从之。

［辛亥］，兵部以土鲁番献还哈密城池、金印，疏上有功官军。得旨升赏者，忠顺王陕巴赏银百两，镇守太监傅德、总兵官都督周玉、巡抚都御史王继各彩段二表里、银十两，参将彭清、兵备副使刘寅各一表里、银五两。

［辛酉］，初，哈密卫及土鲁番、撒马儿罕等处进贡赏赐俱有例，后以土鲁番侵占哈密，夷众寄居苦峪，并量减赏赐，以示薄责与激励之意。至是，土鲁番阿黑麻王既献还城池、金印，哈密夷众亦回居原卫，于是，阿黑麻遣使臣写亦满速儿等，及哈密都督奄克孛剌并使臣写亦虎仙等，俱来进贡，而撒马儿罕等番王亦遣头目与之俱来。兵部会礼部议奏，谓："今次赐各使臣彩段、衣服等物，自一等至五等者宜如旧例全给之。其阿黑麻并使臣写亦满

速儿等悔过效顺，情款可嘉，请特赐加赐，以慰其心。写亦虎仙等十四人奉使往回，绩效尤著，请别加优赐，以旌其勤。"从之。

《明孝宗实录》卷六十六

[十月，乙卯]，哈密忠顺王陕巴既袭封归国，与野乜克力奴秃卜花台卜之女结婚，其邻部亦剌思王、亦不剌因王率其头目锁和台卜平章、满可知院左右之，各遣人奏其事，因乞结婚财礼并赏赐。甘肃守臣亦为之请。礼、兵二部覆议："朝廷兴灭继绝，既册陕巴为王，亦须使其有室有家，方可为保久计，宜大赍以结其心。乞赏银百两，仍用一品官婚礼定数，赐纻丝、绫纱罗各八匹，绢三十二匹，大红罗二匹，脚纱二匹，外加青红绿布百匹以助之。亦剌思王、亦不剌因王及秃卜花台卜三人各赐彩段四表里，锁和台卜平章、满可知院各彩段二表里。"议上，从之。

《明孝宗实录》卷六十八

弘治五年，哈密忠顺王陕巴袭封归国，与邻境野乜克力酋结婚。失剌思酋念其贫，偕旁国亦不剌因之酋，率其平章锁和卜台、知院满可各遣人请颁赐财物，助之成婚。朝议义之，厚赐陕巴，并赐二国及其平章、知院彩币。

《明史》卷三百三十二《西域四·失剌思》

[十一月，癸酉]，初，迤西撒剌把失、火者马黑麻等奏："抚夷千户哈只哈三等冒支夷人廪给，致令饥饿逃回，又追及杀死，及往还诈取财物。"事下，礼部覆议："此乃夷人之词，未究虚实，宜行都察院转行本处抚、巡等官，从公勘问冒支、潜杀日月，并果诈取财物，即追给各夷收领，从重问拟，以慰远人。其杀死人命，径自奏请发落。如其虚诈，亦须明白回奏，仍将究问发落事由，备行省谕撒剌把失等，回谕速檀阿黑麻知会。"从之。

《明孝宗实录》卷六十九

[十二月，辛酉]，初，迤西使臣写亦满速儿奏：速檀阿黑麻王另进方物。诏令违禁者进收给价，其余听其自便。而满速儿坚以俱进为言。礼部谓："宜俯顺其情，通将方物进入。数内旧有赏例者照例给价，无例者宜从内府估价给与。仍谕甘肃守边官员，今后如遇西夷进贡，起送之时，须将上进物件尽数辩验开批，内细软者见数印封，粗重者开数通行造册，付夷使赍来，以凭题进给赏，庶事体归一，且免夷人奏扰。"从之。

《明孝宗实录》卷七十

弘治六年（癸丑 1493）

［二月，己亥］，土鲁番使臣写亦满速儿贡玉石及玻璃盏等物，赐彩币有差。

戊申，再宴土鲁番等使臣写亦满速儿等及哈密使臣写亦虎仙等，仍遣官伴送，途次宴待如例。

《明孝宗实录》卷七十二

［四月，己亥］，土鲁番速檀阿黑麻率兵夜袭哈密城，哈密死者百余人，窜、降者各半。忠顺王陕巴及其都督阿木郎据大土剌以守。大土剌，华言大土台也。围之三日，不能得。阿木郎遣调乜克力、瓦剌二部兵为援，皆败。土鲁番遂杀阿木郎，执陕巴以去，令其酋长牙兰据哈密，移书甘肃守臣，谓："本国既献哈密城池，阿木郎复潜导野乜克力人马至其国人（中）钞掠，朝廷所赐衣币，亦被克减，故为此报复之举。"陕巴亦遣人奏其事。是时，土鲁番贡使撒剌巴失等二十七人还未出境，写亦满速儿等三十九人尚在京师。于是，甘肃镇巡等官奏言："阿木郎之祸，固其自取，但阿黑麻蕞尔小丑，往年擅自兴师攻破哈密，朝廷曲加恩赉，正宜感恩效顺。纵阿木郎有过，当念哈密恢复未久，止可具奏请治其罪，乃敢擅攻城池，所移番文，僭称伪号，言涉不逊。乞命将选兵，先将酋长牙兰等剿捕，然后直抵土鲁番，擒斩阿黑麻，取陕巴回卫。若欲姑事包容，则请降敕遣使赍谕阿黑麻，令送回陕巴，当宥其罪。"事下，兵部集廷臣议，谓："哈密乃太宗创建，为中国藩篱。陕巴又皇上所锡封，有兴灭继绝之义。今既被劫去，不宜置之不问。守臣所画二策，前策乃讨罪之举，名义甚正。但动兵远夷，兵家所忌，姑俟徐图。后策为柔远之方，时势所宜，谕而不从，加兵未晚。今土鲁番贡使在京师，速为发遣，与还未出境者，令甘肃守臣就彼拘留。仍请敕就本番贡使择三二人，赍示阿黑麻，谕以祸福，俟其回报上请。仍移文守臣，各操练所部军马，以备缓急。及谕赤斤、罕东等卫头目，使知此房凶逆，互相应援。若哈密夷众挈家来奔，即告苦峪，令都督奄克孛剌管束，量给粮种耕种，以俟克复，毋再散布肃州，坐耗边储，重贻后患。其贡使写亦满速儿等在京

者，亦令通事谕以拘留之意。"

奏入，上曰："阿黑麻包藏祸心，已非一日。朝廷念哈密乃祖宗所立，欲继其绝，曲为宽贷，今阿黑麻屡恶不悛，悖逆天道，妄自尊大，奸情尽露，本当兴师剿除。尔群臣既如此处置，悉准所议，写敕切责，并敕甘肃镇巡等官严督沿边城堡将士，用心提备。然边方事重，兵难遥度，尔等仍会举文武大臣二人，领敕亲临其地，会同镇巡等官，酌量事势，讲求安内制外方略来上，以为经久之计。"

赐阿黑麻敕曰："比得甘肃镇巡等官奏，具知哈密都督阿木郎两次引领野乜克力人马，抢掠尔部下牛羊等畜，又克落尔赏赐，以致尔亲领部落，将哈密城池占据，杀死阿木郎，虏去陕巴，以报彼引虏劫掠之仇。阿木郎固有罪矣，然彼小人，愚蠢无知，尔乃大家世族，识道理，晓逆顺，岂可为此！当念阿木郎为朝廷职官，受命守城，将其作恶情由，遣人具奏，或赴愬甘肃守臣，俾为转达，朝廷必有大法度治之，追还所掠头畜，慰安既死亡魂。尔乃擅兴兵动众，公肆杀戮，将献还城池仍复占据，同宗骨肉，自行系累，如此所为，信义安在。奏至廷议，文武群臣莫不扼腕忿怒，咸谓祖宗待迤西番夷恩德如天，百年以来，未有一族一人敢行悖逆。今土鲁番父子一次虏哈密王母，一次杀罕慎，朝廷以不治治之，曲为含容，尚不知悔。今又杀阿木郎，虏陕巴，屡恶不悛，罪在不赦，逆天悖理，非人所为。若不兴兵问罪，何以压服天下番夷！合辞请发大兵，出关征剿，并起集尔仇家敌国，直抵巢穴，明正尔罪，然后牢闭关门，显绝贡路，使诸番再不得朝廷赏赐，通中国货财。西番一带，必皆归怨于尔，无地容身。朝廷念尔土鲁番自祖父以来，时来朝贡，已非一世。尔今虽有占城杀人之罪，而前亦有归城还印之功，不忍轻绝。特降敕谕，使尔知之。我国家富有四海，哈密之在中国，有之不加益，无之不加损。但念我祖宗受天明命，为万邦华夷主，永乐初年，立哈密之祖脱脱为忠顺王，八九十年，传位数世，一旦乃为尔所害，略不动心，岂上天立君之意哉！且朝廷之待哈密，亦如待土鲁番，土鲁番设若不幸，亦如哈密为人所灭绝，朝廷亦坐视而不顾乎！尔宜知此意，敕书到日，即释放陕巴，送回哈密旧城，俾其照旧管理。朕不念旧恶，听尔遣使通贡如故。呜呼！天道昭然，顺之者存，逆之者亡，尔其改过自新，毋自作孽，保尔先人之业，为尔子孙之计，其尚思之，毋贻后悔，故谕。"

[壬寅]，礼部尚书耿裕等言："土鲁番速檀阿黑麻往年不道，朝廷已赦其罪，令通使如故。继而遣使贡狮子及马，朝廷复许其自新，优其礼遇，赏赐犒劳，悉从厚典。归顺无几，旋复为逆。虽曰其中事情曲直，不能尽知，但其僭拟可汗名号，称兵犯顺，不可不虑，且国家驭夷狄，宜惜大体，而待夷使不宜太隆。前项夷使自去年五月到京，久不宣召。今自三月以来，宣召至再，复赐表里、布匹、羊酒等物，正值房酋番文到京之后，彼夷狡黠，将谓朝廷恩礼视前倏焉加厚，以为因彼虚夸强盛，似畏彼而然。事干国体，不可不慎。况房酋崛强西土，久蓄不庭之心，则其遣使朝贡，必择其亲信狡黠者。今乃令其出入内廷，略无防范，其间万一有奸细窥觇之情，潜蓄凶犷不轨之虞，虽悔无及。今哈密使臣写亦满速儿等应得宴赏，俱已完毕，未肯起程，口称恐朝廷仍复宣召。夫不宝远物则远人格，况狮子本一野兽，不足为重，何至上烦銮舆，屡加临视，遂使丑夷得以藉口！且给赏番王物件，俱系写亦满速儿收领，若再迁延不还，必启房酋致疑，将谓俱被拘执，恶心日长，将来边衅，又未可知。乞令大通事前去会同馆省谕各夷速还，照例送至甘肃。至于宣召赏赐之数，乞赐停止，庶几绝其觊觎之望。"上曰："夷使即令回还，赏赐其即给之。尔等仍督大通事省谕，俾知朝廷柔远之意。"

［己酉］，命兵部右侍郎张海、前府都督同知缑谦经略哈密，赐之敕曰："近得甘肃守臣奏，哈密城池为土鲁番阿黑麻占据，虏去忠顺王陕巴，杀死都督阿木郎。及缴到番文，言涉不逊，显有欲起边衅之意。事下兵部，会多官议，已发遣其来朝使臣回还，就令赍敕责谕阿黑麻，使其改过。及敕甘肃镇守、巡抚等官，严督沿边将卒提备。朕念边方事重，难以遥度，今特敕尔等，委以一方安危之寄。尔等须念朝廷此举非但按行故事，盖以本朝边境惟甘肃为最远，亦惟甘肃为最重，祖宗于此屯兵建阃，非但制驭境外之生夷，亦以抚绥境内之熟羌也。承平日久，兵备不无废弛。内之依附者非我族类，其心叵测；外之朝贡者恩泽既厚，怨讟易生。尔等徐观事势，密为经略，在内者安定之，分背之，使不萌外向；在外者消弭之，震叠之，使不敢内侵，斯为经久之计。且甘肃地方，路在番族、土达两界之间，番夷与军民杂处，种类非一，老子长孙，久成家业，难尽驱遣。又自哈密失守之后，随罕慎内附者，处之苦峪，既无复返，今又来奔。中间或有别种，岂无异心。奄克孛剌不知其心向背如何，一旦有事，恐难拒守。其行都司在外七卫二所，并嘉

峪关外近边之地，更有堪以屯聚耕牧之处，及苦峪近地有无废城遗垒可以兴复建置，详加询访，熟思审处，必有利无患，可以为安内方略来上。然必安徐慎密，勿使几微彰露，恐事未必成，或生他变。若夫制外之策，如军马、甲兵、城堡、关隘、沟堑、墩台、斥堠、屯田、粮草等项，及管军戍守头目人等，宜同彼处守臣从长计议，酌量停当，便宜施行，不可偏执，务图经久无弊。此外，尤须密切用心，询问沿边一带退闲宿将，经战老卒，与凡曾出境和番、越关私贩番汉之人，及虽本胡种，生长内地，无复外心，而为众所孚信者，多方招集，因事讨论所以制御慑服万全之策。潜遣间谍，招徕降附，审实其强弱分合之势，缉访其向背虚实之情，画图来上，待报回京。故谕。"

《明孝宗实录》卷七十四

弘治五年二月，予① 集议请以陕巴袭封忠顺王，主哈密，然尚未给冠服也。守臣急欲成功，仓卒遣使，送之于哈密。未几，诸番夷以陕巴无所犒赐，而阿黑麻复怒大头目都督阿木郎尝弛其赏赐，又尝虏其部落头畜，遂杀阿木郎，复虏陕巴及金印以去，时弘治六年也。报至，适阿黑麻先所遣大头目写亦满速儿等四十人入贡在京师。内阁礼部尚书大学士丘公濬谓予曰："哈密事重，须烦公一行。"予曰："边方有事，臣子岂可辞劳。但西域贾胡，惟图窥利，不善骑射。自古岂有西域为中国大患者，徐当静之。"丘曰："有纤言不可不虑。"予因集议请自往，众曰："哈密一方事耳，今北虏在边，四方多故，公往甘、凉，四方边事付之何人？"乃议以兵部右侍郎张公海、都督佥事缑谦领敕率写亦满速儿等往经略之。

《兴复哈密记》

阿木郎勾引哈剌灰夷人潜往土鲁番地方盗马杀人，阿黑麻领众入哈密杀阿木郎支解，以陕巴与彼皆蒙古人，元之后裔，不杀执归。

《明九边考》卷四《甘肃夷情》

[六月，戊子]，甘肃镇巡等官太监傅德等奏："哈密夷人有自土鲁番来者，报速檀阿黑麻纠集虏众，牧马北山，欲待草青马肥时，分为两路，直抵甘肃，会兵为一，攻城抢掠。防患之计，不可不虑。"事下，兵部覆议谓："今走回夷人皆先年被虏者，既属土鲁番部下，复往来进贡，宿留甘肃，知

---

① 编者按，即马文升。

我虚实。今次所传，非阿黑麻故纵之来，佯为虚喝，以胁赤斤、罕东诸番，必哈密夷人因本国失守地方难居，故造为此言，图缓发遣，事皆难料。但阿黑麻远处西陲贾胡专务买卖，少习骑射，似不足虑。所虑者甘肃孤悬河外，止有兰州河桥一路，可通往来。若此路一阻，则转输不通。况今北虏部落被瓦剌杀散，住牧宁夏贺兰山后，恐此后闻风乘隙侵犯，庄浪西路兵马，卒难应援，似为可忧。请移文巡视侍郎张海、都督缑谦，会同镇巡等官，令副总兵张怀、右参将彭清同心协谋，凡可保障守御者，事事有备。仍将东路各城兵马亦严加整饬，仍令陕西镇巡官将陕西并洮、河、岷三处原选官军委官分领，于安定、会宁、兰州等处驻扎，如甘、凉有警，以陕西官军移向兰州，洮、河、岷官军移向庄浪。果肃州警急，听张海等调用所在刍粮储偫，请移文户部查处，以备支用。"从之。

[庚寅]，甘肃镇巡等官太监傅德等奏："近得兵部移文言，凡哈密夷人来奔者，送赴苦峪，各处夷人亦并散遣，毋令散布肃州。今五月将终，寄住夷人播种已毕，计日望秋。若遽从发遣，纵使量给种粮，止可救济目前，以后仍前缺食，或复逃回肃州，或被逆虏扑掠，恐彼各怀疑贰，因致他虞，反堕阿黑麻奸计。乞将各夷暂存肃州、甘州、山丹、永昌、凉州安住，以系其心，分散势力，以防不测，待来春斟酌夷情事势，量给种粮，发去苦峪住种。"事下，兵部覆奏：如德等议。从之。

《明孝宗实录》卷七十七

弘治四年，代李敏为[户部]尚书，寻加太子少保。哈密为土鲁番所陷，守臣请给其遗民廪食，处之内地。淇曰："是自贻祸也。"寝其奏①。

《明史》卷一百八十五《叶淇传》

弘治七年（甲寅 1494）

[六月，丙寅]，兵部右侍郎张海上安边方略六事。"一，驭戎以定酋帅。甘肃即古河西五郡之地，自哈密为土鲁番侵占，人民奔溃，诸夷熟羌来归，

---

① 编者按，此事具体时间不明，暂系于此。

在边安插，积聚数年，蕃育日多。……已尝奏行守臣，欲令驱遣，因彼逋逃穷虏，不可轻动，至今徙之尤难。况此虏心性叵测，今转徙日久，不立酋长，未有统摄，异日酿成大寇，卒受其弊。今甘肃等卫皆系镇守分守重地，屯宿重兵，皆有外城，分住夷人，可以安辑。防微杜渐，终宜驱出，但未有隙可乘耳。及译审都督奄克孛剌、都督佥事写亦虎仙等皆可任使，俟哈密平复，设都督一人，命奄克孛剌治事，以写亦虎仙等分领诸夷，则远有酋帅之托，近无几席之患矣。

一，立法以除乱本。访得哈密夷人马黑麻打力先使土鲁番，因叛附之，寻率番众入寇，戕杀罕慎，夺据城池。后冒充番使入贡，归则纠合哈密诸夷，投顺土鲁番，残灭其国。至今一国夷人，怨入骨髓。此贼家属，有寄住甘州者，乞责令抚夷官密为防范，俟哈密恢复之日，锢之本地，以待彼贼或来归者擒之，治以重法。则内以惩创夷人，外以阴剪土鲁番羽翼，祸乱可息也。

一，重译以审夷情。中国之于夷狄，其情难知，如得其情，思有以制之，安能为中国患哉。今访之，土鲁番在哈密迤西七百里，土城大如营者三，小如堡者十六，戈甲不满三百，兵马不满三千。亲党俱亡，止兄一人，与相仇杀，左右亲者十一人，与治国事，外无近番可恃之国，内无中国交通之人。昔狼河欲约匈奴绝汉，赵充国敕视诸羌毋令解仇；元昊寇宋，皆野利、天都二将之策，种世衡以谋去之。今土鲁番之情状事势，卒难周知，乞敕甘肃守臣或因其向背，或迹其虚实，或用世衡之谋，使彼亲者相离，或从充国之计，使彼仇者不解。俟时而动，则虏情前之（知），庙算先定矣。

一，先计以遏乱略。阿黑麻蟠据西域，交构叛夷，以规贡利。昔莎车杀汉所置莎车王，冯奉世矫制诛之；郅支单于拘留汉使，陈汤矫诏杀之。今阿黑麻杀罕慎，有莎车之罪，执陕巴，有郅支之恶。臣计此虏专仰贡马为生，此可以计屈，未可以兵破。若仍务姑息，恐堕其计中。以占哈密为利阶，以养陕巴为奇货，乱将何时已邪！乞将今之赏赐土鲁番使臣衣服银两追回，发甘州收贮。封闭嘉峪关，暂绝西域贡路；将本番使人男妇拘留，以彰天威，以挫虏志。纵一二人归语彼酋，自审去就。责重主将，练兵聚粮，为经久战守之图。俟此虏款塞求通，果有诚意宾服，上请区处，则内振国威，外定祸乱，哈密可复矣。

一，修边防以固封守。甘肃东中西三路，延袤二千余里，四当敌冲，盗贼出没无时，若不因地制利，务为悠久守备之图，恐盗贼滋蔓，为祸不可胜言。臣按诸路或当增筑墩墙，或当修理壕堑，动有数十百里。取水之路，远者或四五十里。工程浩大，必岁久乃可成功。乞敕甘肃守臣督官军于农闲之时，渐次修理边防。或地有沙石者，用古人植木立栅之法。或水路不通者，用他边窖水之法。使营垒相望，哨守相闻，靖虏安边之计得矣。

一，预调度以足兵食。甘肃地远寡援，一有警急，赴京请兵，往回万里。及调客兵，缓不济事。迩者议调陕西洮、河、岷之军策应，寻复中止。然宁夏虽近凉州，系腹里边方；洮、河、岷虽近庄浪，系腹里卫分官军，用之有名无实。惟延绥之军，生长边陲，谙识战阵。乞敕延绥守臣，请选游兵三千，本镇操守，专听甘肃调用。及行户部区画粮草，务足主、客兵五万人三年之食，则足食足兵，久驻之基也。"①

命兵部会议以闻。

[丙子]，土鲁番既据哈密，又欲纠北虏入寇，镇守甘肃总兵官都督周玉三上疏引疾乞休。监察御史白鸾劾其临事避难，请置之法，别选他将代之。上令玉用心供职，以图报称，不必更代。

《明孝宗实录》卷八十九

[七月，己丑]，土鲁番遣使来贡方物，并还所虏哈密夷人。兵部右侍郎张海及都督同缑谦等言："凡西域进贡，肃州验入，甘州再验入奏，此旧例也。比土鲁番杀阿木郎，执陕巴，据哈密城池，朝廷降敕，谕以祸福。彼虽遣使来贡，然陕巴未归，城池未献，似欲假修贡以款我师耳。今已止其使于肃州。如陕巴果回，乃许令入贡。如尚执迷，宜降敕开谕，令其送回陕巴，献还城池，朝廷当加大赉。不然，则将兴师致讨。如此庶可以警悟其心。"下兵部会议以闻。

[庚戌]，兵部会五府、六部及科道等官议处侍郎张海所奏事宜，谓："土鲁番阿黑麻劫哈密陕巴，令头目牙兰据其城池，虽进贡如故，而留陕巴不遣。若复降敕，似为烦数，有亏国体。宜行侍郎张海遣人再往开谕，如送回陕巴，献还城池，则许其进贡；如尚不然，仍拘留其使人写亦满速儿为

---

① 编者按，此疏又见《皇明经世文编》卷四十九《张司马奏疏》，为《安边方略疏》。

质。今者所贡方物，尽逐出关以绝之。仍敕甘肃镇巡等官，简练军马，慎固封疆，遇有可乘之机，密调罕东、赤斤等卫番汉兵往哈密，袭杀牙兰。或无可乘之机，封闭嘉峪关，无纳其使，其计亦将自穷。陕巴虽封为王，未授金印，其来与否，于中国无所损益，宜别推贤者在彼治事。如陕巴果还，当别议处之。"上曰："所议处置夷情并进贡夷使未见归一，礼部、兵部仍会官再议以闻。"

兵部、礼部会廷臣再上议曰："阿黑麻蕞尔小虏，远居西域，杀罕慎，虏陕巴，残破我哈密，已至于再。及朝廷降敕戒谕，彼犹肆其凶虐。若复容之，则国体日弱，虏志日骄。宜仍行侍郎张海等，如陕巴已还，城池已献，则令其使入贡，先所留使人即发遣出关；若陕巴未回，城池未献，则绝其所贡，所拘使人，仍留不遣。自后若天方国、撒马儿罕来贡，皆许之入，以示怀柔；其土鲁番者皆不许入关为当。"上曰："所议诚是。但陕巴系阿黑麻同类，其来与否，既与中国无所损益，并哈密残破城池，如其献还，当何以处之？仍斟酌议处以闻。"

礼部、兵部复会廷臣上议曰："陕巴乃安定王千奔之侄，忠顺王之孙。往岁朝廷以阿黑麻献还城印，复封为王，令守哈密，盖欲其镇抚夷人耳，今乃复为阿黑麻所虏，孱弱可知。就使复还，亦难复立。而哈密又不可弃，谓宜革其王封，暂居之甘州，仍给赏安定王，语以陕巴不能守之故，且令都督奄克孛剌理哈密卫事，都督写亦虎仙等分管三种夷人。其苦峪城垣壕堑，令甘州守臣预为修浚，凡夷人散处甘、凉者，尽令还居苦峪，给以牛具、口粮。奄克孛剌及写亦虎仙、阿南答、拜迭力迷失等，及赤斤、罕东二卫头目，宜量加赏劳，以结其心。复敕奄克孛剌、写亦虎仙等，使互相协辅。并敕罕东、赤斤二卫都督等，固守藩篱。如陕巴未还，不必索取，俟有可乘之机，则动调番、汉官兵，掩杀牙兰，克复城池，然后徐移于哈密居守。若此虏以贡路不通，或欲侵犯苦峪，仍令奄克孛剌等相机剿灭。"

议上，从之。

《明孝宗实录》卷九十

[八月，甲申]，大通事锦衣卫带俸指挥佥事王英奏，"朝廷设哈密卫当诸夷通路，每岁各处回回进贡者至此，必令小憩以馆谷之，或遇番寇劫掠，则人马亦可以接护，柔远之道，可谓至矣。今速檀阿黑麻悖逆天道，二次犯

边，朝廷不即加罪，仍抚之以恩。阿黑麻不思悔，乃复夺城池，劫金印，执陕巴，迹其所为，背逆益甚。闻罕东左卫居哈密之南，相去止三日；野乜乞里居哈密之东北，相去止二日，是皆唇齿之地。阿黑麻于去岁八月内约哈密守城头目牙兰，遣使至罕东左卫都督只克处，胁令投顺，只克不从。野乜乞里原属哈密，今与阿黑麻仇杀，阿黑麻又曾杀其头目罕乃法思，其弟火者赛亦、子密儿赛亦皆思报怨。又与其父头目阿巴乩乞儿不和，阿巴乩乞儿亦思报复。则其四邻亲信皆有离心。今宜降敕旌劳罕东、赤斤蒙古，使之尽心图报，毋为阿黑麻所诱；并遣人密会火者赛亦等合攻，以除土鲁番之患，是以夷攻夷也。又迄西各国进贡，皆籍以互市图利，每往来路经土鲁番，凡方物赏赐，皆为阿黑麻择取，然后许过。今各国使臣在边，但下令不许进贡，则各国因失利之故，必与阿黑麻为仇，而阿黑麻妻子亦不得各处贿赂，安能无怨！是土鲁番之城空无人迹，必不能久占哈密矣。"

章下，兵部覆奏，谓："以夷攻夷，虽驭戎一计，但夷性不常，向背难倚。或事不成，岂惟贻诸番之轻侮，将益增逆虏之狂悖。幸而成功，彼必恃功邀求，从之则何以满溪壑之欲，不从亦何以塞衅隙之端。为国远谋，当捐近效，宜但如前会议侍郎张海所处事宜，敕谕甘州守臣，整兵操练，遇有可乘之机，量调番汉官兵征剿。仍传谕罕东、赤斤并野乜克力诸番，皆养威蓄锐，以俟调遣，不可轻率贻侮，庶得安攘之道。"

上曰："中国驭戎，当存大体，其如兵部议行之。"

《明孝宗实录》卷九十一

弘治七年，指挥王永言："先朝建哈密卫，当西域要冲。诸番入贡至此，必令少憩，以馆谷之，或遭他寇剽掠，则人马可以接护，柔远之道，可谓至矣。今土鲁番窃据其地，久而不退。闻罕东左卫居哈密之南，仅三日程，野乜克力居哈密东北，仅二日程，是皆唇齿之地，利害共之。去岁秋，土鲁番遣人至只克所，胁令归附，只克不从，又杀野乜克力头目，其部人咸思报怨。宜旌劳二部，令并力合攻，永除厥患，亦以寇攻寇一策也。"章下兵部，不能用。

《明史》卷三百三十《西域二·罕东左卫》

[十月，甲申]，初，哈密寄住夷人有三种，一曰回回，二曰委兀儿，三曰哈剌灰。至是，哈密卫都督奄克孛剌言于兵部侍郎张海，谓："夷人以种

类高者为根基，非根基正大者，不能管摄其族类。请以回回都督佥事写亦虎仙及失伯颜答管回回，委兀儿知院阿南答及指挥使苦木管委兀儿，哈剌灰千户拜迭力迷失、平章革失帖木儿及舍人迭力迷失虎力管哈剌灰。"海据以上奏，且谓："七人者夷心信服，宜稍崇名号，设为酋长，庶几得其效用。"兵部覆请，上命写亦虎仙等三人各照旧授以原职，阿南答及拜迭力迷失、革失迭木儿俱升指挥佥事，迭力迷失虎力授世袭正千户。

既而海又言："前奄克孛剌推举七人之时，有脱脱忽者亦在举中，以其尝被阿黑麻所虏，故未及闻奏。今脱脱忽自土鲁番来归，其人在哈剌灰夷类中尤为武勇，请并授之职。"复命为指挥同知。

《明孝宗实录》卷九十三

[十一月，庚戌]，敕兵部左侍郎张海、前军都督府都督同知缑谦曰："得尔等奏，番酋阿黑麻遣人赍番文进贡，就献还哈密城池及被虏陕巴，而城池尚为其党牙兰占据，陕巴犹留其地三角城，意在邀求先前拘留夷使。屡下兵部会多官议，佥谓此酋自其父祖以来，违天悖理，乍服乍叛，已将哈密三次残破，而今次变诈不一，尤难凭信。请如尔等所奏，果将陕巴送回，城池奉还，就于所遣夷使内，选其亲信者赍彼所贡轻便之物，差人伴送赴京，余众悉令在彼住候，狮子、马、驼俱留在边倭养骑用，先前拘留夷使写亦满速儿等俱发遣出关。若陕巴并城池未曾献还，即将今来夷使并方物追逐出关，任其所之，以后再不许进贡。原拘夷使并赏赐之物仍前拘留在边，如法关防，不许透漏，其余诸番若天方国、撒马尔罕等处差来贡使，俱照旧验放，不在此禁。又谓陕巴失地丧身，柔懦无为，纵使送回，亦难再立，宜革去王封，暂在甘州居住，厚加馆谷，原赏赐衣服等项，除蟒衣拘收入官外，其余照数给与，听其收用，候礼部奏请，以礼送还安定。哈密乃我太宗文皇帝所立，固不可轻弃，今为牙兰所据，且屡经残破，纵使献还，亦难遽复。宜令都督奄克孛剌如往年罕慎故事，掌管哈密卫事，与都督等官写亦虎仙等分管三种夷人，暂居苦峪，养威蓄锐，渐图兴复。其城垣壕堑营堡等项，尔等预为修筑完备，通将散处甘、凉各卫哈密夷人，尽数送去，合用口粮、牛犁等项，亦如往年事例，量为措办验给，必须足用，不至告乏。仍支给官钱买办彩段、梭布，量赏赤斤、罕东二卫头目，并奄克孛剌、写亦虎仙、阿南答、拜迭力迷失等，以结其心，令其益坚臣节，固守藩篱。凡敕中所载，皆

是会官计定事理。敕至，尔等即会同彼处镇巡等官，酌量事宜而行，务使夷民安妥，边方宁靖。处置毕日，具奏回京。"

《明孝宗实录》卷九十四

[十二月，丁卯]，兵部左侍郎张海言："今阿黑麻贡使复来而陕巴尚未归，城池尚未复。臣谨遵成算，凡阿黑麻所贡方物，尽数驱逐出关，示以绝意。其前次贡使写亦满速儿等一百七十二人，仍旧拘留不遣。原给赐阿黑麻并使臣彩段诸物，悉贮之官库。当日即封闭嘉峪关，暂绝西域贡路。此后，如天方国或撒马儿罕使臣来贡仍左验放入，其来自土鲁番者，一切拒之，万一阿黑麻自欲送死，则我边将士及哈密之寄住苦峪者，自有以待之矣。臣自至甘州以来，苦峪城池修浚者数百丈，哈密、甘、凉地方诸夷往居苦峪者已二千余人，其行者有所赍，来者有所止，耕者亦颇有其具矣。臣当归朝，谨具疏以复命。"①

下其奏于所司。

[乙亥]，兵部左侍郎张海、都督同知缑谦还自甘肃，科道并劾之，谓："海等奉命经略哈密二年，事未就绪，辄上奏请还。及至真定，复得敕令赈恤甘、凉边军，海等又不复请命，径入朝复命，请论以法。"

命下锦衣卫狱鞫之。

《明孝宗实录》卷九十五

[张海、缑谦]既抵甘州，议令写亦满速儿等数人并遣在边通事先以敕谕阿黑麻顺天道归陕巴、金印。而诸夷使缘此皆欲同回，张、缑等不可，惟遣哈密夷人以敕往。迨久未回，张、缑等遂以上命修嘉峪关，清各卫久居哈密回回名数以闻，复捕哈密久通阿黑麻黠诈回回二十余人，发戍广西，诸夷颇知畏惧。予②以为此虏既遣使入贡，复虏陕巴、金印，迨敕使往，又久不报，其轻中国之心著矣。遂请以写亦满速儿等四十余人皆安置两广、福建，并闭嘉峪关，示西域入贡诸番夷，俱毋令入，使阿黑麻结怨于众夷，以孤其势。张、缑等于弘治七年三月未前闻即归，上怒其不进图本，又无成功，皆下狱，张降外任，缑住俸闲住。然阿黑麻愈肆骄横，大抵皆哈密回回教之

---

① 编者按，此疏亦见于《明经世文编》卷四十九《张司马奏疏》，为《言阿黑麻事宜疏》无结尾一句。
② 编者按，即马文升。

也。盖以成化间彼番贡狮子，甘州守臣奏至，宪宗皇帝预命内臣接至河南入京，赏赉甚厚。今上即位初，彼复贡狮子，泛海由广东来。奏至，上不贵远物，谏官交章请却之而回，其余贡至者亦不及昔年厚赏利。乃教诱阿黑麻诈称领夷兵一万，用云梯攻肃州城，并蹂甘州。报至，朝野颇惊。予以为彼张虚声以挟我耳。且土鲁番至哈密十数程，中经黑风川，俱无水草，哈密至苦峪又数程，亦无水草，入贡者往返皆驮水而行。使我整兵以俟，谨烽火，明斥堠，彼至肃州，我以逸待劳，纵兵出奇一击，必使彼匹马不返矣。夷使入贡至京者，亦以此意晓之，伐彼邪谋，自此再不敢复言来攻肃州矣。

《兴复哈密记》

事①闻，上命兵部右侍郎张海、都督佥事缑谦往经略之。时阿黑麻所遣入贡头目写亦满速儿等四十余人适在京师，遂敕同张、缑以往。阿黑麻得敕不报，而但整饬士马，声言欲东向。张、缑计无所出，乃修嘉峪关等处，清查各卫寄居哈密夷人名数，遂归。上怒其经略无状，又不闻命擅回，下锦衣狱从重治。既皆宥减，张谪外任，缑闲住。巡抚都御史冯续取回夷使写亦满速儿等，议发遣两广安置。无何，阿黑麻复侵哈密据之，转掠罕东等卫，诈称精兵一万，欲取甘州城以居。时北虏复大寇昌平等处，报至，中外震恐。大臣议遣巡抚，颇难其人，乃以予②名上，制报可，遂赐敕升左佥都御史，巡抚甘州，与太监陆阁、总兵官都督刘宁协恭经略。

《平番始末》

［马］文升请行，诸大臣不可，请敕兵部侍郎张海、都督缑谦行视经略。时阿黑麻贡使写亦满速儿等在京师。命海至河西，令夷使二三人与边上通事致敕谕阿黑麻，归陕巴、金印。诸夷使争欲去，海不可，乃遣哈密夷人以敕往，阿黑麻竟留不报。海不得已，修嘉峪关，捕哈密奸回通阿黑麻者二十余人戍广西，请绝西域贡。七年春，海、谦不奉命辄还朝。上怒，逮下狱，降海山西参政，谦夺俸闲住。

《殊域周咨录》卷十三《土鲁番》

---

① 编者按，指再侵哈密，虏陕巴。
② 编者按，即许进。

弘治八年（乙卯 1495）

弘治八年正月，至甘州。时阿黑麻已去，留其大头目牙兰与撒他儿率精锐二百人守哈密。牙兰机警有勇力，能并开六弓，夜宿十徙，虽近人莫知所在。哈密协（胁）从者皆慑服不敢动，其雄黠者反投之，教以挠中国之术。僚佐颇以为忧，问予[①]所图。予曰："已有拙见，徐当议之。"乃访抚夷官熟知夷情道路者，得指挥杨鼒，令其假以他事，深入探听，既而得其情状缓急甚悉。众复以为问，予曰："哈密事未易言也。昔我太宗建立此国，为虑最悉。外连罕东、赤斤、苦峪等卫，使为唇齿，内连甘肃等卫，使为应援。若哈密有警，则夷夏共救之，此非为哈密为藩篱计耳。土鲁番去哈密千余里，中经黑风川等处，俱无水草，虽其人惯战习兵，使哈密有备，诸番掎角，我兵乘之，岂易破哉！王母之殒也，实以哈密久安忘备，土番乘间袭之耳。既而哈密逃散者不能自归，一切仰我经略，我边又不肯身任其事，令其暂住苦峪等处，蓄精养锐，以图恢复，是以日月坐迁，愈久愈废。罕慎之封也，天兵之威未加，土番之情未服，哈密之势未振，赤斤等卫之援未合，苟简为之，能不取败！罕慎既死，贼势益横，谓我兵不能远制，遂求为王，以主哈密。迨皇上震怒，下敕切责，则又佯归城印，以款我谋，而其实主哈密之心，无日不在也。大臣急欲成功，遽封陕巴，而不思土番何畏而不再来，哈密何恃而能死守，轻信寡谋，致有今日。且今牙兰凭其累胜之威，据有坚城，内外连结，大势已定，非复昔日或出或入专事剽掠之举。而哈密三遭残破，锐气已尽，近闻苦峪遗民，种瓜放债，生理百出，皆不愿回本国，此岂有恢复之志哉！其赤斤等卫，则又劫于土番之余威，心怀疑贰，踪迹不定。然则独欲以我兵与之千里争锋，诛寇立王，此谈兵之士所以为之束手无策也。"众曰："于公何如？"予曰："不袭斩牙兰，则天威不振，而土番终不知惧。不怀来诸夷，则声援不合，而我兵终不敢入。今日之计，结好北虏，抚谕南羌，收赤斤等卫未一之心，作苦峪遗民已馁之气，以夷攻夷，佐以汉

[①] 编者按，即许进。

兵，出其不意，则牙兰成擒矣。牙兰既擒，贼计阻塞，然后绥和诸夷，使之结为姻好，分守要害，以防报复。少迁苦峪居者之半，使之共守哈密，以理旧业。整饬我兵，联络声势，以为诸夷应援。如是，则土番进不能战，退无所得，力屈智穷，称款有日矣。"二月，予乃以用兵方略闻，上可其奏。

《平番始末》

[二月，己未]，兵部左侍郎张海、都督同知缑谦既被劾下狱，刑部拟赎杖还职，命各降一级，谦带俸闲住，海调外任。遂降谦为都督佥事，海为山西布政司右参政。

[壬戌]，先是，镇守甘肃太监傅德等奏："哈密卫委兀儿夷人乩儿的乩党土鲁番为恶，其家属宜安置广西边方，以离散其党。"兵部议行兵部侍郎张海等覆核。海等奏："乩儿的乩结婚土鲁番，附阿木郎，谋害奄克孛剌，坏乱哈密，人皆知其恶逆，已取至甘州居住。但凶恶之性，终难悛悔，留之不遣，则官军有防范之劳；徙之苦峪，又恐为异日之患。解送广西，事体为宜。"从之。

《明孝宗实录》卷九十七

[五月，丁亥]，镇守甘肃都督同知刘宁等奏："罕东左卫都督只克报，沙州地方屡被土鲁番阿黑麻抢杀，且逼胁各夷归附。而哈密都督奄克孛剌又报，苦峪城内近被火烧毁房舍，无以自存，乞容归附。各乞给赐牛犁种食。又传阿黑麻欲夺苦峪、赤斤、肃州等处，乞缮修赤斤城以为之备。且哈密、罕东、赤斤俱我藩篱，今哈密之居苦峪者被火，罕东之沙州被寇，义当救恤。但苦峪去肃州逾四百里，其地贫薄，水草不足以自给。赤斤城高，复饶水草，且去肃州为近，有急易于应援。请令苦峪寄住者悉迁之赤斤城内，其城或有颓圮，宜及时修治。并请遣人赍服食之物，往抚谕沙、瓜、王子庄等处番夷，以坚其内附之心。复递遣哈剌灰各种夷人有贰心者，互来入贡，用破散其异谋。前此肃州拘留阿黑麻贡使写亦满速儿等，请安置烟瘴处所，以正国法，且防其逸出之患。"

事下，兵部会议，谓："宁等所奏多可行，惟写亦满速儿等不必安置远方，但量移陕西近地，仍官给酒食。俟阿黑麻悔过之日，并其赏赐之贮库者，悉以归之，于事体为便。"从之。

《明孝宗实录》卷一百

未几，阿黑麻贻书于罕东都督只克，自称："速檀阿黑麻可汗敕书与只克都督、仓阿朵儿只、剌麻朵儿只众头目；在前我祖宗拜答儿主人的子孙在哈密往（住）来，你沙州、瓜州大小人民皆属管束，进贡好物，和气住坐。此地原是我祖宗住的地方，如今我得了，缘何不照前例进贡？因这等气恼，所以来抢你。今后若差人投顺，与我进驼马便了，不然便动人马来问罪也。"

只克得书，惊惧失措，乃自驰上肃州。予①曰："事急矣，无赤斤、罕东，是无哈密也，无哈密甘肃受祸矣。"乃疏其事于朝曰："速檀阿黑麻冒认残元之裔，僭称可汗之号，既已占夺哈密，杀其国王，却人（又）侵扰属番，逼令从顺。揆其动静，为志不小。且罕东、赤斤等卫属番住牧地方，实为甘肃西北藩蔽，若不早为区处，倘被土番侵掠不支，致令胁从，将来边患，有不可言。除将罕东左卫都督只克以礼优待，量给彩段、梭布、食粮等件，善加抚谕，令知朝廷恩威顺逆生死之理，照旧住牧地方，勿听哄诱，自贻后悔。其阿黑麻若果复来侵扰，一面驰报我边，发兵议讨，一面调集各卫夷兵并力剿杀。乞更敕哈密、赤斤、罕东三卫管事大头目奄克孛剌、只克等预先调定夷兵，遇有可乘之机，克期进取，仍量给各卫夷人赏赐以结其心，庶几番夷用命，成功可收矣。"书奏，乃厚赏只克令还，而复遣人赍段布、食物分投赤斤、罕东等卫抚谕之，为言土番无道，朝廷已出兵克期声讨，尔等皆累朝有职臣子，宜坚守臣节，整兵以待调发，勿生异心，自取灭亡。若各卫军饷不足，许即来告，为尔转奏，量给协济，事成朝廷自有升赏。

只克等大喜，即覆书曰："先年设立哈密、赤斤、罕东三卫，如一家一般。阿黑麻他把哈密夺了，我每谁不怀恨他。昨日又差虎剌黑麻、扎麻力丁两个人来我罕东地方上来说，也要我每投顺他。我只克等众头目只是不敢忘了皇帝主人洪恩，不肯投顺他。去年将我大小人口女儿都抢了，此仇几时报得。如众大人可怜见时，调罕东、赤斤、哈密三卫人马同到哈密，将牙兰头割了，也是报了我每仇恨。若不去时，恰似害怕他一般。"

时住守苦峪、哈密卫都督奄克孛剌亦遣其头目脱脱忽、写亦虎仙等至，称言本国失火，延烧财产略尽，又被西番抢掠太多，欲求赈贷。辞甚哀切。

---

① 编者按，即许进。

僚佐皆曰："此辈自寄居以来，即仰给于我，迄今所费不下数万。彼方以此为得计，不复以恢复为念，少有不足，辄来告扰我边，岂能一一应之。"予曰："不然。哈密三遭残破，人无固志，若非我边抚绥，称降土番久矣。今为彼图恢复，而先失其心，事何由济。且养之三十余年，而一旦弃之，何为也！"乃悉为奏请，令都督奄克孛剌钤束部落，照旧于苦峪地方耕牧，所缺种子令人于肃州关领，趁时布种，无致流移。其西番掳去财物，仍差抚夷官员拘集西番头目速鲁都思到官抚追原抢行李，一一给还原主。予复呼脱脱忽于厅事，亲慰劳之。……脱脱忽等曰："哈密不幸遭土鲁番害，国破人亡，皇天可怜见，留下些残民，住坐苦峪。若非皇帝主人与些口粮赏赐，也都饿死了，不能勾有今日。我每但说起此事，恨不得把阿黑麻碎割了，才报得此仇。只是人少，不敢向前，又遭火把行李烧了，过不得日子，只等天兵征进，我们随着出气力。天兵又不出来，延迟到今。如今朝廷可怜见我们，得了大赈济，又要出兵与我每复仇，我每就死合先去做头哨马，如何敢把朝廷的大恩德背了。"言毕泪下。予悉犒以羊酒令回，而遣人巡视火灾之家，遍加慰劳。此后凡有求讨称贡等项，余悉为斟酌缓急轻重应之，由是三卫夷人皆感激思奋。

《平番始末》

[六月，甲寅]，北虏野乜克力之地其酋长曰亦剌思王，曰满哥王，曰亦不剌因王，各遣其头目川哥儿等三十四人款肃州塞，言为迤北大达子劫杀，欲避之近边住牧，恐中国不信，乞容入贡及互市。甘肃镇巡等官太监陆訚、都督刘宁、都御史许进会奏，谓："彼以善意来而拒之，恐生别患，请许之。令有难之时，暂就境外威远城藏避。无事时，仍在亦集乃等地方往来住牧。并如哈密例，许限年入贡；如赤斤、罕东例，每季许近肃州城互市一次。有警使犄角杀贼。且彼既以互市入贡，相与习熟，他日亦可如往年收捕喃哥及伪祁王锁南奔事例，起送其头目至京，縻以职事，分处其部落于甘州，俾随征调，庶边方可以无患。"兵部覆奏，谓："住牧、互市可许，入贡及擒捕之事不可许。"上以夷情重大，命廷臣会议，以为："北虏比哈密诸夷不同，若许令自肃州入贡，往返万里，道途骚扰，不可胜言。恐此源一开，末流难塞。且到京之日，待之薄或启边衅，厚之又生彼利心。入贡之请，诚宜却之。若欲循擒捕喃哥、锁南奔故事，此固安边一策，然终非中国以诚

驭夷狄之道。彼若恳求入贡,宜谕以远途跋涉,服食不同,虑生疾病。谕之不止,仍拟奏议处。其西域各夷除土鲁番外余有愿入贡者请仍旧许之为便。"从之。

《明孝宗实录》卷一百一

未几,肃州夜不收杨荣等四人至,报称在天仓墩瞭望,被达贼扑捉到营,见他头目,称说:"我是野乜克力人马,先前有我满可王等去甘肃见众大人,蒙朝廷与了大赏赐回来。今有赤(亦)剌思王、亦上因王、满可王、奴秃卜花太师、哈剌忽平章等,从哈密地方上领着部下人口,来到亦集乃地方住着,要与朝廷出气力。有大达子人马合我每去抢肃州,我每不肯依他,差我每来到这里住了十七个日子,今日才等着你。你把这个八个马当下,另与你四个马骑去甘肃,见众大人,告讨买卖,就差通事来说话,我们在这里住着。若外边有歹人来,我替你堵着杀。"因此将荣等放回。适哈密都督奄克孛剌亦遣其头目脱脱忽以野乜事来报,余①曰:"北房素诈,不宜轻信,然方有事西域,且诱致之以孤土番之势,不然又生一敌也。"乃遣抚夷千户陈杰同夜不收杨荣泪哈密哈剌灰夷人二名,厚赍羊酒米面出境往谕之,果有诚心归附,便抚令前来。未数日,陈杰果以野乜克力头目川哥儿等三十四人至,译其辞云:"我川哥等俱系野乜克力坐营大头目亦剌思王部下头目。有亦剌思王因是有外边大达子常要来抢,逼胁我每投顺,与他领路来犯肃州。我每不肯依他,将我每抢了一遭,说:'再不肯时,还要来抢。'因此我每亦剌思王将带马一千、驼二百、羊一千,与他陪话去了。我每在亦集乃地方上住,害怕汉人把我每错认做歹人,在外边住着,又怕大达子来抢。我们心里十分艰难过不得,因此,要讨个水草便利地方住着,与朝廷进贡出气力。就在甘肃城边做些买卖过日,别无歹意。"再令通事覆审无异,悉厚犒之。请于上曰:"野乜克力原系北房乩加思兰暨思亦马因遗落部种,一向潜住甘肃迤北亦集乃等处地方。自成化以来,时引外寇突出山丹、甘州、高台镇、镇夷等处掳掠,前后贼杀官军不下二百员名。在边窥利,积有岁年,山川险易,道路远近及城池虚实,军马众寡,彼尽窃知。今称在外边住则恐大达子抢,在内住则又恐我边剿捕,欲求近边住牧及进贡买卖。察其动静,虽非真

---

① 编者按,即许进。

诚，似见势不容已，将有向化之意。若不俯从其请，恐失虏心，致生他变。况今方有事于哈密，声援甚寡，若羁縻此虏，使居西北，一则足以牵制土番东向之兵，一则足以沮塞土番乌合之计。除将达人川哥儿等以礼抚待，官为措办段布等物，给付犒劳，使彼感激效顺外，伏望敕该部计议，准令此虏遇有大达子抢杀，暂于天仓境外威远地方躲避，无事之时，仍在亦集乃一带往来住牧。及照哈密事例准令进贡，照赤斤、罕东事例每季许来互市一次，不该互市之日，不许擅越境界行走。如有外寇侵犯，听其戮力剿杀。如此则边患少息，得以并力西事，而成功有日矣。"川哥儿等闻之，喜慰而去。

《平番始末》

[七月，甲午]，土鲁番速檀阿黑麻既袭哈密，杀头目阿木郎，虏忠顺王陕巴，令酋长牙兰据守哈密，且自称可汗，侵掠沙州，逼胁罕东诸部自附。罕东都督只克请救，甘肃守臣以闻。兵部尚书马文升等议：此虏桀黠殊甚，不加之兵，终不知畏，宜用汉陈汤故事袭斩之。因访肃州抚夷指挥杨翥，谙晓夷情，乃令守臣遣翥来京，询以袭斩牙兰之策。翥至，陈罕东至哈密道路甚习，且谓选罕东番兵三千为前锋，汉兵三千为后援，持数日粮，间道兼程袭之，克之必矣。遂议敕罕东、赤斤、哈密三卫各阅所部精兵，令副总兵彭清统之以往，仍选汉兵遥制声势。从之。敕谕罕东左卫都督佥事只克并大头目人等曰："尔罕东、赤斤并哈密三卫，俱我太宗文皇帝设立，以为西北藩篱，实相唇齿。而土鲁番阿黑麻悖逆天道，累将哈密残破，令其头目牙兰占据，近又侵掠尔等地方，逼胁尔等归顺。倘使得志，安知他日不以虐害哈密者虐害尔等乎！今都督只克等奏请会兵致讨，而甘肃守臣又屡以为言。兹特遣人赍敕并彩段表里等物，往赐尔等。敕至，尔等其各选所部精兵，密授方略，立以期会，分以地方，仍先密遣的当人员，探听牙兰动静。如果机有可乘，别无声息，星驰传报。甘肃守臣，统领大军压境，振扬威武，以为尔等声援。尔等俱听其节制，各帅本卫番兵，分路进攻，务齐心毕力，期于成功。若果能擒斩牙兰，克复哈密，安靖地方，不惟朝廷别有升赏，以酬尔劳，而尔等之子孙亦永永无患矣。然此用兵大事，尤宜详慎，如或机会未可，不宜轻动，尔等其各慎之慎之，故谕。"

《明孝宗实录》卷一百二

无何，阿黑麻复令头目牙兰率番夷二百余据哈密。予[1]以为此虏若专示以恩而不加之以威，彼终不知畏，必须用陈汤故事。因访肃州抚夷指挥杨翥者，雅谙夷情，熟知哈密道路，而为各种番夷所信服，乃请命守臣遣翥奏事京师，询以袭杀牙兰之策，翥即陈罕东至哈密捷径道路甚悉。予曰："若用汉兵三千为后援，别选罕东番兵三千为前锋，各持数日熟食，兼程袭之，何如？"翥曰："如此取之必矣。"予乃于弘治八年请敕甘州守臣拣选精锐汉兵如前数，令分守肃州副总兵彭清统领，由南山取捷径驰至罕东，急调番兵齐足，乘夜兼道，袭斩牙兰。而守臣贪功，乃亲率汉兵至肃州，又久驻嘉峪关外，候罕东兵不至，即命彭清由无水草常道往。牙兰预知之，皆遁去。洎兵至哈密，获城，追剿之，仅斩首六十余，而威大振于西域。

《兴复哈密记》

时又有小列秃者，北虏瓦剌部人，旧驻哈密以北把思阔之地，因与哈密结亲，妻罕慎以妹。阿黑麻之袭罕慎也，小列秃实救之，既而并杀其妹与其兄，小列秃由是衔之，凡与仇杀者数年。余[2]遣人踪迹其所在，云尚在旧地，乃屡因虏使招之。至是，遣其头目脱脱迷力、脱忽麻称款。七月，至自甘州，译其语曰："我每小列秃见在把思阔地方住坐，今年三月里有小列秃差他兄弟孛罗罕等四人往速檀阿黑麻跟前讲和去，到那里听得阿黑麻说：'我每已抢了沙州，沙州都要投顺我哩，再要去抢瓜州等处，却怕小列秃路上打扰。不如先把小列秃抢了，然后去抢瓜州等处。将这差来四个人不要放回，留下与我每领路。'我每听得说这等话，暗行逃回，见小列秃才说了这话，阿黑麻随即差了四个人来到小列秃跟前说：'你这里差人到我阿黑麻一般管待，不知因何走回来了有。'小列秃说：'阿黑麻在前把罕慎、阿术（木）郎哄着杀了，如今又来哄我，我至死也不信。和他原是仇人，有甚好处。把来的人杀了三个，留一个领路，与他厮杀有。'小列秃收拾人马中间，有野乜克力头目奄克台三十个人也到了，向小列秃说：'我每往汉人地方上去，蒙甘肃众大人与了大赏赐、好筵席，打发回了。'小列秃闻的喜欢不尽说，我两下里差人往甘州去，情愿与朝廷出气力。因此，差我同脱思麻来边上报知。"

---

[1] 编者按，即马文升。
[2] 编者按，即许进。

余得之甚喜，加厚劳之。适阿黑麻复遣人至沙州，谕只克等使降，且令其掠赤斤、苦峪、肃州以报效。又传其已调兵可速苦地方，克期大举入寇。众方以为忧，余曰："小列秃请附，吾事济矣，阿黑麻不复能来也。"众曰："何如"？余曰："小列秃与野乜克力不同，野乜克力之称款也，特欲窥利于我，我边抚致之，亦不过欲孤土番之势耳，岂能得其死力。若小列秃则与土番世仇，志在报复，观其此来绝无告讨徇利之言，其情可知。且其人精悍善战，若抚而用之，夷夏并进，牙兰不足图也。今当遣人令其速发，以挠阿黑麻东向之计，勿先为人制，则是计矣。"皆曰："善。"余乃奏请令哈剌灰头目拜迭力迷失量带本卫夷人十名，厚赉段疋及番字书，同小列秃差来头目脱脱迷失等，密从背道前去把思阔地方，寻见小列秃并野乜克力头目奄克台等，宣布朝廷恩威，曲加奖励，务在同心协力，共灭逆虏，兴复哈密，以成不世之功，事毕朝廷自有重大升赏。及告以阿黑麻将欲东掠消息，省令速发迎敌，勿先为人制。仍行副总兵彭清分投差委抚夷通事官军，戒谕罕东左卫都督只克等头目仓阿朵儿只等，哈密卫都督奄克孛剌等，及蒙古赤斤卫都督卜剌召把麻奔等，并苦峪临边住牧番达人等，各要益坚臣节，固守境土，勿听哄诱，自取后悔。仍须整饬各部人马，昼夜哨探，以防寇兵。务在声势联络，不许自分彼此，坐失事机。

七月，拜迭力迷失等至把思阔，小列秃大喜曰："正欲报仇，况又有助者乎。"乃率其部下并纠其邻夷小察罕都、大察罕都共四千骑而西，阿黑麻拒之于乞台哈剌兀之地。土番大败，死者数百人，小列秃与其头目脱罗台亦中流矢死，其子卜六阿歹袭为太师，移住哈密北哈黑察之地。

八月，报至甘州，余乃与僚属议曰："自土番倡乱以来，西鄙用兵余二十年，凯音未奏，主忧臣辱。余东兖谪臣，误蒙皇上录用，委以经略。受命以来，深惟闇劣不获图报为忧，幸赖朝廷之福，诸君之策，谋之半年，颇有次第。且牙兰远守孤城，所恃者阿黑麻之援耳，今阿黑麻已为小列秃所败，狼狈归国，东向之谋，猝难再举，此可乘之时也。卜六阿歹衔其杀父之仇，痛入骨髓，若往宣谕，使之提兵西向以断土番援路，而我轻兵倍道，出其不意，则牙兰成擒矣。纵阿黑麻闻之，必不敢越小列秃而援牙兰于哈密，况野乜克力精兵皆驻北边，亦足以牵制阿黑麻东向之计。而苦峪遗民与夫罕东、赤斤等卫精锐凡数千，自怀辑以来，咸感激思奋，合势而前，必胜之道也。又况我边适无北虏之警，得以并力西事，失此机会，后难再图，诸君以为何如？"众皆以深入为难。……都督刘公宁厉声赞予曰："许公言是，保为诸君破之。"议遂定，乃以状闻。

上降敕曰："近得尔等奏，据罕东卫都督只克等报，虏酋阿黑麻残破哈密，令其头目牙兰占据至再至三，近又抢杀沙州，逼胁各卫归顺，及僭称可汗名号，为患不已。欲动调番兵，擒斩牙兰，克复哈密等因。事下，兵部会多官议，佥以尔等之言为是，敕调罕东等三卫番兵往剿。但此虏素称强悍，而三卫兵无纪律，人无固志，必须兼用汉兵，始克济事。敕至，尔等即选委素为诸番信服的当官员，赍赐罕东等卫敕书各一道，及量支官钱，措办表里、布绢等物，就令带去，交与只克、瓦剌达儿、奄克孛剌并部下大小头目，谕令密探牙兰动静，各将所部惯战精兵尽数选出见数，密切授以方略，立以期会，分以地方，听候调发。尔等先将本镇汉、土官兵，拣选十分精壮者，给与坚利器械及膘壮正驮马匹，预定领兵领哨之人，严加练习，喂养马匹，如有瘦损，即将兑补。粮料草束及犒劳物件，俱要充牣赢余。至相应时月，远为哨探，如无北虏西番声息，及访察向背，审度强弱，果备无不周，机有可乘，功可必就，事无所失。一面应机速发，仍令副总兵彭清亲临节制番兵，分路进攻，汉兵按垒遥振，使声势联络，诸番有所顾藉，不至胆寒气馁，一面星驰具奏。其行兵之际，务要计虑周悉，不宜先时泄露，自取败衄。功成之日，升赏不吝。如无可乘之机，不宜轻易而动。尔等其慎之慎之。"

敕至，余乃先遣抚夷指挥杨翥往谕哈密都督奄克孛剌、写亦虎仙，令其差人潜入哈密探听阿黑麻及牙兰消息。翥至赤斤，奄克孛剌即遣头目拜迭力迷失凡十八人以往，未几，擒一虏至，译云："我也的骨是牙兰伴当，这八月十九日牙兰使我同讨剌骨等六人出城南边场分驮麦子，因晚被拜迭力迷失等十八人将我扑住拿来。我在哈密时，听见人说，速檀阿黑麻调了四千人马，要往汉人地方上去抢中间，有小列秃领了四千人马，来到土鲁番地名乞台哈剌兀，和阿黑麻厮杀，把阿黑麻人杀了许多，小列秃也折了些人。小列秃如今在哈密北边离四五日路程哈黑察地方住哩。阿黑麻到敏昌住了几日，这八月里往土鲁番做虎儿班节去了，又听得小列秃还要领人马和阿黑麻厮杀哩，阿黑麻害怕不敢离土鲁番，今年汉人地方上也是来不成。"问以牙兰消息，曰："牙兰如今在哈密坐哩，他跟前上马的好汉，不上三四百，其余都是老小男妇。同牙兰守城的头目撒他儿前月往土鲁番去了，还要来哩。"时罕东人有自土鲁番逃回者，畏兀儿指挥苦术亦遣人来报，其词与也的骨所传无异。予审其不妄，即遣指挥杨矗驰赴赤斤、罕东、苦峪调集各卫头目来听方略，数日皆至。犒宴既毕，乃为陈说顺逆安危之理及朝廷恩德，与牙兰可图状，令其各选精兵于住牧地方伺候，待调发敕至，即照数驰赴军门。并密遣人谕小列秃只于旧住地方按兵不动，诸头目踊跃而去。

十月，予乃以赵协副守甘州，而身同刘公宁、陆公阖至肃州，调集各卫官军简其精锐者凡四千员名，议以副总兵彭清为前部，予兵一千五百人，先期出嘉峪关，沿途候调赤斤等卫夷兵，亲临节制，俱会于羽集乜川，以待分遣。以指挥杨矗赍敕亲诣番族，抚调赤斤等卫夷兵共一千五百员名，与彭清会，以候大军。以少监沈让整饬在营一应神枪、神铳、火器、火药等件器械，以户部郎中杨奇提督仓场，以佥事孟准随营督运粮草，以兵备副使李昱攒运军饷，以分巡西宁佥事杨萱预备接济，以百户何禛、镇抚刘宝赍执旗牌统领官军，都指挥李清等一千五百员名，骑牵正驮马匹，各带军火器械粮料什物，沿途巡点，勿致遗落。而余与刘、陆二公躬统大军续发，与彭清等各番兵俱会于羽集乜川，以议进攻。

分布既定，十一月初五日誓众于肃州演武场。初六日发嘉峪关，历扇城、赤斤、苦峪、王子庄等处，凡八日，至羽集乜川，营于卜陆吉儿之地。是夜，大风惊作扬沙，沙转徙，须臾，平地成阜，军士寒不支，僵卧马旁。……夜半风止而雪，军士少安。翌日，小列秃遣其弟卜六赛罕王等十六人至营曰："前日脱脱迷失往甘州见众大人报信，与了大赏赐。又差哈剌灰人矮胖到我营有。我与朝廷出力，土鲁番原与我每仇家，我老子因此与阿黑麻厮杀，中箭死了。如今我哥哥卜六阿歹做了太师的职事，终日要报此仇。想起朝廷洪恩，不敢有忘，差我卜六赛罕等来边上谢礼，就告禀众大人知道。我兄弟每连我叔字罗罕同领人马，情愿与朝廷出气力，如今人马见赌（堵）着土鲁番路里。"余嘉其意，犒以牛酒，令随中军。时彭清兵与各卫番兵俱集，惟罕东未至，众欲待之。余曰："潜师远袭，贵在神速，兵已足用，不须待也。"乃令彭清精选番汉兵共一千九百五十员名，授以方略，即日进发。别遣指挥杨禧领兵三百，分布北路坦力一带，指挥朱玉领兵三百，分布南路养威一带，俱为彭清声援，以防不测。余与刘、陆二公以大军继之。令番兵三百往来哨探，联络声势。苦峪去哈密凡三程，无水，入贡者皆驮水往来，至是得雪，余遂得以兼程西向。

十八日黎明，我兵掩至城下。以都指挥李清所领甘州官军六百一十余员名分为左哨，令百户何禛、冠带舍人刘害执旗牌督之；以指挥杨矗所领肃州官军六百七十员名，分为右哨，令将才所镇抚刘宝、冠带舍人萧纪执旗牌督之。与番兵六百三十余名，四面合势进攻，贼亦悉力拒战，自寅至辰，贼气渐衰。我兵呼噪并进，凿城为坎，蚁附而登。贼众崩溃，退保土剌，土剌者，犹华言大台也。我兵乘胜直入，与贼首撒他儿复战于土剌下，指挥何玉、李珍等奋不顾身，先登陷阵，贼败走。斩首六十余级，攻破土剌五座，烧毁房屋三百间，夺获已故忠顺王妻女，获到牛马羊只二千有奇。牙兰、撒他儿乘间逸出，余贼四散，逃匿山林，城中震慑不敢动。惟余大土剌一座，守者几千人，我兵以枪炮矢石攻之，杀百数十人，尚未下。问其俘，则言皆哈密人，为牙兰协（胁）从，非敢拒命，恐一概被诛耳。余闻其说，急遣人传令勿攻，时有贪功者冀欲封侯，乃诣余耳语曰："此辈既从牙兰，即是逆贼。且面貌不异土番，若诛之得八百首级，真奇功也。且我等忘身犯险，千里争锋，而以数十百级归，何以为辞！"余曰："朝廷用我辈专为恢复，我辈图恢复，当务安定。妄杀一人，尚恐远人不服，况八百乎！且得其城而屠其人，其谁与守，吾宁无功，决不为此。汝今尚未有嗣，第从吾言，天必令生佳儿。不然，吾劾汝矣。"乃止，令官执信牌往谕之，遂下。咸给牛种，抚令宁家，并谕以时寒天兵不能远留，各改心涤虑，谨守旧土，春来当为尔等修筑城垒，迁发流人，以图久安之计。二十三日，乃以获到牛马赏犒将士，分哨结营，全胜而回。遂遣人以捷音闻，而合军由嘉峪关入，诸番兵令各还本卫，其头目皆赴肃州议功行赏。

《平番始末》

明年，与巡抚许进袭破土鲁番于哈密，进左都督，增俸百石，以疾还京。

《明史》卷一百七十四《刘宁传》

八年，甘肃有警，以[马]文升荐，擢左副总兵，仍守甘肃。未几，巡抚许进乞移清凉州，而是时哈密复为土鲁番所据，文升方密图恢复，倚清成功，言："肃州多故，而清名著西域，不可易。"乃寝。文升既得杨矗策，锐欲捣哈密，袭牙兰，乃发罕东、赤斤暨哈密兵，令清统之为前锋，从许进潜往。行半月，抵其城下，攻克之。牙兰已先遁，乃抚安哈密遗种，全师而还。是役也，文升授方略，拟从间道往，而进仍由故道，牙兰遂逸去，斩获无几。然番人素轻中国，谓不能涉其地，至是始知畏，清功居多，稍迁都指挥使。十年，总兵官刘宁罢，擢清都督佥事代之。其冬，土鲁番归哈密忠顺王陕巴，且乞通贡，西域复定。

《明史》卷一百七十四《彭清传》

土鲁番既袭执陕巴，而令牙兰据守哈密，僭称可汗，侵沙州，迫罕东诸部附己。文升议："此寇桀骜，不大创终不知畏，宜用汉陈汤故事袭斩之。"察指挥杨翥熟番情，召询以方略。翥备陈罕东至哈密道路，请调罕东兵三千为前锋，汉兵三千继之，持数日粮，间道兼程进，可得志。文升喜，遂请于帝，敕发罕东、赤斤、哈密兵，令副总兵彭清将之，隶巡抚许进往讨，果克之，语详《进传》。

《明史》卷一百八十二《马文升传》

七年，迁陕西按察使。土鲁番阿黑麻攻陷哈密，执忠顺王陕巴去，使其将牙兰守之。尚书马文升谓复哈密非进不可，乃荐为右佥都御史，巡抚甘肃。明年，莅镇，告诸将曰："小丑陆梁，谓我不敢深入耳。堂堂天朝，不能发一镞塞外，何以慰远人！"诸将难之，乃独与总兵官刘宁谋，厚结小列秃，使以四千骑往，杀数百人，小列秃中流矢卒。小列秃故与土鲁番世相仇，及死，其子卜六阿歹益愤，进复厚结之，使断贼道，无令东援牙兰，而重犒赤斤、罕东及哈密遗种之居苦峪者，令出兵助讨。十一月，副将彭清以精骑千五百出嘉峪关前行，宁与中官陆訚统二千五百骑继之。越八日，诸军俱会羽集乜川。薄暮，大风扬沙，军士寒栗僵卧，进出帐外劳军，有异鸟悲鸣，将士多雨泣。进慷慨曰："男儿报国，死沙场幸耳，何泣为？"将士皆感奋。夜半风止，大雨雪。时番兵俱集，惟罕东兵未至，众欲待之，进曰："潜师远袭，利在捷速，兵已足用，不须待也"。及明，冒雪倍道进。又六日，奄至哈密城下，牙兰已先遁去，余贼拒守。官军四面并进，拔其城，获陕巴妻女。贼退保土剌，土剌，华言大台也，守者八百人。诸军再战不下，问其俘，则皆哈密人为牙兰所劫者，进乃令勿攻。或欲尽歼之，进不可，遣使抚谕，即下。于是探牙兰所向，分守要害，而疏请怀辑罕东诸卫为援，散土鲁番党与，孤其势。遂班师。录功加右副都御史。

《明史》卷一百八十六《许进传》

［十二月，辛未］，甘肃守臣奏："近有诏移土鲁番贡使失黑纳咱儿等二十二人陕西暂住，缘撒马儿罕等处使臣火者陕西丁等二十八人亦在甘州，欲并发遣。兵部覆奏，撒马儿罕等使不可与土鲁番使概送陕西，欲遣之回，则今方有事哈密，恐其漏我边情，或误大计。请仍留甘州暂住，支与饩廪，待哈密事竣之日遣回。"从之。

《明孝宗实录》卷一百七

先是，牙兰、撒他儿之被我袭也，牙兰有名马，日行七百里，越宿至土鲁番。阿黑麻闻之大惊，欲遣牙兰还追我兵，牙兰难之。复遣其酋克克可失率八百骑而出，过哈密，见城已残破，乃不攻，而东至哈剌克以掠罕东，并窥我边。时余[①]所遣卜六赛罕适至哈密，乃以克克可失之事语其太师卜六阿歹，并致我边款厚之意。卜六阿歹即率精骑要击之于也力帖木儿之地，斩首数十百级，所掠人畜尽得之。克克可失遁归，阿黑麻闻之惧。

《平番始末》

弘治九年（丙辰 1496）

［七月，己未］，录克复哈密功官军五千五百三十九人升赏有差，加镇守太监陆訚禄米岁二十四石；升总兵官右都督刘宁为左都督，仍岁加俸一百石；巡抚左佥都御史许进为右副都御史，右少监沈让为左少监，副总兵都指挥佥事彭清为都指挥使，督饷郎中杨奇、佥事孟准及验功御史张恕、副使李旻、佥事葛萱各给赏有差。

《明孝宗实录》卷一百十五

［九月，丁未］，克复哈密之役，罕东左卫都督只克等违期不至，上命甘肃守臣诘之。只克等款服，谓："原住沙、瓜地方，因被阿黑麻劫掠贫困，徙牧于昔儿丁之地。比我军之出，雪深迷道，调兵使者亦不得达，实不知进

---

① 编者按，即许进。

兵之期。"守臣为奏，兵部言："只克之言未必皆实，然帝王之驭夷狄，惟宜以不治治之。况彼实不知进兵之期，其过可略，请仍下守臣移文谕之，俾知后戒。"从之。

《明孝宗实录》卷一百十七

是役也，初议从罕东捷径以趋哈密，既而大雪道不通，乃由常道以往，而罕东兵亦因雪阻不至。上怒其失期，欲加究治。余为奏请原其罪，令图后效。上纳之。

《平番始末》

九年，阿黑麻又袭破哈密，令撒他儿及奄克孛剌住剌木城。奄克孛剌密结瓦剌小列秃袭斩撒他儿，奄克孛剌还守哈密。阿黑麻遣人围哈密，哈密人举火，小列秃见之来援，退走。守臣奏：乞令羁留贡使，往谕阿黑麻纳款。文升曰："阿黑麻未见遣使上款书。"不许。是秋，[许]进改陕西巡抚。

《殊域周咨录》卷十三《土鲁番》

[弘治]九年，阿黑麻复袭哈密，破之，留其头目撒他儿并哈密头目奄克孛剌等住守剌木城。奄克孛剌等密会瓦剌头目小列秃调兵五百，袭斩撒他儿并余人，奄克孛剌回守哈密，阿黑麻复遣人围哈密，小列秃领兵来，遂退。

《明九边考》卷四《甘肃夷情》

三月，阿黑麻与牙兰谋曰："我经营哈密二十年，中国已不复望。不意瓦剌余孽相与为梗如此，岂天意耶？今中国诸卫之兵皆养锐不动，而但令此虏日与吾搏，深入则恐被夹攻，近则无所得，哈密行且休矣。若与求和，还我使臣，复通贡路，何如？"牙兰劝令勿求和。阿黑麻乃自将其众与其酋撒他儿复袭哈密，破之。报至，僚佐愕然。余①曰："哈密经我兵之后，居者皆移居小城，城中止有老羸数百，食且垂尽，而小列秃兵方往来其地，阿黑麻岂能持久乎？行且退矣。"无何，小列秃复遣其头目朵罗都王阿失乃等二十六人至，报称有："我们人马都在把思阔地方住坐，这三月里有孛罗罕王、俺答孩平章从汉人地方上回到我们住处，与卜六阿歹太师、哈剌撒罕王说有，肃州众大人每又与了赏赐，好筵席吃了，著与奄克孛剌做亲替朝廷出气力有。太师听了这话，就聚了头目计较，先差了奄克孛罗忽领一千人马去

---

① 编者按，即许进。

到哈密那边拜烟答城，杀了二十个汉子，抢了二十个女人，又把九个小城儿都抢了，又活捉了两个人，也杀了。如今还要差十（卜）六赛罕王、俺答孩平章往土鲁番去抢，先着我们来报。我们来时，又有土鲁番走出来人说，阿黑麻如今要来哈密里。太师问了这话，也要领人马往哈密抢去，抢了时再来报。"苦峪亦开送逃回夷人斩迭力迷失至，自言："原随陕巴守城，后被阿黑麻抢了，一向不得归。旧年十一月，看见汉人军马到来，厮杀了几日回去，听得土鲁番人说：'只说汉儿人无用，看了他一个个都是舍命的好汉。虽说先年乱加思兰的人有好汉，今汉儿人又强似他。'今年三月里有，速檀阿黑麻又领人来到哈密，要把大城土基拆着，另砌一个小城儿住。城里又没多的人，计较中间，听见小列秃人马有些在把思阔地方住坐，又有些在他失把力地方住坐，因这等害怕，又见哈密坏了住不得，阿黑麻领着人马就回去了。有小列秃太师儿子领了人马跟着，将后头走的赶上，杀了十四个人，又活捉了一个名叫阿雍打剌罕。阿黑麻留下撒他儿着守哈密，撒他儿不敢来，如今那在剌术①城坐着。他土鲁番人不上二百，其余都是我们人。又听见说汉人大势军马还要出来，撒他儿十分害怕，又不敢回去，昨日差了哈只克往土鲁番报去了。如今小列秃人马都在这边堵着路坐里。这四月十一日撒他儿差了我们五十个人来哈密探听消息，到了哈密，听见人说小列秃达子来哈密抢了两遭，又听的小列秃的人说，与朝廷出气力如同靠着金山一般，吃的穿的都有。我住了五日，艰难难过，又怕汉朝人马来，因此乘空逃回来了。"

《平番始末》

余复与僚佐议，以为哈密湮没，中国不复望者几二十年，阿黑麻亦自分以为不拔之基。天佑我国家，得小列秃诸夷之助，一战而走牙兰，再战而走克克可失，三战而阿黑麻仅以身免，人心兵力同时俱振，哈密大势略已平矣。虽撒他儿尚在，然不敢据哈密，而移住剌术城，其胆落可知。且其本兵不满三百，余皆协（胁）从，近闻我师与小列秃掎角累胜，心皆改图，日有逃者，其散处各城遗民又皆日传番、汉人马将至。闻撒他儿在剌术夜凡数惊，时走城外，此不终日之计也，复何足患。今若令哈密三种夷人每月递遣数十精骑入哈密小列秃之地，往来招谕，声势不绝，使知我大势已复，兵威

---

① 编者按，此"术"应作"木"。下同。

四集，以耸动其心。又时纵反间于哈密，为言阿黑麻见哈密反覆，欲尽坑其众，使协（胁）从诸人疑阻生变。我边亦简阅士马，声言欲合小列秃、赤斤等卫，克期进讨，以夺其气。如是，则撒他儿授首有日矣。撒他儿死，大势自定，然后修城堑，广种植，议迁发为防守。一面闭关谢绝西域，使激怒于诸夷；一面远窜羁留使臣，使挑怨于部落。阿黑麻进无所得，退有后悔，不款塞求通，将何为乎？众曰："是。"乃遗书于钧阳马公①，马极以为然，奏行之。阿黑麻自是益窘。

六月二十一日，余方寝起沐发，忽传赤斤城夜不收伴送夷人四名，来献土鲁番头目首级。余大惊，以为阿黑麻死矣，亟出视之，乃撒他儿首也。僚佐皆来称贺，余笑曰："昨与诸君言，此虏行当授首，今何如耶！"乃译来人云："我名奄克孛剌，系哈密已故忠顺王部下人，后被阿黑麻抢了，逼着顺了他。旧年十一月里，有汉人军马来到哈密，把牙兰赶的走了。随后有撒他儿来，害怕把我们领在剌术城住坐。这今年四月里，有人听见撒他儿和他手下人商说有：'牙兰害怕回去了，只着我们在这里，怎么坐的！要好时把哈密好人马都杀了，其别的娃娃男妇我们起着回土鲁番去罢。'他说了这话，领着三十多人往哈密哨探去了。我们闻知这话，慌了，做了个计较，对众人扬说：'汉人大势军马并奄克孛剌、拜迭力迷失的人马如今又都来了，听见人说，哈密人若顺大明皇帝去的都饶了，不顺的就杀里。'我们说了这话有，哈密人就都来一处商量了，起身那到阿思他纳城里坐下，先着两个人黑夜往哈密城里对哈密人把这话也说了有。先跟撒他儿去的十个人也是哈密人，知的这话，就偷了撒他〔儿〕二十匹马回来，与我们都会在一处有。撒他儿听见我们在这里，收什（拾）了二百人马到阿思他纳城里与我们厮杀了三日，两下里都不曾得赢。我们差了亦撒失黑、迭力迷失两个去往把思阔地方上，把小列秃五百人马调来了，着头目孛伦哈失哈领着同我们一处和撒他儿厮杀有。小列秃人马将撒他儿人马杀了一百四五十，撒他儿败了，走到城门下，有火者哈只、脱火乃苦把撒他儿哄着，拿住割了头，其余的走脱了几个。我们杀罢，和小列秃人马又到哈剌帖乩城，围着城里，只有两个是土鲁番人走了，其余都是哈密人。我们就会了话，和小列秃人马一同来了有。小列秃人

---

① 编者按，即马文升。

说：'你每不要在这里，只往哈密守着城去，我们在外边哨着。'分付了这话，回他把思阔地方去了。我们起了男妇四百人马，就到哈密同城里人在土剌上守着哩，先差我和火者哈只、脱火乃苦、满可三人拿撒他儿头来报。"哈密都督奄克孛剌亦遣人递达字报撒他儿事，并讨大兵乘势以攻土番。

余乃先令都督奄克孛剌先遣人入哈密探听彼中事势缓急以报，而复请于上曰："臣等窃虑牙兰遁迹于前，撒他儿授首于后，因为哈密之幸，但今住守哈密夷人兵力寡弱，城池空虚，正在急于安处之时，倘若迟缓，恐土鲁番纠众复来，外援未合，内心不定，势岂能支！臣等欲将赤斤住种三种夷人尽数发遣前去哈密，并力住守。奈事出仓卒，粮糇未备，又彼中事体缓急，尚未的知，难如前议。若不随宜审处，又恐有误事机。除行左副总兵彭清速便差人前去，招谕哈密都督奄克孛剌等前来，令其挑选精壮本部夷人三十五名，哈剌灰五十名，畏兀儿一十五名，俱量加赏犒，着令前去哈密，与彼见在夷众并力占守，以壮国威。仍差人赍赏前去卜六阿歹处，论（谕）以朝廷嘉尔复仇恤患之功，诱令往来和好，联络声势，以慑虏心，一面差人星夜来报，以凭另行奏请处置。"

无何，阿黑麻复遣其酋率五百骑袭哈密，期欲尽屠其众。都督奄克孛剌差人以报，译云："前日有众大人着都督奄克孛剌差人去哈密探听消息，都督就差了我脱脱苦术等十一人去到了哈密城边，撞见一个人，问他哈密声息。他说：'如今哈密城里都是我们人，土鲁番一个也没有。'我就和他进到城里。到第二日，有五百人马来到哈密城下，就把土剌围了。我们认的是土鲁番人，往下射箭，射死了他一个人，我们土剌上就放火煨烟，有小列秃的人看见烟起，有卜六赛罕王领了六百人马来了。土鲁番人见了人马灰起，都回去了。有卜六赛罕王到了城下，我们下上（土）剌同他赶到速术哈剌灰地方上，和他厮杀，把土鲁番人杀了九个，我们也折了五个人有。土鲁番回去了，我们和小列秃来到哈密，小列秃随往他地方去了。我们原把听事的人他们留下九个在哈密守城，着我四个来报信。"问以彼中意向真伪，曰："如今哈密都是一个心，来时对我们说，快着人来守城，恐那里人少支持不住。"问以阿黑麻消息，曰："阿黑麻自从败了这一遭，十分害怕。又见旧时顺他的人如今都随了我们，他来这里也无处安插，多管是再不敢出。"

时余所遣拜迭力迷失等百人尚未行，急遣人促之。乃递番文告称艰难，求讨盘缠口粮修城器具，及哈密守城有功人赏赐，并谢小列秃礼物，余皆为奏请给付，而令都督奄克孛剌谕使即发。复写番文付与拜迭力迷失赍去与小列秃太师并领兵擒斩撒他儿有功头目，谕令务与哈密在城夷人叙亲和好，同心协力防护地方，事平之日，不靳升赏。又行兵备副使李旻查勘入哈密防守家属，各为量给口粮，勿致冻馁。

拜迭力迷失既行，适苦峪原差探听夷人奄克等复至，言：" 哈密城守已固，但不敢远出耕种。" 问以小列秃动静，曰："小列秃人常来哈密，与我们做买卖。昨日我来时，卜六阿歹又与我们说：'你去与众大人说，如今事已定了，将苦峪人都着来守城罢。我到八月尽间望着你们。'" 僚佐闻其说，皆以为尽遣之便。余曰："哈密国势虽复，第累经兵燹，室庐积聚荡然一空，若骤以苦峪二千之众遣之归，何以自赡？阿黑麻虽屡遭挫衄，包藏祸心，尚未可测。为今日计，莫若再练精壮者二百余人，令入哈密，修复室庐，多放冬水。候来春无警，则尽遣苦峪壮丁入田。果刍粮既备，守具不缺，然后尽其家属查照起发罕慎事例，量为周给。委副参将官前至赤斤等处驻扎，遥振军威，相机发遣，令安故土。若阿黑麻悔过，则已不然，战有余力，守有余备，吾无患矣。" 议既定，乃以闻，制悉报可。阿黑麻闻之，计无所出，乃怨牙兰而归罪诸夷教诱者。弘治丁巳，遂以陕巴、金印来归。

《平番始末》

弘治十年（丁巳 1497）

[三月，辛酉]，土鲁番之侵哈密也，哈密人沙黑麻为所胁，因附之。守臣乃取其家属，拘留肃州。后哈密克复，沙黑麻复来归，且言来时曾与土鲁番战，杀数百人，觊以赎罪。事下，兵部会议，请并其家属迁之广东。从之。

[壬戌]，哈密城池既克复，本卫夷众入城居守，土鲁番阿黑麻复攻之，不能下，竟败去。哈密夷众以地方伤残之余，贫困难守，尽自焚其土剌、房舍，诣肃州求济。守臣具奏其事，仍给之牛具、谷种，并发前此住守哈密三种夷人及哈密之寄住赤斤都督奄克孛剌等往居苦峪及沙、瓜州，俾自耕牧，以图兴复。其三种夷人内有勇悍机警曰拜迭力迷失等数十人，守臣请并其妻

子暂留之于肃州及赤斤地方，徐议处置。从之。

《明孝宗实录》卷一百二十三

［五月，乙丑］，哈密卫使臣革失帖木儿等来贡，赐宴并彩段、衣服等物有差。

《明孝宗实录》卷一百二十五

［六月，癸巳］，寄住苦峪城哈密卫都督奄克孛剌等遣使臣写亦虎仙等来贡，赐宴并彩段、绢、布等物有差。

《明孝宗实录》卷一百二十六

［九月，戊午］，礼部尚书徐琼等奏言："哈密卫贡使都督写亦虎仙、指挥克失帖木儿等自哈密残破之后，寄住苦峪，朝廷不责其败亡之罪，而悯其流寓之穷，所以抚绥安插之者，不遗余策。及其来朝，廪饩宴赐如故。近者薄减其衣服彩段之数，将以激其兴复之心，初不为吝惜计。至于马驼方物价值，今次所给段绢共五千余匹，以彼不堪之物，易我有用之财，数愈增而价不亏，朝廷怀柔之道，亦已至矣。夫何谿壑无厌，赏赉已毕，买卖已完，而犹展转延住，反覆奏扰。前者本部尝以其贪狠诬罔等状奏闻，皇上始令省谕，乃复恣其野性，诬诉提督主事，本部行勘，俱涉虚伪。况先年因夷人出入馆驿生事害人，乃设官提督，职掌所系，利害匪轻，岂可从其自便。而夷人一不利己，辄肆怨诉，若不量加惩治，何以詟服诸番！宜准先年处置日本国使臣例，选差锦衣卫官一员，带旗校兵马司官至馆，率通事示以威福，促其起程，如仍桀傲不从，即将各夷执送锦衣卫，明正其罪。……"诏从之，令大通事即促各夷起程，不许仍前延住。

《明孝宗实录》卷一百二十九

［十月，甲戌］，哈密卫等处夷使满剌阿力克等各来贡，赐宴并彩段、衣服等物有差。

《明孝宗实录》卷一百三十

［十一月，庚子］，甘肃镇巡等官太监陆訚等奏："土鲁番速檀阿黑麻并其兄速檀马黑木今已悔过，送还陕巴及哈密人口，乞仍通贡路，并乞廷臣议处陕巴住守哈密及发遣哈密寄住苦峪等处夷众与各夷进贡事宜。"于是廷臣集议，谓："速檀阿黑麻攻劫哈密，杀头目阿木郎，虏陕巴，窃据其城。朝廷闭关绝贡，拘留虏使，垂二十余年。自弘治七年，不许入贡，亦已四年余

矣。速檀阿黑麻比因诸番归怨，天兵往临，遂将陕巴并原掠人口送还哈密，遣人求贡，似有悔过之意。但无真正番文，若遽许其来，恐虏情谲诈，纳侮愈甚。陕巴柔懦，不能守国，欲待其送回，革去王封，暂在甘州居住。但受封未久，会残破之余，勍敌乘之，亦难深咎。况远在曲先，再三抚谕以来，非彼自愿。今哈密三种夷人头目奄克孛剌与拜迭力迷失、写亦虎仙名位颉颃未肯相下，陕巴之堪否掌管国事，未经通拘三种头目会审，遽难轻废。其奄克孛剌等并家口二千四百五十余人，见在苦峪寄住，哈密既复，固当发回，并力住守。但陕巴去留未定，兼彼国屡遭兵燹，荒垒凄然，而小列秃、野乜克力环居左右，万一又似往年残破，恐重亏国体。内哈剌灰头目拜迭力迷失等家口一百九十人，乃瓦剌种类，留住肃州境外，又有大虏窥伺，若将此夷发去苦峪，倘与彼会合，又增一劲敌。宜如都指挥杨翥所议，观各夷动静，以为去留。其撒马儿罕等七处使臣男妇五十二人，先年因冒土鲁番贡使，一概拘留，今既非是，宜即放还。其先发去两广、福建安置天方国并土鲁番使臣写亦满速儿等百八十一人，因阿黑麻叛逆，各夷坐费供亿，以此发遣，待其悔过陈乞，即与遣还。今番文未见陈乞，难以取回。其满剌阿力克等往返之劳，宜加赏赉。仍请敕命满剌阿力克等赍谕阿黑麻，令具真正番文，差亲信头目备方物进贡，兵部仍移文甘凉镇巡官，谕黑娄等处差来使臣，候土鲁番入贡，许之同来。及译写略节番文，选差哈密头目，并见今在边土鲁番原来使人，给与驼马、帐房等项，赍去哈密，将陕巴并家口取来甘州居住听候。仍拘苦峪寄住三种夷人，译审果众心归附陕巴，即具奏给与金印并原赐衣服等项，暂在苦峪居住，候土鲁番进贡使臣已来，各国通贡不绝，然后修复哈密城池，房屋工料及夷众衣粮牛种规画已定，将陕巴并各夷家口遣往哈密，并力住守。若陕巴柔懦不立，亦当以礼遣还本处。其甘州寄住撒马儿罕等处使臣男妇，镇巡官再查审无碍，即先遣还。"议上，从之。

《明孝宗实录》卷一百三十一

[十二月，丁丑]，哈密卫及土鲁番使臣满剌阿力克等四人奏事至京，兵部言："四人尝赍敕责谕阿黑麻，又今次取还陕巴及所掠人口，请重加赏赐，以酬其劳。"事下礼部议覆。得旨："正赏外每人加赏纻丝衣一袭。"

《明孝宗实录》卷一百三十二

弘治十一年（戊午 1498）

［九月，甲午，朔］，总制边务太子太保都察院左都御史王越等上处置哈密事宜，大意谓："镇边疆者当率旧章，服夷狄者当用世族。哈密乃我太宗开建之国，陕巴实故忠顺王脱脱之族孙，土鲁番不道，劫而杀之，致劳王师远征。今阿黑麻悔罪，陕巴来归，若弃哈密而不复，则非所以率旧章；置陕巴而不用，则非所以用世族。故臣等之愚，以为仍宜封陕巴为忠顺王，先令率其所部，还居哈密。朝廷原赐陕巴金印、冠服、表里、银、绢等物，收贮肃州者，皆请给之。其哈密夷众所须修城器具及口粮、牛具、谷种之类，臣等当量济之。又回回头目写亦虎仙等及罕东、赤斤所属城堡番达头目人等，或协守哈密，或互为声援，并小列秃等夷，素与哈密辅车相依者，请各给赏，以慰其心。更请赐陕巴贵重服色，以示殊恩。至于哈密都督奄克孛剌等，宜令与陕巴和亲，他种头目拜迭力迷失等，宜令仍居苦峪。其诸给陕巴之物，皆即受封所并付之，不必远劳差官赍送哈密。"

章下，兵部会官议奏，佥请如越所言，上从之，命加赐陕巴大红蟒衣一件，仍命择可往哈密赉赐者二人以闻。兵部因复言，使臣惟不遣为便，以回回通事官二人应命。从之。

《明孝宗实录》卷一百四十一

处置夷情复国土以继封爵疏

王 越

臣伏睹敕谕曰："哈密城池累被土鲁番残破，夷众见在苦峪等处寄住，经略累年，尚未克复宁妥。尔至彼与镇巡等官从长计议处置，务将城池克复，夷众安插得宜。尔受兹重任，宜输诚效忠，殚心竭力，多方调度，随宜区画，以成久远安攘之图，俾夷虏砻服，地方宁靖，以纾朕西顾之忧。"

臣等窃惟镇边疆者，当率旧章；服夷狄者，当用世族。哈密乃圣祖开创之国，陕巴实残元之派子孙，夫何邻夷不道，攻夺杀虏，城池空虚，致劳王师远讨。今彼既悔罪，哈密当复。若哈密不复，则苦峪难守；苦峪不守，则肃州之外，皆为敌境，此所以贻九重西顾之忧也。臣等滥膺委寄，敢不殚心竭力，以成久远安攘之图。但兴灭继绝，自古帝王经治天下之大道，事体甚重，力行甚难。臣等才识凡庸，经略宏规，悉照廷议举措，其间委曲事情，量从简使，伏望圣明敕令兵部仍会多官计议，或臣等所言可行，或别有良策，具请圣断，早赐纶音。臣等仰遵庙算，俯察夷情，进止迟速，随机审处，务得夷众富强，地方宁靖，庶尽臣等犬马报称之恩。兹者会议得处大事贵乘其势，怀夷狄在顺其情，哈密自始封忠顺王脱脱已故无嗣，王母守国，被土鲁番速檀阿力将王母并金印虏去，国土残破。后都督罕慎恢复旧疆，甫及成立，寻被速檀阿黑麻杀害，国势益微。朝廷为念哈密乃太宗皇帝所封之国，不忍坐视绝系，以陕巴系安定王的派，与忠顺王俱系成吉思支派，差人于曲先地面抚取前来，袭封王爵，令其继守哈密，未几又为阿黑麻所虏。朝廷震怒，远投拘留之使，显绝西来之贡。西夷诸国，归怨本酋。又因兵临哈密，天威远振，本酋畏祸，方复送还陕巴，献还城池，遣人纳款。虽今日纶音未达于酋耳，往时殊锡未入于穹庐，虏情诚伪，有未可必。但本酋今已奉书通款，悔心颇切，善念方新，若使复视近日敕谕赏赐，必愈感激，纳款有加，此正势有可乘机不可失之时。

既该各官审据哈密三种大头目供称，陕巴根基正大，情愿随助守国，别无异词。且察陕巴语言器识，颇优夷类，足以压众。其同宗根基，再无可立之人。要将陕巴前去哈密住守，不候土鲁番贡使到来，意在早建安攘之策，坐收继绝之功，必其计虑周详，处置停妥，一成不坏，保无后艰。且各官俱领经略重寄，贵在纾忧，敢不殚心竭力，自贻其悔。所据陕巴既已准其仍封王爵，其先降金印、冠服等物，及陕巴求请之数，相应给与。其先随前去夷人，必须选发精壮者一千余名，沿途防护，及到彼守御，方保无虞。各夷所种苦峪田禾，亦听其量分家口，收割以资食用。又须责谕奄克孛剌即便管领回还哈密并守，毋令留恋别土。至于哈密城池房屋，累遭兵燹，残废殆尽，动调军夫，与之修筑，险远可虑。今各夷欲自整理，必须量给以助其成。口粮、牛具、种子，旧有定例，亦须验给，令自变运，事体亦便。

其奄克孛剌既与陕巴心志未孚，终为后衅，与之结亲，诚为通好释嫌善计。都督拜迭力迷失等乃哈剌灰头目，原非哈密之人，最为狡悍，每藏祸心。今陕巴初立，羽翼未成，若令本夷随去及将家口给还各夷，无所顾恋，倘生叛意，外通强虏，哈密之害，有不可言。必量为处置，以除厉阶。其回回等项头目写亦虎仙等，及罕东、赤斤所属城堡番、达头目，或协守哈密，或为哈密声援，与夫小列秃、野乜克力人罕秃等夷，俱与哈密辅车相依，不与赏列，似为缺典。况陕巴复国之初，正宜溥其恩礼，以结诸夷，以敦和好。各官又已自行措办，不劳内帑。兴此大典，奚惜小费。凡此皆区画安攘之术，下以帖服夷情，上以宁妥宗社。为计之得，孰有外于是哉！

《黎阳王襄敏公集》卷一

［十一月，丙辰］，土鲁番等处遣使臣火者阿黑麻等来贡，赐宴并彩段、衣物等件如例。

《明孝宗实录》卷一百四十三

［十二月，乙巳］，土鲁番等地面阿黑麻等王各遣使臣火者阿黑麻等来贡，回赐各王彩段表里等物，并赐使臣等宴及彩段、绢、布等物各有差。

《明孝宗实录》卷一百四十五

阿黑麻以是畏威悔过，计无所出，遂遣使入贡，并以陕巴、金印来归，且求写亦满速儿等。时弘治九年也[①]。予以其挟诈，乃请取陕巴、金印，即甘州俟命，然后取写亦满速儿四十余人于两广付甘州，给前锡赉及阿黑麻敕谕并赏赐表里等，皆附入今降敕内，俱交与后贡番使同写亦满速儿等归之。其先未给赐陕巴蟒衣、彩段、冠服，适值总制三边经略哈密太子太傅兵部尚书王公越来请，即敕就赐彼陕巴，遣使自甘州护入哈密。时有内侍欲以指挥倪端、百户王希恭、充军闲住指挥使马俊尝至哈密，又三人皆迎合彼意，希升官职，每诳诱遣彼以护送陕巴为名，可至土鲁番取宝以彰功，彼好异物，不度其诈，因令俊等进京，求复职。予以俊曩守灵州，贪叨特甚，既充军闲住，官无名可复。俄有旨，复指挥同知。及予请以应赐陕巴冠服、彩段等物令总制王公所遣千户张仁赉往，彼坚意欲遣俊等，遂耽延月久，予方得请以陕巴冠服仍委张仁往。至则王公适以其日卒于位。至弘治十一年[②]二月，守臣始以冠服并敕谕就甘州给陕巴。其三种大头目都督写亦虎仙系回回，奄克孛罗系畏兀儿，并迭力迷失系哈剌灰种类，皆翼佐陕巴者，予又虑哈剌灰以

[①] 编者按，应为弘治十年。
[②] 编者按，应为弘治十二年。王越卒于十一年十二月。

射猎为生，各番颇惧，多不乐居哈密城，遂请量留其家室之半居肃州，许其往来以系其心。并将张、缑等查出前居甘州及后哈密离散夷人大小共二千余名口咸给牛犋、种子、布匹、衣粮，遣抚夷千户数人于弘治十一年[①]二月护入哈密。

《兴复哈密记》

弘治十二年（己未 1499）

[六月，己丑，朔]，土鲁番速檀阿黑麻遣使来贡，因请归前所安置贡使写亦满速儿等百八十一人。兵部覆奏，谓："阿黑麻已悔罪，宜如所请，并以原赐衣服等物留贮甘州者，悉以畀之。"上从其议。

《明孝宗实录》卷一百五十一

[七月，丁亥]，土鲁番速檀阿黑麻王遣使臣哈非思等来贡。赐宴并彩段、衣服等物有差。

《明孝宗实录》卷一百五十二

[十二月，癸巳]，土鲁番、他夫失罕等地面使臣满剌阿力克及纳速儿丁等各来贡。赐宴并彩段、衣服等物有差。

《明孝宗实录》卷一百五十七

弘治十三年（庚申 1500）

[正月，己卯]，哈密卫及土鲁番等地面各遣使臣满剌阿力克等来贡，赐宴并彩段、绢、布等物有差。

[辛巳]，命加赐哈密卫使臣满剌阿力克彩段四表里、绢十匹，火只马哈麻打力等四人各彩段二表里、绢五匹。以其自陈复本卫忠顺王陕巴功也。

《明孝宗实录》卷一百五十八

[三月，壬午]，土鲁番等地面速檀阿黑麻等各遣使臣满剌阿力克等来

---

① 编者按，应为弘治十二年。

贡，赐彩段表里等物有差。

《明孝宗实录》卷一百六十

［四月，戊戌］，礼部以哈密及土鲁番使臣入贡太频，恐耗中国，请行令陕西镇巡等官，今后遇有各处使臣入贡者，俱约至八月初旬，方许验放入关，每年止许一次，亦不许人数过多。违者治罪。从之。

《明孝宗实录》卷一百六十一

［五月，乙丑］赐哈密卫夷人满剌哈三哈的等三百人绢、布各二匹，以被虏于土鲁番初回也。

《明孝宗实录》卷一百六十二

［十月，甲申］，录收复哈密功，赏镇守甘肃太监陆訚、总兵官都督彭清、巡抚都御史周季麟各彩段二表里、白金十两；参将杨翥、少监沈让、都指挥金事巫忠及哈密千户哈只哈三彩段一表里、白金五两；副总兵都指挥李玙，兵备副使陈珍、李旻、张贯，巡按监察御史周琰、李咨各彩段一表里。其余官舍旗军及夷人番兵一百十八人升赏有差。

《明孝宗实录》卷一百六十七

［十二月，癸巳］，镇守甘肃总兵官彭清陈边务四事，……一抚恤羁夷。谓哈剌灰夷众拜迭力迷失等先因哈密残破，投来安置苦峪寄住，颇知感恩，屡听调用。欲将各夷或三月或半年量给米、布、羊、酒劳之，遇有边警，俾从征剿，仍质其家属，以系其心，庶几获其死力。

《明孝宗实录》卷一百六十九

［甲辰］，土鲁番等处速檀阿黑麻等王遣使臣满剌法虎儿丁及满剌阿力克、马黑麻打力等各来贡。赐宴并彩段、衣服等物如例。

《明孝宗实录》卷一百六十九

弘治十四年（辛酉 1501）

［正月，壬申］，提督会同馆礼部主事刘纲言，"旧例各处夷人朝贡到馆，五日一次放出，余日不许擅自出入。惟朝鲜、琉球二国使臣则听其出外贸易，不在五日之数。近者刑部等衙门奏行新例，乃一概革去，二国使臣颇觖

望。又旧例，夷人领赏之后，告欲贸易，听铺行人等持货入馆，开市五日，两平交易。而新例凡遇夷人开市，令宛平、大兴二县委官选送铺户入馆，铺户、夷人两不相投，其所卖者多非夷人所欲之物，乞俱仍旧为便"。……从之。

[丁丑]，提督会同馆礼部主事刘纲奏："土鲁番及泰宁等卫来贡夷人，各带小刀在身，乞严加禁约。"从之。

《明孝宗实录》卷一百七十

[二月，乙酉]，哈密卫忠顺王陕巴以本卫与土鲁番及各处夷人常有往来馈遗之礼，又把腮太师者欲以女妻之，其费皆无从出，奏乞给赐。礼部议请如成化中哈密都督罕慎与瓦剌结婚例给赐，从之。

《明孝宗实录》卷一百七十一

[四月，甲申]，土鲁番等地速檀阿黑麻等各遣使满剌法虎儿丁等来贡。赐宴并彩段、衣服等物有差。

《明孝宗实录》卷一百七十三

弘治十五年（壬戌 1502）

[七月，甲午]，初，哈密夷人火者阿黑麻附土鲁番，寻导贼攻陷哈密。兵部奏请密防其家属之在哈密者，俟其来归重治之。至是，哈密既复，阿黑麻充土鲁番使臣入贡，守关者物色知之，请置于法。命兵部集廷臣议，佥谓阿黑麻之罪固所当治，但土鲁番已悔过修贡，如即执其使，恐遏其归顺之心。且闻陕巴之复，阿黑麻尝有呵护之劳，陕巴亦尝乞赏以酬之，情有可原。请令通事谕以朝廷宽宥之意，俾其知惧，改过自新。从之。

《明孝宗实录》卷一百八十九

[十一月，丙戌]，陕西苦峪哈剌灰等处使臣脱云虎力等，哈密卫使臣失拜烟答等，土鲁番使臣阿都乜力等，驼笼等族番人枚的节等，各来贡，赐彩段、钞锭等物如例。

《明孝宗实录》卷一百九十三

弘治十六年（癸亥 1503）

［六月，丙申，朔］，巡抚甘肃都御史刘璋奏："哈密忠顺王陕巴受中国厚恩，今据其番文，乃有阴启异谋构引虏众侵虐邻番之意。请降敕切责谕以朝廷恩威，或止省令哈密来贡使臣，归语陕巴，改过效顺。"兵部议，谓："若降敕切责，恐夷情谲诈，致损国体。但宜省谕使臣为善。若今后陕巴怙恶不悛，兵备参将等官急上议处事宜，表请裁决。"从之。

《明孝宗实录》卷二百

［八月，丁酉］，哈密忠顺王陕巴遣使臣马黑麻等并土鲁番、撒马儿罕等地方使臣马黑木等各来贡，赐宴并彩段、衣服等物有差。

《明孝宗实录》卷二百二

弘治十七年（甲子 1504）

［九月，癸卯］，撒马儿罕等地面使臣火者法黑及哈密等使臣赛答黑麻等各来贡，赐宴并彩段、衣服等物有差。

《明孝宗实录》卷二百十六

［十月，己卯］，哈密忠顺王陕巴等遣使臣满剌阿力克等来贡。赐宴并彩段、衣服等物有差。

《明孝宗实录》卷二百十七

［十二月，丙子］，先是，哈密忠顺王陕巴既归自土鲁番，而势力单弱，哈密人复有谋奉土鲁番真帖木儿为主者，陕巴惧，复挈家出居苦峪。甘肃守臣以哈密头目都督奄克孛剌及写亦虎仙为夷人所信服，令自肃州回，左右陕巴，仍遣百户董杰护之以行。杰等至哈密，有阿孛剌等六人者约夜以兵劫杰等。杰等知之，与奄克孛剌、写亦虎仙谋，召阿孛剌等六人至，立斩之，国人遂不敢有他志。甘肃守臣以闻，请敕陕巴还居哈密，谕奄克孛剌及写亦虎仙同心辅之，以次收复土鲁番所占剌木并哈剌帖凡等城。兵部覆奏，从之。是役也，分守肃州参将吴铉及兵备副使李端澄之力居多云。

《明孝宗实录》卷二百十九

弘治十七年，陕巴嗜酒掊剋，属夷怨之。头目者力克等往土鲁番迎取阿黑麻次子真帖木儿来守哈密，陕巴弃城走沙州。真帖木儿乃罕慎女所生，时年十三岁，来哈密近地剌木城居住。守臣差都指挥朱瑄领军送陕巴至哈密守国，抚送真帖木儿回还本土。伊因父阿黑麻死，众兄仇杀，不肯回，朱瑄携来甘州居住。

《明九边考》卷四《甘肃夷情》

弘治十八年（乙丑 1505）

　　[四月，丁卯]，镇守甘肃太监杨定、巡抚都御史毕亨等奏："哈密忠顺王陕巴，臣等已遣人自苦峪护送还国，又谕令赤斤、罕东二卫及哈密都督奄克孛剌、写亦虎仙等辅翼之，仍拘土鲁番之幼子真帖木儿于甘州夷馆养给，徐议处置。"事闻，兵部议："今次镇巡官所处哈密事宜，比之曩昔，用力少而成功多，宜降敕奖谕。"从之，其有功人员等令通行查勘以闻。"

　　[戊辰]，陕巴暂守苦峪哈密卫都督奄克孛剌及哈剌灰头目指挥拜迭力迷失等各遣人来贡。赐宴并彩段、衣服等物有差。

《明孝宗实录》卷二百二十三

　　[十月，丙辰]，哈密忠顺王陕巴卒，立其子速坛拜牙即为忠顺王，给冠服、彩段、盔甲、弓箭等物，命都督奄克孛剌仍掌哈密卫印信，偕都督写亦虎仙协力佐之。

《明武宗实录》卷六

　　正德元年，陕巴死，其子拜牙即嗣封，幼弱，守臣恐真帖木儿复来哈密，留之甘州不遣。番酋所亲信牙木兰娶火辛哈即（哈密人也）女为妻，与写亦虎仙（哈密人也）之妻兄弟也。牙木兰又以妹嫁哈即侄亦思马因，而虎仙亦以女嫁火者马黑木，互结姻戚。哈即弟阿剌思罕儿等与虎仙及伊子婿俱因进贡各在甘肃关厢，置产久住，往来以贡为名，骚扰驿递，生事害人。

《殊域周咨录》卷十三《土鲁番》

十　明正德时期（1506—1521）

正德元年（丙寅 1506）

［二月，辛西］赏甘肃镇守太监杨定、巡抚都御史毕亨、总兵官署都督佥事刘胜、兵备副使李端澄各彩币二表里、银十两，巡按御史杜旻兼管神枪太监沈让、副总兵白琮、参将吴鋐、佥事官曹玉银、币各半之，番汉官舍夷兵正千户哈只哈等二十二人各升署一级，都指挥同知朱瑄等二千五百六十七人各赏有差，以复立哈密国王陕巴功也。

《明武宗实录》卷十

［五月，壬午］，哈密忠顺王陕巴遣使臣失拜烟答等贡马驼、方物，赐宴并彩段等物有差。

《明武宗实录》卷十三

［六月，丙寅］，升哈密都督佥事失伯颜答为署都督同知，都督佥事散因火辛为署右都督，命土鲁番稳秃袭父奴答力月失指挥同知，哈密伯的剌代父苦出指挥使。

《明武宗实录》卷十四

正德二年（丁卯 1507）

［闰正月，丙寅］，命哈密卫都指挥佥事马哈木子歪剌袭父原职。

《明武宗实录》卷二十二

正德三年（戊辰 1508）

　　[四月，壬辰]哈密使臣写亦虎仙等来朝，贡方物，不与通事皮俊等偕来，自持边镇文移投进鸿胪寺。大通事王永疏请究治奸弊，上命礼部看详以闻。至是，写亦虎仙亦奏永有所需求，且妄加凌辱。礼部言："哈密乃边境藩篱，既已向化入贡，所遣使臣，礼宜怀辑。倘失其心，恐生他衅。"时永方在豹房供奉，实恃宠横恣。有旨令勿穷治，特戒永后宜加慎，以全大体，写亦虎仙命礼部并大通事善谕之。然写亦虎仙实夷方巨蠹，构结诸番，大启边衅，被逮至京，复为权奸所庇，随扈从南行，后竟死于狱云。

《明武宗实录》卷三十七

　　[五月，丙辰]，哈密所遣使写亦虎仙既入城，伴人皮俊及方物俱不至，通事王景以失察下狱矣，礼部复以巡抚甘肃都御史方宽等不能严督为言，有旨数宽等失于审察之罪而宥之，仍诏礼部移文边关，以后夷人进贡，悉从旧制，审其可否乃行。

《明武宗实录》卷三十八

　　[六月，庚寅]，先是，哈密忠顺王卒无嗣，土鲁番酋长速檀阿力据其城，寻死。弟速檀阿黑麻立，朝廷令忠顺王甥都督罕慎守哈密，为速檀阿黑麻所杀。复求得忠顺王之裔陕巴立之，速檀阿黑麻又拘之。及我兴师征剿，迁其贡使于远方，速檀阿黑麻乃送陕巴归哈密。陕巴嗜酒掊克，众心不服，头目阿孛剌等构于速檀阿黑麻，逼陕巴弃城走沙州，立速檀阿黑麻幼子真帖木儿为王。朝廷遣人往谕，仍令陕巴复国。阿孛剌不听，都督奄克孛剌同使人诛之，陕巴始归。朝廷命送真帖木儿回土鲁番，时其父已死，其兄速檀满速儿立，兄弟仇杀。真帖木儿求依于都督奄克孛剌，使人虑陕巴忌之，取入，居之于甘州。

　　正德元年，陕巴卒，子速檀拜牙即袭爵。速檀满速儿乃通和于哈密，且遣使人入贡，求其弟真帖木儿。甘肃巡抚总兵官为之奏，言："留之则彼得为辞，复仇哈密，不若因其纳贡来请而与之。乞给真帖木儿衣服、靴帽、彩段，及原来夷使亦量给之，赐宴遣还。仍请敕省谕本番，使其归化从新。"又言："土鲁番求彩段三百，哈密忠顺王无以应之，使都督奄克孛剌至甘州陈乞，亦当量为给济，以慰其心。"

事下兵部，议得："土鲁番恃其族大种恶，侵虐哈密，欺寡王母，夺其土地，伤罕慎，逐陕巴，稔恶既久，天实厌之。今见速檀拜牙即既有哈密，又得我中国捍蔽，声势渐张，顾乃卑辞来贡，以请真帖木儿为名。其真帖木儿羁留我郊，正得古人质其所亲爱之意，未可即发。宜移文该镇守臣，再行议处。须仍要其定约，敦忠信，保疆域，善睦邻邦，共图永久，然后降敕开谕。其真帖木儿虽被羁留，馆谷丰厚，始以孱弱入，今以强壮出，亦是朝廷怀柔之意。守臣盍先以此讯彼情欵，得其肯綮，具实奏请。其乞彩段，亦合查处。"

疏入，得旨："命镇巡官审度议处，务求至当，奏来处分。速檀满速儿、奄克孛剌令该镇官量加赏劳。"

《明武宗实录》卷三十九

［八月，乙未］，哈密忠顺王并都督奄克孛剌等遣使臣脱云虎力等来朝，贡驼马，赐宴并赏彩段、衣服有差。

《明武宗实录》卷四十一

［十月，甲戌］，大通事王喜等奏："哈密使臣写亦虎仙等来贡，夹带私物，虚糜供给，所赐尽于京师鬻之，其属留边者俱未沾及，宜加禁治。……"礼部奏覆："各夷朝贡，例许稍挟私货以来，盖羁縻远人，宜俯顺其情，而不可过防，以伤其向化之心也。且哈密城池之复，写亦虎仙亦与有劳，今效顺而来，须加宽假，以示恩意。其获赐而鬻之者，亦宜从便，盖所得钞锭数多，输之于彼，既无所用，而载之于途，大有所费。宜移文彼处镇巡等官，听其量带方物来京贸易，但不可入境市物，以劳驿传。其留边夷使之赐，审无欺克，听其自便可也。……"上是之，命各夷进贡，毋得入境市物，其以物售之者，治以重罪。存留夷人赏赐，令镇巡官审处。

《明武宗实录》卷四十三

［十一月，癸卯］，哈密卫忠顺王速檀拜牙即遣使臣都督写亦虎仙等贡驼马，赐彩段等物有差。

《明武宗实录》卷四十四

［十二月，戊辰］，哈密卫忠顺王速檀拜牙即等以其所部为速檀阿力王杀夺穷困，遣使请粮于朝。户部核奏："夷情不可尽信，宜移文甘肃镇巡等官

覆实，乃发傍近仓粮给之。"上以远夷果被仇杀，亦当矜恤，命给粮五百石，毋令失所。

《明武宗实录》卷四十五

正德四年（己巳 1509）

〔正月，辛酉〕哈密卫忠顺王并哈剌灰指挥佥事拜迭力迷失等遣使臣哈只迭力迷失等贡驼马，赐彩段、绢布、衣物有差。

《明武宗实录》卷四十六

〔二月，庚寅〕，哈密卫都督写亦虎仙奏："成化、弘治等年，于速檀阿黑麻王处自备已赀，赎取陕巴及所夺金印并被虏人口，请赐粮。"户部议："行甘肃镇巡等官核实，先年果为中国效劳，量为赒恤。"报可。

《明武宗实录》卷四十七

〔三月，乙未〕，哈密卫忠顺王速檀拜牙即使臣忽散木丁、谷勒母罕默各奏："通事王永自称为朝廷近侍，各索银六十余两，乞为追给。"时永怙宠甚横，礼部覆奏，不敢斥言其罪，但云："哈密乃西域襟喉之地，所遣使当加抚恤。永索取之事，虚实未辨，谨以请。"诏："哈密使臣来贡，诚当抚恤。王永索银事，姑弗究，其令如数还之。"

〔丙辰〕，赐哈密使臣写亦虎仙纻丝飞鱼衣一袭，从其乞也。……

哈密忠顺王速檀拜牙即请释弘治初编管广西夷人克伯赤等九人，听回卫。甘肃守臣言："克伯赤叛其本主而附土鲁番，引兵破哈密城池，致瘇大将远征，始克平定。朝廷安置岭表，已从轻贷。今速檀拜牙即年幼无知，为其下黠桀者所使，故有此请。徇之则彼轻侮国法，复启乱阶。"兵部议从其言，请敕速檀拜牙即及都督奄克孛剌、写亦虎仙，谕以叛逆难释之义。报可。

《明武宗实录》卷四十八

〔八月，己巳〕，命哈密卫故都指挥佥事马黑麻赤儿米即子、火者马黑木袭其父职。

《明武宗实录》卷五十三

〔九月，壬辰〕，土鲁番速檀满速儿王等遣使贡马驼，请还其弟真帖木儿。兵部议上。得旨：真帖木儿且令居甘州，厚抚之，以俟后命。

《明武宗实录》卷五十四

[十一月，丙子]，土鲁番并撒马儿罕番王头目速檀满速儿等来贡马驼，赐钞锭、彩段等物有差。

《明武宗实录》卷五十七

[十二月，乙未]，哈密忠顺王速檀拜牙即等遣使臣满剌阿黑麻等贡马，赐宴给赏有差。

《明武宗实录》卷五十八

正德五年（庚午 1510）

[二月，庚寅]，哈密忠顺王速檀拜牙即遣使臣都指挥佥事阿的纳等，撒马尔罕等番王头目沙亦乩王遣使臣满剌温都思等，土鲁番番王头目速檀满速儿遣使臣满剌法秃剌等，也的干番王头目速檀马黑木遣使臣火者哈三等，各来朝贡，赐宴给赏有差。

《明武宗实录》卷六十

[十一月，丙子]，土鲁番并撒马儿罕等番王头目速檀满速儿等差人贡驼马、方物，各赐彩段、衣物有差。

《明武宗实录》卷六十九

[十二月，癸卯]，土鲁番并撒马儿罕地面番王头目速檀满速儿遣哈剌牙的等来朝，贡马驼及方物。赐宴并赏彩段、衣服、绢帛有差。

《明武宗实录》卷七十

[正德]五年，真帖木儿走出甘州城，追而获之。

《殊域周咨录》卷十三《土鲁番》

正德六年（辛未 1511）

[正月，乙亥]，陕西他失干等并哈密番王头目速檀马黑木等遣使臣火

撒答等来朝，贡马驼、玉石。赐宴并赏彩段、绢匹有差。

《明武宗实录》卷七十一

［四月，戊子］，哈密忠顺王速檀拜牙即遣使臣阿都火者等入贡，私货茶于民家。事觉，诏以其故违国禁，法宜减赏，但业已给之，以后勿遣入贡。

《明武宗实录》卷七十四

［七月，壬子］，甘肃守臣会奏："土鲁番速檀阿黑麻之子真帖木儿羁留已久，宜厚其宴赏，转令哈密送回，以杜后患。"兵部会官议，谓："真帖木儿父死兄存，其去留亦不足以系虏情之向背，不若纵之回。仍请敕谕其兄速檀满速儿及哈密忠顺王速檀拜牙即，令修政睦邻，永通职贡。"从之。

《明武宗实录》卷七十七

［十一月，乙亥］，赐哈密卫署都督同知失拜烟答飞鱼衣一袭，从其请也。

《明武宗实录》卷八十一

正德七年（壬申 1512）

［正月，庚申］，赐……哈密使臣都督同知失拜烟答等宴。

《明武宗实录》卷八十三

［三月，乙卯］，赐哈密忠顺王速檀拜牙即母脱脱速檀衣帽等物，从其请也。

《明武宗实录》卷八十五

七年冬，诏差哈密三都督奄克孛剌、写亦虎仙、满剌哈三送真帖木儿回完聚。真帖木儿久住甘州，深知风土，言其城南黑水可灌。及有夷使传说甘肃荒旱饥窘，人死亡且半，城堡空虚。番酋乃谋侵犯中国，虎仙等遂为留用。

《殊域周咨录》卷十三《土鲁番》

正德八年（癸酉 1513）

［十二月，乙未，朔］，哈密都督奄克孛剌等告其国忠顺王速檀拜牙即

不道，累为土鲁番速檀满速儿领兵侵侮。先年奉敕令都督写亦虎仙送其弟真帖木儿，亦被羁留。今速檀拜牙即乃欲从土鲁番，恐贻地方之患。甘肃守臣以闻，且言："夷情难测，已留奄克孛剌暂羁兰州，移文戒谕忠顺王，令与奄克孛剌等协和行事，仍备布币赍赏访二国有无结构情状，及写亦虎仙久不回国之故。"兵部议覆：宜行镇巡等官，候其缉访至日上报，有应处事宜则再请。上是之。

[庚戌]，哈密卫忠顺王速檀拜牙即等并哈剌灰地面差使臣阿黑麻等来朝，贡驼马。赐宴并赏彩段等物有差。

《明武宗实录》卷一百七

忠顺王拜牙即又被奸回诱引，与番酋满速儿结好，遂往投顺。土鲁番番酋乃令他只丁入哈密，取金印。

《四夷广记·土鲁番》

正德八年哈密卫大小头目卜罕虎力参政、右头目也写克、左头目虎都六马黑麻等番文

速檀拜牙即害人，每家夺麦三石，肥壮牛羊都夺了杀吃。又要去肃州下扎丹，把口谷霜打了①。到晚间，土剌上不睡下来人家好妇女强奸。众人与都督奄克孛剌说了，他恼着，穿上盔甲，要杀。奄克孛剌慌了，走出城外土剌上坐了三日，往肃州来了。有甘州差卜儿罕虎力驮十个段子、四十个梭布与他，嫌少，每家要梭布一匹，又要马十匹，不顺中国，投土鲁番去，要领人马来抢甘肃。王子知他坏事，写亦虎仙扪央火者他只丁劝正了，著他三人来守哈密。大人每快些儿送着人来做主。

《四夷广记·土鲁番》

正德元年，陕巴寻卒，子速檀拜牙即袭为忠顺王，淫酗不道，属夷谋害之。[写亦]虎仙先因送真帖木儿回番，乃与番潜谋诱其王云："番主怪尔行事不公，且来杀尔，可先投免祸。"忠顺王惧，乃欲往投顺。奄克[孛剌]不从，王持刀杀之。奄克[孛剌]逃至甘州，告其情。[火辛]哈即乘机同诱王往归土鲁番，当被拘留。[火辛]哈即先回国，番酋[满速儿]随令头目火者他只丁同[写亦]虎仙、满剌哈三领兵占据哈密，镇巡官遣抚夷千户马

---

① 原注：扎丹，小圆石，西夷能用作云雨霜雪。

驯前往探听，[写亦]虎仙乃曰："城池、金印在他人之手，我岂敢言奉谁为王。"及称土鲁番要犯甘肃。夷人撞八十久住哈密，备知[写亦]虎仙通番谋害之情。[写亦]虎仙又请将哈密印信与他只丁掌管，我同坐此城。

《殊域周咨录》卷十二《哈密》

忠顺王又被奸回诱引，与番酋结好，遂往投顺土鲁番。番酋乃令他只丁入哈密取金印。他只丁又令哈密火者马黑木（哈密都指挥也）等至甘州索赏，且言："忠顺王弃国从番，乞即差人守哈密。"巡抚赵鉴谬谓番酋忠义，令他只丁等代中国守城勤劳，差抚夷官送番酋金币二百。

《殊域周咨录》卷十三《土鲁番》

正德九年（甲戌 1574）

[春正月，己丑]，赐哈密忠顺王速檀拜牙即大红织金蟒衣一袭，都督奄克孛剌大红织金飞鱼一袭，及王结婚财礼纻丝等物有差。

《明武宗实录》卷一百八

[五月，己丑]，土鲁番据哈密，敕都御史彭泽总督军务，量调延绥、宁夏、固原官军驻甘肃御之。哈密即古伊州，乃西域诸国入贡之路。永乐间，封元遗孤脱脱为忠顺王，赐以金印，俾世为藩篱。传至王孛罗帖木儿，无嗣，母为守国。成化间，土鲁番速檀阿力王乘其微弱，夺金印去。阿力死，守臣复哈密城，请令忠顺王外孙都督罕慎摄守，寻袭王爵。阿力子速檀阿黑麻杀之。弘治中，立忠顺王孙陕巴，复为阿黑麻所虏，乃议兴兵讨其罪，闭关绝贡。阿黑麻惧，归陕巴。陕巴嗜酒，国内不治，属夷阿孛剌诱阿黑麻子真帖木儿侵之，陕巴出走。守臣定其乱，乃羁真帖木儿于甘州，立陕巴子速檀拜牙即为王。正德六年，赐赍真帖木儿归于土鲁番。由是真帖木儿之兄速檀满速儿诱速檀拜牙即，匿之他所，复夺城印，使头目火者他只丁守其国。盖首尾为患者四十余年。而他只丁者复要求赐与，狂悖益甚。总制陕西都御史邓璋奏其事，请命重臣经略，故以命泽，各镇巡等官俱听节制，仍敕哈密邻近赤斤蒙古等诸夷卫互相应援，并力防守，有功之日，一体升赏。

《明武宗实录》卷一百十二

明年正月，抚夷官才至哈密，番酋已率众亦至，分据剌木等城，日夜聚谋侵甘肃，又索段子万匹赎城、印。且言："如不与，即领兵把旗插在甘州门上。"总制邓璋乃请官经略，命兵部尚书彭泽奉敕往总督军务。泽请敕二道，一候有番使之便赍谕番酋，还哈密城、印；一谕奄克孛剌回国，与虎仙等守城。彭泽调延宁等处军驻甘州。

《殊域周咨录》卷十三《土鲁番》

九年，番酋移书甘州守臣，索段匹一万，赎哈密城、印，且欲速遣前诸贡使还本国，否则兵入寇，且先杀掠国初内附诸番落以示强。总制邓璋以闻，命起致仕兵部尚书彭泽往经略，泽请敕一道谕番酋还城印，一道谕奄克［孛剌］回共［写亦］虎仙守国。给事中王江、都御史张麟各上言："治病者药无二君，奕棋者局无二帅，甘肃诸路既有邓璋总制，不宜复令彭泽总督。"不听。

《殊域周咨录》卷十二《哈密》

［七月，庚辰］，哈密忠顺王速檀拜牙即遣添哥乩儿等，撒马儿罕等地面头目沙亦乩王等，来朝贡驼马方物。赐宴并赏彩段、绢布有差。

《明武宗实录》卷一百十四

［九月，辛酉］，总制陕西等处都御史邓璋上言八事："一，西域哈密诸夷入贡，夹带土产货物，贸易图利。乞申明禁例，凡经过处所，敢有私与夷人贸易者，货物入官，仍枷号一月拟罪。若驿递稽迟，亦治之。"兵部议覆，俱从所奏。

《明武宗实录》卷一百十六

［十一月，丙子］，瓦剌达子侵哈密，土鲁番速檀满速儿等败之，斩首八级。甘肃守臣以闻，且为乞赏。诏："速檀满速儿赏彩段六表里、织金衣服二袭，真帖木儿彩段四表里、织金衣服一袭。为首头目各赏银五两，彩段一表里。为从夷人各银三两、布四匹。"

《明武宗实录》卷一百十八

正德十年（乙亥 1515）

［正月，癸未］，哈密并撒马儿罕等地面使臣火者哈辛等来贡，赐宴给

赏有差。

《明武宗实录》卷一百二十

[二月，甲辰]，哈密忠顺王速檀拜牙即差使臣伴送撒马儿罕等番王头目速檀把卜儿等所遣火者哈辛等来朝，贡驼马方物。赐宴，赏彩段、衣物有差。

《明武宗实录》卷一百二十一

[四月，丙申]，哈密忠顺王速檀拜牙即等遣使臣阿的剌虎力等来朝贡马。赐宴赏袭衣、彩段并马价，马道死及虏所掠者亦量赏之。

《明武宗实录》卷一百二十三

[闰四月，辛酉]，总督甘肃等处军务左都御史彭泽陈言边务十二事："哈密等卫进贡，遣人伴送至京，归则有通事序班管送出境，故无他患。今皆不然，请复之。……"诏可。

[戊寅]，召总督甘肃军务左都御史彭泽还京。初，泽抚处哈密，兼讨亦不剌残寇，至是少宁。巡按陕西御史燕澄言："总督、总制，事权相妨。"于是命泽还京，陕西地方并哈密一应事宜，俱令总制邓璋总理。

《明武宗实录》卷一百二十四

为速定寇乱早撤兵马以安久困地方事

王　琼

看得巡按陕西御史冯时雍奏称"土番之酋长尚尔骄悍，哈密之城印犹未归复，请罪之词不闻于军门，犯顺之状颇著于嘉峪。遣使讲好则大开其沟壑之欲，要我以难从之事。乞要早为决策，以平贼番。如其不然，地方之变故无形，有非愚臣所能逆睹"等因。果如御史冯时雍所奏，则是地方事情尚未宁息，与御史燕澄所奏，意不相同。但燕澄巡按陕西腹里，其意专为彭泽；冯时雍巡按甘肃，其意则为朝廷。倘臣等重违燕澄之论，不恤冯时雍之言，后有误事，罪难逭逃。且冯时雍所奏土鲁番嘉峪犯顺，要我以难从之事，必有情实，恐非虚妄。况见今虏贼在套，拥众侵犯，邓璋一人急难摘离，而又使遥制甘肃之事，未免两相妨误。合无行令彭泽仍照原奉勅旨，事宁之日，具奏回京。及节奉圣旨"彭泽待处置哈密事情停当行取回京"，以后本官事宁回京，果建奇功，大加爵赏，以酬其劳，亦未为晚。惟复仍照今奉钦依

"取回哈密一应事宜都着邓璋总理处置"，臣等俱未敢擅拟，伏乞圣明裁处。正德十年闰，四月二十九日具题。

奉圣旨："是。彭泽已有敕取回，一应事宜还着邓璋照前旨总理处置。"钦此。

《晋溪本兵敷奏》卷六

[六月，庚午]，总督甘肃都御史彭泽奏："通事马骥等往谕土鲁番，要以重赏。其酋速檀满速儿悔过效顺，乃付哈密金印及城池于都督满剌哈三、写亦虎仙掌守之，召监守头目火者他只丁还，仍献所夺赤斤卫印。哈密王速檀拜牙即尚匿于其弟把巴叉营，因其兄弟不睦，故未释也。必量给赏，令颁之族众，以相和辑，事乃就绪。"兵部覆议以请。诏总制都御史邓璋先将有劳之人量加犒赏，仍责令原遣通事驰往抚谕，务令释速檀拜牙即还于哈密，其赏赍事宜，悉具以闻。

《明武宗实录》卷一百二十六

为远夷悔过献还城印等事

王　琼

看得总督军务左都御史彭泽等各奏称"土鲁番满速儿王等畏威悔过，已将哈密金印、城池交付都督满剌哈三、写亦虎仙收掌住守，近抢赤斤印信亦已悔还，头目火者他只丁取回土鲁番去讫。……及称速檀拜牙即尚在把巴叉处，为伊弟兄不和，未经送出，必须量给赏物，令伊自分族众以相和辑，事乃就绪。除行巡抚都御史赵鉴将原收见在段匹等物量为增给，责付通事马骥等前去，分给赏犒速檀满速儿王、把巴叉等并大小头目，收取效顺番文，至日方将原捉获回夷虎都阿力等发回。仍要候送回速檀拜牙即至日，将速檀满速王等一体赏赍，差官押送赏赐前来交付都御史赵鉴，会同镇守总兵，差人分投给赏。仍请敕谕令都督奄克孛剌同心扶持速檀拜牙即照旧为忠顺王，惟复别有定夺"一节。……其称哈密金印、城池已复，见今都督满剌哈三等住守，具见各官奉扬上命，经略勤劳。但徒有城印，无人主管，名声虽若效顺，弛张犹系土番。今彼处镇巡等官虽已增添赏赐，差人前去分给，若速檀满速儿果能革心悔过，即便送出，有何不可。但恐缯帛徒入于穹庐，而忠顺王终无下落。合无本部移咨总制都御史邓璋，会同甘肃镇守太监、总兵官、巡抚都御史从长计处，姑候通事马骥回日，果土鲁番悔祸畏威，将忠顺王送回，如弘治年间阿黑麻送出陕巴到甘州事例，别无变诈等情，依拟一面将原捉获回夷虎都阿力等发回，一面星驰具奏，以凭议拟，上请赏赉。若万一夷情尚有变动，亦听邓璋等计处，会奏定夺，务要万全停当，保无后艰。

及称"欲请敕令都督奄克孛剌等同心协力扶持速檀拜牙即照旧为忠顺王，共守国土，惟复别有定夺"一节，切缘此等处置，候速檀拜牙即送回至日，方可议处施行。正德十年六月十三日具题。

奉圣旨："是，这远夷悔过，献还哈密城印，总督、总制、镇巡等官调度经画，劳勋可嘉。还着总制邓璋会同镇巡官先将有劳人员量为犒劳，仍责令原差通事前去抚谕速檀满速儿、把巴叉等，令将速檀拜牙即送还本城，至日，将他每功绩并赏赉各夷等项事宜，一并来说。"钦此。

《晋溪本兵敷奏》卷六

十年，番酋遣他只丁、牙木兰同［写亦］虎仙、马力奶翁、马黑木等至肃州近边抢掠赤斤等处人畜千计，闻彭泽军在，不敢深入，假写番文，称："被赤斤抢了贡物，与他报仇，不敢侵犯甘肃，只讨些赏赐回去。"彭泽不察其诈，将前谕番敕书不伺番使赍去，即措段绢、褐布共三百，遣马骥与通事火信、抚夷百户马昇并马驯捧前敕二道，同马黑木、［写亦］虎仙等到哈密，邀他只丁同往土鲁番。他只丁嫌赏薄，先将金印与［写亦］虎仙、［满剌］哈三等，及将所掠去赤斤铜印一颗付马驯等，议遣骥并火信持回，添取赏赐，他只丁方与马驯等至土鲁番将敕书、原赍段绢等班赐其酋。彭泽遂奏称："甘肃兵粮颇集，道路开通，土鲁番虽欲侵扰甘肃，决不可得。今又差官往谕归还城印，地方安静，乞要放归田里。"蒙旨未允。火信等回甘州，纳抚还赤斤铜印，并报添取赏赐。彭泽又备罗段、褐布共一千九百，银壶、银碗、银台盏各一付，令火信等复持往谕。彭泽遂奏："远夷悔过，献还城印。"诏取回京。

火信又持添赐物件往彼，番酋复嫌少，［写亦］虎仙自许其酋段一千匹，他只丁五百，方允具本。复遣马黑木随赶京回奏，将金印与［写亦］虎仙，城池暂令［满剌］哈三守掌。后哈密使人俄六思等送至番文，称番酋索要［写亦］虎仙前许段匹，有哈密大小头目共辏段一百匹，马一百匹、牛一百头、羊三百只交与他只丁。总督都御史李昆议称："本番乘机射利，纳款希恩，宜量俯就。"番酋又遣虎都写亦，他只丁亦差伊弟撒者儿等前来送印，并押［写亦］虎仙取段匹，同马黑木等及各国夷使将带方物、马匹，进贡谢恩。［写亦］虎仙、［满剌］哈三亦差伊卫夷人马黑麻等各带方物、马匹进贡，验送赴京。［总督都御史］李昆与镇守太监许宣、总兵徐谦因忠顺王仍被拘未回，访知［虎都］写亦系番酋亲信头目，撒者儿系他只丁亲弟，乃拘留为质，仍移檄番酋，称［虎都］写亦等差往陕西，催赍先年贡使，回日发归。仍赏织金彩段、洗白梭布共三百件，令其送忠顺王还国。

《殊域周咨录》卷十三《土鲁番》

泽至甘肃调集兵马，土鲁番复以书来，急欲段匹。泽谓番酋可以利陷，遣通事火信、马驯赍段匹二千同［写亦］虎仙往赐番酋，赎取城印。火信等犹未至番境，泽奏：西夷事宁，乞致仕。巡按甘肃御史冯时雍上言："土鲁番之酋长尚尔骄慢，哈密之城印犹未归复，遣使讲和，虏人大开溪壑之欲，要我以难从之事，后来之变虽无形，非愚臣所能逆睹。"又言："忠顺王为贼臣［写亦］虎仙等所困，以计逼走，造为厉阶，荼毒国人，谋叛君父。"时陆完在兵部，寝其奏。既而泽又奏称：番酋畏威悔祸，献还城印。遂取泽回京。火信等至番赐币，番酋嫌其赏薄，［写亦］虎仙仍许增一千五百匹。（或云：番酋有妹，欲与忠顺王为妻。［写亦］虎仙闻之，乃浼他只丁转言：忠顺王不知亲信，伊妹可与我为婚。番酋不允，发怒，欲杀［写亦］虎仙。［写亦］虎仙惧，许送段子一千匹，谢他只丁五百匹，得释。）后番酋复占哈密，索［写亦］虎仙前许段匹。［写亦］虎仙先与百匹，其余待甘州收拾送来。

十年正月，［写亦］虎仙阴听番酋同他只丁、马黑麻来肃州近边抢掠王子庄、苦峪、赤斤等处。四月，朝议差马驯同奄克［孛剌］、［写亦］虎仙赍送敕书并赏赐至番，抚取城印。奄克［孛剌］惧番酋仇杀，行至大草滩，托疾存住。番酋受赐，先将城池交与满剌哈三掌管，将金印交与马驯等，及差马黑木带领夷人哈丹等将带方物、宝石、马匹谢恩进贡，又遣虎都写亦监押［写亦］虎仙，取讨前许段匹，探听消息。［写亦］虎仙推称伴送公使，避住甘州。六月，番酋又占哈密城。

《殊域周咨录》卷十二《哈密》

［十一月，乙未］，哈密忠顺王速檀拜牙即为其哈密卫都督同知奄克孛剌乞升左都督，且叙其杀死奸夷保全国土之功。兵部覆请，得旨："奄克孛

剌既能坚守臣节，为国藩篱，准升左都督。"

《明武宗实录》卷一百三十一

正德十一年（丙子 1516）

[三月，戊申]，兵部尚书王琼奏："都御史彭泽、李昆谓：'前哈密城、印，俱已献还，火者他只丁亦取回土番。'及译写亦虎仙帖文，则谓止归金印，而他只丁尚据城以要重赎。又言：'速檀满速儿谋欲犯边，为所劝阻，遣使入贡。'宜行甘肃镇巡严兵防守，俟原遣官通及写亦虎仙到日，译审献城及抚还速檀拜牙即与否，议处以闻。其入贡使人，加意抚劳，仍严出入以备之。"报可。

《明武宗实录》卷一百三十五

为远夷悔过献还城印事

王 琼

看得巡抚甘肃都御史李昆等奏称"欲将本国主守城、印事宜计处，但写亦虎仙等并先差官通贡使及续差去土鲁番送赏抚谕夷情火者马黑木未曾回还到关，中间备细情由，未得悉知，辄难轻议"等因。及看得译出哈密夷人写亦虎仙等禀帖，说称："速檀满速儿调察力失人马，要来汉人地面，被他每劝停止，及领去赏赐尽使用了，将金印与了，城池不与，还要段子一千五百匹。伊等辏段匹马牛羊只准去赎取。及速檀满速儿差进贡使臣二百人到哈密了"等因。臣等窃详先该总督左都御史彭泽及今都御史李昆等所奏，皆谓哈密城、印俱已送归，火者他只丁亦取回土鲁番去讫。及看今译出哈密写亦虎仙等禀帖，则谓止归金印，火者他只丁尚在哈密城居住，要段子一千五百匹、马牛羊只赎取。各奏不一，未知孰是。即今速檀拜牙即未经抚出，写亦虎仙与原差官通并续与土鲁番送赏抚谕火者马黑木未曾回还到关，以后抚处事情，委难逆料轻议。合无本部移咨都御史李昆，会同镇守总兵等官，照依原奉钦依事理，整搠人马，用心防守，不可轻信写亦虎仙等所禀"土番人马被我劝止"之言，弛我边备，致堕贼计。仍候官通回还，及写亦虎仙等到关之日，译审哈密国城有无归还，忠顺王有无抚出缘由明白，将主守城印事情作急议处停当，奏请停夺。

及看得见今索要赎城段匹一节，镇巡等官不见具奏应否准与缘由，但恐写亦虎仙与火者他只丁彼此交通往来，隐瞒实情，假托土番要求重利，事久不谐，致生他虞。合无行令镇巡等官从长议处停当，查照先年事例，斟酌施行。既不可严峻拒绝，激变夷情，亦不可示弱轻许，开启弊端。其土鲁番果来效顺进贡，到边之日，照依旧例放入，加意抚待。及严谨关防，毋致疏虞。正德十一年三月二十五日具题。

奉圣旨："是。这抚处事宜便行文镇巡等官，看依拟行。"钦此。

《晋溪本兵敷奏》卷六

［五月，庚寅］，土鲁番归哈密城，火者它只丁既得重赂，乃去哈密，以城归我，而速檀拜牙即尚留阿速城速檀满速儿之弟把巴歹所。都御史彭泽前奏增赏物以怀来之，而夷性变诈，嗜利无厌，卒不得其要领。巡按御史冯时雍亦奏："回夷贪狡反复，非厚惠可怀，宜闭关绝其朝贡。"至是，巡抚都御史李昆等奏："速檀满速儿言：速檀拜牙即所为不顺，且交斗其兄弟，不可复立。即还哈密，人心已失，难保无变。乞下廷臣议，别立安定故王千奔后裔。如必欲仍取速檀拜牙即，乞降敕宣谕速檀满速儿兄弟并它只丁，仍各厚赐缯帛，冀其怀惠效顺。"事下，兵部集议："经略西番，已逾三年，而速檀拜牙即竟无还期，宜兴师绝贡，不可遂其要求，损我威重。但城、印既归，国体具在，宜从昆等言，降敕二道。一切责速檀满速儿忘背国恩，乃听它只丁之言，要求无厌。仍量加赏赐，令其改过，与把巴歹送速檀拜牙即来归，所得赏物亦量分把巴歹，以示协和之意。一宣谕把巴歹，毋终执迷，以贻后悔。如番酋输诚听命，令袭封如故，狂悖不从，则闭关拒之。仍严兵以为备。"诏如议。

《明武宗实录》卷一百三十七

为夷情事

王　琼

会官议得合无俯从甘肃镇巡官所奏，请敕一道，切责速檀满速儿忘背恩德，听信他只丁之言，要求无厌。但已献还城、印，今姑不问，量加赏赐，令其改过，与把巴乂协和一心，将速檀拜牙即送回本国。先得赏赐，量分与把巴乂，以示协和之意。再请敕一道，宣谕把巴乂："尔既得蒙朝廷赏赐，即将速檀拜牙即差人同去人送回本国，凡事照旧。如各不协和，仍不送回，朝廷别有处置。悔难追及。"

其合用织金彩段绢匹，就彼支给官钱，量为措办，虽当稍从优厚，亦不可过多，启其将来复为抢夺要求厚赏之心。及选差土鲁番进贡头目，同哈密都督头目赍去土鲁番，仍至阿速城开读交领等项事宜，务要务置停当，毋致疏虞。

若敕赏到彼，将速檀拜牙即送回，即便奏请给与金印，照旧为王。本国坏事奸夷，查奏处治。若不送回，就便照依弘治七年事例，闭关绝贡，不许往来，将先今差来使臣，迁徙南方边卫收管，亦即开具奏闻，毋得犹豫。仍要整掤兵马，慎固封守，遇有侵犯，相机剿杀，务要防御得宜，不许轻忽误事。其复立忠顺王事情，另行议处。正德十一年五月初十日会同府部科道等官具奏。

奉圣旨："恁每议的是。这城、印既已送还，夷狄又不足深究。所据写敕切责并宣谕赏赐等项事宜，都依着行。"钦此。

《晋溪本兵敷奏》卷六

正德十一年，[写亦]虎仙续报：金印已归，城池未与，番酋索要段子。兵部议谓："彭泽、李昆皆奏城、印已归，今则谓止归金印，他只丁尚在哈密，索段币。恐[写亦]虎仙与他只丁彼此隐瞒，要求重利，致生他虞。请行镇巡等官从长议处，既不可严峻拒绝，激变夷情；亦不可示弱轻许，开启弊端。其番酋果来效顺，进贡到边，照依旧例放入，加意抚待。"诏从之。李昆、许宣、徐谦乃会奏请敕二道，晓谕番酋及他只丁，仍各量备织金彩段、绢匹，赍去抚谕，令忠顺王还国。

《殊域周咨录》卷十三《土鲁番》

番酋以[写亦]虎仙失信并拘留夷使为词，遣他只丁、牙木兰复占哈密。兵备陈九畴因番酋侵犯，将前敕书二道停留请止，操练军马相机剿杀。许宣、史镛、李昆从其议。牙木兰先令回子倒剌火者往探，被获。又遣夷人斩巴思、俄六思等带马驼牛羊，假以货卖以名，将番文往关内，与[阿剌]思罕儿探信。既入关，陈九畴疑斩巴思有诈，搜获原书，译出其情，内多隐语,虑恐通谋生变,当捕[阿剌]思罕儿同斩巴思等下狱,责令通事毛见、毛进、吕成防守。见、进俱素与斩巴思情熟,乃约[写亦]虎仙部下缠头汉回高彦名同宿,商议打夺斩巴思等出城,令高彦名备办酥酒、羊肉二皮袋,毛见、毛进又将盔甲、弓箭各二付寄在张子义家,俟贼到穿用。番酋与他只丁遂举兵至钵和寺。史镛等差甘州卫夜不收顾十保往肃州探息,参将蒋存礼与陈九畴未知贼兵多寡,恐粮馈乏,甘州军至不能供给,乃请甘州军马且不必动。史镛轻听,不先发兵应援。番贼到嘉峪关,经平川墩。陈九畴、蒋存礼与游击将军芮宁议,留游兵都指挥黄荣守城,约于明日巳时出兵。芮宁先于卯时统军从南门往西约行十里,地名沙子坝,遇贼骑一千,陆续添至三千。芮宁三次遣夜不收杜阿丁等驰报到城,蒋存礼延至巳时方与指挥董杰同奄克[孛剌]从北门出,至高桥儿遇贼对敌间,陈九畴闻贼势众大,又恐城内寄住夷人变乱,将各夷男子隔在关厢,妇女收入城内防守。至申时,贼将芮宁射死,及杀指挥杨松等。时都御史李昆往西宁抚番未回,九畴见官军丧败,虑恐肃州寄住赤斤、畏兀儿等处夷人数多乘机作乱,与蒋存礼议,将狱中番使斩巴思、俄六思并高彦名、毛见、毛进、吕成俱赴街市,焚香告天杖死,仍拘各夷奄克、也先哥等谕令坚守臣节,毋生异谋。陈九畴复将斩巴思等带来牛羊变卖价银,易买布匹,存恤阵亡官军。李昆到庄浪岔口驿,得报兼程前进,到镇会同许先议,恐贼犯甘州,拘收人畜,增置战具。番贼攻开乱骨堆西店子堡,杀死男妇王祥等。史镛、郑廉各领兵进到肃州,贼又攻开中截、半坡二堡,杀死千百户傅成。陈九畴会同史镛、郑廉并蒋存礼议,有哈密北山瓦剌达子系奄克[孛剌]姻亲,世与土鲁番有仇,令其往诱,使抢杀土鲁番城,可以致彼掣回。选遣哈剌灰夷人添哥乩儿的等往瓦剌,陈九畴欲量给赏无措,乃于[写亦]虎仙名下劝罚段子二百七十四、绢一百七十二匹、银一百六十两、梭布一百三十七匹、马五匹、羊一百只,失拜烟答(亦哈密头目也)名下劝罚段子五十一匹、绢一十匹、银六十四两、马一匹、羊一百七十只,给赏番汉官兵,及与添哥[乩儿的]赍赏瓦剌,及令奄克[孛剌]自写番书,谕彼头目也力满可等,举众抢杀番地,又给与操马二十二匹,骑坐前去。

贼又攻开大庄堡,杀死千户王标。时有赤斤番人且宗尔加等报称:土鲁番留下老营在瓜州驻扎。陈九畴、史镛议,令千户张英管领赤斤哈剌灰番夷也先哥等五百余人前往扑杀。贼从迤南山后进至甘州，李昆、许宣会遣都指挥杨时等拽载兵车铳炮截杀，贼见官军势众引去。李昆等亦恐甘州藏有奸夷内应，将［写亦］虎仙、撒者儿、［虎都］写亦及各家属并各起夷人四十四名，俱捕下狱。番酋遣朵撒哈及把都儿乞和，且称俱是［写亦］虎仙弄祸。史镛等访得朵撒哈乃番酋亲近头目，拘留之，将把都儿放回，令其传谕，务将抢去军马、器械、人畜尽数送来方才定夺。也先哥等人马扑到瓜州，将番酋留兵营帐攻斩首级二十一颗。失拜烟答病死。贼起营西去，史镛督令郑廉、蒋存礼追至境外沙沟，各斩贼首级。

《殊域周咨录》卷十三《土鲁番》

十一年四月，牙木兰谋劫甘州，令夷人斩巴思等以书约阿剌思罕［儿］，待番兵至时，即与甘州关厢寄住回子，放火开城。斩巴思等藏番书入关，被获。兵备陈九畴遂搜得［写亦］虎仙日前谋造铁盔四顶、甲二付、铜铁炮七个、大刀四把，其子米儿马黑麻藏在酒主张子义家井内。后番入寇，至嘉峪关，射死参将芮宁，甘州大乱。九畴遂杀斩巴等八人。番酋寻又求和，且差头目虎剌力带领从人前来投递番书，归罪［写亦］虎仙。寻遂西去。九畴乃以捷奏。上诏科道官往勘，拟［写亦］虎仙谋叛律。［写亦］虎仙约贿倖臣钱宁，捏词具奏，法司会问，改拟奏事不实罪。［写亦］虎仙与马黑木、侄婿米儿马黑麻（二人同名）遂交结于宁，俱送会同馆安歇。［写亦］虎仙等巧为蛊惑，诱引上常幸会同馆。

《殊域周咨录》卷十二《哈密》

然回回种类散流南北，为色目人者甚多，而有一种寄住哈密城内，颇称劲悍，常随哈密往来入贡，后多叛哈密，往从土鲁番。初番人夺占哈密城，令回回倒剌火者等十二人探问甘肃消息，被别种夷人也先哥人马截杀。倒剌火者脱走，把关军人获送，兵备副使陈九畴审得其情，系狱死。番将牙木兰因探使不归，又遣暂巴思等入关侦信，陈九畴疑之，捕审下狱，令通事毛见防守。毛见素与暂巴思相善，乃与回回高彦名谋，私备兵器，约土鲁番打甘州城，夺出暂巴思等。事觉，彦名、毛见、暂巴思俱杖死。番酋因暂巴思等日久无音，又令回回怯林乩儿的往肃州踪探，守堡千户王矗获之，毙于狱。

《殊域周咨录》卷十一《默德那》

计处民壮事 ①

王 琼

及查得见监犯人陈九畴,原任肃州兵备副使,专一分理肃州地方,以抚御番夷为职。先该肃州寄住哈密卫夷人米儿马黑麻赍奏赴京,直入长安门,伸诉九畴打死伊父都督失拜烟答、抄没家财等项事情,见该法司会官审问外,其土鲁番因彼送回金印,不与赏赐,拘执夷使火者散者儿等,不见放回,节次投递番文,要来犯边。及有附近肃州属番节次走报土鲁番夷已过哈密,抢杀瓜州、赤斤、柴城儿等处,渐近肃州。九畴非不预知,却乃故不依律呈请镇巡官添调人马,早为设备。十一月十一日,总兵官史镛差人肃州爪探,九畴回称肃州素无粮草,甘州军马且不必动。至十五日,贼已进嘉峪关,方报史镛,十七日始到甘州。以致土鲁番贼攻陷城堡,杀掳军民,数以万计。揆之法律,九畴启衅失机,岂得无罪,复何冤枉!至其以夷攻夷之说,止据番人绰骨之言,事在夷方,将何凭信。今欲将九畴免罪,并欲复其官职,国典具存,实难轻贷。(下略)

《皇明经济文录》卷十二

正德十二年(丁丑 1517)

[正月,壬寅],土鲁番速檀满速儿复据哈密,寇肃州,游击将军芮宁率众出御之,败没。先是,夷人之侨居肃州者若阿剌思罕儿、失拜烟答之属,多土鲁番姻党,而写亦虎仙尤桀黠,名虽内属,实与速檀满速儿交通,为之耳目。凡土鲁番之羁速檀拜牙即及据城夺印以要重赂,皆出其谋。至是,以事忤速檀满速儿,将杀之,乃求火者他只丁为之解,许赂币千五百匹,期至肃州畀之,且唆之入寇曰:"肃州可得也。"满速儿悦,乃遣写亦虎仙及其婿马黑木入贡,以觇虚实,因征其赂。守臣以随贡头目火者散者儿为火者他

---

① 编者按,此疏作于正德十二年十一月十五日。当时御史杨珙上疏请求将陈九畴复职,并及其他。王琼反驳他的意见。但所述系正德十一年事,故系于此。

只丁弟，惧其为变，乃并其党虎都写亦羁之甘州，而督写亦虎仙出关。虎仙惧，弗去。火者他只丁遂复诱夺哈密城，请速檀满速儿移居之，分兵胁据沙州，纠众入寇。至兔儿坝，宁与参将蒋存礼、都指挥黄荣、王琼各率所部往御之，宁先进至沙子坝，遇贼，贼以大兵围宁，而分兵缀存礼等，令不得合。宁势孤援绝，遂为所败，死焉。一军皆没，凡七百人。贼既败我军，又遣斩巴思等十余人以驼马至肃州，诡言乞和，而阴贻阿剌思罕儿、写亦虎仙等书，约举火为内应。兵备副使陈九畴廉得其情，执阿剌思罕儿等并斩巴思付狱，令通事毛鉴等防守。鉴等故缓之，令与其党通，欲伺隙而逸。时初闻宁败，城中恟惧，及贼薄城，军士皆出战，众夷果欲为变。九畴备严，不得发。乃戮鉴等数人于市以徇，并系其通谋者二百余人。贼久驻无援，恐谋泄为我所乘，遂遁去。

守臣上其事，且言先后入贡夷使宜随所在羁之。而巡按御史王光亦劾诸将失律罪，并及镇守太监许宣、总兵官史镛、都御史李昆。兵部议覆。得旨："宣、镛、昆降敕切责，存礼等俱戴罪自效"，仍令举文武大臣有才略者往经略之。

《明武宗实录》卷一百四十五

为紧急夷情声息事

王 琼

会议得甘肃都御史李昆等奏，内虽称："速檀满速儿假以赏赐未得、贡使未回为由，令火者他只丁占住哈密城池，牙木兰扑抢境外属番。"又称"哨探未得，一面选差夜不收密切探缉，如果牙木兰止因求讨赏赐，委曲议处，果有侵犯，出奇剿杀"等因。皆是疑似未定之词。查得先该都御史李昆等奏报："土鲁番进贡正使四名，副使四名，打剌罕三十四名；哈密正使一十名，副使一十名，打剌罕四十名；伴送土鲁番贡使正使二名，副使二名，打剌罕六名；原差去土鲁番传谕夷情送赏抚取城印哈密使臣都指挥火者马黑木等一十二名；俱于正德十一年四月二十六日验放入关，今尚未到。既以进贡为名，万里来王，若遽羁留不遣，非惟有失怀柔远人之意，抑且非朝廷待夷狄正大之体。况土鲁番、哈密夷情顺逆，彼处镇巡官尚涉疑似，朝廷岂宜逆诈轻处。合无礼部待候各夷使臣到京之日，仍要遵照常例，以礼馆待，赏赐表里、筵宴等项，务要齐备整洁。兵部仍会礼部督同大通事舍诚等将兵部原会题准抚待土鲁番、哈密谨关略节缘由宣谕知悉。回还之日，仍照先年旧例，选差廉谨通事序班，沿途伴送，以礼馆待，不许交通，纵容生事，扰害地方。如沿途各驿递失误应付，听差去序班行文所在合干上司究治。若差去序班交通各夷，纵容生事，亦听所在官司指实，申呈合干上司，奏闻区处。待到甘肃之日，听镇巡官酌量彼处夷情，查照先奉钦依事理，径自从长议处。务在处置得宜，使夷人畏服，上不失朝廷正大之体，下不启衅远夷，斯称委任。如或卤莽处置乖方，国典具存，难以辞责。正德十二年正月十五日具题。"

奉圣旨："是。这边方夷情，恁每既议处停当，都依拟行。"钦此。

《晋溪本兵敷奏》卷六

为驰报紧急夷情事

王 琼

看得巡抚甘肃都御史李昆等奏称"土鲁番酋首速檀满速儿与奸夷火者他只丁等贪心无厌，益肆狂图，一面差人进贡，佯为通好，一面侵占哈密，阴谋侵犯。揆之天道人心，十分难平。今肃州兵备副使陈九畴、参将蒋存礼反覆推辩议拟，欲将奉到敕谕二道，暂免差人往谕，速将先今见在奸夷，拘收发遣。及整兵齐力，伺其来犯，奋勇痛杀，以报积年之恨。言词激切，亦诚为人臣子许国敌忾之义，志实可嘉，理当准从。除行参将、游击、兵备官员哨探的实，相机防剿，原奉敕谕，责付行都司捧收，候事势稍定另议"等因。查得正德十一年五月内，本部会官议得土鲁番若将速檀拜牙即不即送回，就便照依弘治七年事例，闭关绝贡，不许往来，将先今差来使臣，迁徙南方边卫收管，亦即开具奏闻，毋得犹豫，仍要整搠军马，慎固封守，遇有侵犯，相机剿杀，不许轻忽误事等因，已经题奉钦依通行遵守。今都御史李昆等不行恪遵成命，果决行事，却乃多张虚诞之词，尚为犹豫之论，不知廷议当守，妄称副使陈九畴等志实可嘉，理当准从，以致事机不密，军情漏泄。又督调不严，军失纪律，今报到游击将军芮宁全军败没，致廑圣虑，命本部会官推举文武大臣上紧前去提督军务。合无候命下之日，将前项贼情，备行各官查照议处施行。正德十二年正月二十四日具题。

奉圣旨："是。"钦此。

《晋溪本兵敷奏》卷六

［二月，庚戌］，命左都御史彭泽提督陕西等处三边军务，镇守宁夏右都督郤永充总兵官。时甘肃告急，廷议举文武大臣有才略者以名上，遂有是命。寻传旨以太监张永总制提督，孔学监管神枪。

［辛亥］，兵科都给事中汪玄锡等奏："速檀满速儿籍口哈密以饵中国，其心何厌之有。所赖者锁钥得人，军威自振。今芮宁整众而出，蒋存礼不为之援，以致全军覆没，是宁之死，存礼致之也。乞治存礼临阵退缩之罪，以雪宁之冤。其太监许宣、总兵官史镛、都御史李昆等既知番文悖慢，徒事因循，养成大患，均宜切责惩治。"诏下巡按御史核实以闻。

［甲寅］，兵部尚书王琼奏："速檀满速儿译①以许段匹为词，语多狂悖。请查究轻许失信之人。军中事宜听提督太监张永等从长议处，勿执前议。"诏是之。

《明武宗实录》卷一百四十六

为传奉事

王　琼

查得前项先年抚处土鲁番、哈密事例。自洪武、永乐以来，至弘治五年，并无发兵征进土鲁番缘由。至弘治六年，始差侍郎张海、都督缑谦前去，只是会同彼处镇巡官讲求安攘方略，亦无用兵。弘治八年，止令彼处镇守太监陆訚、总兵官刘宁、都御史许进，议差副总兵彭清，就调本处汉、番兵不过二千三百员名，征进哈密。止杀其占住回贼数十人，其首恶牙兰亦未曾得。因无粮草，难以久住，昼夜奔回，丧失亦多，未足言功。其后闭关绝贡，事自宁息。正德九年，谋臣不考故实，轻主用兵，既设总制右都御史邓璋，又设总督军务左都御史彭泽；既差户部郎中张键赍带银两兰州籴粮，又设户部侍郎冯清专在陕西督理甘肃军饷。远调延宁人马，专为遏绝土鲁番

---

① 编者按，此处疑有脱漏。

夷、克复哈密及剿逐亦卜剌等贼。不意亦卜剌等贼返过河东，抢杀洮、岷；土鲁番夷虽称献还城、印，忠顺王未得复立。会延宁有事，乃议掣兵回救。其土鲁番夷理势既难加兵，方议加赏抚处。边情重务，前后异议，而又委任不专，事多推诿，以致番夷请求不遂，阴怀怨怼。节次番文，皆以不馈原许段子一千五百为词，启衅纳侮，事实有由。今土鲁番既已率众侵犯肃州，杀死游击将军芮宁，揆之大义，似难再与赏赐，示弱求和。若欲似前调兵，又恐延宁地方虏贼窥伺，乘机深入，顾此失彼。况即今陕西、临巩、甘肃等处地方灾荒，军民十分贫困，倘若债运粮草，督责严峻，必致激变地方。[番]夷外侵，百姓内乱，实难支持。合无请敕见差太监张永、都御史彭泽、总兵官郤永上紧前去甘肃，督同彼处镇巡官，处置粮草，赈恤军士，振扬兵威、抚驭属番，运谋设策，相机战守。如土鲁番贼已回，照依成化、弘治等年事例，闭关绝贡，不许往来。若复来犯边，可战则战，毋轻举失利；不可战则尽力固守，以逸待劳，彼当自遁。

各官起程之日，经过官司，密切挨查土鲁番差来贡使人等。如遇在彼，从长计议，或就所在官司设法拘留，或带去陕西羁管，具奏发落，务在处置得宜，毋或疏漏，致有他虞。各官到于甘肃，询访本处故老，料度彼处夷情。如果土鲁番兵力强盛，蓄有异谋，势将深入，夺占肃州，不能固守，径自从宜取调甘、凉、庄永等处官军，协力战守。如甘肃本镇官军力不能支，方许查照附近甘肃地方，以次征调。若该调宁夏、延绥二镇边军，必须会知延宁镇巡官，查勘本处声息宁息，方许酌量起调，前去应援。若轻易调发，到彼不用，失误本边防御，咎有所归。

各官既奉上命，经略处置远夷事情，务在同心协力，谋虑精审。应施行者，许令便宜从事，不可犹豫不决，展转具奏，失误事机。应具奏者，仍须火速奏闻，朝廷自有别处。

再请敕三道，就付各官赍捧前去，宣谕赤斤、苦峪、哈密三卫夷人都督，令其照旧内附，坚守臣节，毋或被其逼胁，党逆为患，自取灭亡。仍各量加赏赉，固结其心。使三卫结合，互相救援，及随从我军，并力战守，有功厚加赏犒。其余属番一体设法抚驭，毋致叛逆生变。其阿尔秃厮、亦卜剌等残贼，尤须严加防御，毋致乘机与土鲁番应合，大扰地方。各官务候事宁之日，方许具奏回京。其合用赏犒银、段、绢、布并处置粮草等项事宜，行移户部查议，奏请定夺，再照前项差官。处置土鲁番、哈密事情，系干地方重务，诚恐本部前项查议该载未尽，合无通行南北两京府部科道等衙门大小官员，及见差重臣，但有安内攘外长策，本部智虑所不及者，并听直陈所见，径直奏闻，取自上裁。正德十二年二月初四日具题。

奉圣旨："是。这地方贼情紧急，处置尤宜详慎。恁所拟各项事宜，并陆续奏行事理，可载在敕书内的，还备行与内外提督军务官，著上紧前去，依拟斟酌施行。"钦此。

《晋溪本兵敷奏》卷六

为夷情事

王　琼

看得译出土鲁番王速檀满速儿番书内说称"你每原许下的都昧了，说了谎，你。一切反事都是你每引起的。我上马前来了，你承认不是有，好了。若不呵，写出、哈出、苦峪三处人都调将来，会合达子头儿伯彦猛可一处，与朝廷的人马对敌。甘州、肃州已是我的。你要好呵，作急差人出来，我与你好和。若不呵，将你地方城池时间坏了"等情。

查得近年差官处置哈密、土鲁番事情，委的许与赏赐，送出金印，未曾了结。以致番夷怀恨，藉口启衅，大举入寇，杀死将官并军士数多，亏损国威。今欲再与赏赐和好，诚恐益损国体。况夷狄贪婪无厌，万一乘此机会，益肆要求，难尽满其所欲，前代增添岁币之说，可为明鉴。若欲兴师问罪，大张杀伐，又恐地方艰难，钱粮缺乏，激成他变。且据速檀满速儿所言，要"调三处人马并会合达贼头子伯彦等一处对敌，将你地方城池时间坏了"等语，似非虚诈。为今之计，纵不往前征进，亦当急为阻备。合无请敕见差提督甘肃等处军务重臣上紧前去，督同彼处镇巡官，斟酌夷情缓急，度量兵粮多寡，或调兵剿逐，或并力固守，悉听便宜施行。及查先前许与段匹之人，因何轻许失信，致启边衅，就彼拿问明白，解京发落。干碍镇巡等官，参奏施行。仍将拿问许与失信缘由，设法传示晓谕速檀满速儿，使知非朝廷本意，令其回还本土地面。若能悔过，送回哈密王速檀拜牙即复立，奏闻朝廷，自有处待。若仍犯边，调集陕西各路人马征剿，尔贼岂得保全。一应事务并听各官从宜斟酌施行，不必拘泥原议。惟在事体停当，内安外攘，斯称委任。有功升赏不吝，误事责有所归。正德十二年二月初六日具题。

奉圣旨："是。军中一应事宜，悉听内外提督军务官从长计处施行，惟在事体停当，不必拘执原议。"钦此。

《晋溪本兵敷奏》卷六

为夷情事

王 琼

看得土鲁番为因先许纻丝一千五百匹，取出金印，纻丝未曾送去，以此启衅，酿成今日之祸，大坏地方。造谋之人，合当查究。及看前项番文，正德十一年九月初四写来，今年二月初五日方到，中间恐有稽留窥避情弊。合无本部转行见差提督甘肃等处军务重臣，除督调官军防剿外，将前项译出塔只丁马哈麻等番文内事情，到彼查究明白。有罪人犯，应提问者，就便提问解京，奏请发落。应参奏者，参奏施行。务使罪人斯得，以后使臣不敢生事远夷，怀奸误国。正德十二年二月初六日具题。

奉圣旨："是。这迟滞番文的，着张永、彭泽等到彼之日查明问拟了来说。"钦此。

《晋溪本兵敷奏》卷六

为边方夷情事

王 琼

看得礼科抄译出哈密卫都督满剌哈三回回字禀帖一纸，乃是禀甘肃镇巡官的说话。大概说"许下速檀满速儿纻丝一千五百匹不与。又镇巡官说哈密使臣许一年一贡，土鲁番使臣三年一贡，撒马儿罕使臣五年一贡。以此速檀满速儿十分恼怒，要领人马来。因见镇巡官差人赍好文书到哈密，火者塔只丁前去报知，速檀满速儿差人来哈密言说：原许下我的一千五百匹纻丝，若不与我，还去作歹。又说：哈密地方见被达贼扰害抢杀，要差人马前去同他每剿杀"等语。禀帖内原无年月，据前项总兵官史镛奏词内称："去年六月内都督满剌哈三守哈密城,已投顺了土鲁番。"则此禀帖在六月前已送到甘肃镇巡官处,但未审何衙门奏缴,至今年二月方才译出到部。合无本部备行见差征西重臣,到彼查勘前项满剌哈三禀帖,彼时递到甘肃镇巡官处,作何施行。及查禀帖内所言三堂大人差人赍好文书到哈密,是何等文书。又许一年一贡、三年一贡、五年一贡是何大人许说去。各查得实,中间有无启衅误事情由,究问明白。有罪人犯,解京奏请发落。干碍镇巡等官,指实参奏施行。正德十二年二月初八日具题。

奉圣旨:"是。这等情也着张永、彭泽等到彼查处了来说。"钦此。

《晋溪本兵敷奏》卷六

为大势回贼入寇攻困堡寨事

王 琼

看得巡抚甘肃都御史李昆等奏称"在途进贡未经到京夷使所赍方物、马匹已经进贡到京,夷使回还所领赏赐欲要一并差人跟赶,行令所在官司追收封进。缘事干国体,臣等未敢擅拟。及照已经进贡回还在途亦有天方国、撒马儿罕地面夷人原不系吐鲁番一例为恶之人,应否一并拘收。再照未经起送进贡撒马儿罕夷人,并奄克孛剌进贡谢恩夷众,已到甘州住久,先因起送土鲁番、哈密进贡夷使,恐驿递应付不便,令其暂住。今乃值有土鲁番侵犯之变,应否照旧起送赴京,亦非臣等所敢辄拟,乞要查照议拟的当,早赐施行"等因。查得土鲁番进贡夷使已该本部前项议拟题奉钦依各官起程之日,经过官司,密切挨查土鲁番差来贡使人等,如遇在彼,从长计议,或就所在官司拘留,或带去陕西羁管,具奏发落。今奏别无定夺,合无本部再行左都御史彭泽等查照施行。其撒马儿罕并奄克孛剌进贡夷人,既称不系土鲁番一例为恶之人,难以一并拘收,合无行文李昆等再行查访,果无交通土鲁番情弊,照旧起送进贡,如有干碍,亦从差提督军务大臣议处定夺。正德十二年二月二十九日具题。

奉圣旨:"是。撒马儿罕并奄克孛剌差来进贡夷人还着照旧起送。其已经来贡回还在途的,待张永、彭泽等到日再处置。"钦此。

《晋溪本兵敷奏》卷六

为夷情事

王 琼

看得甘肃镇巡等官都御史李昆等奏称"土鲁番酋首速檀满速儿率众犯边,阴谋不遂,差人求和,见我不答,复差亲信头目朵撒恰等恳求和好,恐系虚词故缓我师。朵撒恰系彼紧要亲信之人,必不肯中道弃捐,不日又将纠率贼众前来叩关求和,或乘隙入寇。若彼专计入寇,臣等相机剿杀。若彼专计求和,臣等义难听受。乞要本部详加议处,奏请定夺"一节。查得前项本部会官议处,若土鲁番夷尚在肃州等处犯边,宜当相机剿杀;若以远遁不来犯边,照依成化等年事例,闭关绝贡,不许往来。若果自来,告受抚谕,格心归向,将哈密忠顺王并金印送到肃州,别无挟诈要求后患,听都御史彭泽等从宜抚处,一面具奏定夺等因,已经议同题奉钦依遵行。今甘肃镇巡官因见土鲁番夷已退,一面奏止调兵,一面奏要议定抚剿,二事以为遵守。臣等再议得土鲁番夷虽已退遁,复寇之举尚未可保,试如李昆等所虑者,虽不加兵征讨,中间应议处事宜,非止一端,必须讲求方略,处置停当,庶可保无后患。合无请敕李昆等查照本部节次题准并前项会官计议题准事理,钦遵度量夷情,相机抚剿,务在事体停当,地方无虞,应施行者许令便宜施行,事体重大,星驰奏请定夺。正德十二年四月初一日具题。

奉圣旨:"是。这番贼虽已退遁,难保不再为寇。还写敕与镇巡等官,着查照恁每前后奏行事理,量度夷情,相机抚剿,务在事体停当,以靖地方。事有可便宜处置并奏请定夺的,都着依拟行。"钦此。

《晋溪本兵敷奏》卷六

为斩获犯边回贼首级追逐远遁事

王 琼

看得甘肃镇巡官都御史李昆等奏内开称:"正德十一年十二月内,督调左副总兵郑廉等并哈密等卫掌印都督奄克孛剌等统领番、汉官兵,在于瓜州、沙沟二处地方,斩获土鲁番贼首级共七十九颗",及称:"土鲁番速檀满速儿兴师动众，谋侵边鄙。肃州寄住奸夷往来造逆生谋，故敢卷土而来。虽有游击将降军芮宁一败之变，此贼终不敢辄至肃州城下，累次差人赍书求和，又被瓦剌达贼抢杀攻劫，事在危急，且悔且哭，交相怨仇。即今地方已靖，军民复业，除行各官愈加用心提备，并行宁陕副总兵周诚等各将人马暂且停止，候本镇有紧急重大声息，另行征调。将肃州寄住回夷，解来甘州监候，另行议处。"奏要本部计议，"将前调取延绥游兵暂且停止，待后此贼复来入寇，声势重大，听臣等径自差人征调，随即起程，前来策应。及行巡按御史将有功阵亡征伤番汉官旗人等验审明白，照例升赏"一节。既称地方已靖，军民复业，及将原调宁夏人马止回，合无将见差太监张永、孔学，都御史彭泽，监察御史潘仿并原奏带官军人等，俱不必去，各照旧管事。邰永行令于邻近甘肃方便去处，统领原带官军，暂且住扎。候甘肃有警报到，即便赴援。合用粮草，于户部见拨银两内措买供给。候甘肃地方十分宁靖，彼处镇巡官径自移文邰永知会，将原领官军即便放回，本官具奏回京。及照甘肃地方粮草马匹俱各缺乏，侍郎杨旦并寺丞谢瑞俱已起程前去，合无本部行令谢瑞仍照原拟前去甘肃处置马匹，勾用方许回京。及咨户部径自议奏转行侍郎杨旦处置甘肃粮草，以备调兵支用。其太监张永原奏准带去彩段二千匹、织金花样段二百匹、绢三千匹、布五千匹，今虽不去，但哈密、赤斤等卫效顺夷人并有功官军等项，亦合赏犒，以励人心。合无量减原数，准带彩段一千匹、织金花样段一百匹、绢、布各二千匹，差官运送甘肃，交与镇巡官收库赏犒等项支用，毕日具奏查考。

再照甘肃地方去年十一月内土鲁番贼杀死游击将军芮宁，损折官军数多，前后夷情已经本部节次题准行巡按御史查勘，今奏瓜州等处袭捣贼营、斩获首级并节次递到番文内夷情，亦合查勘处置。但地方极远，夷情难测，彼处官司弥缝附会，情弊难保必无，若不差官前去查勘明白，信赏必罚，无以警戒将来。合无请敕差有风力给事中一员，会同彼处巡按御史，将去年十一月内肃州失事并各项夷情及见监候夷人，但系本部节次题准查勘事件，吊查卷案，逐一勘问，务见明白。及查验见今斩获首级是否对阵斩获真正土鲁番长壮贼级，并今奏内见扣留夷人及译出番文内夷情，逐一查审有无虚实。不分番汉有罪人犯应提问者就彼提问，照依律例议拟发落，应参奏者参奏施行，有功官军照例造册奏缴，以凭升赏。事毕之日，回京复命。正德十二年四月初二日具题。

奉圣旨："是。这回贼既已退遁，地方稍宁。张永、彭泽、孔学并纪功等官且不必去，邰永还着统领原带官军前去甘肃邻近地方暂且住扎，以便赴援，事宁具奏回京。哈密、赤斤等卫效顺夷人并有功汉土官军人等，准于张永原奏带纻丝布绢数内各带一半去，以备赏犒之用。其余各依拟行。"钦此。

《晋溪本兵敷奏》卷六

［四月，丙辰］，甘肃副总兵郑廉及哈密都督奄克孛剌等败土鲁番于瓜州，斩获七十九级，乃遁去。又与瓦剌相攻，遗书求和。巡抚都御史李昆以闻，且请罢兵。于是，都御史彭泽、太监张永皆止不遣，总兵邰永已先发，令暂驻甘州近地，俟事宁乃还。

《明武宗实录》卷一百四十八

为夷情事

王 琼

参详得速檀满速儿番文五纸内情词，大意归咎写亦虎仙、火只怯白，及恐杀害亲信头目朵撒恰，所以反覆论说只欲求和保全朵撒恰，又欲约会把巴乂等达子人马二万来讨朵撒恰，虽有挟诈要求之意，终有悔罪纳欸之情。但差写亦虎仙许赏及拘留朵撒恰俱系彼处总督、镇巡等官前后议处事情，已该本部前项拟差给事中会同巡按御史查勘及勅李昆等查照本部前后奏行事理度量处置，今译夷情别无定夺，合无将译出番文备行见差给事中、巡按御史并镇巡等官查照，各照原拟并钦奉勅内事理钦遵查勘议处施行。正德十二年四月二十四日具题。

奉圣旨："是，恁部里前后奏行事理并所译番文，便备行与差去给事中，着上紧前去会同镇巡、巡按等官查勘议处，务要停当，以靖地方。"钦此。

《晋溪本兵敷奏》卷六

为走回夷人供报贼情事

王 琼

议得甘肃事情，先因谋臣失策轻举用兵，挑启衅端，见事难成，变为和议。又轻许增币，中道弃捐。及至大举来犯肃州，杀损官军，镇巡官员仓惶失措，一面急调河东延宁人马，一面奏报贼情十分紧急。朝廷虑恐肃州失守，旨从中出，遣差内外重臣，动支内帑银五十余万两，又举见任宁夏总兵官郤永前往甘肃征进。既而土鲁番贼引退，本部料度此贼虽已退遁，其情顺逆尚未可保，以此节次议奏，暂留郤永于邻近地方住扎，无事不为多费，有事得以应急，不为无见。向使郤永亦就回京，万一如今脱脱忽所报土鲁番夷率众复来，然后又差郤永前去，必不能及，所据郤永去留，关系地方诚非细故。合无本部差人马上赍文交与总兵官郤永，务要遵照本部前项原题奉钦依内事理，于邻近甘肃方便去处，统领原带官军，暂且住扎，候甘肃有警即便赴援，合用军饷马匹，就于见差督饷侍郎杨旦并寺丞谢端处取用，各不许耽误。候甘肃地方十分宁靖，彼处镇巡官径自移文郤永知会，将原领官军即便放回，郤永具奏回京。其甘肃镇巡官处置土鲁番夷事宜，已该本部会官议拟明白题奉钦依节次通行遵守，别难议拟。合行李昆等逐一查照，遵依施行，倘有差失，咎必有归。正德十二年五月十七日具题。

奉圣旨："这地方贼情已宁，郤永著照依前旨回京，还写敕与他。"钦此。

《晋溪本兵敷奏》卷六

为赈抚番达保固藩篱等事

看得巡抚甘肃都御史李昆等奏称"甘、肃二处并无预备夷人赈贷口粮之数，肃州旧关口粮夷人三百余数，所乞口粮牛种夷人计以千余，若不从宜抚赈，有失众心。乞敕该部计议，粮米应从何项粮内暂且支给，段布应于何项银内暂且支买，候哈密稍宁，麾之使去。又要审访各种夷人，择其骁勇难过渠魁数百人，各带家小，取调甘州及山永凉庄之间羁住，令其随军关支口粮，以分其势，事宁照旧发遣"等因。又看得巡按甘肃御史赵春奏称"肃州见在仓粮料止有八千余石，月支已不勾用，若将夷人羁留养赡，恐愈不敷。及虑地方兵寡力弱，夷势众多，必须早为计处，庶免后患。乞敕该部计议，怜彼犬羊不与计较，收留安插，暂给口粮。候回贼稍宁，仍发该族住守，或分散河西十五卫所，量拨地方安插，造册支粮，遇警调用"等因。

议得自古圣王之治天下，详内略外，谨中国之防，严华夷之辩。自晋内徙五胡，遂乱华夏，我朝鉴前代之弊，建卫授官，各因其地，姑示羁縻，不与俸粮，贻谋宏远，万世所当遵守者也。近年巡抚甘肃都御史赵鉴奏要动支布政司官银二万两赈济番夷，臣琼时任户部，议奏："恐启无厌之求，为将来之累。"竟寝不行。今都御史李昆等因见地方事势危急，不及远虑，暂准支粮以系番夷之心。及边粮尽无处，事势难行，方才会奏于何项粮银内支给，查得甘肃一镇官军岁用粮饷，往往不敷，岂有别项粮银可以常久支给。但各官既以准给召集归附，若不从宜善处，遽加阻绝，必生激变，为害地方。合无本部行文，就令差来人马上赍回，交与李昆，即便会同镇巡等官，从长计议，将见在归附夷人，选委的当官员明白晓谕，大意谓：尔罕东等卫属番自来俱是自种自吃，不纳粮当差，原无支给官粮事例。近因土鲁番侵犯杀害，尔等离失故土，镇巡官悯念尔等遭难，从权赈济，不为常例。今土鲁番贼声言复来沙州，姑容尔等附近安插。尔等宜各自为生理，不可专倚官粮过活。见蒙朝廷差侍郎杨旦赍带银两、段匹、绢布前来，专为预备军饷，亦为赏劳尔罕东等卫效顺属番之用。今遵原奉钦依酌量颁赏，尔等俱要感激朝廷厚恩，管束部落，选定骁勇好汉，听候土鲁番来，跟随杀贼，有功重加赏劳。待土鲁番远遁，尔等各回旧土安住，以后口粮俱难按月支给。务要示以大义，恩威并用，处置得宜，不可轻许安插河西甘州山永凉庄等卫，致启祸端。其合用赏劳属番银两、段匹、绢布，仍与侍郎杨旦公同计议动支，既不可太滥，虚费官钱，亦不可刻吝，致生嗟怨。事毕造册奏缴查考。本官前拟事理或有未尽，听各官便宜议处，不必拘执本部原议，惟在事体停当，地方安妥。如或鲁莽误事，咎必有归。

奏内又称："火者马黑麻等一十一名，原系撒马儿罕、天方国进贡人数，其间土鲁番、哈密冒名之人数多，亦当迁发腹里附近去处。"查得先该都御史李昆等奏称："天方国、撒马儿罕夷人原不系土鲁番一例为恶之人，应否拘收，及与奄克孛剌夷众，应否照旧起送，乞要议拟。"该本部议得，既称不系土鲁番一例为恶之人，难以一并拘收，合行李昆等再行查访，果无交通情弊，照旧起送。如有干碍，从见差提督大臣议处定夺。题有前项钦依外，今未及议处，一概迁发，诚恐无干人众不无怨怼。及看得数内一名哈丹，先该甘肃镇巡官奏称系是把巴乂部下达男，被牙木兰抢了，带来货卖。及批仰陕西行都司伴送赴部查处，并不曾声说别项干碍事情。以此本部议发两广安插，奉有钦依，收充勇士。今奏要随主迁发，亦难施行。奏内明开会审得数内怯林乩儿的供称："前因计开项下亦开，年深狡猾，挑惹衅端，及知而不首，应该幽死于狱夷人二名：怯林乩儿的、火者哈只。"及看供内却称："牙木兰同阿剌思罕儿侄亦思马因又差了今故哈密回回怯林乩的儿前来打听声息。"缘奏内怯林乩儿的并无重名之人，不知即今见在或已病故，亦属含糊。况各项夷人中间多有名姓相同，纵无籍贯可查，亦有年岁可辨，今俱不见开写明白。日后发遣，不无错乱。系干处置夷情，事体重大，万一情犯不真，处置失宜，伤坏国体，贻患地方，谁任其咎。况原行给事中、御史勘问，未曾回奏，今若即依李昆等所奏处置发落，以后给事中、御史奏到情有不一，愈致纷扰。

及看得各官奏内开称"土鲁番速檀满速儿留下五、六百人，在沙、瓜州住着，要到七、八月，多收拾人马，复来汉人地方做歹"一节。先因本部料度土鲁番夷虽是暂退，恐有举众复来之情，以此节次议奏，令总兵官郤永统领宁夏劲兵，于附近甘肃地方驻扎，以待其变，未蒙俞允。已将郤永取回，军回本镇。万一速檀满速儿果如奏词，秋后复来侵犯肃州，势必愈强。宁夏官军路远，一时难调，不无误事。合无行文李昆，作急与史镛、许宣、陈九畴等计议，整搠军马，十分严谨提备。见在兵寡力弱，听于归附属番内挑选精锐好汉，编成队伍，临用之时，给与赏赐月粮盔甲器械，听本处领兵官约束，防御土鲁番贼，并力剿杀，有功厚加赏犒，事宁各回本族。中间事宜，亦听各官便益施行。正德十二年七月二十三日具题。

奉圣旨："是。这晓谕属番量行赏赐并严谨提备并力剿杀等项事宜，着李昆等各依拟随宜处置施行。"钦此。

《晋溪本兵敷奏》卷六

为查处久住谋逆奸诡回夷以靖地方事

王 琼

议得先该本部恐彼处官司弥缝附会，奏差给事中一员，会同彼处巡按御史，将失事并各项夷情，逐一勘问明白，提问参奏。续又该都御史李昆等奏问过奸夷阿剌思罕儿、怯林乩儿的缘由，本部会官议行见差给事中会同巡按御史勘问，从重议拟，俱题奉钦依通行外，今李昆等会审得怯林乩的等供说情词奏来。

　　看得供内开称："写亦虎仙要得攀援速檀满速儿做亲仗势，欲图哈密为王，求娶本王姨母为妻。许允，写亦虎仙嫌老不要，又要娶王妹为妻。速檀满速儿嗔怪要杀，央火者他只丁解劝，许下王子段一千匹，又许与火者他只丁五百匹相谢。"则前项段匹系是写亦虎仙买免杀戮之物。及查前后递到番文，写亦虎仙禀称："领去的赏赐尽使用了，千难万难，将金印与了，城池不与。满速儿王要段子一千匹，火者塔只丁五百匹。在每这里辏下段一百匹，牛、马各一百匹只，还不喜欢。"及塔只丁、马黑麻等番文亦称："写亦虎仙等使臣每常赍敕书来，多许我每来。因此将金印、哈密城送还。他许我每一千五百匹纻丝，并不曾到来。土鲁番王十分恼怒。"及节次速檀满速儿递到番文，情词相同。则段匹专为求取哈密城印之用。前后情节自相矛盾。

　　供内既称写亦虎仙明知速檀满速儿要行犯边，不合不行阻劝，又不差人传报预备。则写亦虎仙似无造谋之迹。而参词却称："引惹边衅，致失军机，勾连谋逆，应该显戮于市。"情罪俱有不合。

　　又看得奏内开称："己未贡回夷人，不下千数，中间假姓冒名者居多。要将在京者就彼查究，在途者奏差官一体查明。不拘名姓同否，但系哈密、土鲁番等处回夷，照依前拟，分别等第议处发遣。"既无各夷姓名，亦无的数，又不开所犯轻重。若果差官查报之日，不知应该照何议拟，凭何等第为是。似此处置，亦欠详细。……

　　合无本部移咨都察院，行催彼处巡按御史，会同差去给事中，查照本部节次题奉钦依内事理，将前后递到番文，及见监夷人，上紧逐一译问明白，取具归一招词，分别情罪轻重，议拟停当。将情轻人犯暂发所在官司拘管，情重差委的当官员沿途量拨官兵押解赴京，送法司会官通行覆审明白，参详奏请发落。及照员外郎孙继芳查过沿途羁候夷人火者马黑木等一百二十七名，合无行移各该巡抚都御史，照旧支待牢固关防。候勘事给事中回还经过之日，转行该管地方差官伴送赴京，一并会审施行。正德十二年九月初四日具题。

　　奉圣旨："是。这前后递到番文并彼处见禁夷人还着差去给事中并巡按御吏查照，恁部里节次奏行事理逐一译问明白，议处停当，上紧奏来定夺。其沿途羁候的各依拟行。"钦此。

《晋溪本兵敷奏》卷六

为夷人供报虏情事

王　琼

看得巡抚甘肃都御史李昆等奏称："审据夷人孛力忽供称：'速坛满速儿弟把巴乂嗔伊兄做歹，把金路断了，与伊不和。'但虑在彼夷性变诈不常，在我防范尤当谨备。"又称"瓦剌虏酋把腮等乞要差人前去，彼亦差人来见，照旧往来通好。缘今官库全无附余钱粮，恐此虏求讨无厌，难以善后。以此议同，不必差人前去，待彼自来报事，或求讨赏赐，临期斟酌，量支犒赏"一节。照得土鲁番回夷素称谲诈，叛服不常，自去冬沙州挫败之后，一向不见消息。今虽据孛力忽供报前因，但恐本夷因怀必报之怨，捏造求和之词，缓我边备，诚未可知。合无本部行文甘肃镇巡官，督同兵备分守等官，务要加谨堤备。如遇土鲁番回贼再来侵犯，照依本部节次题奉钦依内事理，随宜征调，相机战守，毋容怠缓，致堕奸谋。其瓦剌等虏酋亦要善加抚谕，使各夷怀恩内附，为我向导，中间如有似去年袭捣贼巢并力捍御等项劳勋，临时明白具奏，厚加赏赉，以酬其劳。

正德十二年九月二十四日具题。

奉圣旨："是。这堤备并抚谕等项事宜，都着依拟行。"钦此。

《晋溪本兵敷奏》卷六

为查访夷人事

王　琼

看得巡抚甘肃都御史李昆等奏称："河南、陕西拘留夷人，俱系土鲁番未曾侵犯之前起送赴京进贡人数，揆之目前踪迹，若不与谋，究其积年奸诡，实有可据。况火者马黑木奸狡素著，尤难轻纵。似应仍照前拟，将火者马黑木显戮于市，其余奸夷就彼迁发烟瘴地面安置，以绝祸根。其所赍方物、马匹，行令所在抚巡等官，查照行都司原给印信执照数目，验记进缴，庶于事有归结，于理亦非过当。若是预计速坛满速儿先既累次求和，设使目下复来悔罪求贡，及将速坛拜牙即送出，又行乞讨前项羁留进贡之人，临时不无反覆难处，亦合暂且就彼拘系。如今年秋冬之间，本酋不来悔罪，仍肆侵扰，即行发遣，亦未为晚。"及称"拘收夷人名数多少不同，中间恐有逃故冒顶情弊，合行所在官司行拘原押官通查究，必有下落，乞要再行议处，上请定夺，命下之日，备行知会"一节。

照得前项夷人应该处置事情，先该都御史李昆等具奏，本部因见供内情词不一，议行彼处巡按御史会同差去给事中将前后递到番文，及见监夷人，逐一译问明白，取具归一招词，分别情罪轻重，议拟停当。将情重人犯押解赴京，送法司会官覆审，参详奏请发落。沿途羁候夷人候勘事给事中回还经过之日，转行该管地方，差官伴送赴京，一并会审，题奉前项钦依通行。外，今都御史李昆具奏前因，查得陕西行都司原起送土鲁番、哈密夷人花名文册，共该一百二十二名。署员外郎孙继芳所呈与河南、陕西各巡抚都御史咨开，拘留过土鲁番、哈密夷人共一百二十七名。今甘肃镇巡官奏内却开一百二十四名。前后总数俱不相同。及看今奏内夷人花名与原起送文册，名字对同九十六名，不同二十八名。又与河南、陕西都御史咨内查对，名字相同四十七名，不同七十七名，彼此花名又互相异。切详河南、陕西都御史拘留过夷人姓名，或恐通事人等译审之时语言不真，字样近似，与甘肃奏到名字致有差拗，理或有之。而甘肃镇巡官今次奏内既称照案查得原押各起夷人名数开报前来，缘何又与先日起送花名文册不同。似此起报衙门既已自相矛盾，纵使本部奏差官通前去，沿途译审，不过只凭来人供报，岂得明白。本部欲候原差给事中、御史勘问议处至日，方行查明发遣，诚恐展转耽延，迟误发落。缘系夷情，万一真伪混淆，处置失当，上坏国体，外启边衅，谁任其咎。

及查正德十一年四月内各夷前来进贡之时，俱系都指挥支永公同抚夷千百户许钊、张英把关，千户刘伟验放入关。若欲事情明白，必须前项人员一路挨查前来，方得归一。合无本部就令原来奏事人马上赍文，交与巡抚都御史李昆，差委原验夷人都指挥支永，量带官通人等前来，沿路挨查，要见前项夷人某处拘留若干的系何名，缘何与原起送文册名数不同，中间若有逃故冒顶情弊，俱见明白，与该地方差官一同伴送赴京，暂于会同馆看守支待。候勘事给事中、御史查议，至日通送法司覆审明白，参详奏请发落。本部仍咨都察院转行彼处巡按御史，会同差去给事中查照本部节次题奉钦依内事理，上紧逐一译问明白，取具归一招词，分别情罪轻重，议拟停当。将情重人犯解京送法司会官一并覆审，具奏施行。正德十二年十月二十八日具题。

奉圣旨："是，都依拟行。"钦此。

《晋溪本兵敷奏》卷六

为哨探贼情事

王 琼

看得巡抚甘肃都御史李昆等奏称"选差通事马骥等探至哈密东北，遇见瓦剌达子他巴等说称：'我每去土鲁番抢了两遭，今年截路，把回子杀了三百多。我每没有外心，只是要把赏赐讨些来。'又至哈密城东，擒获火即、哈剌巴失，俱哈密人，说：'速坛满速儿差来伏哨。'又说'要差都督满剌哈三、卜儿罕虎力来通和好，不敢来，差头目取速坛拜牙即去了，望信不见回来'等情。各官议得瓦剌达子求讨赏赐，候京运段绢到日，量加犒赏。其速坛满速儿悔罪求和之意，先后如出一口。据事审势，或有可待。但夷情谲诈，尤当谨备，除整兵堤备并将火即等二名监候外，具本题知"等因。查得处置土鲁番、哈密夷情，先该本部会官议得、若土鲁番夷犯边，宜当相机剿杀；若已远遁，照依成化等年事例，闭关绝贡，不许往来，若彼自告愿受抚谕，则令将忠顺王并金印送到，然后从宜抚处，一面具奏定夺。及将应行议处事宜，请敕都御史李昆等查照节次题准事理，钦遵施行。又将瓦剌等项夷人并属番获功人员，就于运去银段绢布支给赏犒。前项议拟俱经题奉钦依遵行外，参详今奏别无定夺。合无本部就令原来奏事人马上赍文交与李昆等查照前项本部节次题准事理，钦遵施行。若土鲁番敢来犯边，则相机剿杀；若已远遁，则闭关绝贡，不许往来；若或自告愿听抚谕，则从宜抚处，具奏定夺，毋得任情卤莽处置失宜，致有乖违，咎必有归。正德十二年闰十二月初五日具题。

奉圣旨："是。恁部里节次议奏抚处夷人事宜，还马上赍文与都御史李昆等查照施行。"钦此。

《晋溪本兵敷奏》卷六

正德十二年正月，[陈九畴]等挈兵入城，议将番兵夺获头畜，仍给番兵充赏。时添哥［乩儿的］等亦至北山瓦剌房营，将银牌、段布赐赏，其头目也力满可并把腮等大喜，聚众往番，攻夺其三城。番酋回至王子庄，得报，痛哭而归，且怨恨牙木兰失事也。添哥［乩儿的］还报，亦获回贼及达子首级。

许宣、史镛、李昆奏捷，上命给事中黄臣会同巡按赵春行委陕西参议施训、副使高显、佥事董琦勘问，将［写亦］虎仙问拟谋叛具奏。［写亦］虎仙诉，行肃州兵备再审。奄克［字剌］恐其脱放，乃告［写亦］虎仙及其丈人［火辛］哈即构引土鲁番坏事，今不曾正法，恐贻后患。时番酋行赂中朝嬖人钱宁，谋反其狱，且欲诬杀九畴，以泄其忿，乃令失拜烟答之子米儿马黑麻直入东长安门，捏奏伊父出城杀贼，头上中箭走回，被陈九畴责打身死。诏提解［写亦］虎仙到京会审。

《殊域周咨录》卷十三《土鲁番》

正德十三年（戊寅 1518）

为抚谕远夷悔过献还哈密城印遣使进贡事

王 琼

查得正德十年正月内总督甘肃军务左都御史彭泽差人赍致赏物，前往土鲁番国讲和，并给钧帖，令其差人进贡谢恩。正德十一年四月内，该肃州参将陈铠等将土鲁番速坛满速儿差来贡使火者马黑木等送到甘州。本年七月初八等日，陕西行都司给批伴送起程。本年十一月十六日，土鲁番犯肃州，杀死芮宁等官员一千余员名，攻陷城堡，杀虏人畜以数万计。近该给事中黄臣等奏称："土鲁番首恶头目火者他只丁今赴京进贡弟火者马黑木、阿剌思罕儿的火者阿黑蛮虽哈密之族类，为土番之心腹，走透消息，坏我边事。火者马黑木又为写亦虎仙之婿，亦系逆党，仍当拏送法司明治其罪。其余起送进贡沿途羁住夷人失黑把息儿等。俱该送法司研审。中间如有与速坛满速儿交通谋逆人犯，俱治以罪，其余别无违犯重情，俱合迁发腹里去处，暂为安插，候哈密事宁，另为处置。"

切详火者马黑木等系都御史彭泽抚取效顺进贡人数，土鲁番未犯边之前已起程赴京，其后犯边似不知情。但勘官参奏情重要行拿问，恐彼一时知觉，畏惧生变。况火者马黑木等进贡虽在未犯边之前，其后肃州地方官军被土鲁番残害至极，火者马黑木等虽不知情，亦当别有所处。今既译审名数相同，合无将见到馆夷人火者马黑木等八十四名先送刑部收候，同起进贡夷人到馆陆续押送刑部监候，同起干问人犯通到，查照具奏会问议处。礼部先将各夷进贡方物，照例收进。各夷原有衣服铺陈，听其随带。若有行李货物，本部委官一员会同提督本馆主事并大通事舍诚等眼同各夷，点验见数，如法封收，听候定夺。各夷每日饭食，若不处置，恐致饥死。合无暂准会同馆委官一员，照常关支应得下程，送该部提牢官处分食用。候夷人到齐之日，应否革去下程，改给囚粮，该部径自议奏定夺。正德十三年二月十六日具题。

奉圣旨："这来贡夷人免送问。方物照例收进，下程还照常关支。"钦此。

《晋溪本兵敷奏》卷六

［三月］，壬子，勒致仕太子太保左都御史彭泽为民，逮甘肃巡抚都御史李昆、兵备副使陈九畴至京治之。初，兵部尚书王琼既奏遣科道官详勘哈密事，欲中泽以危法，及勘至，于泽一无所劾。琼又遣其属储秬、路直嘱会同馆主事张灿嗾夷人之拘馆中者，令暴泽短。不可。琼计阻，乃自直言："泽擅遣使，妄增金币，以敕谕及钦赏自遗书议和，失信起衅，辱国丧师，并昆、九畴，俱宜逮治。"诏以事体重大，下廷臣集议之。及议，众多不平，然畏琼不敢言。礼部尚书毛澄折辩之，琼厉声曰："使械至关前，鞫以重刑，当自吐实。"澄曰："是何言也。古者刑不上大夫。"户部尚书石玠曰："彭某好人。"都给事中王炉、石天柱皆曰："事不可枉。"琼迫众论，因曰："我岂害彭某者。"乃援笔易奏稿数字，谓："泽归逾年乃失事，似亦可原。"奏入，得旨："泽受朝廷重命，不能宣扬德意，失信夷人，又未毕事而还，贻害地方，当重治。姑夺职为民。昆、九畴俱逮问。"于是六科十三道汪玄锡、师存志等各上疏言："泽累年征伐之功，多有可录。前此致仕，人言汹汹，谓如泽者未可遽听其去。今又一旦追夺其官，比之编氓，恐天下四夷闻之，因朝廷用舍，有所窥伺。况夷情曲折，内外之论，亦持两端。泽固不能无过，然未可以一事之失，而遽至少恩也。伏望皇上照察，还泽原职致仕，以全君臣终始之义。"不纳。

《明武宗实录》卷一百六十

[石天柱]屡迁工科都给事中。……兵部尚书王琼欲因哈密事杀都御史彭泽，廷臣集议。琼盛气以待，众不敢发言。天柱与同官王炉力明泽无罪，乃得罢为民。琼怒，取中旨，出两人于外，天柱得临安推官。

《明史》卷一百八十八《石天柱传》

　　迁礼部主事，监督会同馆。尚书王琼与都御史彭泽有隙，以泽遣使土鲁番，许金币赎哈密城印为泽罪，嗾番人在馆者暴泽过恶，诱濲为署牒，且曰："泽所为，南宋覆辙也。事成，当显擢。"濲力拒曰："王公误矣。泽与土鲁番檄具在，岂宋和戎比。昔范仲淹亦尝致书元昊，宁独泽也。"不肯署。

《明史》卷一百九十二《张濲传》

　　会土鲁番据哈密，执忠顺王速檀拜牙郎①，以其印去，投谩书甘肃，要索金币。总制邓璋、甘肃巡抚赵鉴以闻，请遣大臣经略。大学士杨廷和等共荐[彭]泽，泽久在兵间，厌之，以乡土为辞，且引疾，推璋及咸宁侯[仇]钺可任。帝优诏慰勉乃行。泽材武知兵，然性疏阔负气，经略哈密事颇不当，钱宁、王琼等交龉龁之，遂因此得罪。

　　泽至甘州，土鲁番方寇赤斤、苦峪诸卫，遣使索金币，请还哈密。泽以番人可利啖也，与鉴谋，遣哈密都督写亦虎仙以币二千、银酒铓一赂之，令还哈密城印，未得报，辄奏事平，乞骸骨。召还理院事。巡按御史冯时雍言："城未归，泽不宜遽召。"不纳。

　　初，兵部缺尚书，廷臣共推泽，而王琼得之，且阴阻泽。言官多劾琼者，由是有隙。泽又使酒，常凌琼，琼愈欲倾之。……

　　写亦虎仙者，素桀黠，虽居肃州，阴通土鲁番酋速檀满速儿，为之耳目，据城夺印皆其谋。泽初不知而遣之，满速儿以城印来归，留速檀拜牙郎如故。虎仙复啖使入寇，曰："肃州可得也。"满速儿悦，使其婿马黑木随入贡，以觇虚实，且征贿。泽已还，鉴亦迁去，李昆代巡抚，虑他变，质其使于甘州，而驱虎仙出关。虎仙惧，弗去。满速儿闻之，怒，复取哈密。分兵据沙州，自率万骑寇嘉峪关。游击芮宁与参将蒋存礼御之，宁以七百人先遇寇沙子坝，寇围宁而分兵缀存礼军。宁军尽没，遂堕城堡，纵杀掠。诏泽提督三边军务往御。会副使陈九畴系其使失拜烟答及虎仙等，内应绝，乃复求

---

① 编者按，拜牙郎，郎疑应作"即"。

和。泽兵遂罢。寻乞骸骨归，驰驿给夫廪如制。

泽既去，琼追论嘉峪之败，请穷诘增币者主名，钱宁从中下其事，大学士梁储等持之，乃已。会失拜烟答子讼父冤，下法司议，释写亦虎仙等。琼因请遣给事御史勘失事状，还报，无所引。琼遂劾泽妄增金币，遗书议和，失信启衅，辱国丧师，昆、九畴俱宜罪。诏斥泽为民，昆、九畴逮讯，昆谪官，九畴除名。

《明史》卷一百九十八《彭泽传》

迁肃州兵备副使。总督彭泽之赂土鲁番也，遣哈密都督写亦虎仙往。九畴奋曰："彭公受天子命制边疆，不能身当利害，何但模棱为！"乃练卒伍，缮营垒，常若临大敌。写亦虎仙果通贼，番酋速檀满速儿犯嘉峪关，游击芮宁败死。寻复遣斩巴思等以驼马乞和，而阴遗书虎仙及其姻党阿剌思罕儿、失拜烟答等俾内应。九畴知贼计，执阿剌思罕儿及斩巴思付狱，通事毛鉴等守之。鉴等故与通，欲纵去，众番皆伺隙为变。九畴觉之，僇鉴等，贼失内应，遂拔帐走。兵部尚书王琼恶泽，并坐九畴失事罪，逮系法司狱，以失拜烟答系死为罪，除其名。

《明史》卷二百四《陈九畴传》

为斩获犯边回贼首级追逐远遁事

王　琼

看得吏科给事中黄臣、巡按监察御史赵春会同查勘肃州启衅失机事情参称"镇守甘肃地方太监许宣、总兵官署都督佥事史镛、巡抚右副都御史李昆差人奏事延迟一年之上，不行查究，责亦难辞。肃州失事本内，已经参拟"一节。查得先该本部议得土鲁番为因彭泽等差去官通许送纻丝一千五百匹，取回哈密忠顺王金印，纻丝未曾送去，以此启衅，酿成今日之祸。原拟行各官查究明白，应参奏者参奏，务使罪人斯得，以后使臣不敢生事远夷，怀奸误国。今各官止参"李昆等差人奏事延迟一年之上，不行查究，责亦难辞，肃州失事本内已经参拟"。及查各官奏到肃州失事本见奉圣旨"法司知道"本内，亦无查参许赏启衅情由。切缘启衅失事，系紧关应问情由，若不查明究治，无以示戒将来。今臣等查出前项始末紧关略节情由，俱系都御史彭泽并彼处镇巡官原奏内摘出,中间并无添改字样,本部见有原行案卷存照,各官原本俱在内府兵科收贮,可照。

查得事内,正德九年五月内,巡抚都御史赵鉴等奏称:"若因逆虏夸张大言,允其所求、有亏国体。"本部会官计议,亦称:"土鲁番求讨赏赐,事出无名,不可轻与。"会推左都御史彭泽,请敕"总督军务,量调延绥、宁夏、固原等处官军,统领前去甘肃等处住劄,相机行事,务将土鲁番夷遏绝,不使内侵,及将亦卜剌、阿尔秃厮残贼逐剿,令其远遁。事宁之日,具奏回京"。及请敕一道,就令甘州差来人员,赍至镇巡官处,付本番差来使臣赍去,速坛满速儿收开,责其"改过自新,去逆效顺,将速坛拜牙即送回本城住守"。并无许令彭泽差人讲和、送与赏赐、赎取城印,亦无令彭泽差人赍送敕书。……

正德十年正月内,彭泽明知钦奉敕旨及会官议定,不许轻与土鲁番赏赐,及与土鲁番敕书系正德九年五月内写给该交付本番差来使臣赍回,不合故违,要得侥幸贪功,倚逞总督威权,镇巡官该受节制,不思出使外国,系是重事,外夷不可差遣,专擅主张,自出钧帖,与同钦降敕谕,差甘州火信等五名,肃州马骥等五名,同哈密头目火者马黑木等一十六名,于正德十年正月内方才赍付起程,前往土鲁番,抚谕讲和,赎取城印。钧帖内诈说:"你番文内要赏赐段子,谁敢擅自许你!"却又开说:"差的通事,量带犒赏措备罗段冒褐三百匹。"差火信等赍去。又不合口许"便是速坛拜牙即没有,把金印、城池与了便是什么,与你小段子儿什么稀罕"等语。后满剌哈三写回番文禀帖存照。

正德十年二月十七日到哈密,交与土鲁番守城头目火者他只丁,嫌少,各人许说:"还有赏赐,寄在赤斤。若把金印、城池献还了时,把赏赐取来交给。"火者他只丁方将金印退出,交与同差都督满剌哈三、写亦虎仙暂且收执,火者他只丁同各人将前赏赐并敕书送去土鲁番交割。又令马骥等先回,多讨赏赐,同赤斤寄放赏赐,上紧来土鲁番交割,限四十日到。彭泽要得回京,不思差官送赏讲和,系出己意,事未了结,又不合不候差去官通火信等回还,隐情具奏:"河西事定",乞要放归休致。正德十年三月内奏到,本部覆奏,奉圣旨:"彭泽待处置哈密事情停当,行取回京。"有先巡按陕西今已考察黜退御史燕澄,原籍真定府人,彭泽先任真定府知府之时,不知有何交通情弊，明知甘肃事未宁息，无故具奏，乞取彭泽回京，委以重大之寄。正德十年闰四月内本到。本部覆奏，将彭泽取回。彭泽又不合要得遮掩前非，妄奏土鲁番王悔过，已献还城印，亦卜剌等贼已远遁，要将镇巡等官各加恩典，阴邀己功。本官将回，惧怕镇巡等官不与添赏，又不合擅自主张，咨行巡抚都御史赵鉴，将原收见在段布等物，量为增给，交与通事马骥等赍去土鲁番分给。马骥等前后二次送去土鲁番给赏罗段绢纱绫褐洗白夏布并梭布衣服等件共二千匹件，银壶一把，银盆一个，银台盏一付，俱是彭泽主张送去。见有都御史李昆等奏词及土鲁番速坛满速儿收过数目番文存照。彭泽又不合将在前别起钦赏土鲁番真帖木儿获功各样织金段、绢、表里共三十四匹，又于布四十匹，银六十四两，混同私与物件，交与马骥等赍去，致无轻重分别。

本年三月初八日，赛打黑麻、马驯、马昇并写亦虎仙等赍先与赏赐起程往土鲁番，交与速檀满速儿，喜欢接受。及说后差马骥等取赏便来，许将城印退还。被火者他只丁拨置，等候取赏到来。至本年六月初旬，马骥等取讨赏赐到哈密，速坛满速儿闻知，将赛打黑麻等犒宴，差使臣同各国贡使马驼方物，赴京谢恩。复令火者他只丁送回哈密，将马骥等取到赏赐，就令火者马黑木等随同牙木兰所领人马送去速坛满速儿处交收，又被火者他只丁勒要折准段子一百五十匹，余皆听许，本夷方允，于本年十一月初六日方回土鲁番去讫，止取金印回缴。又随到番文一纸，"速坛满速儿说，你说我王子金印城池馈了，我每奏朝廷和番好赏赐讨着馈你。没有时，他把金印、城池也不馈，事也不好。"又番文一纸，都督满剌哈三递与总督老爹面前，内称"他每又许了得东西馈时平安无事，若不馈照旧坏了"等语。彼因彭泽已回，无人主张打发，延至正德十一年五月内，李昆等方奏要请敕一道与速坛满速儿、火者他只丁，一道与把巴义取忠顺王拜牙即，再量给赏赐。本部因查彭泽差人送赏讲和事已施行，会官计议，俯从李昆等所奏，请敕去讫。

本年六月内，速坛满速儿因见日久许赏未送，领五百人马，复将哈密城夺了。火者他只丁、牙木兰差夷使斩巴思等递送番文到肃州，内说"赛打黑麻、马驯来了，讨金印、哈密，讨了又许了一千五百段子去了，定了三个月日子，不见来一年了。我每依了你每，你每不依我每，差了去的人也不放将来。王子恼了，差了斩巴思去了，定了二十日，快些儿打发出来"等语。彼有兵备副使陈九畴自合将前斩巴思送到番文情由，作急备呈李昆等，会同镇巡官从长议处。不合自执己见，开写手本，大言论说"去年火者他只丁至关外，若以逸待劳，番汉官军互相掎角，火者他只丁之头可悬于马下。因彭泽在甘州曲为抚处，厚加赏赐，数被欺凌"。又说"设边鄙有人委身报国，而被其愚弄如此，犹模棱干事，不能身任利害以主国是，复何面目立于天地间"等语。又于斩巴思衣服内搜出番文，寄与各夷，叙说私情，疑有内应外合之谋。要将镇巡官先请敕谕捧收在官，不必差人往谕，若来侵犯，以逸待劳，相机剿杀，务使痛遭剉衄。一面先将奸夷写亦虎仙、夷人阿剌思罕儿并书内开载有名之人，同火者他只丁所讨先差来伴送贡使回夷虎都六、火者散者儿等并今来夷人斩巴思等，俱拿解镇城牢固监候。其余肃州羁住回夷，尽数查出，严加关防。并近日速坛满速儿差来进贡夷使都指挥火者马黑木等沿途拘羁，方物封进，不必给赏。将奸夷籍没财产，家小发烟瘴地面，寄住夷种散处腹里等因，备行都御史李昆处。彼有李昆不合不审事体重大，辄便准行。又不合将前五月内自己奏讨晓谕土鲁番敕书，一向停留在镇，不曾奉行。致被土鲁番速坛满速儿怨恨，统领回贼数千余骑，拆墙入境，侵犯肃州。比投递番文，专以许赏不与及拘留夷使为词。有陈九畴明知前贼未必攻城，自合相机行事，又不合不行料探贼众多寡，果如前议大言，督发参游军马迎敌，以致众寡不敌。芮宁所领八百人马，全军败没，蒋存礼所领人马，损折数多，及丧失马匹、盔甲、器械无算。有李昆等因前晓谕土鲁番请去敕书停久未送，惧怕事发，将陈九畴前项所议与后杀死芮宁官军事情，俱于正德十二年正月内前后奏到。本部参看得李昆等不行恪遵成命，果决行事，轻准陈九畴所言，以致事机不密等因，覆奏行勘讫。随该巡按御史王光并兵科都给事中汪玄锡等劾奏甘肃镇巡等官地方失事，要行查究，本部虑恐彼处官司弥缝附会，奏差给事中黄臣会同巡按御史赵春查勘。因前项始末文卷俱在彼处官司收贮，未曾送官，致无查照。

参照先任甘肃总督军务今致仕太子太保左都御史彭泽，故违敕旨，不遵会议，又不知出使外国系是重事，出自朝廷点差，乃敢擅自主张，措备赏物，责差通事并平素与土鲁番熟识夷人，轻出绝域外国讲和，求取哈密忠顺王金印，邀功生事。又分付去人："若忠顺王速坛拜牙即无有，但取回金印，退出哈密城池，我奏朝廷，把你讨的都发与你。"差去人复回取赏，彭泽又擅主张，行文增添段绢等物二千余数送去。又不候差去人回处置停当，妄奏会同镇巡等官议得西夷就降，事已宁息，欺罔朝廷。已蒙敕旨，待处置停当回京。又假御史燕澄具奏，致蒙取回。后被巡按御史冯时雍不与会奏，指实另奏，事未宁息，奏词见存。彭泽自专差人送赏讲和，因无奉到朝廷明文，不合怀奸，不与明文开写赏物，止令差去人口传晓谕，意欲侥幸成事，似常邀功，以致差去人往来传言，事无凭据。土鲁番得以藉口，求索无厌，不遂所欲，统领夷众，直犯肃州，杀死官军千数，抢虏马匹器械无算。及将附近属番城堡攻陷，杀虏人畜不计其数。肃州精兵被杀殆尽，几至失守。自彭泽差往甘肃，前后糜费钱粮百有余万，仓库空竭，竟无成功，开启边衅，辱国丧师。罪坐所由，彭泽为首。

及照兵备副使陈九畴本以狂生，全无远识，彭泽在日，未曾救正。彭泽回后，大肆讥评。惟知讲和之为非，不思中变之为害。擅议拘执夷使，因而激变。疑有奸夷交通，多无指实。欲悬火者他只丁一人之头于马下，竟陷芮宁等八百人之命于南门。一念差错，贻祸无穷。虽称土鲁番回后设谋追剿，效有微劳，得不偿失，难准赎罪。况所报功绩，事在夷方，勘官未曾亲到，虚实恐难凭信。

再照巡抚都御史李昆，行事任情，全欠持重。既因彭泽讲和奏讨勒赏，又因陈九畴辨论拘执夷使。停留敕书，阻绝通问。土鲁番占据哈密，挟求赏赐，关系边情至重，李昆在彼一年有余，坐视因循，持疑两端，酿成大患。事虽起于彭泽，责难免于李昆。查得弘治年间侍郎张海经略哈密未宁先回，蒙朝廷拿送镇抚司究问降黜，都御史冯续巡抚甘肃，达贼抢杀地方，失事拿问，发隆庆州为民。今彭泽等开启边衅，辱国丧师，比之张海等情犯尤重。具今甘肃边外夷人结成仇怨，若不明正各官误事之罪，处置得宜，以后守臣不知警戒，轻举妄动，贻祸非轻。但彭泽已致仕去任，应否究治，伏乞圣裁。合无将李昆、陈九畴俱提解来京，送法司明正其罪，以警将来。其总兵官史镛等见该给事中黄臣等参奏，另行查议，奏请处治。迟误赍奏番文舍人简奈一年之上未回，中间必有情弊，合行巡按御史提解都察院审究发落。再照彭泽行文措备赏赐土鲁番段绢等物二千余件，未知动支何项官钱买办，亦合行巡按御史吊取原行案卷并拘原置办经手人役，审勘有无侵欺情弊，回奏查考。具题。

奉圣旨："这事体重大，恁每还会多官议处了来说。"钦此。

钦遵臣等会同太傅定国公臣徐光祚等议得：肃州失事委的事体重大，镇巡等官难以辞责。巡抚都御史李昆、副使陈九畴俱合提问。其余总兵、参将等官具该兵部另行参提。其都御史彭泽虽称查有前项情由，但本官回京后一年半之上方才肃州失事，情有可原。合无待候肃州见提人犯到京之日，法司会官审问，查照彭泽原奉敕书内事理，中间有无干碍，另行具奏处治，惟复别有定夺。正德十三年二月二十九日会题。

奉圣旨："是。彭泽受朝廷重命，不能宣扬德意，失信夷人，又不待事完辄自回京复命，以致遗害地方。本当治以重罪，姑从轻着为民。李昆、陈九畴处事乖方，着巡按御史提解来京问。总兵、参将等官还参究了来说。"钦此。

《晋溪本兵敷奏》卷六

录遗功以昭劝典疏[①]

王 恕

［彭泽］中因有疾，到任家居。被人讦奏夷情，称泽擅许土鲁番段一千五百匹，致惹边衅。蒙将泽革去冠带闲住。缘前项夷情先经给事中黄臣勘明，系是奸回写亦虎仙在土鲁番因他是得罪所许，非干泽之事，案可考焉。臣又每询边人，亦俱云段匹原是写亦虎仙所许，与泽无干，给事中黄臣之勘是也。（下略）

《皇明经济文录》卷十一

为夷情事

王 琼

看得哈密卫都督写亦虎仙奏称"奴婢在哈密住坐，有千户马聪、百户写亦阿黑麻、百户马昇赍勅一道，与都督奄克孛罗并奴婢写亦虎仙。有都督奄

---

① 编者按，此疏作于彭泽死后。

克孛罗在肃州住着，不曾出来。奴婢将勅书开读了"一节。查得前项勅书内原写都督奄克孛剌在前，写亦虎仙在后，余外又有副勅，交与镇巡等官知会存照。彼时奄克孛剌既在肃州，写亦虎仙在哈密，不知何人主张，将奉到勅书不在肃州交与奄克孛剌，令其上紧回还哈密，与写亦虎仙等一同开读，却令马聪等径送写亦虎仙收开。

又奏称"彭总制钧帖差人送来言说，都督写亦虎仙等上紧将朝廷的勅书赍去速坛满速儿王处，借钱使用赎取。若不与金印、城池呵，你再多许他些钱物，务要将哈密城池、金印取来，与他和好，就与他使臣一同前来。成事后，但是你每借了使过的并许下速坛满速儿王钱物，我每具奏朝廷，一倍还你两倍。朝廷的勅书上也说一倍还两倍"一节。查得正德九年本部原会官议请勅与土鲁番速坛满速儿，止令土鲁番差来夷使捧去，不曾许差哈密卫都督写亦虎仙送去。及查前项原勅谕写亦虎仙等勅书内明开："勅至，尔奄克孛剌上紧回还哈密，与写亦虎仙率领大小头目人等，共守城池，暂理国事。"亦无许差写亦虎仙亲去土鲁番送赏讲和。近该给事中黄臣等查勘得都御史彭泽原钧帖内开"我差的头目通事都督奄克孛剌、写亦虎仙、满剌哈三、亦思马因等一同前去，与尔王子并王母、众弟兄说，上紧将忠顺王并城印还了哈密，上紧差好头目进贡谢恩。不等你的方物、使臣到京，我与三堂将你的番文先奏朝廷，必有重大赏赐，王母并他弟兄、你大小头目、哈密有功的都督头目也都有赏赐"等语。又查得给事中黄臣等行据总兵官史镛手本内开"总督彭泽差百户赛打黑麻等赍赏前去土鲁番抚谕，甘肃措备罗段绢纱绫褐洗白夏布并梭布衣服等件共二千匹件，银壶一把，银碗一个，银台盏一付"等因。奏词见抄在部。显是彭泽故违敕旨，不令写亦虎仙等守国，而令其去国；不责土鲁番罪过，而与土鲁番纳币求和。给事中黄臣等前项勘奏，与今写亦虎仙奏内情节相同。但写亦虎仙奏称彭泽差去人说许下钱物"我每具奏，一倍还你两倍"，又说"勅书上也说一倍还两倍"，未见差去何人传说前项语言，未经提对，难便准信。勅书中间，恐有伪造增减情弊。

及奏称"陈兵备将斩巴思等在肃州地方都打死了，速坛满速儿听得就恼怒了，领人马来到肃州"一节。查得都御史李昆等原奏："正德十一年十一月十六日，土鲁番犯肃州。十九日，副使陈九畴将通事毛见等同斩巴思打死。"今奏先打死斩巴思等，后犯肃州，及奏陈九畴将回回坟墓并礼拜寺都拆毁了，又将回回人妻与了西番人去了等情，俱未委虚的，合无本部差官并通事一人驰驿前去，沿途查问写亦虎仙原开读勅谕见在何处收贮，依其所指去处查取。并将本部原降副勅底本于甘肃镇巡等官处追出，一并如法印封，上紧赍回以凭比对。先将写亦虎仙今奏内事情备咨刑部，待候写亦虎仙并通事马俊等解到及取到勅书之日，照依本部前项参详事理逐一译审对问，务见差去何人传说许赏等项情由明白，与同起应问事情通并问明，仍会官覆审无异，奏请定夺。未到有罪应问人犯，参奏提问。正德十三年三月初二日具题。

奉圣旨："是。这夷人所奏事情，未委虚的，待恁每差去官属人等取到勅书之日，着法司将提问应该译审对问人犯并前后有干应问事理，通行并问明白，仍会官覆审，具奏定夺。"钦此。

《晋溪本兵敷奏》卷七

为夷情事

王　琼

照得本部前项议奏，差官专为查取夷人写亦虎仙等原奉勅谕，看验中间有无伪造增减情弊。今委官舍钦呈称：访得原降勅谕，见今到京使臣都指挥佥事火者马黑木带来见在。合无本部委官一员，会同礼部提督会同馆主事、鸿胪寺大通事舍诚等，就于都指挥火者马黑木处取出原降勅谕，看验宝文字样。如果原系正德九年降与都督奄克孛剌、写亦虎仙等勅书，别无假伪增减情弊，各官就便眼同眷黄一样三本，比对无差，送本部、刑部、都察院各一本，先收备照。仍将原勅封记，付本夷捧收，听候法司取验。如看验勅书内有假伪增减，亦就译审作弊情由明白呈报定夺。前项原降勅书，若果验无假伪增减，舍钦等不必差去。其写亦虎仙所奏"彭总制钧帖差人送来言说朝廷的勅书上也说一倍还两倍"等语，显是差人去诈传诏旨，启衅坏事。合无行依法司，待候写亦虎仙解到之日，追要差去赍钧帖传说勅旨之人是谁，就与写亦虎仙对问明白。及将前勅不付奄克孛剌送与写亦虎仙交收主张之人，一并问明，具奏施行。正德十三年三月十九日具题。

奉圣旨："是。"钦此。

《晋溪本兵敷奏》卷七

为夷情事

王 琼

　　看得甘肃镇巡等官都御史李昆等题称："节据土鲁番酋速坛满速儿等，差来夷使满赖哈三等，赍递番文六纸。"及称"速坛满速儿多张挟诈繁复之词，全无悔过逊顺之意。满刺哈三若非为速坛满速儿探听中国设备之虚实，必是自许能致朵撒恰之归。其赍印纸一方，又欲为挟索奇货。要将满刺哈三羁留肃州，其余从人自关阻回。仍省谕速坛满速儿，令其改念修词，诚心悔过，将速坛拜牙即并虏去男妇送至肃州，方为具奏议处"等因。

　　臣等看详速檀满速儿番文内称："他要和好里我每也和好，他每做歹，我每也告天，弟兄四个一答里上秋到肃州、甘州来。"又称："早晚你每把事快些用心干，快些商和。事儿过去了的后头，后悔也成不的。"火者他只丁番文内又称："小事不要大了，成的事不要坏了。"即其词意，将来入寇之举，难保必无。诚恐镇巡官安于故常，一旦有警，又如前年失事，深为可虑。

　　合无本部备行新任巡抚都御史、镇守太监、总兵官，务要讲求先年失事之由，斟酌将来备御之策，肃州败没官军，设法充补应用，给军粮饷，预为充实。务在先事料理，临事果断，谋出万全，事无一失，以安地方，以正体统。其处置哈密并处待土鲁番事宜，悉照本部节次题准及前项会官计议题准事理，遵守施行。如或卤莽失宜，贻患地方，国典具存，必难轻贷。正德十三年三月二十五日具题。

　　奉圣旨："是。这先事备御等项事宜，便行与新任镇巡等官知道。"钦此。

《晋溪本兵敷奏》卷七

为夷情事

王 琼

　　看得礼科抄译出速坛满速儿前项红印番字奏本，系正德十一年九月二十八日在土鲁番城写成，交付与进贡使臣失黑把息儿等。今正德十三年正月内，方才赍执到京投进。其奏本内言说"百户写亦阿黑麻将敕书赍来了。

及写亦虎仙等将许多财物来我上多央告说，着我不要作歹。我将哈密城池、金印与了，特差使臣进贡，问朝廷讨赏赐希罕物件"等语。实有纳款效顺之情，若使甘肃镇巡官于土鲁番所差使臣初到之时，即差的当官通伴送，早到京师，打发领赏，早回本国，及将同差来夷使虎都写亦、火者散者儿不拘留甘州，或都御史彭泽不早回京，在彼自处，或可全信远夷，侥幸成事，或无肃州被害之事，亦未可知。今土鲁番速坛满速儿既因遣使纳款进贡，日久不回，又因镇巡等官质留夷使，消息不通，举众入寇，杀害将官，屠戮边军，为中国之耻，贻笑四夷，亏损非细，义当闭关绝贡，断无可疑。今礼部咨称，除求讨蟒龙等项，本部另行查覆，将西番抢掠等情，移咨本部查照。缘西番赤斤、苦峪蒙古等卫夷人，系我中国属番，前年速坛满速儿来犯肃州之时，前项属番甚被蹂躏，朝廷正当抚恤，以为藩篱不当又因速檀满速儿奏词连及，别为处置。其求讨蟒龙等项事在犯边之前，亦难轻准。合无本部行移礼部，待候法司提到写亦虎仙等问明之日，会议土鲁番差来进贡使臣，应该作何处待，奏请定夺，遵依施行。正德十三年三月二十七日具题。

奉圣旨："是。"钦此。

《晋溪本兵敷奏》卷七

为夷情事

王 琼

看得译出速坛满速儿番文内称："说与总制老爹，甘州、肃州的官人每。我将哈密城印与的时，写亦虎仙都督、写亦阿黑麻百户等使臣，与我上许了一千五百匹段子，到甘州、肃州与来。为那个段子上，着古秃鲁、写亦马黑麻、舍黑差去到甘州、肃州，回来限期过了，段子也不来，取段子的人也不来。"又称："差使臣进去，将使臣拿倒，着棍打了，放在牢里。方才用心甘州、肃州川里住着，到秋里与你每好生说一场回去。"又称"无罪的回回每拷打，将礼拜寺改做寺院"等情。合无本部备咨刑部，待候写亦虎仙、虎都六、写亦马黑麻、散者儿并差去百户一干人犯解到之日，查照问理。其番文内说称"我兄弟上去的使臣来到了劝我，及尊长火者同各处来的使臣劝谏了，再三叮咛上，差都督满剌哈三同舍黑土买秃差去了，不做仇歹。文书到时,将朵思恰即便放回来,然后将写亦虎仙并买卖使臣许下的钱粮段匹,交与古秃鲁、写亦马黑麻他每,作急打发回来。上京去的使臣,不要迟了。如今上紧着和好,不是呵,时候过了的后头,后悔无益。你每有什么话,即便说出来"一节。合无本部备行巡抚都御史邓璋,会同镇巡官,作急计议。差来满剌哈三及见拘朵思恰即杂撒恰应该作何收处,前项夷情应否差遣无碍夷人前去通达,即今应否作何堤备,计议停当,应施行者,径自从宜施行,事体重大,星驰奏请定夺,不可忽处,致失事机。及以后遇有递本处镇巡官番文,查照旧规,就彼会同译写毕,一面议处,一面将原文付镇守太监具奏封进,庶不失误事机。正德十三年四月十六日具题。

奉圣旨:"是。这夷情该处置事宜,都依拟行。"钦此。

《晋溪本兵敷奏》卷七

为夷情事

王 琼

看得抄出番文内,系是土鲁番速坛满速儿王头目米勒白克说与甘肃镇巡官的话,他说,速坛满速儿差他看守哈密城,速坛满速儿差满剌哈三同舍黑做使臣,我也差四个人去等情。虎儿年十月二十日写。查得近该巡抚甘肃都御史李昆等奏称满剌哈三等前来肃州,赍递番文,全无悔过逊顺之意等情。已该本部前项议拟奏行镇巡官议处外,别无定夺。但去年系是丁丑年,今却称虎年十月写,未知因何差错。及看得后一纸番文内说,米剌克乩吉、哈即等三百人看守着哈密城池,劝速坛满速儿不要作歹,我每众弟兄大小来年秋间收拾人马,你调那里去就那里去等情。显是此夷阳为和好阴有挟制之意,内哈即恐即是引诱忠顺王拜牙即走入土鲁番之人。缘此等夷情未知虚实,虽不可轻信示弱许和,亦不可不信忽处失备。合无本部备行都御史邓璋等查照本部节次题奉钦依内事理从长议处,先事设备,应施行者径自从宜施行。事体重大,星驰奏请定夺。正德十三年四月十八日具题。

奉圣旨:"是。"钦此。

《晋溪本兵敷奏》卷七

为夷情事

王 琼

　　看得译出哈密卫都督写亦虎仙、满剌哈三番文四纸，内一纸说称达子头目脱黑忒等讨要赏赐，要与朝廷出气力。一纸说称哈密城池毁坏，不能住守，要照永乐、弘治年间发人修理。一纸说称哈密城池坍塌三次，俱彼用自己财物修理，讨要蟒衣、玉带。一纸说称沙、瓜州等处人上都与麦种、牛只、布匹，要哈密人上也给与些。以上四纸番文内说事情，合无行文甘肃镇巡官查勘议处。

　　又一纸说称"哈密城池三次被抢，都是奴婢用自己财物赎取，这一次蒙朝廷敕书上写着'写亦虎仙上紧前去取城池、金印'，但是说：'使用的财物尽你使用，只要成事，我你上加倍，升赏不吝。'除有上天为证，使过的一千匹段子价银等项，哈密人、汉人并这里差去的官军每都知道。汉人使用过物件在甘州三堂处告讨都与了，止我每上不曾与"一节。查得写亦虎仙并差去通事人等见行提解来京，合无本部移咨刑部，候各犯解到之日，审问的系何人许说"尽你使用财物"，及甘州三堂何人准还汉人使用过物件、不还写亦虎仙等使过物件。务见明白，通将原拟会问事情一并具奏定夺。正德十三年四月二十六日具题。

　　奉圣旨："是。这夷人所奏各项事情该着镇巡等官查议处置，并待刑部审问明白，一并奏请的都依拟行。"钦此。

《晋溪本兵敷奏》卷七

为夷情事

王 琼

　　看得礼部抄送哈密卫都督满剌哈三番文三纸，内一纸说称"与奄克孛罗等四个都督加升职事。那三个都督的敕书蒙朝廷换与，奴婢因看守真帖木儿在甘州住坐，敕书未曾换与，要照三个都督事例换与"一节。查有前项都督四员升职及三员换敕缘由，据都督满剌哈三亦合照例换与敕书。但查数内失拜烟答已被副使陈九畴监死，写亦虎仙问拟谋叛斩罪解京送法司会问，满剌哈三招称与写亦虎仙同谋逆，先在哈密，今自投来肃州，镇巡官见今丰其廪饩，羁留在彼。及查奄克孛剌、写亦虎仙二人正德九年五月蒙朝廷降勅褒奖，令其同守哈密城。正德十年正月总督都御史彭泽出给钧帖，差奄克孛剌、写亦虎仙、满剌哈三等前往土鲁番地面送赏讲和。既奉勅褒奖守城，又承钧帖明文前去讲和，今满剌哈三又自来肃州奏讨换勅，似与原问谋叛情由不合。系干外国夷情，万一处置不得其宜，罪有出入，贻患非轻。

合无本部移咨刑部，候写亦虎仙等解到之日，先行督委公正郎中等官，将各项夷情逐一查审明白，彼此输服无词，仍照原拟会官覆审，奏请定夺。其满剌哈三余外番文二纸，要照三个都督事例求讨蟒龙衣服、玉带及讨段匹皮张等项物件，合无亦候刑部问结之日应否准给查照定夺。正德十三年四月二十九日具题。

奉圣旨："是。"钦此。

《晋溪本兵敷奏》卷七

为夷情事

王　琼

看得番文一纸，是与甘肃镇巡官的，大意说要上紧去与他和好，要将朵思恰好生待他，作急打发出来，及称："写亦虎仙取哈密城印，多许下物件去了，他不出来呵，事都不成。"又说"嘉峪关外的城池不为紧要，甘州、肃州莫着坏了"等语。不知是何夷所写番文。又一纸专说"写亦虎仙都督、写亦阿黑麻百户、法忽儿丁通事、马聪官儿、马黑木众通事、使臣每上多拜上，你每许下去了的不曾完的信，因此上这些伤损出来了"等语，亦不知是何夷人所写。及看得番文内所言讨要朵思恰及拆毁礼拜寺等事，俱系土鲁［番］犯边后事情，不知因何将此番文交付与先差使臣沙黑纳咱儿等赍来投进。合无本部委官会同大通事舍诚等审问陕西行都司差来百户张浩并夷使沙黑纳咱儿等，要见前项番文的系何人于何年月日寄到甘肃某处，交与各夷赍带来京，中间有无冒名捏写情弊，务见明白回报本部。一行刑部，待候写亦虎仙等解到之日，查照审问原许段匹是否写亦虎仙与通事马聪等为因取讨哈密城印一同许与，失信未完，务见的确，从公断理。一行巡抚甘肃都御史邓璋等参详所言"甘肃不要坏了"情由,计议堤备。及令行都司官,以后夷人进贡,遇有赍带番文,验看明白,系递本处镇巡官者径自会官译看处置,系赴京奏进者照依旧规付镇守太监封进,不许容令奸夷交通捏写,变乱是非,虚实难信。如或故违,将行都司官参奏治罪。

后该主事路直会同大通事右少卿舍诚等译审得哈密使臣沙黑纳咱儿等节次投进番文共二十四道,俱为进贡求讨事,并无投进高昌话回回字番文。各夷执称不知情由等因。缘前项高昌话回回字番文内所言讨要朵思恰及拆毁礼拜寺等事,俱系土鲁番犯边后事情,今既查审不知从何封进,有碍定夺,合无请勅司礼监查勘前项高昌话回回字番文的系何年月日何衙门官封进,径自覆奏施行。正德十三年六月初八日具题。

奉圣旨:"是。"钦此。

《晋溪本兵敷奏》卷七

为会赏番夷有功人员奉事

王　琼

看得甘肃镇巡等官都御史李昆等奏称:"本年二月二十五日该守把嘉峪山关千户查恺验送原差瓦剌虏营赍赏通事马胜、夜不收白英、夷人添哥乩儿的等二十四名,随带马驼到官,及赍到达字一纸。审据马胜等回称:'蒙差领赍赏赐出关袭至哈密西北把腮虏营,对众交讫,各王头目喜欢领受,取获达字收领一纸,并带同卜六王头目并从人起程前来。'"及称:"此虏自来不曾犯边,亦自来不曾入贡。今因差人送赏至营,知所感激,前来答谢。虽夷人不知恩典出自朝廷,非臣等所敢受谢,然其一念感恩报国之心,亦深可嘉。"又称"伊与土鲁番有仇,虽诚伪未测,乞讨赏赐盖亦夷虏贪得常性,不可峻绝,以灰其向化之心。将送来驼马收留给价,仍量给衣段等件,以慰其所望。谕令通事宣布朝廷恩威,犒劳馆待,送出关外"等项情节。

臣等议得,瓦剌达子节年被土鲁番仇杀,未见其真能制服土鲁番也。若诚心内附,力能抗彼,加以赏赉,结其欢心,为我藩蓠,未为不可。但事在夷方,难以轻信,将来之事,诚未必云。万一此时失备,不无误事。况啖之以利,使为内援,后将难继,亦非长策。合无本部行移新任巡抚甘肃都御史，会行镇守太监、总兵官，将今奏内瓦剌夷人部落纳款内附事情，查访得实，从长议处。如果可信，随宜施行。若理有窒碍，事难经久，弊端不可轻开，边务不可轻废，径自从长定夺，具奏查考。应参奏者参奏处治。正德十三年六月初八日具题。

奉圣旨："是。这夷人事情便行文与镇巡官，著随宜议处施行。"钦此。

《晋溪本兵敷奏》卷七

为夷情事

王　琼

看得巡抚甘肃都御史李昆等奏，内开称"议得潜从他国，律有重典，在外官员，法当休罢。速坛拜牙即之自逃土鲁番，比之先年王母陕巴被土鲁番劫房而去者事体不同。况夷王有无，关系非急，惟令速坛满速儿悔罪纳款，归我抢房人畜，我归其无罪之人，兵革暂省，即为地方之利。除将复来夷使满剌马黑麻等二人，并贡使人畜方物，俱阻留在关外，若土鲁番夷举兵而来，多方堤备，务使遭刬，保无他虞。若修词求贡，速坛拜牙即未便送回，所抢人畜，已有送到，合无起送入贡，惟复仍阻在边，听候进止？其所讨朵撒恰、虎都写亦等应否给发？乞要本部详议明示"一节。与前项巡抚都御史赵鉴等所访夷情，及巡按御史冯时雍所奏处待土鲁番、哈密事理，大意相同。缘哈密忠顺王速坛拜牙即自作弗靖，弃国逃走，不必求其复归。纵使来归，亦不可必其复立，诚有如李昆等所议者。今若不依所议，随宜处置，仍执前议，务以必得速坛拜牙即为事，不惟名义未正，抑恐理势难行。但土鲁番为因都御史彭泽卤莽轻处，送赏讲和，纳侮启衅，覆军杀将，损伤国体，甘肃地方自来所无之事。李昆等节次会奏，要将土鲁番、哈密未犯边之前差来进贡夷使迁发南方烟瘴地面，夷使见在会同馆羁住听候法司取问。今土鲁番罪恶尚未明正，先到夷使尚未发落，却将新到夷使起送赴京，揆之事体，前后不伦，似有不宜。合无待候法司问完之日，通将前项事情会议，奏请定夺，通行遵守，庶为稳当。

各官又奏称"撒马儿罕北山寄住马黑麻哈辛王所差夷使土六孙等，俱在肃州，未经查验；可春王进贡夷人俱在土鲁番听候。合无将土六孙等仍发肃州羁住，候土鲁番悔罪进贡至日一同起送，惟复先行起送"一节。查得旧例，哈密每年来朝一次，其土鲁番等处或三年、五年来贡人员赍有印信番文，经过哈密地方，等候哈密使臣依期同来。见今哈密无人守国管事，进贡必不如期。若将土六孙等不候哈密夷使同来，独放入贡，恐于前例有碍。况土六孙虽称赍有印记番文，未见辩验真伪，及查旧例应否放入，俱难定夺。又查弘治五年虏去陕巴之时，西域诸夷一概绝贡，以此归怨土番，方将陕巴送出。前代宋仁宗时，赵元昊据有西夏，寇扰中国，亦因羌人不通和市，国人愁怨，遂有纳款之心。今若止拒土鲁番，不许入贡，其余夷国俱令入贡，亦恐事体未稳。合无亦候法司问完之日，行移礼部，查照哈辛王等旧例，应否验放入贡缘由，会议奏请定夺。

本部一面行文提督都御史邓璋等暂照原议，将土鲁番等处来贡夷人阻绝，不许验放入关，见羁住夷人照旧羁留管待，通候会议奏请明文至日施行。各官务须整捯军马，区画粮饷，加谨堤备，相机战守，不可预拟通和，废弛边备，如前失机，罪必不宥。仍会同镇巡等官计议及访察彼处夷情。要见哈密既未有王，都督失拜烟答已死，写亦虎仙解京，满剌哈三虽自来归，原参与写亦虎仙同谋，即今应否定立何人权守哈密，管理国事。前项巡抚都御史赵鉴等访举奄克孛剌应袭，今勘奄克孛剌是否罕慎亲弟，应否袭爵，或令守国管束夷人。及照前项弘治八年总兵官都督刘宁奏准，将哈密三种夷人暂调赤斤城内住居，保全哈密残孽事理，从长议处，即今应否亦于赤斤暂住保守，通议明白，上紧会奏。本部会官再议，奏请定夺。此系急处边夷事情，镇巡官不许迟延。正德十三年六月二十九日具题。

奉圣旨："是。这来贡夷人着暂留彼处，待法司问理别项事情完日，议奏定夺。其余事宜，都依拟行。"钦此。

《晋溪本兵奏议》卷七

[七月，己亥]，初，土鲁番酋速坛满速儿谋攻肃州，不克，多掠汉人以归。至是遣使来请和，守臣羁其使一人，而遣同使者回谕，令送哈密王回国，及还所掠，乃为转奏。既而土鲁番还所掠，仅九人，而复遣使与撒马儿罕等所遣使同入贡，因请释先拘使人朵撒恰等，词多崛强夸大，而哈密王竟不遣。兵备副使陈九畴议仍阻回，以须哈密王之出，且尽还所掠，乃与之和。又谓："彼兄弟分国，势不能扫境以来，度所纠集不过二万余人，器械

甲马又非旬日可具，夷俗素无仓廪，必多征敛于下，是兵未举而先坐困矣。今瓜州番人惩前抄掠，尽徙内地，秋冬之交，田畴已获，彼攻城不克，掠野无资，势必自溃。我乘其弊而击之，破之必矣。"巡抚都御史李昆不可，谓："哈密王不能自立，逃奔他国，比之王母陕巴被执者不同，宜仍令使人回谕，许其悔罪纳款，尽归我俘，我亦归其无罪之人。"因具上其事，且言："今所遣使及撒马儿罕诸夷之使，应否起送入京，并所请拘留朵撒恰等应否释还，均乞裁处。"

事下，兵部尚书王琼覆奏："土鲁番先所遣使既以犯肃州之故拘留候讯，今所遣使并诸夷之使亦宜暂羁肃州，俟朵撒恰等狱成，别议奏请。仍令提督都御史邓璋察可以权守哈密之人，及议奄克孛剌应否袭爵诸事宜以闻。"从之。

〔丙午〕，瓦剌卜六王等来贡。初，土鲁番之将入寇也，甘肃守臣以速坛满速儿勇悍，议遣使约北山瓦剌达虏之居把思阔者，令乘虚攻其城寨，为之请赏，于是遣通事马胜等赍彩币往赐之。其虏卜六王等感悦，乃以驼马入贡称谢，且言：与土鲁番世仇，当并力攻之。因乞增赏。都御史李昆以闻，兵部议："瓦剌屡为土番所侵，力未能制之。今虽诚心内附，但夷虏难恃，以利啖之，后恐难继，且弊端不可轻启，宜仍令镇巡等官随长斟酌。"诏从之。

《明武宗实录》卷一百六十四

为夷情事

王　琼

看得土鲁番速坛满速儿番文内说称："我将金印、城池交付都督写亦虎仙并你的使臣每去了，他每因为那等我上许下去了，我就差几个人去了。那个人失了信，将去的人都当住了，不曾送来。因此，祸事显了。今若将我的人打发出来，原许下的与了呵，再无一些争闹。"又说"我将金印、城池交与写亦虎仙、满剌哈三、写亦阿黑麻、马聪、法虎儿丁去了。因为那等我上许下来。因为许下的，我差了几个人往甘州、肃州去了。将许下的不曾完的信，将我的人不放回来，还在那里监着"等语。系干开启衅端紧关情由。及写亦虎仙并差去通事马俊、火信等，俱见在法司监问，合无本部移咨刑部，督同大通事舍诚等，将番文内所说情由，逐一查审。写亦虎仙并通事马俊、火信等要见彼时何人在土鲁番速坛满速儿处,凭何分付,许与何物,何人失信不与,及何人主张将差来人不放监禁,致惹边衅,务见真实明白,仍照原拟会审,具奏施行。正德十三年七月十四日具题。

奉圣旨:"是。"钦此。

《晋溪本兵敷奏》卷七

为夷情事

王 琼

看得哈密卫都督奄克孛刺番文内称"比先我们种著哈密地方过活,吃用都有。今被察合台将地方夺了。今我要种地呵无有地,要吃用呵无有财物。今望怜悯赏赐。正德十三年七月二十八日无印信"一节。查得哈密忠顺王拜牙即久已逃去土鲁番地方,朝廷敕哈密卫都督奄克孛刺、写亦虎仙守国。今写亦虎仙已解京,奄克孛刺见在肃州寄住,又有都督失拜烟答被副使陈九畴禁死,及都督满刺哈三见在肃州羁住。前项奄克孛刺所奏,似为实情。但议处哈密事情,已该本部节次议奏,行彼处镇巡官勘处未报,今奏难便定夺。及照肃州去京师万里,今前项番文内开有"正德十三年七月二十八日无印信"字样,今却于礼科八月十六日抄出。地里如彼之远,日月如此之近,岂能到得。中间事有可疑。合无本部再行甘肃镇巡官将奄克孛刺今奏情词,查照节次奉行事理,上紧勘议停当,具奏定夺。仍乞敕司礼监查究前项番文的系何人赍送,何衙门官于何年月日封进,中间有无情弊,奏请处治施行。正德十三年八月二十九日具题。

奉圣旨:"是。这夷人所奏事情还着镇巡等官上紧勘议,务要停当,奏来定夺。"钦此。

《晋溪本兵敷议》卷七

为大彰天讨以除非常虏患事

王 琼

看得巡抚甘肃都御史邓璋奏称"虏中走回男子蒲芳等报称:速坛满速

儿与头目说：'打造盔甲，收拾人马，汉人若把朵撒恰放出来时，我也不和他作歹。若不放时，我每再往肃州抢去。'及亦卜剌人马约有二万，住在西海。今年五月那在山后又有达子一千来到西川抢掠甘肃一方。有此二患，乞要仍命总兵官郤永前来提督军务，往来堤备，逐剿土鲁番并亦卜剌、阿尔秃厮贼寇。如本镇兵力不敷，量调洮岷、延宁等处兵马会合，并力应援。客兵粮饷，宜从户部查照事例计处。及要另推都御史一员，职专巡抚，容臣休致。如甘肃仍用大臣提督，另选贤能，以充任使"等因。臣等议得，……近于正德八年，建议者不考故实，轻主用兵。既假言官之奏，推举邓璋总制三边军务，又因邓璋之请，举用都御史彭泽总督三边军务。原议彭泽职任，量调延宁人马，逐剿阿尔秃厮、亦卜剌残贼，令其远遁；遏绝土鲁番夷，不使内侵；其土鲁番求讨赏赐，事出无名，不可轻与。后彭泽调兵逐剿，亦卜剌等贼，因畏北房仇杀，不敢出边，返过河东，遁入四川，不久复回，河西、洮、岷等处，被其残害。虑恐侵犯陕西腹里地方，彭泽、邓璋相继具奏，保举副总兵赵文于洮、岷一带住扎防守。土鲁番抢杀苦峪、王子庄等处，逼近肃州，彭泽不发兵遏绝，矫诏遣使讲和，纳币房廷，求讨金印。又不候差去人回，妄奏北房远遁，西夷就降，致蒙取回。彭泽回已半年，土鲁番方将金印同差去人送至肃州，复差亲信夷人虎都写亦、火者散者儿等，随印来到甘州，要求增币。因彭泽已回，无人张主，镇巡官质留虎都写亦等久不放回，遂致土鲁番得以为词，统领夷众，直犯肃州，覆军杀将，攻陷城堡。仓卒报到，朝廷虑恐夺占肃州，议遣都督郤永等调集兵粮，设法防御。后因客兵难以久住，郤永寻亦取回。

自举彭泽等，甘肃用兵，糜费粮银一百余万两，竟无成功。所以本部节次建议并会官计议，行令甘肃守臣整饬武备，积蓄粮草。如遇亦卜剌等贼侵犯，相机战守。其土鲁番夷照先年事例，闭关绝贡，不许往来。及处置哈密事宜。前项议处节次通行外，今都御史邓璋不鉴覆车之戒，又欲郤永前去提督军务，量调延宁人马，逐剿土鲁番并亦卜剌、阿尔秃厮贼寇，令户部计处银饷，及另添都御史一员巡抚。不思土鲁番系绝域远夷，无可征之理；亦卜剌等贼逼于强房，不敢出边，无可灭之期。北房在夺，延宁人马，不可轻调。户部经用告竭，难于计处。及查大同、辽东、湖广巡抚都御史，俱兼赞理军务；两广总督军务都御史，亦兼巡抚。弘治年间，都御史王越总制甘、凉等处军务，亦兼巡抚，原任巡抚甘肃都御史吴珉取回，原无提督、巡抚二官并设之例。所据前奏俱难准拟。合无本部行文都御史邓璋，务要遵照原奉敕谕并本部节决议奏，及会官计议题奉钦依内事理，逐一看详，钦遵奉行。凡事务在慎重详审，不可任情轻忽处待。内外镇守官员俱遵旧规，协和计议，开诚布公，先国家之急而后私情；亲僚友之交以绝壅蔽，弃小过以存大体，去崖岸以收人心。原议处置土鲁番事情，应具奏者会议停当，上紧奏请定夺。其本镇合用兵粮，就于本镇及常例内区处应用，屯兵积蓄，为经久之图，斯称委任。正德十三年十一月十四日具题。

奉圣旨："是。"钦此。

《晋溪本兵敷奏》卷七

户部尚书邓公神道碑

············

至戊寅，土鲁番复攻哈密，寇肃州，羽檄日至。上思公①旧绩，复起公提督军务，便宜行事。……土鲁番素惮公，闻公复至，辄戒部落曰："勿以边为意。"数使乞和及还遣使。众皆欲听之，公曰："今虏虽乞和，实未有惮意，奈何遽听之。且彼域所需，咸仰给中国，但闭关绝贡，彼始失图有悔心耳。"遂大为战守备，多多疑形，数观兵塞徼。虏果大恐悔过输罪，悉归所虏掠。公曰："可矣。"乃许其通贡，归其使。又以忠顺王不可复立，议择一都督，为守哈密，后图兴复。上甚嘉之，赐蟒衣、金宝、绦环。自是讫公归京师，越十余年，莫敢有犯边者，境内用以少安。（下略）

《桂洲先生文集》卷十六

正德十四年（己卯 1579）

［二月，己巳］，哈密夷人拜言土骨思等自土鲁番逃归，颇知哈密头目

---

① 编者按，即邓璋。

哈即哈辛交通土鲁番事。哈即等惧其漏言，遂严加禁锢。至是，复逃归肃州，言其状，且谓速坛满速儿遣人于牙儿干城取回忠顺王，寻止之，仍厉兵秣马，欲报仇于沙州，而火者他只丁、牙木兰等俱留其家于哈密。甘肃守臣谓：前日请和之情，似不足深信。遂严兵以待，具以事闻。兵部议："先是已逮土鲁番、哈密夷使于法司鞫问，宜俟狱成议处。"诏从之。

《明武宗实录》卷一百七十一

[六月，庚辰]，先是，巡抚甘肃都御史邓璋奏："土鲁番累告索进贡不回夷使马黑麻等约千余人，盖夷使出境，既无常期，迁延展转，类将赏赐糜费，遂留住不还。故恩赍不沾于穷荒，怨望致生于异域。若以礼导之出疆，岂有此弊。况其情词甚恳，宜为之处，请敕兵部主事一人于夷人入贡途次，挨查发遣，并甘肃原留寄住者俱抚令归国，以示怀柔之道。"兵部议，以主事权任轻，恐致他虞，乃以命大理寺少卿李铎，且曰："沿途迁延夷人，催抚出关，其寄住结亲年久者，具奏处置，勿概逐之。"

初，写亦虎仙诱其主速坛拜牙即羁土鲁番，乃招番长速坛满速儿构祸，图危甘肃。既下刑部狱，米儿马黑麻者其子也，亦系甘州，至是，以添哥乩儿的五人自甘州亡，越关，将引逆房要和。官军追获之。提督军务都御史邓璋等以闻，且言："奸谋虽兴于米儿马黑麻，而写亦虎仙实造厉阶，宜并按其事。"得旨："系房得出亡，主守者何为也？而璋等不究，乃但以会问请，何徇情如此！其令从实回奏。"仍命刑部郎中、锦衣卫千户各一人往会巡按御史勘之。

《明武宗实录》卷一百七十五

为擒获回贼事

王 琼

看得提督军务都御史邓璋等奏称"添哥乩儿的等五名越度边关，私出外境，勾引逆房侵犯要和。将添哥乩儿的并米儿马黑麻，俱监候。乞要本部将今奏添哥乩儿的所供前情，亦行法司并问，从重归结"一节。缘奏内原参写亦虎仙事情，先该给事中黄臣等勘问回奏，已经备行法司查照会问。今奏添哥乩儿的走出外境事情，系在彼中，人未解到，难以又行法司并问。合无待后法司将见解到人犯问结之日，转行巡按甘肃监察御史，将今奏添哥乩儿的所犯事情，另问明白，奏请发落。

查得米儿马黑麻并添哥乩儿的原系给事中黄臣、巡按御史赵春问报给付功臣之家为奴并迁发烟瘴地面监候奏请发落人数，今被走出外境，未见参究何人故纵不禁，以致出境，合当查究。及照都御史邓璋等既有地方之责，平昔钤束欠严，事发又不追究，亦难辞责。……正德十四年五月十七日具题。

奉圣旨："是。这监候人犯，如何不行严谨关防，以致走回本境。邓璋等不行追究主使之人，却将已解京会问事情牵引具奏，好生徇情。都著从实回将话来。还差刑部郎中、锦衣卫千户各一员前去，会同巡按御史将今奏事情从公勘问明白来说。"钦此。

《晋溪本兵敷奏》卷七

为夷情事

王 琼

看得巡抚甘肃都御史邓璋等奏称"参将种勋呈送哈密夷人满可卜剌等供报：'正德十一年速坛满速儿往肃州做了歹，各地面王子说把金路断了，都要仇杀有。速坛满速儿害怕，差了马黑麻火者等来了。'及速坛写亦说'你把速坛拜牙即哄到土鲁番，要害他的命。他逃走到我根前，你要我也不与你。那一日大明皇帝差人来，我亲自交到他手里'等情。则速坛写亦似有敬顺朝廷之意，速坛拜牙即似有回还哈密之理，但系传闻之言，未可尽信。先已议写钧帖，与土鲁番差来请和头目马黑麻火者赍去，难再别议"一节。臣等议得，土鲁番为因朝廷处置得宜，能服其心，及诸夷归怨土鲁番，各来款塞恳乞通贡。甘肃镇巡官节次具奏，乞早定夺。为因法司将提到甘肃人犯，不肯上紧问结会审发落，以致事难议处。伏望圣明俯念西夷畏威纳款，特勒刑部，将原提人犯上紧问结，会官覆审，奏请发落，本部随将一应处置甘肃边情会议具奏，伏乞圣明定夺，行下遵守，边方幸甚。正德十四年六月初五日具题。

奉圣旨："是。甘肃提到人犯，着法司上紧会审，明白来说。"钦此。

《晋溪本兵敷奏》卷七

[七月]，甲午，巡抚甘肃都御史李昆与镇守太监许宣、总兵官史镛、参

将蒋存礼、兵备副使陈九畴各以肃州失事先后逮至京，下法司狱。至是，法司会奏："镛、存礼当以守备不设论，昆及九畴亦有羁留房使罪。但镛任未久，存礼寡不胜众，而昆等能效力出谋，以遏强寇，功不可掩。"得旨："镛降二级，存礼降三级，各带俸差操。昆亦降二级，别用。宣闲住。九畴以禁死夷酋失拜烟答，仍令法司从重拟罪以闻。"而给事中王臣、御史赵春亦以勘事失实，各对品调外任。昆寻降为浙江按察司副使，春调如皋知县。臣方居忧，故未及。时尚书王琼逞私忿，欲深治其狱，臣、春盖以不举劾彭泽，亦为琼所中云。

《明武宗实录》卷一百七十六

为斩获犯边回贼首级追逐远遁事

王　琼

查得前项节年案卷内开："弘治四年甘肃镇巡官奏请敕书，开谕土鲁番速坛阿黑麻，将金印、城池献还。行取陕巴，袭封忠顺王。弘治五年十二月内，阿黑麻因哈密卫都指挥阿木郎与野乜克力达贼引路，抢杀土鲁番牛羊头畜，又将赏赐衣服克留，引领人马，来到哈密，将阿木郎碎割杀死报仇。陕巴因系土鲁番亲枝，不杀，带去收养。"今勘称写亦虎仙欺凌陕巴，谋夺王爵，商同未到妻父阿木郎即哈即构引阿黑麻捉拿陕巴，前到土鲁番羁住。与先年奏勘情由不同。若果阿木郎构引阿黑麻来捉陕巴谋欲夺爵是实，缘何阿黑麻到来不将陕巴杀害，却将阿木郎碎割杀死。情有不通。若以为先奏是虚，今勘是实，未见追究先年具奏何人作弊，将见在阿木郎捏作已死。及将阿木郎与写亦虎仙共谋夺爵情由，隐匿不奏，致遗后患。

又查得弘治六年差侍郎张海等经略哈密，降敕责谕土鲁番，闭关绝贡。至弘治十一年，方将陕巴放回。陕巴复立，嗜酒掊克，不能自立。属夷头目阿孛剌等怀恨，至弘治十七年，暗构阿黑麻子真帖木儿，时年一十三岁，前来哈密守城。陕巴闻知，弃城走往瓜州，真帖木儿亦回剌术城住。镇巡官得报，差通事毛见前去剌术城，见真帖木儿，说称"哈密头目来说，陕巴丢下城去了，恐怕达子夺占了。若众大人着人来守哈密，我回往土鲁番去，没一些儿歹意"等语。毛见同真帖木儿回至哈密，差人来甘州报知。镇巡官会议，观真帖木儿所言，似无真实夺占哈密之意，当差官舍将都督奄克孛剌、写亦虎仙等送至哈密，抚谕夷众，仍令陕巴复去守国。奸恶头目阿孛剌等执迷不听，要真帖木儿守城，都督奄克孛剌等同官舍董杰等将阿孛剌等六人擒杀，余党方才畏服。董杰回报，镇巡官复差都指挥朱瑄带领官军，将陕巴送到哈密守国，抚送真帖木儿回还本土。本夷因见彼时伊父阿黑麻已死，众兄仇杀离散，不肯回还，告要暂住哈密，依附奄克孛剌住过。朱瑄等虑恐陕巴怀疑变乱，将真帖木儿带来甘州羁住。后陕巴病故，伊男速坛拜牙即袭封。阿黑麻故，伊男满速儿继立，节次纳贡，差人赍送番文，内称："我这里不曾做有罪的事，如今要两下里和好时，把真帖木儿好好的看顾，两下里如鱼水一般行走。"后该镇巡官奏要将真帖木儿放回，本部议得："真帖木儿羁留我郊，正得古人质其所亲爱之意。彼土鲁番卑词纳贡，未必皆实，未可即发。"复行镇巡官再议回奏，本部会官议准，赐与真帖木儿冬夏衣服靴帽，礼部查例奏关镇巡官设筵宴待；速坛满速儿并弟兄头目、速坛拜牙即并头目各照数给与段匹梭布，以慰其心。正德六年七月内奏行放回讫。今查巡抚都御史李昆等先次具奏："据兵备副使陈九畴会审得写亦虎仙再三称冤，执词不服。拘集先日差去哈密探听夷情赛打黑麻并火信、马昇、马驯、马骥等，覆审得写亦虎仙构引真帖木儿来哈密坐守，将真帖木儿哄诱取在甘州抚养，写亦虎仙赴京进贡，串通进贡回回假写番本，取讨真帖木儿送回。"缘查前项取讨真帖木儿系镇巡官奏放，会议准放回。今称写亦虎仙假写番本取讨放回。原奏系属夷阿孛剌等因陕巴害人，吓逼逃走，构引真帖木儿来哈密住守，镇巡官差奄克孛剌、写亦虎仙将阿孛剌等擒杀，都指挥朱瑄等将真帖木儿带回甘州。今称写亦虎仙构引真帖木儿来哈密，又哄诱取在甘州抚养，俱与先年奏勘情由不合。

又查得正德八年九月内，哈密忠顺王速坛拜牙即走入土鲁番地面，头目火者他只丁来占守哈密城。正德九年正月内，镇巡官差千户马驯、马昇等前去哈密，访察夷情，有土鲁番速坛满速儿带领头目夷兵，在城驻扎，差夷使亦思马因等一十六名，递回回字，内开："速坛满速儿说：我干的好事也勾了。这哈密城金印见在我根前，馈我一万段子，把哈密城准时我交付馈他，我差去的使臣和赏赐，快些儿打发出来。不快来时，我也没有好。田禾熟了时节，我领着军马往你汉人地方上去。"本年五月初四日，回还土鲁番去讫。

马驯等又问："速坛拜牙即因何弃城？"众称："被奸夷哈即吓逼，投去速坛满速儿处，无由遮饰，告讨人马要来汉人地方夺城。"又访得忠顺王速坛拜牙即因贪酒色，不行正事，剥削害人，众夷怀恨，被奸夷哈即吓往土鲁番去了。又访得哈即专与速坛满速儿透漏事情，今已往沙州去了。写亦虎仙等说称："城池别人占了，印在别人手里，他教我死就死，教我活就活，我每怎敢主张把王馈谁做。有奄克孛剌是罕慎亲弟，若着他袭爵也好。"马驯等又称："写亦虎仙向职等哭着说：我的家当妻子都在甘州。有速坛满速儿要调瓦剌人马同往甘肃地方踊抢，仓里无粮，人没吃的，一定投顺了。他把朝廷地方坏了，官军人等我的妻子都是死数。你每务要禀知三堂，急调河东大势官军，同甘、凉各城人马，前来肃州，等着截杀。"马驯等将前访取夷情，具呈都御史赵鉴等，转行总制都御史邓璋，俱于正德九年五月内会本奏称："亦卜剌等贼见在西海盘据，土鲁番又求讨赏赐，要来侵犯。若因逆虏夸张大言允其所求，不无上辱国体，下损军威。"要照先年差侍郎张海等事例，差官经略。

本部会同府、部等衙门及科道官议得，土鲁番分外求讨赏赐，事出无名，不可轻与。差官经略，有碍难行。推举都御史彭泽总督甘肃等处军务，量调延宁人马，前去甘肃，逐剿亦卜剌等残贼，令其远遁，遏绝土鲁番夷，不使内侵，事宁回京。及请敕一道，赍付镇巡官，就赴土鲁番差来使臣赍回，责谕速坛满速儿，令其改过自新，将拜牙即送出，献还城印。及请敕赤斤蒙古、安定、苦峪、沙州、罕东、曲先、罕东左等卫，点集人马，保固地方。土鲁番若来侵犯，即便相机截杀，如遇天兵进剿，即便率众应援。

正德九年十二月内，火者他只丁等率领人马，来到肃州近边王子庄、苦峪、赤斤等处，抢掠属番男妇三千余口，马驼牛羊不计其数。番贼逼近肃州，反形已露，一面赍递番书，挟求赏赐。彼有彭泽见统延宁人马，在于甘州驻扎，却乃故违勅旨，不行火速发兵遏剿，保护属番，又不遵会议赏赐不可轻与事理，擅自主张，选差官通出使绝域，纳币虏廷，取讨城印，示弱求和，中贼奸计，以致土鲁番夷得肆其志，挟求增币，遂无厌足。彭泽又隐下前项王子庄等处抢杀贼情，妄奏："亦卜剌残贼日思北奔，土鲁番虽欲侵犯肃州，决不可得。"又不候差去送赏人回，处置停当，妄奏："西夷就降，事已宁息。"其差去人系正德十年二月初三日出关，十七日到哈密。马骥等复回，添取赏赐。三月初八日马驯等起程前去土鲁番讲和，八月内取赏到土鲁番，十二月初三日方才取回金印，入嘉峪关，到肃州。彭泽先于本年闰四月内起本奏称"远夷悔过，献还城印"，通属欺罔。本部节次议奏"土鲁番侵犯肃州，启衅纳侮，事必有由，要将启衅误事之人参奏究治，庶使以后，使臣不敢生事远夷，怀奸误国"等因，节次题奉钦依通行查勘。今各官勘称，土鲁番夷来肃州近边抢杀，求讨赏赐，彭泽不知诈情，听从与赏，差官前去土鲁番，抚取金印。前项故违敕旨，不遵会议，擅差官通赍赏讲和，开启衅端，遗害地方等项重情，俱被彼处原勘官符同隐匿，致无查照参究。

又查得正德十年十二月内都御史李昆等奏称："本月初三日，原差官通旗军赛打黑麻等，夷使都督写亦虎仙等，随带土鲁番地面使臣失黑把息儿等，将带方物，到关进贡。哈密众头目亦差使臣同来进贡。据千百户赛打黑麻、马驯、马昇呈称：'奉总督等官指示方略，赍领段绢、梭布等项共二千匹件，交与速坛满速儿，交收取获印记番文回缴。被火者他只丁占守哈密城言说，我根前没五百段，我不回去。赛打黑麻等同众商议，措赊马匹等物，准段一百五十匹，余皆听许，本夷方允本年十一月初六日归还土鲁番去讫。'随取到速坛满速儿番文一纸，内说：'你每差来通事火信等说的好话，赏赐的数儿里头都开着里。我便依了，哈密城、金印馈了。如今你每与大明皇帝根前写一个本去，我的东西拿着来，便我报你每的恩。你说我王子金印、城池馈了，我每奏朝廷和番，好赏赐讨着馈你，这么说来。没有时，我把金印、城池也不馈，事也不好。'十月二十八日，土鲁番写了又一纸，说称：'如今你每许下的东西，哈密城、金印馈了的后头，要是么便差使臣与朝廷进本讨将来。'又哈密卫都督满剌哈三番文一纸，内称：'总督老爹面前：老爹每说，你是我的人，如今你和百户赛打黑麻一答里去，金印、城池讨将来。我说，老爹每和番赏赐重重的有时，我去汉儿人去便好，教我去，他讨的东西馈我，便我去，把金印、城池讨着来。速坛拜牙即不在土鲁番，那个事我不敢承当。老爹每说：和番赏赐要时，好话不说，你好说，便速坛拜牙即没有，把金印、城池馈了罢，你好说，便要是么馈你，你差一个人拿着印信文书来。小段子儿什么稀罕，你说一万段子，奏朝廷蟒衣、膝阑、织金段子、纱罗、银器、珍珠，和番时你讨了。我奏朝廷，把你讨的进贡使臣都发馈你。我这个话哈密里火者他只丁根前说了，把金印讨出来，把赏赐驮着土鲁番去馈速坛满速儿王子了，把哈密城交付与我，金印馈了，都督写亦虎仙、火者马黑木、百户赛打黑麻拿着去了。他每又许下东西，馈时平安无事，若不馈，照旧坏了。'"

又该都御史李昆等奏："正德十一年十月初十日，火者他只丁、牙木阑差夷使斩巴思等，递送哈密卫都督满剌哈三回回字文书一纸，内称：'写亦虎仙、百户赛打黑麻、通事法虎儿、马驯许了一千五百段子，因为这么干事，我每差了虎都六写亦、火者散者儿伴送土鲁番使去了。'又火者他只丁回回字文书一纸，内称：'写亦虎仙、火者马黑木、百户赛打黑麻、马驯、法虎儿丁来，我做了保人，金印、城池才馈了。后头定了两个月，又一千五百段子许了去了。我每出了哈密三个月，剌术地方坐了，不见人来。我每往土鲁番去了，又坐了三个月。后头火者亦思马因、满剌垛思来了，许下的段子不曾馈我每有，差的虎都六写亦、马黑麻撒者儿等去的人不见来，把差了去的人也不敬，这么说将来。王子十分恼了，他的人马都收拾了。我每差人馈他说了这个事，那里大头目做的事，大明皇帝不知道，你便不要谎，我每到哈密里把这个打听。中间有把刺克老爹每的文书拿着来了，我每文书虎力纳咱儿带到王子根前去了'等语。又说：'便把虎都六写亦、马黑麻撒者儿带一千五百段快些儿打发出来，差去的好好的敬着，打发出来。我每年年进贡，我每前头例也不肯断了。你每不依我每便事也坏了，路也不通。'又于斩巴思衣服内搜出番文一纸，牙木兰与写亦虎仙说称：'你和我说了去了，一千五百段子迟了不见来，因为这么干事，十分恼里，馈里不馈，与我说将来'等语。"前项番文，俱有镇巡官原奏案卷见存。

…………

切详虎都六写亦、火者撒者儿系随同差去官通及差来进贡夷使押送金印取赏人数，镇巡官不合无故拘留，日久不行放回，亦不具奏。委官参议施训等审得虎都六写亦、火者撒者儿假作送印取赏，就来探听消息，将各夷问拟境外奸细入境探听事情，斩罪，监候处决，情罪俱不相当。及看得斩巴思等既是赍递番文，赶喝驼马牛羊二百七十余匹只明白入关，比与潜入境内探听事情被官军盘获者，情由不同。况斩巴思所赍前项番文内说情词，皆以虎都六写亦、火者撒者儿二人不见放回，及不与原许段子一千五百匹为词，系干夷情。斩巴思等十月初十日进关，陈九畴等自合即时转达镇巡官议处定夺，不合辄便收监。至十一月十六日，土鲁番贼至肃州城西十里，杀死芮宁官军。至十九日，贼势渐退，陈九畴方将斩巴思等打死，问拟奸细，情有可疑。

又查得李昆节次奏内开："正德十一年九月初五日，赤斤蒙古卫番人盼卜来肃州报说，土鲁番人马本月初二日到柴城儿扑抢。十月内，他失把力城哈剌灰头目添哥乩儿的五名告递番文，报说：'今年六月内，火者他只丁将哈密城夺了，商量要往汉人地方上来。'十月二十八日，罕东左卫番人土六摆哈报说：'十月十一日早，速坛满速儿领四千余人，扑到沙州，把在城四野番达男妇帐房头畜尽都抢杀了。'十一月初七日，赤斤蒙古柴城儿住牧番达察劳等四名报说，土鲁番贼抢杀入境。十一月初九日，柴城儿住牧阿卜儿加等四名，亦报回贼抢杀。十一月十一日，史镛等差夜不收到肃州爪探声息，有参将兵备说称：'贼在钵和寺住扎，瞭见火光，待差人哨探，的确回报，其肃州无有粮草，甘州军马且不必动。'至十五日，贼已进嘉峪关，陈九畴、蒋存礼方差夜不收瓦合加赴甘州禀报。十七日午时，方到甘州，史镛等方议发兵。"显是陈九畴等明知贼已逼境，寡谋轻敌，意欲自己图功，假以无粮，阻当援兵。及史镛等系是主将，听从陈九畴主使，不早发兵。俱故不设备，以致攻陷城堡，损折官军，俱有违法律。……肃州一城，精兵杀戮殆尽，远近城堡，男妇头畜米粮被其荼毒抢掠，奚止数万。百余年来所无之事，皆由总督、镇巡等官处置乖方，开启衅端所致。若不明正各官之罪，不惟无以垂戒将来，以后边务益难修举。……正德十三年二月二十九日具题。

奉圣旨："是。彭泽、李昆、陈九畴已有旨了。堪以更替甘肃总兵官并肃州参将的便各推两员来……待提解各该干问人犯到日，差法司通行查照究问明白，再会官覆审了一并来说。写敕晓谕等项事宜都依拟行。"钦此。正德十四年六月二十五日，该刑部等衙门会本具题。奉圣旨："是。这边方事情，你每既会审明白，彭泽擅差都督写亦虎仙等赎取城印，许与段匹，致遗后患。本当提问，既先已革职为民了罢。史镛、李昆、许宣、蒋存礼、陈九畴节闻警报，不早设备。李昆又拘执夷使，停留敕书；陈九畴阻止发兵，失误应援；本部当重治。但既称史镛到任未及三月，蒋存礼寡不敌众，史镛降二级，蒋存礼降三级，各带俸差操。李昆也从轻降二级别用。许宣着闲住。陈九畴擅拿都督军职，责打拘禁致死，你法司还依律从重拟了罪来说。马驯等传报夷情，既有反覆，也拟了罪来说。米儿马黑麻为父诉冤得实免问。……"钦此。

《晋溪本兵敷奏》卷七

为远夷归顺悔罪祈贡等事

王 琼

会同太傅定国公臣徐光祚等，少保兼太子太保吏部尚书臣陆完等，看得甘肃镇巡官都御史邓璋等奏称："土鲁番节次递到番文，皆谓写亦虎仙之取城印，许段未与，及将讲和头目朵撒恰等责打收监，将取段头目虎都写亦等拘留不放，并节年贡使起数俱不打发回还。执此一词，前后不易。大抵声言启衅之端，掩饰犯边之罪。今已六次悔罪请和，乞要照旧入贡，合当随宜抚处。"及称："土鲁番见差夷使马黑麻火者等，撒马儿罕贡使火者马黑麻打力等，并哈密卫买卖夷人满剌俄六思等，应否准贡起送，乞请定夺明降示下。"又称："马黑麻火者执称，'速坛拜牙即逃走，先在阿速城巴义处，后又在速坛撒因处，几次差人去取，畏惧自不肯来'。合无候拜牙即送还惟复另择相应之人袭立。"又议："暂令都督奄克孛剌带领畏兀儿、哈剌灰各种夷人俱调苦峪，暂且居住，修理城池，开耕地土，处置牛具种子，保有赤斤蒙古、苦峪、罕东之地，为肃州藩篱之倚。行陕西布政司查支官银一万五千两，抚夷支用。"又称："审得走回夷人拜言土骨思供报：土鲁番俱留家人哈密种田。及称：扎把乩儿的儿子马黑麻迭民告着往沙州馈他老子报仇，速坛满速儿收拾军马，教马黑麻迭民往沙州坐去"等因。

臣等议得，近该多官于午门前会问土鲁番犯边各官启衅误事情由，俱已明白。所据土鲁番既已犯边，理当阻绝，不许入贡。但本夷先曾纳款，献还城印，后因差人送印收取原许段匹不与，又将差来人拘留不放，以此犯边，事起有因。今已六次悔罪请和，又差人扣关求贡，若终拒绝，不许来贡，恐非抚驭外夷之道。合无将都御史彭泽原取送印谢恩见在京土鲁番夷使失黑把息儿等，及哈密年例进贡夷使阿都哈力等，并伴送土鲁番夷使火者马黑麻等，但系礼部见收陕西行都司奏缴册内有名夷人合得支待赏赐，礼部上紧查例奏请定夺给赏。及土鲁番原差送印先问斩罪今辩供明夷人虎都写亦，量给与赏赐衣鞋。通查分为几运,量差的当序班,同原来人役,伴送回还。沿途官司各照例应付口粮脚力等项,不许阻滞。到于甘州镇巡官处,连存留在彼同起进贡夷人,一同上紧打发出关,各回本土,将出关日期回奏查考。见在京问完发落并供明免罪等项夷人,俱应付口粮脚力,就令差去序班,一同押送甘肃镇巡官处收查,各发回原卫原籍,随住宁家,等项发落。见在甘州收监夷人朵撒恰等,俱准放回,令与失黑把息儿等一同回还。其土鲁番等处前项镇巡官具奏已到关求贡夷人马黑麻火者等,并以后再有来贡夷人,俱令镇巡官督同副参三司等官逐起审验明白,查例相应量数存留起送,务差的当有职人员,各另管伴定限赴京,毋容似前错乱顶冒及例外多添。到京之日,礼部查照,如有违错,将镇巡官参奏究治。

仍请敕一道,责谕土鲁番速坛满速儿,大意谓彼前朝廷降敕,就令尔国差来夷使赍去,责谕尔将忠顺王拜牙即并金印送回,朝廷自有赏赐。又敕都督写亦虎仙等共守哈密。又恐达贼阿尔秃厮、亦卜剌与尔土鲁番犯边,特差都御史彭泽调集人马前去防御截杀。不意彭泽不依朝廷敕旨行事,尔的头目火者他只丁领人马来到嘉峪关外王子庄等处抢杀,彭泽不发人马截杀,却自出钧帖,差写亦虎仙等将带段布、银器等物,送尔讲和,求取拜牙即不得,止将金印交还。尔因差人送赏到彼,即敢肆志,数外勒许段匹,差人押带写亦虎仙等前来甘州取讨。彼时彭泽已回,所许失信,巡抚都御史李昆等不照彭泽行事,将差来人拘留,又不即奏闻区处。此皆各官处置乖方所致,朝廷俱已明正其罪。但尔岂不知天朝至大,万国来王,辄敢率众犯我边境。边报一到,即命大将率领各路精兵征进,廷臣议奏:不必劳兵远出,止可闭关绝贡,不许往来。要将先差进贡夷人俱迁发烟瘴地面安置。今镇巡官节次具奏,谓尔六次投进番文,悔罪求贡,情皆真实。廷臣谓尔既犯大顺,不可轻许。但朝廷念尔远夷无知,既已倾心悔过,特赦尔罪。其未犯边之先差来送印夷使失黑把息儿等俱给与赏赐,并虎都写亦也量赏赐,及将朵撒恰等一同放回。见差到关进贡夷使,准尔所请,亦令镇巡官验放赴京。今后尔宜感朝廷恩德,尊敬中国,尽藩臣礼,不许似前听信小人往来搬弄是非,辄起歹心,自取弃绝。但有应奏事件,务写本土印记番文,照常投进。一应行去事件,务要验有朝廷御宝敕书,及镇巡官奏奉圣旨印信文书,方许凭信。其拜牙即行事不正,弃国逃走远地,已经年久,自不敢来。已命镇巡官查访忠顺王的亲族属，奏保承袭，特谕尔知。及令哈密卫都督共守哈密，为尔西夷通路，以后不许再来哈密生事打搅。若尔国夷人进贡经过沙州，被达贼抢害，告知镇巡官处治，不许擅动人马，前来沙州等处住坐。

将敕就交与失黑把息儿、虎都写亦同朵撒恰等捧回，着令速坛速儿迎接，设置香案开读，差人谢恩。

仍写副敕一道，赍与甘肃镇巡官，将敕内事意，先令通事明白宣谕失黑把息儿、虎都写亦、朵撒恰等，通知到彼传说。及照都督满剌哈三，正德十一年土鲁番犯边之时，正在哈密住坐，不能劝阻死守哈密，姑免治罪，已为万幸。今来肃州求讨蟒衣、玉带，难以准给。况已年老，相应替职。及照邓璋等奏要敕奄克孛剌带领畏兀儿等哈剌灰各种夷人，俱调苦峪，暂且居住，修城种田安插一节，深为有益。但哈密卫都督四人，内奄克孛剌、失拜烟答俱已死，写亦虎仙、满剌哈三俱年老，合无行令镇巡官上紧查勘各人的亲应袭儿男，照例保送，赴京袭替。满剌哈三着发回卫闲住。仍从公勘议勘以住守苦峪之人，另行具奏议处。再照忠顺王拜牙即自作不靖，正德八年弃国逃走，至今年久，远避绝域，自不敢回，难以强求复立，又启衅端。合无行令镇巡官从公体访忠顺王派子孙应该承袭之人，保勘明白，具奏定夺。

缘系兵部原议处置哈密夷情，系干事体重大，候法司会审见监问夷人写亦虎仙等事情毕日，会同各部、都察院、通政司，大理寺各堂上官，并六科十三道掌科掌道官，计议停当，奏请定夺事理。正德十四年七月初八日会题。

未奉明旨[①]。

《晋溪本兵敷奏》卷七

为夷情事

王　琼

看得巡抚甘肃都御史邓璋等奏称"沙州帖木哥差人赍递番文'审得革力乜供称，哈密卫夷人拜卜剌被土鲁番抢去，逃回到沙州。及听得土鲁番察台

---

① 编者按，此题本之后，八月初七日又上一疏，"捷望圣明俯察臣等先奏会官议处事理，早赐宸断，钦遵施行"。但结果仍是"未奉明旨"。参见《晋溪本兵敷奏》卷七。因内容大体相同，不录。

人马要抢帖木哥，又有瓦剌达子也要抢来。我每大小人民害怕，差我往老爷每上教我每在那里坐'等情。已译写汉番字钧帖，就令本夷赍与帖木哥等，务要尊事朝廷，坚守臣节，和睦邻番，昼夜加谨，收拾部落，保守境土。遇贼果来侵犯，并力剿杀，仍即差人传报调兵策应"一节。查得帖木哥先年阻遏速坛满速儿及节次杀死土鲁番回贼，屡经受赏，今偶闻传报之言，辄为迁避之计。镇巡译写钧帖，谕令收拾部落，睦邻保境，遇贼侵犯，并力剿杀。仍即差人传报，调兵策应。处置待宜，别无定夺。但甘肃地方边年用兵，官军疲敝，钱粮缺乏，再有边衅，实难调遣。况先年都御史彭泽抚取送印赴京进贡夷人，未曾放回，近年扣关认罪求贡夷人，未曾放入，犯边之事，难保再无。伏望皇上俯念边远夷情，关系至重，特准本部会官原议早赐宸断。放出先贡夷人，赉回赏赐，以慰远夷之心。及准新来夷人入贡，以羁縻其向化之念。正德十四年九月九日具题。

未奉明旨。

《晋溪本兵敷奏》卷七

为夷情事

王 琼

看得巡抚甘肃都御史邓璋等会本奏称"土鲁番差来夷使牙儿马黑麻等，哈密夷人满可卜剌等，赍递番文，要差两个汉儿人前去取速坛拜牙即等情。邓璋等已差通事虎得山、马秀二名，领赍钧帖二道，与同土鲁番差来夷使牙儿马黑麻、哈密夷使满哥卜剌等，给与路费，于八月初三日差人自肃州伴送出关，听其自行回还。缘今本国节年进贡夷使在京及贡回在途者，先因本酋侵犯肃州，见该法司勘问，兵部会议处置。倘因臣等先奏本酋款服从轻发落，后乃闭关绝贡，不无有碍施行。乞要会议之时，将今次会题事理，查并处置"一节。

臣等查得正德十二年二月内，本部会官议得，土鲁番既犯肃州，理当闭关绝贡，不许往来。如果自来告受抚谕，将忠顺王拜牙即送到肃州，别无挟诈，具奏定夺，原无许令镇巡官差人去取拜牙即。及今正德十四年七月内本部会官议奏，拜牙即弃国逃走年久，难以强求复立，又启衅端。……今邓璋等既奏土鲁番夷使马黑麻火者认取拜牙即出于情愿，并无逼勒，自当送还，今仍违构，以羁留夷人借口求讨赏赐为词，要汉人前去取信，谲诈贪婪，如常无厌。却又擅差通事虎得山、马秀二名，赍钧帖二道，同去抚取，蹈前覆辙，事属卤莽，合当查究。但因节次会议具奏事理，未得速赐处分，以致邓璋难于遵守，又有前奏。臣等窃惟抚驭四夷不在于边兵强盛，而在于处置得宜。天下之事不在于临难救解，而在于先机预防。前项甘肃夷情已蒙圣明洞察，处置得宜，命官会议具奏三个月余未蒙俞允。甘肃去京往回万里，事久不决，必生他虞，征调官军，骚动边境，实非细故。伏望皇上俯念边方夷情至重，将正德十四年七月内本部会官议奏事理，早赐宸断，本部马上差人赍送甘肃镇巡官遵守，庶不误事。

未奉明旨。

《晋溪本兵敷奏》卷七

十四年，都御史邓璋奏："土鲁番六次悔罪请和入贡，合当随宜抚处。"兵部尚书王琼议称："若终拒绝，不许来贡，恐非抚驭外夷之道。请将在京番使马黑麻等及哈密年例进贡夷使分为几运，伴送甘州，连存留在彼同进贡夷，打发出关。见监夷人朵撒恰等，俱准放回。"会题留中不出。后兵部五疏："甘肃去京往回万里，事久不决，必生他虞。征调官军，骚动边境，实非细故，早赐宸断。"上不答。

邓璋见夷使久候，恐又生变，议差通事虎得山同夷人马黑麻赍谕番酋，以取抢去人畜为名，实欲慰其心。

《殊域周咨录》卷十三《土鲁番》

十三年，[写亦]虎仙子与侄婿以前所犯下甘肃镇巡狱，虎仙乃谋密遣添歌乱儿番令来乞和，否则挑战。事发，都御史邓璋奏遣刑部陈郎中、锦衣彭千户往会勘，马黑木又与钱宁捏请，带同官校往肃州选取妇女，几致激变地方。虎仙与侄婿夤缘俱赐从朱姓，传升锦衣指挥，随驾南征。

《殊域周咨录》卷十二《哈密》

正德十五年（庚辰 1520）

[正月，戊戌]，土鲁番、哈密使臣舍黑、白虱儿等赴京朝贡，留二年，

自言资尽而赏未给，乞还。事下，礼部议谓，"本部久已拟奏，犹未得旨，请先给赏，而遣还之期尚须后命"。于是，内批赏金织文绮彩缯有差。

《明武宗实录》卷一百八十二

［六月］，甲子，土鲁番速坛满速儿遣使奉表入贡，因归所虏官军镇巡程㺫等并哈密王速坛拜牙即妻妾家人，惟王尚留不遣，诡称王走寓哈失硖儿速坛写亦王子处。守臣因奏："土鲁番屡乞和，宜通使，并遣还羁留夷使朵撒恰等。"兵部集议，既许之矣，巡按陕西御史潘仿复言："往年土鲁番犯顺，杀戮之惨，虏掠之众，不可胜计。今此悔罪，果足以赎前日万分之一乎！数年以来，虽尝下闭关之令，尚未议问罪之师。今彼以困急求通，且将窥我意向，探我虚实，缓我后图，诱我重利。不于此时稍正其罪，未免启轻视之心，招反覆之衅，甚非所以制驭之道也。况彼番文多有可疑，盖哈密乃我封国，彼乃视为固有，虽已献还，又入居之，因以坐索夷使。独未献也，又执难从之请，示敢拒之状，当悔罪求通之时，为恭慢相半之语，其变诈可见矣。若曰来则不拒，御戎之常，遂尽略彼事之非，纳求和之使，必将叨冒恩礼，厌饱赏饩，加以和市私贩，满载而还。所欲既足，骄傲复萌，少不慊心，动则借口，反覆之变，且在目前。何也？叛则未必有罪，而利于虏掠，来则未必见却，而利于赏赉，复何所忌而不为是反覆也哉。臣愚以为宜乘其窘迫之时，聊为慑伏之计，虽纳其悔过之辞，姑阻其来贡之使，降敕责其犯顺，仍索归还未尽之人，虏掠未献之物，将番文可疑情节，逐一诘问。择使者往议，使彼知在我者难挽，而在彼者易制，然后纳之。庶几变诈可消，归服可久。"兵部执议如初，诏从之。

《明武宗实录》卷一百八十七

十五年，陈郎中等拟添哥乩儿等坐绞，马黑麻等坐徒。马黑木从陕西径往南京见上，亦留随从，与［写亦］虎仙等生事害人。十二月，圣驾到京，虎仙等仍住会同馆。

《殊域周咨录》卷十二《哈密》

正德十六年（辛巳 1521）

［三月，丙寅］，是日又传遗旨："哈密及土鲁番、佛郎机等处进贡夷人

俱给赏，令还国。……"

《明武宗实录》卷一百九十七

[四月二十二日，明世宗]御奉天殿，即皇帝位，遂颁诏大赦天下。诏曰："一，回夷写亦虎仙交通土鲁番，兴兵构乱，搅扰地方，以致哈密累世受害，罪恶深重，曾经科道镇巡官勘问明白，既而夤缘脱免。锦衣卫还拿送法司，查照原拟，问奏定夺。……"

《明世宗实录》卷一

十六年四月，太监秦文传奉嘉靖登极圣旨："哈密及土鲁番等处原差来进贡夷人，该放回的，照依该部原拟赏例，给与赏赐，差人伴送回还。其余的着在会同馆安歇，该管官员严谨关防，不许纵容出入。"

上又诏："[写亦]虎仙交通土鲁番，兴兵构乱，搅扰地方，以致哈密累世受害，罪恶深重，曾经科道镇巡官勘问明白，既而夤缘脱免。锦衣卫还拿送法司，查照原拟，开奏定夺。"

《殊域周咨录》卷十二《哈密》

十六年五月，兵部再议得："土鲁番酋听信奸夷[写亦]虎仙等诳诱入寇，镇巡等官因将差来亲信头目朵撒哈等羁留不遣。节次卑辞祈请，近奉明旨放回，已足慰其想望。若遂许其通贡，恐彼悔悟未深，和好难久。"诏是之，通行阻回。

《殊域周咨录》卷十三《土鲁番》

正德间，番人写亦虎先，与其甥米黑儿马黑麻，以贡献事诬陷甘肃文武大臣入狱，时钱宁、江彬用事，二夷人者，或享大官之馈于刑部，或从乘舆竣珍膳于会同馆中，或同仆臣卧起，而大臣则桎梏幽囚而已。时礼部主客主事有梁焯者，广东人也，每以法约束二夷。二夷谓人曰："天颜可即，主事乃顾不可即耶！"二夷或驰马于市，或入朝就审，尝睥睨朝臣有若无之状。嘉靖初，乃移就陕西狱讯鞫，盖始就大辟焉。

《天下郡国利病书》第三十四册《西域土地内属略》

[六月，己亥]，赏哈密卫新袭左都督把的字剌及从官彩币、织金袭衣、靴韈有差。

[庚子]，土鲁番、撒马儿罕、哈密诸夷使假进贡名，在京商贩，有留会同馆三四年者。至是，诏礼部申严旧例，禁诸夷不许私出馆外，勒期遣还。

仍治诸私通交易乃诱引纵容者罪。其曾经犯罪夷人来贡者，敕边吏勿复纳。

《明世宗实录》卷三

［七月，乙丑］，土鲁番使失黑把息儿等，撒马尔罕使把好丁等……俱入贡方物，诏赐文绮、靴韈有差。

《明世宗实录》卷四

［十一月，丙子］，逆番写亦虎仙伏诛，其子米儿马黑麻、婿火者马黑木、侄婿米儿马黑麻皆论死，没其家。弘治间，以陕巴为忠顺王，王哈密，以虎仙为都督辅之。虎仙凌陕巴，欲夺之王，尝潜导土鲁番再入哈密，驱陕巴以去，皆赖朝廷抚处得归。陕巴死，子速坛拜牙即立，虎仙以朝贡为名，时往来甘、肃间，因家焉。其后奉命使土鲁番，说其酋曰："甘肃易下也。"又教之诱执速坛拜牙即，据其地。朝廷又遣官谕赐番酋，令归速檀拜牙即。酋遣虎仙、火者马黑木率诸番，名纳款，实欲引兵逼肃州，而虎仙等从中应之。事觉，虎仙等被收，土鲁番遂引去。寻逮治虎仙，竟获释，遂缘钱宁荐，与二婿俱入侍毅皇帝，赐国姓，传升锦衣指挥，从南征。至是，始追论其罪云。

《明世宗实录》卷八

于是法司复题："查得［写亦］虎仙止有一妻一妾，与子马黑麻住甘州，又一妾住哈密。参照虎仙本以西域狡夷，滥膺朝廷品爵，不思匡辅哈密，为国藩篱；却乃潜通土番，犯我疆圉。妄许段匹，致芮宁之丧师；谋为夷王，逼忠顺以失国。搅扰地方，为患多年，交结权奸，旷诛二载。所据本犯罪恶深重，议拟前罪，缘坐其家口，籍没其财产，于法允宜。本犯未到男米儿马黑麻藏兵甲于井中，思乘时而构乱，遣家僮于徼外，欲借寇以复仇。婿马黑木诱令番酋夺占哈密城池，率同他只丁抢掠近边人畜。所据各犯俱与虎仙罪犯相同，亦当拟谋叛之律。共侄婿马黑麻交结权臣，传升近侍，蛊惑先帝，渎乱天宗，相应议拟奸党罪名。"上从之。虎仙寻毙于狱。

《殊域周咨录》卷十二《哈密》

十一　明嘉靖时期（1522—1566）

嘉靖元年（壬午 1522）

嘉靖元年二月，番酋又遣夷使将方物庆贺进贡，镇守衙门奏，行兵部议得："本酋祈请颇切，若复不纳，恐失制驭蛮夷来则不拒去则不追之道。"诏："土鲁番并撒马儿罕等处差来夷使，著分定起数，陆续选委老成的当官员，伴送来京。"

《殊域周咨录》卷十三《土鲁番》

嘉靖二年（癸未 1523）

［五月，癸酉］，初，哈密都督写亦虎仙伏诛，其子米儿马黑麻、婿火者马黑木、侄婿米儿马黑麻以同逆，具下吏鞫问。至是，抚按上其状，命斩于市，子女没入安置如法。

《明世宗实录》卷二十七

嘉靖三年[①]，马黑麻系行都司断事狱中，又于柴内藏刀送入，纠同在监重犯陈淮等一十三人反狱，持刀杀出，将甘州右卫镇抚监门打开，劫出在监奸细夷犯虎儿班等，越城而逃。陈九畴并副使姚文渊遣人捕获，拟死未奉决单，巡按御史卢问之恐其留为后患，遂行处决。卢问之后被奏擅杀，调外任用。

《殊域周咨录》卷十二《哈密》

---

① 编者按，应为"二年"。

[九月，癸酉]，撒马儿罕并土鲁番、天方等国番王头目宰纳等各备马、驼、方物，差使臣土鲁孙等来贡。赐宴并彩段绢布，其存留甘州者，遣通事赍送验赏并回赐番王头目礼物，令该使领回给与。

[癸巳]，甘肃镇巡等官都御史陈九畴等奏："哈密卫新袭都督把的字剌故，乞将亲弟乜吉字剌及请访求忠顺王陕巴亲属。"下兵部议，请待夷舍乜吉字剌至，本部行鸿胪寺译审的实，照伊父祖原授敕书令其袭职，领敕行事。其称忠顺王有无亲属，行镇巡官差人诣安定卫拘集番族从公体访陕巴的派应袭之人，取具印信保结奏夺，如无详议回奏。诏可。

《明世宗实录》卷三十一

[十月，辛酉]，西番满速儿等王差使臣速坛虎力献还被房人十口，并备方物来贡。

《明世宗实录》卷三十二

[十一月，戊寅]，撒马儿罕并土鲁番、哈密卫番王头目可春等遣满剌挽慎等来贡马及方物。赐彩段、金织衣、绢、钞有差。

《明世宗实录》卷三十三

[十二月，己未]，宴撒马儿罕等地面夷使火者马黑麻、写亦打黑麻、满剌挽慎等，土鲁番并哈密夷使速坛虎力等一百三十四名。

《明世宗实录》卷三十四

嘉靖改元，撒马儿罕等地面夷使火者马黑麻等四十二名，写亦打黑麻等二十四名，满剌挽慎等三十三名，及土鲁番并哈密夷使速檀虎力一十一名各进贡，陕西行都司指挥郑恺、张俊等伴送各夷俱于嘉靖元年九月后甘州验放入关，一齐起程。后有陕西西安府、河南真定府等处放债卖买，至次年十月到京。礼部尚书汪浚疏曰："正德年间，容令各处回夷在馆四五年住歇，恣意妄为，骄纵特甚。钦蒙皇上御极之初，尽将各犯拿问发遣。今各夷进贡起送，犹不知戒，伴送人员，不能钤束。在途迁延隔岁，日费廪给，先到京者，日费下程，等候同赏，光禄寺供应无穷。前项夷人一百六十八名，每五日钦赐下程一次，费银一百一十余两；每月六次，费银六百余两；二个月一千三百余两，三个月一千九百余两。延住月久，下程益多，旧例相沿，不为限节，委的糜费。候赏不得，反生嗟怨。合无将今次到馆已经译审给与钦赐下程，行光禄寺照例五日一次送，但经给赏之后，次日即与住支。行陕西、河南、直隶等处，各夷回还之日，但有与军民交通卖买，在驿递延住一日之上者，住支廪给，军民枷号问罪。伴送人员，不为钤束，从重治罪。敕下内府承运库，本部赏赐手本，到库之日，即给与彩段绢匹等项，不得稽迟坐费光禄寺下程，以重为民困。本部行提督会同馆主事，严为关防，开张卖买三日之后，不许私与外人交通卖买。如有货卖不尽，准令带回，作急催促起程。"

上从其议。

《殊域周咨录》卷十五《撒马儿罕》

嘉靖二年［写亦］虎仙复论斩罪死狱中，王琼谪戍，彭泽以兵部尚书致仕，李昆起为兵部侍郎，陈九畴亦以荐起用，复为甘肃巡抚都御史。时土鲁番复谋入寇，九畴得报，上疏曰："照得总兵官武振病故，臣会同镇守太监董文忠议得前项走回夷人供报番酋调集人马要行夺取甘肃地方等情，虽系传闻之言，然据理原情，似为不虚。何则？番酋听信往来进贡奸回之言，备知中国地方虚实强弱之情，恃彼雄长西域前驱列国之势，其立马天山投鞭断河之意，盖勃郁于胸中久矣。往年犯边所以未逞其志狼狈而归者，盖以来非其时，卧雪啮冰之贼不能胜屋居火食之主，势使然也。今乃当吾艿麦堆场糜谷棲亩农人野处之际，卒忽而来，是将因粮于我坐困我边也。防范机宜，曷可须臾少缓！乞敕兵部仍再速行陕西延宁三处镇巡官，将各边游兵人马作急催促前来本边，听臣等分布，并力捍御。再敕户部议发内帑银十万余两，委官押运前来，籴买粮料草束，供助军饷。"后失拜烟答子米儿马黑麻皆论死。

《殊域周咨录》卷十三《土鲁番》

嘉靖三年（甲申 1524）

［九月，丙戌］，回酋速坛儿等二万骑入边，围肃州城。镇巡官告急，兵部请调陕西延宁及庄浪四路游奇官军各三千，驰赴肃州，听都指挥陈九畴节制，巡按御史随军纪功。又以诸路客兵不相统一，请慎选大臣总制，武官提督，户部亟发官银二十万给之。上悉从部议，命遣太监一人监督，总提督亟

推堪任者以闻。已而部推原任兵部尚书彭泽可用。上特命兵部尚书金献民兼都察院右都御史，总制军务，署都督佥事杭雄充总兵官，提督军务，促令速往。

[己丑]，命选拨团营精骑六百，择把总骁健者三人统领，官赏银五两，军二两，令随总制尚书金献民西征。献民请以都指挥佥事申锡等五人自随。从之。

《明世宗实录》卷四十三

三年，土鲁番酋大举入寇甘州，上命："陕西延宁镇巡官并庄浪副总兵鲁经各选调游骑官军，推委谋勇官员，统领前往肃州，听都御史陈九畴节制，相机战守。还差太监一员，到彼监督军务。堪以总制大臣及提督总兵官上紧会官推举来看。户部只差能干郎中一员量带银两，督理军饷。"兵部尚书金献民推举："兵部尚书致仕彭泽、总督漕运都御史李钺俱各历练老成，充总制官。署都督佥事杭雄、都督同知马永俱各久任边方，充总兵官。再照肃州孤悬绝域，贼势重大，比与寻常声息不同。各镇调集官军素无统属，若不假以事权，急难责其成效。合无查照各年旧例，镇巡以下官悉听节制，临阵之时，都指挥以下有不用命观望退缩，听以军法从事。……"上即命金献民兼都御史，总制军务；杭雄着挂印充总兵官，提督军务，限三日内起程。命御用监太监张忠监督军务，并带犒劳银两及银牌、彩段、通事、天文生、医士同往。及赏参随人等官每员掌印银五两、布二匹，其余每人银三两、布二匹。

《殊域周咨录》卷十三《土鲁番》

[十月，甲午]，甘肃巡抚陈九畴奏求京库硫黄一万斤应用。工部覆："旧无此例，第今虏警方急，宜特与之。"报可。

《明世宗实录》卷四十四

应诏条陈十事疏

桂 萼

至如先年写亦虎仙被守臣诬其谋叛，已经朝审释放，夷情帖然，乃矫而杀之。顾一旦尽用其误事之人，致三年五月处决各夷火者，而八月土鲁番果

以杀降为辞，深入甘肃，沿边官民又骚然矣。（下略）

《皇明经世文编》卷一百七十九《桂文襄公奏议》

[十一月]，己巳，兵科都给事中郑自璧等言："土鲁番频年进贡，世受国恩。往据哈密以叛，都督缑谦、侍郎张海闭关绝其贡使，诸夷无所得，怨其酋长。速坛阿黑麻旋自悔祸，哈密复为我有。又真帖木儿以逼逐陕巴之故，镇巡官诱致甘州，羁养数年，生还乡里，感朝廷德惠非浅。且与甘肃居人往来颇久，牵制旧好。二酋者一则贪我之利，一则怀我之恩，纵其鼠窃狗偷，岁所不无，然电起泡灭，未有纠众深入困城堡迫抚臣如今日者也。且达贼亦卜剌、阿尔秀厮窜伏西海，尤号凶黠，与土鲁番二酋先世亲族，使乌合而来，甘肃二镇可为寒心。此系重大边情，彼中宜不时传报，以便庙堂措画。今自都御史陈九畴疏报之后，已四十余日，不闻音耗。恐诸贼分据要害，道梗不通；或镇巡等官措置乖方，威信不立，故观望蒙蔽，迁延不报。宜勅兵部遣人驰谕平凉、安会、兰州及河西红城子、古浪诸处，俱令侦探声息，各另飞报。仍行巡按甘肃御史躬诣河西，察访机宜以闻。尚书金献民本兵部重臣，虽不当久任边事，然暂藉其威望以节制诸臣，镇抚夷虏，亦计之得者。"兵部覆如所请。上是其言，悉从之。

[乙亥]，御史郑气言："兵部尚书金献民帷幄大臣，太监张忠、总兵官杭雄皆有坐营掌府之任，不宜远出甘肃。且京师去甘肃七千余里，以驰驱七千里之罢卒，当方张不测之回虏，恐非胜算。臣谓回虏深入，势不持久，三边兵马，亦足制之。若设总制大臣驻扎固原，总督三边军务，可办此矣。其金献民等，宜即召还，庶得居重驭轻之意。"章下所司。

[己卯]，提督军务兵部尚书金献民报："十月一日，回贼已由匾都口出境。然谍者言，贼至春间，且寇甘州。所发陕西延宁兵，宜视道里适中积有刍粮处暂驻听令。"诏兵部看详以闻。

《明世宗实录》卷四十五

兵科都给事[中]郑自璧疏曰："近该巡抚陈九畴报称，番酋纠领西域回回并哈密北口瓦剌旌小列秃，并沙州土巴、帖木哥，及瓜州遗孽各种二万余骑，困围甘肃，势甚危急。尚书金献民总制军务，刻期以行。但自得报之后，迄今四十余日，消息杳然。为照土鲁番系我朝进贡番夷，得我金帛茶香等物，以资生养。先年虽占据哈密，彼都督缑谦、侍郎张海奏蒙闭关绝贡，由是诸夷归怨，番酋悔祸，哈密复为我有。累朝以来，世受国恩。其酋妾所生子真帖木儿，先年曾逼陕巴逃遁，被镇巡官诱羁甘州，任其出入，服食色欲，亦不甚禁，豢养数年，生还乡里。感朝廷之恩，德抚臣之育。抑且甘肃居人熟识往来牵制，旧爱恐亦未忘。前项二夷，一则贪我之利，一则忆我之好，纵其鼠窃狗偷，岁所不无，然电起沤灭，不敢痛为我疆场之患，未有［如］今日纠合番众深入境土大肆凶残者也。又访得达贼亦不剌、阿儿秃厮一支，先年被迤北小王子杀败，奔至西海套内。此种达夷尤号凶黠。况三种夷落其先世系同亲族，设使乌合而来，甘肃二镇恐非中国有矣。此等事情关系不细，彼中缓急，宜其纷沓传报，以承庙堂先事之图，纾九重西顾之虑也。今日久无闻，恐前酋恣骄逞悍，分领贼众，屯据要害，致使道路不通。又恐彼处镇巡等官，先时处有不甚妥帖事件，及节年差去处置夷情大臣遗有未曾杜绝情节，以致诸酋不释旧嫌，兴兵构怨，镇巡等官，彼此观望，上下蒙蔽，延捱不报，亦未可知。日甚一日，不无有碍计处。夫锋镝交于原野而听命九重，成败在于斯须而驰声万里，朝闻暮应，计且晚矣，可容如许之久哉！乞再行马上差人转行平凉、安惠、兰州、关山傍路河西红城子、古浪一带大小衙门官员，各查照先今事理，火速令各差哨马在于近贼地方，或盘有奸细，或据走回人口，或传闻人言，或探得彼中声息，各另径自飞报前来，不必专候彼中镇巡明文，方才转递，致悮事机。仍行巡按甘肃御史，亲诣河西随便住扎，用心察访前项情由，具实奏来，以便议处。再照尚书金献民，太监张忠，总兵杭雄，所贵同心戮力，长虑却顾。功虽未可刻期而几当预定，势虽艰于往岁而谋贵万全。矢竭忠贞，建树奇绩，用副干城重托，俟边患少纾，朝廷谅有他处。设若迹先时潦草之图，兴临敌易将之想，此固非朝廷委任之意，而亦非老成谋国者之用心也。本部仍并通行各官，惟复借重天语丁宁，降敕申谕，遵奉施行。"

时贼二万骑从西北挖边墙进入榆林等墩肆掠，陈九畴至肃州督参将云昌并太仆寺卿董锐分布守城。城上窥见东南角一贼穿红调度，被舍人董进德一箭射死，贼驮退去后，属番阿奴报称是火者他只丁。贼又悉众攻甘州南门，内一贼前打红旗，身穿红甲，往来调兵。董太监等议，令神枪攒打，贼中伤落马，扶驮去，传说是番酋。

《殊域周咨录》卷十三《土鲁番》

[十二月，丁未]，兵部尚书金献民等言："九月十九日，总兵姜奭勒所部左副总兵赵镇等，与回贼战于甘州镇城西南张钦堡，败之。贼从山丹遁。十一月十八日，西海达贼八千骑犯凉州，奭复率游击将军周伦等袭贼苦水墩，大败之，都指挥张锦战死。所斩获回、达贼一百四十六人，夺获头畜二千九十有余，救回被贼虏者一千二百一十五人。"上命降敕奖献民及都督杭雄，升其报功人一级，赏钞、币。其余事宜兵部看详具奏。

[壬子]，兵部以甘肃回贼退遁，边境已宁，录上太监张忠、尚书金献民、总兵杭雄之功，因请旋师。上命待其还日，论功升赏如格，仍令献民等审度地方事宜具奏。

甲寅，回贼遁时遣番书言为肃州寄住夷人畏兀儿、哈剌灰所勾引，且云："将住甘州，后二万人至矣。"守臣以闻，上命镇巡官勒所部严加提备，毋因贼退怠忽失事。

[戊午]，兵部尚书金献民等以贼平班师，上命陕西三边设提督军务大臣一员。该部议推才优望重者往。于是吏部言："致仕少傅大学士杨一清、兵部尚书彭泽、南京兵部尚书王守仁俱堪任。"上命一清以原官改兵部尚书兼都察院左都御史提督陕西三边军务。

《明世宗实录》卷四十六

时金献民至兰州，诸番已为九畴所败，出嘉峪关外。又达贼二万从南境进暖泉，总兵姜奭战却番贼亦遁去。献民奏捷，内称："一鼓而回夷就擒，再鼓而达贼授首，二次斩获共一百二十余级。"乃诏班师。

给事中郑自璧疏曰："土鲁番纠合达贼，窘迫守臣。提督献民一旦受委以去，镇重华夏，慑詟外夷，固得其要。但本兵重任，其席久虚，诚非居重驭轻之道。而献民久事于外，事宁班师，岂曰不宜。节据虏中走回人口供报'听得回贼一说要往南山看了草地住着，搬取家小，到春正二三月还抢甘州。一说我们先去南山，打了西番帐房，我们把老小都送在牢固去处，还来攻围甘州，夺取城池地方，着真帖木儿做皇帝，在甘州城坐着'等情。此言虽系传闻，但前项回贼长驱席卷而来，其立马投鞭之念，亦已扇炽于中。既乃遭被挫衄而去，其雪耻复仇之心，恐难杜绝于后。况亦卜剌、呵克秃厮一支，潜住河套十数余年，生齿浩繁，道里谙熟，纵令遁伏，终必为患，未有腹心隐疾而不病人之肢体者也。今次斩获虽多，或恐是贺兰零贼，未必真是此辈黠虏。今日边患之大可忧者莫过于此，敢宴然而遽谓无事哉！设若即今命下班师，纵使星驰前去，计在正月将尽，比献民到京，当在四五月间矣。原调兵马各回本镇，果若前言，复行大举，再为边患，欲调集又无钦依统驭之人而自卫不遑，欲奏闻又当事势穷蹙之候而缓不济事。道途辽邈，兵力单脆，当此机会，间不容发，万有不虞，徒付扼腕。乞会同多官推举素有才望大臣二三员，疏名上请，钦命一员总制陕西、延绥、宁夏、甘肃地方，责限兼程到彼。交代之日，然后班师，论功行赏，则帷幄有本兵以运筹，边徼有重臣以屏翰。九重霄旰，或藉此而可纾，各镇间阎，将持之而无恐。安内攘外之计，两得之矣。"

御史李文芝疏曰："臣闻西域最远，而夷人种类亦繁。自成化中李文、刘文之驻苦峪不敢进，而土鲁番始有轻中国之心矣。及弘治中张海、缑谦之经略无成功，而土鲁番益肆骄横矣。今日西羌之兵，莫有强于此者也。臣又闻正德中北虏亦卜剌一枝与小王子仇杀，败北之余，率其部落犯我凉州、永昌、甘州，侵入西番之境，驻牧西海，交通番酋。又犯我西宁、河州、临洮、洮州，深入四川松潘，虏掠甚惨。番族畏之，渐次归附，由是，西番之山川，遂为此虏之巢穴。近都御史彭泽、都督邵永经略二虏，不能效谋驱逐出境，今日河西之患，议者皆归咎于彭泽也。夫天下之大势，关陕为重，而保障之长策，谋帅为先。若非添设大臣总制军务，诚恐日复一日，二虏交侵，养成痈疽之患，不可救药矣。盖虑患于未然者易为力，而除患于将然者难为功。伏见致仕大学士杨一清为佥事日，提督陕西学政，为都御史日，督理陕西马政，又巡抚陕西地方，又总制陕西军务，宁夏之变，又起总制，平生踪迹，在陕为多。威名已著于三边，德望素重于多士，今日总制之任，莫有逾于斯人也。……乞赐敕起一清，改以本兵之衔，仍兼都宪之职，前往陕西三边总制军务，而庶僚之知边事者，许其奏辟赞画。如是，则二虏之患可消，而西顾之忧可免矣。"

上从其言，诏起杨一清提督陕西三边军务。

《殊域周咨录》卷十三《土鲁番》

嘉靖四年（乙酉 1525）

　　［正月］，丙寅，西虏万余骑寇甘肃，镇守总兵官姜奭率师御于苦水墩，败之，斩首一百一十有奇，歼其酋首。巡抚都御史陈九畴及镇守太监董文忠各以捷闻。诏赐敕奖励九畴及奭，仍令查核有功人员具奏。

　　［癸酉］，录甘肃苦水墩斩获土鲁番功，荫镇守太监董文忠弟侄一人锦衣卫冠带总旗，升巡抚陈九畴都察院右副都御史，仍各赐银四十两，彩币二表里。

　　［甲申］，初，番夷僧叩关求贡，巡抚甘肃都御史陈九畴请却之。旨令起送十余人赴京，方物准入贡，礼部尚书席书执奏言："鲁迷非会典所载朝贡之地，真伪未可辨。顷土鲁番侵犯甘肃，数问进贡之人，而甘州抚夷官又于鲁迷数内查出土鲁番之众，则其诈甚明，必土鲁番欲谋入寇，故先设此为向导耳。臣窃谓犬戎之心不可料以常理，帝王柔远应之，必有机宜。况所贡狮子、西牛之类，豢养之费甚为不经。其珊瑚玉石，寒不可衣，饥不可食，又焉用之。请令守臣却还不受，善遣出塞，仍重治所获土鲁番奸回之罪。"疏上，诏遵前旨，而令镇巡官核治所获土鲁番夷。

《明世宗实录》卷四十七

　　［二月，辛卯］，提督陕西军务兵部尚书金献民上言："顷者回夷入犯，虽小有斩获，然吾士马所伤亦多。访得此虏屡为边害，或以百骑而动我数千之兵，或以一枝而牵我两镇之众，分兵四掠，莫敢谁何。盖繇当事者平居置诸度外，及警至不过请济师以听庙谟而已。往辙照然，可为明戒。今用兵之事，即难轻举，若乃修军伍，实边备，此御虏故事，循而行之，亦无难者。第因循日久，废弛已甚，欲一旦振起之，非天语丁宁申戒，赉往励来，恐玩愒之人心未易以改辙也。"疏入，上以为然，乃特降敕责都御史寇天叙等悉心区画，相机剿捕，务使虏贼远遁，以靖地方。

　　［己亥］，巡抚甘肃都御史陈九畴言："顷土鲁番所以敢犯甘肃者，以我纳其朝贡，纵其贾贩，任其还往，使得稔知我之虚实而启其戎心也。先是，写亦虎仙逆谋已露，奸党就擒，虎仙乃输货权门，转蒙宠幸。以犯边之寇，

为来王之宾。而镇巡等官，又复怵于利害，谓回夷一左右其足，而我遂有安危，所以拱手听命，馆为上宾，辔联毂击，边郡驿骚。遂致寄住之夷，勾引接连，以有今日。为今日计，即不能为武帝勒贰师之兵，亦当效光武闭关以绝西域之贡。倘或涵容隐忍，不绝如故，臣恐河西十五卫所之地，永无息肩之期也。然诚欲谢绝，必先固防之策有二。一曰：去心腹之疾。番夷节次贡使来归者无虑数百人，其冒名撒马、天方诸国者，请羁置内郡勿遣，系土鲁番、哈密者，则迁之两粤而籍其财，其谋逆诸回，再行核实亟诛之。二曰：备侵袭之患。闭关之后，虏必合谋求逞，而河西士马单弱久矣，宜发帑银召募勇健以充卒伍，购易西马，以充战骑。如此则丑夷失所凭籍，而心腹之疾可除，我军足为攻守，而侵袭之患可无矣。"会御史卢问之亦以为言。上命廷臣杂议，未决，复下其事于杨一清，令审处以闻。

《明世宗实录》卷四十八

世宗即位，起故官，俄进陕西按察使。……乃擢九畴右佥都御史，巡抚甘肃。……

嘉靖三年，速檀满速儿复以二万余骑围肃州，九畴自甘州昼夜驰入城，射贼，贼多死。已，又出兵击走之。其分掠甘州者亦为总兵官姜奭所败，论功进副都御史，赉金币。九畴上言。"番贼敢入犯者，以我纳其朝贡，纵商贩，使得稔虚实也。写亦虎仙逆谋已露，输货权门，转蒙宠幸。以犯边之寇为来享之宾，边臣怵利害，拱手听命，致内属番人，勾连接引，以至于今。今即不能如汉武兴大宛之师，亦当效光武绝西域之计。先后入贡未归者二百人，宜安置两粤。其谋逆有迹者，加以刑戮。则贼内无所恃，必不复有侵轶。倘更包含隐忍，恐河西十五卫所永无息肩之期也。"

事下，总制杨一清颇采其议。

《明史》卷二百四《陈九畴传》

（一）陈九畴疏云：

议得土鲁番之所以敢犯甘肃者，其至也有因，而其来也有渐。所以致其因与渐者，吾自为之也。何谓因？哈密之种有三，而回种居一。土鲁番既因哈密之回以取哈密，得不因回种之寄食甘州者以取甘肃乎？何谓渐？土鲁番日益强大，既因回种以吞哈密，而其种类复蕃于我土，移其所吞哈密者，而蚕食乎我，非其渐乎！设使当时守土之臣，能遵奉太祖高皇帝敕旨，不容回回入贡，容之入，使不得至京师，则我中国地方之肥美，人民之富庶，仓库之虚实，士马之强弱，彼何由而知。无由知，则彼欣慕轻侮之心不敢生，而今日侵犯之事何由以作乎！惟其失处废防，容其入贡焉，纵其商贩焉，迟其岁月而不加催督，任其还往而不设禁革，我之虚实、美恶、强弱、盛衰，无不目击周知，其意谓河西可以计取，中国可以渐图也，臣等故曰："所以致其因与渐者，吾自为也。"

臣等请原始要终，为陛下极言之。昔者哈密脱脱故后，王母当国，部下回种，构连土鲁番，将王母杀之。逮罕慎立国，部下回种曰马黑麻打力者数人，叛降土番，夜半献门，又将罕慎杀之。其后陕巴继立，马黑麻打力诈充撒马国使进贡狮子，领赏回还。见哈剌灰、畏兀儿头目迭力迷失等辅佐陕巴，骎骎然有强盛之势，乃谋纠土鲁番、哈密之回，夜杀迭力迷失并其党羽三十余人。其年各复引阿黑麻袭取哈密，夺土剌，执陕巴以去，奄克孛剌来奔，而哈密遂入土番。其写亦虎仙、满剌哈三，虽冒中国都督之名，其实皆土鲁番之陪臣也。中国惟系縻之而已。中国岂能系縻之，彼贪中国之利，中国之物能系縻之耳。

朝廷因其执陕巴而夺哈密也，令文武大臣抚处之。阿黑麻复出悖言，逆命不听。朝廷震怒，始闭关绝贡。已而阿黑麻悔过，方送还陕巴。此后贡路复通，而肃州之寄住奸回，滋蔓益多。回贼之意，盖欲以取哈密之术取肃州，而肃州守臣堕其计中，殊未有能悟之者。关外内附夷人数被遣发，时或漏其机缄。及今见监奸回撒力等数十人，每于醉后笑谈："王子来时，某人宅好，吾居之；某人妻美，吾取之。"往往为汉人晓番语者所觉。其后土鲁番亦有插旗甘州城头之说。镇巡上其事，朝廷命总制彭泽来抚处之。回贼虑其志之不得以逞也，遂纳款献印，以缓我师，遣贾回迭贡以释我疑。贡使未入金城，而贼兵已过嘉峪，岂非欲因肃州寄住奸回凭其内应，而期欲痛饮酒泉之意乎！逮夫番文搜出，奸谋败露，奸党就擒，彼遂摇尾乞怜，再四请和，乞通贡路，不知彼何为而来，既已杀吾将而覆吾军，又何为而去，复欲盟旧好而开贡路乎！于此，益验其有因矣。

逮去肃州奸回尽发，甘州镇巡方议罪上请，欲将进贡并沿途买卖贾回，比照先年事例，籍其财物，乞发两广。写亦虎仙乃以应该没官之财，输纳权幸之门，遂使事体反覆，刑法倒置。奸回因而近幸，守臣尽数下狱，致令土鲁番在京进贡贼回，私相告语曰："今数块俄端之石，投于势要之门，而事变一至于此。顾吾囊中之玉尚多，吾王从此虽十犯边而吾属无恙矣。"夫使夷人重玉石而轻犯边，是谁为此厉阶耶？千古有余羞矣。此后奸回近幸于朝，土番肆志于外，昔日犯边之贼，变而为进贡之客，辔联毂击，款嘉峪而求入矣。为镇巡者，烛义不精，怵于利害之途，自谓回夷一左右足，而吾辈遂有安危，所以抬手听命，馆为上客，莫敢谁何。至是，一马之饲，日费斗菽，千百成群，三四年间，可胜浪费。所以西域贾回，视甘肃为公馆，笑中国为无人，蔓引滋植，恣肆交结，以致甘肃内外久住汉回，揣摩盛衰，料度向背，构连接引，以有今日。孰谓回贼之欲取甘肃者，不有所因，而其来也无渐，而其所以致其因与渐者，不由吾人自取之耶！今速檀满速儿虽欲借奸回以取甘州，然其意不曰中国贵吾玉，吾事之不成，顾吾有玉在，况吾贡使络绎京师，左右近幸可以赂遗，守边大臣可以货杀谀谄，而贡路岂能我绝乎！此所以哆然为恶而不之恤者，良有以也。

　　为今之计，固不能如武帝之振威，以勒贰师之兵，亦当效光武之闭关，以绝西域之贡。倘或涵容隐忍，不能执义断决，再使奸回夤缘穴隙，复如往日之事，十数年后，臣等恐祖宗河西十五卫所之疆场，必见易于土鲁番数十百块之顽石矣。可不惜哉！可不惜哉！臣等长顾却虑，必欲永保河西，惟有闭关绝贡而已。闭关则我有益，绝贡则彼受害。何谓益？在边则寄食省而军饷不费，在途则供馈省而驿递不扰，在朝则赏赉省而财用有余，吾其不受益乎！彼绝贡路，彩缎不去，则彼无华衣；铁锅不去，则彼无美食；大黄不去，则人畜受暑热之灾；麝香不去，则床榻盘虺蛇之害。彼日用之所不可无者，又不止此，一旦贡绝，一物不出，彼其不受害乎？吾持此有益之柄，而彼蒙受害之实，吾不能持吾柄而屈彼之膝，而反事武之虚张，而受彼之祸，为计不已拙乎。夫诚能谢绝，必须防范，捍外卫内，去心腹之疾。何谓心腹之疾，内应奸回，无虑二千余人。在监禁者，臣等已置之于法，扭其手足，署之梏槛，纵彼为虎为兕，保其不能为患必矣。至于节次进贡之人，在京在途，或往或来，无虑数百。哈密、土鲁番之人，虽处以极刑，亦不为过。但中间冒名撒马、天方者亦多，真伪难辨。臣等欲将冒撒马、天方者，分处腹里地方，不必起送还国，暂住数年，另作议处。至于分发凉州等城见监各起进贡并贡回哈密、土鲁番夷使，欲乞查照先年事例，差官随处籍其财物，一并迁发两广地面，或安置充军。其甘州见监内应奸回，行令巡按御史再行核实，速赐殛诛，各犯妻女，不为常例，或给本边极贫军人领配，或解京给付功臣之家为奴。如此则病根悉拔，贼回失所凭籍，而心腹之患可除矣。

（二）卢问之疏云：

为惩夷患以图保重镇事。臣闻自古制驭外夷之道，服则绥之以德，叛则震之以威，此不易之论也。迩者土鲁番王子速檀满速儿听其谋主火者他只丁、牙木兰，纠合诸种回夷，攻围甘肃地方，其意实欲取甘肃也。何者？以彼而言，势驱沙、瓜，姻连瓦剌，借名诸番，拥众二万，诡言抢虏，谋非一日。又以甘肃寄住各种回夷，如已获写亦哈信等一百六十余名，俱为传报消息，作为内应，彼此合谋，一旦骤至。所以敢于侵肆者，亦有其由。成化年间，土鲁番锁檀阿力虏哈密王母、金印，命兵往讨，不进而归。夫哈密，朝廷之所封也，为中国之藩篱，通西域之出入，达诸夷之消息，而土鲁番敢于迁灭，失此不讨，此土鲁番所以轻中国之始也。其子阿黑麻嗣之，又蹈前风将朝廷所封之罕慎又杀之，使入贡，求封为王，其悍傲轻嫚甚矣，亦置之而不问。弘治年间，自曲先卫访其遗孽陕巴而立之，阿黑麻又虏去瓜州，凡此多哈密都督写亦虎仙背哈密而结构土鲁番之所为也。土鲁番三次轻侮中国，而在朝诸臣未尝专为建议闭关绝其贡路，或虽绝而即通，以致今日。使西域贾回图利中国，以玉石、镔铁等项无用之物，往来神京，厚蒙赏赉，凡缎匹、铁、茶，彼之难得日用之不可缺者，举得输入西域矣。视之为宾，而任其骚扰驿递，暗藏其奸，而得以睥睨中华，是甘其大欺而贪其少饵也。宏治、正德年间，尝命大臣累次经略抚处，重立陕巴，归复金印，或拘其使而复遣之，或留其众而羁縻之，俱不过聊医目前之疾。黠傲夷性，仍假贡物以窥中国，缓兵机而图后举。是以正德十一年之侵犯，甚于宏治七年，而今年之侵犯，又甚于十一年也。自此以往，若再受其贡物之饵，略其犯顺之罪，惟事抚处，欲结其欢心，肆其凭陵，而通其贡路，则河西数年之间，恐为土鲁番所有矣。

回贼性最谲诈，志得则称兵犯顺，势屈则乞赏求通，其贪取地方，轻侮中国，其本心也。今岁幸赖圣明威福，天兵远震，守臣虽昧先事之备，亦有捍御之功。攻围甘州，而歼其酋长；追逐于张钦堡，而斩获颇多。止是剽掠地方，未至失陷城池。然堡塞被其攻劫，人民被其抢杀，室庐被其焚毁，产业被其荡析，河西生灵之厄，亦已甚矣。今虽遭挫，失利而归，能保其明春不再侵犯我边乎？侵犯势胜，则长驱劫掠，涂炭我疆宇；不胜则讨赏听抚，复讲进贡，仍以其玉石、镔铁之类，罢中国之驿递以供之，广布奸回，乘机肆隙，岂肯终能宾服乎！

为今之计，将欲兴师远讨，则中国之兵马钱粮，日见消耗，各镇不宁，凶荒屡奏，断难举也。莫若闭关绝贡，永不与通。但闭关绝贡，议者以为土鲁番可罪矣，而诸夷未得罪也，一例绝之，恐众敌于我。以臣观之，土鲁番横行西域，虽天方国、撒马儿罕等，皆听其驱制。纵使称贡，亦求路于此。抑或者近日所贡狮子、西牛、西狗等物，亦土鲁番假冒其名，以诱中国耳。今日止曰迩者土鲁番纠众敢犯甘肃，逆天道，背国恩，今绝其贡，方命守臣整兵往问其罪，诸夷效顺者亦暂止入关，恐叛服难别，俟数年察其情伪，再行议贡。则亦未尝直拒于诸夷，诸夷或者结怨于土鲁番矣。待甘肃之士马差强，潜住之奸回净洗，元气充养，邪恶驱退；待乏其常物之用，屈其悍漫之心，困绝之久，入我范围，然后徐议之。或要其立哈密而为甘肃之蔽，或斥其守封疆而开沙、瓜之境。纵使入贡，必使处寓有所，而交易有时，称进有防，而遣归有限，未若今日回、汉杂处，守臣朝议于公府，奸细夕达于种类，几酿成今日内应之变也。既绝其贡，将拿获奸回写亦哈信等俱各再审无异，依律处决。其余进贡及寄住甘肃者各访别意向，或布处陕西各边，或迁徙两广、福建等处。所贡狮子、西牛、西狗，皆解其槛而纵之关外。甘肃地方储积粮草，阅实军马，但遇侵犯，即行征剿。则回贼之患，庶乎可除，而甘肃重镇，方可为国家有矣。

《关中奏议》卷十二附录

[五月，己卯]，甘肃巡抚都御史陈九畴奏："土鲁番回贼尚在肃州观音山抢掳，本镇兵马单弱，脱复为患，计必请兵，缓不及事。乞征调陕西延宁游奇兵马驻扎平凉、安会等处，以备回贼，且防套虏。"部议谓虏在套住牧，兵马各守封疆，恐难轻调。三边新设提督大臣，阃以外悉听处分，不宜遥制，请行提督军务兵部尚书杨一清酌量缓急，随宜计处。从之。

《明世宗实录》卷五十一

斩获犯边回贼首级疏

（嘉靖四年六月）

杨一清

　　为照土鲁番回贼去年拥众深入，侵犯甘肃，围困城堡。皇上轸念边方，钦命文武重臣督兵征剿，先声所动，节被官军追逐遁回，却又不知改悔，复谋入寇。先据走回人口朱氏所供，后据被捉夜不收段兴三所供，则其奸谋，诚难测识。今果侵入永昌地方，总兵官署都督金事姜奭闻报，提兵亲至凉州，分布大小将官，提备战守，守备永昌，以都指挥体统行事。指挥马云奋勇督战，就阵擒斩首级三十六颗，及夺获战马、盔甲、器械等件。功俱可录。及照镇守甘肃太监董文忠独守镇城，居中制外；巡抚右金都御史寇天叙抚镇之初，策励将士，亦与有功。窃详此贼一入我境，即遭割衄，必然褫魂丧志，在彼有雉伏鼠窜之势，在我亦不须草薙禽狝之劳，实惟皇上圣武布昭德威远被之所致也。边方幸甚，臣等幸甚。但狼子野心，终难必其悔祸，又节经通行该镇将官，仍要加意堤备，倘再侵犯，协力痛加诛剿，毋得恃此小捷，辄生慢易，以致误事。（下略）

《关中奏议》卷九

紧急声息疏

（嘉靖四年九月）

杨一清

　　案查先据镇守甘肃总兵官都督姜奭及分守参将云冒节呈前项夷情，为照土鲁番速檀满速儿先于正德十一年，近于嘉靖三年，两次率领番贼寇我甘肃，残坏我边堡，虏杀我军民，地方被其毒荼。虽被官军追逐出境，不曾大遭判衄。今据沙州夷人供称，虏酋速檀满速儿已往土鲁番，留下头目牙木兰见在哈密，到七、八月马壮之时，领哈密北山瓦剌黄达子等贼，往汉人地面抢掠一节，容或有之。观其先差头目脱脱木儿领人马三百，在我边住牧，乘间寇我永昌地方，见被官军斩杀，此其明验。但沙州头目帖木哥、土巴等系中国属番，受恩深厚，去年回贼入寇，已率众跟随，侵犯肃州，去顺从逆，罪不胜诛，今所供报，言若效顺，心实难测。恐其自知身负滔天之罪，恐将来无容足之所，设为张大之辞，规我赏赉之利。又或土鲁番酋见我闭关绝贡，与之通谋，窥我意向，亦未可知。观其言"将进贡的放出来便好"，及"讲和便好，不讲和便不好"等语，大略可见。且去岁甘州虽速檀满速儿不曾伏诛，而大头目火者他只丁等俱死于箭射枪打之手，而近日所遣头目脱脱木儿系精锐先锋，初入我境，即被斩获，其气必沮。前项供报之言，恐未可信。……

况前项回贼酋首速檀满速儿既回本境，头目牙木兰亦在哈密，不曾前来，比之去岁，声势不同。明是此贼见我闭关绝贡，意图和好，故遣残贼纠合属番瓦剌诸贼，在边出没，窥我意向。既不得逞，必将自退。纵使夷性狂背，敢萌非分之欲，查得甘州左等五卫支粮主兵官军一万有余，副总兵赵镇所统奇兵官军二千余员名，游击将军严铠所统游兵亦二千余员名，近又添设游击一员，并肃州高台镇夷等处各有主兵官军，若各将官同心戮力，主将居中调度，自可支持，不足为虑。（下略）

《关中奏议》卷十

[十月，癸巳]，初，土鲁番入寇，我师败之。虏留驻哈密，以窥肃州。是秋，遂拥众入，分兵围参将云冒，而以大众掠南山。肃州告急。诏提督尚书杨一清严督镇巡官加谨防御，相机战守。

《明世宗实录》卷五十六

嘉靖五年（丙戌 1526）

[二月，庚申]，先是，土鲁番数遣人持番文求贡，词先后不一。巡抚右佥都御史寇天叙等以为谲诈反覆，不足深信，第恐求贡不得，明春复来，防御不可不严。于是，兵部议，以为："土鲁番恃其诈力，且贡且叛，往岁甘州之役，大肆侵掠，故议闭关绝之。今以计穷乞贡，而番文背戾，夸张不实，其所遣又非彼中夷人，诈谖叵测。请下提督镇守巡官，晓谕夷使，如果悔过效顺，方许通贡，如有诈，则仍旧闭绝。严兵境上以备之。"上从其议。

《明世宗实录》卷六十一

[三月，丙申]，先是，巡抚甘肃都御史陈九畴、兵部尚书金献民各奏："哈密二种向因避仇内徙，一居肃州东关，一居金塔等处。异类杂处，终难辑睦，控驭一失，事变丛生。议将肃州北境弃地及曩时威勇旧址重与筑室修城以安插之，永杜后患。"至是，总制杨一清覆议："各夷自内属以来，未尝为患。今一旦过意猜防，迁之外地，此不北合瓦剌，必西连察台，徒足召衅，未见有益。且修营城廓宫室，财力不赀，逆未形之患，而兴得已之工，徒自困耳。以臣愚计，请毋事纷更，待哈密复立之日，方可议此。"上以为然，命二夷不必迁徙，仍令提督尚书王宪转行镇巡官晓谕抚绥，各保生业，毋致疑贰。

《明世宗实录》卷六十二

处置属番以安边儆以杜后患疏

（嘉靖五年正月）

杨一清

窃惟防患当于未形，防之太过，反生意外之虞。作事当谋诸始，始谋不臧，将无善后之策。看得前巡抚甘肃都御史陈九畴等，并兵部尚书金献民后先议奏，其说有二。一则欲将肃州关厢寄住哈剌灰、畏兀儿两种夷人，拣择肃州北边久弃空闲寨堡，水草便利之处，安插居住。一则欲将川边王子庄、苦峪、赤斤、柴城儿、骟马城、大草滩等处，先年安插暂住金塔寺夷人，因前古丢弃威虏旧城，再加修筑，以处其众。是皆欲严华夏之辩，谨内外之防，深虑却顾，诚皆体国安边至意。但怀柔远人之道，当顺其情，情未协强而使之，恐生他衅。且哈密乃朝廷封国，土鲁番敢于残破之，使其播迁离析，而我不能为之所，已失中国怀远恤患之义矣。彼哈剌灰、畏兀儿两种夷人，皆忠于哈密，被其戕害，率众来奔。先朝从守臣之义，许其肃州关厢居住。历年滋久，彼无反侧之心，我得调遣之用。今一旦疑其后日之终不靖也，而欲徙之北边空闲寨堡，安土重迁，岂夷情之所欲哉！观其对各官之言曰："此是鸟雀不落之地，我们如何住的。"又曰"我们东关住久，各有置买房屋，不能割舍。我们情愿入堡，将我们家小仍留在东关也罢"等语，其情可见。后各官谕之以好语，动之以危言，方才承认，终非所乐明矣。

其川边王子庄、苦峪、赤斤、柴城儿、骟马城、大草滩各种番套，俱系境外属番，肃州卫羁縻带管之数，节被土鲁番、哈密、回回侵夺抢杀，穷迫来归。先该总制、镇巡等官奏请暂且安插肃州境外金塔寺地方居住，令其自力耕牧，有住四十余年者，有住十余年者。今欲驱而置之三百里之外，舍近就远，必非其情。且原拟待后西事稍宁，哈密复立，仍各遣还住守故地，是犹存兴灭继绝作我藩篱之意。若依前拟，则恢复之念荒，哈密之望绝矣。

及照各官所拟新城儿、暖泉、板桥等堡堪以安插二种夷人之地，修门、修房等项，虽费用不多，亦未免劳扰，又夺肃州军余春夏务农之地以与之，似俱有碍，至于威房城修筑，约用人夫六、七千名，又劳军马驾梁防护。且今肃州地方，番回之窥伺未已，我兵之警备方严，岂暇逆探未形之患，以供不急之役乎！倘或番回乘我工作之际，率众侵扰，祸且不测。推原各官论奏，盖见前年回贼退遁，误信速檀满速儿、牙木兰已死之言，遂谓肃州自此无事，故有是言。若体诸各夷之情，参以今日之势，非惟不能，亦所不敢。据今镇巡所言"土鲁番构怨方深，正诸夷杌隉不安之秋，在我惟当以镇静安辑为主。若又迁置各夷，纷纷多事，以拂其心，临期倘有生拗，又恐患生意外"等语，似为有见。乞敕兵部参详议拟，合无将前项川边王子庄等处番夷，令其照旧于金塔寺地方住牧，以为后日恢复之图，以存兴灭继绝为我藩篱之意。其哈剌灰、畏兀儿二种夷人，亦且令其照旧肃州关厢居住，不必预为迁徙之说以离其心。待后番情宁谧，财力有余之日，如果事势可为，另为具奏定夺。庶使夷人无疑贰之情，地方无劳扰之患，而我得以专意内修，可收攘外之绩矣。

《关中奏议》卷十二

［四月］，丙寅，先是，甘肃巡抚陈九畴言："回夷构连土鲁番，袭破哈密，因诡辞称贡，有窥肃州之志。镇巡官怵于利害，馆为上宾，以致蔓引滋多，久留不返，揣摩盛衰，料度向背，年复一年，恐河西非中国之有。臣等深虑，无如绝其通贡，而以见监奸回，尽置之法。或迁发两广，或羁留内地，庶几国威远格，番党渐携，甘肃可长无事。"① 疏入，下镇巡官会议，颇持两端。尚书杨一清则以为："御戎之策，自治为上。今士马虚乏，城堑不

---

① 编者按，即嘉靖四年二月己亥陈九畴奏疏中言。见前。

完，内无本根藩翰之固，而欲立威骄虏，臣窃危之。且西宁有亦不剌之贼，庄浪有山后之寇，倘表里应合，并起而争，不知中国可以制其死命否？以臣愚计，请及今夷酋求和之日，令镇巡官驰使奉书，责谕速坛满速儿、牙木兰等，大意以为尔等弃蔑天道，背违国恩，群臣皆请大发精兵，声罪致讨。天皇帝好生之德，念尔夷地人民，亦是朝廷赤子，为恶之人，固自有数。大兵所诛剿无遗，圣心不忍，止令守臣闭关绝贡。尔果有悔过实心，亟送出速坛拜牙［即］，挈回哈密戍卒，放还原掳二镇人口，仍将主谋犯边之人执送军门，明正其罪，方许尔照例通贡，不绝尔之衣食，保全尔之生命。如此则彼且怵威报德，恫疑不前，面我乘其间得以益修守备，计无便此者。至于见在番使，亦不必过为苛切，除谋叛有迹写亦哈信等一百六十七人再加覆实行刑，写亦虎仙家丁哈剌丹儿等五十一人尽数迁发两广外，其见监哈密夷人米力思蓝等三十人，失里马黑麻等十四人，并进贡未回土鲁番满剌阿都剌等二十八人，哈密拜牙答等二十二人，俱暂留勿遣。待虏情向背已定，然后处分。若天方、撒马儿罕二处夷人，虽真伪难辨，但彼以好来中国，既已入之关内，而又绝之，其曲在我。当命镇巡官护送还乡，仍归其货物，尤不宜与诸夷等。"上以一清之言为然，令巡抚王宪督同镇巡官及时措置兵粮，修严内治，前虏若果悔罪求和，别行议处以闻。

《明世宗实录》卷六十三

捉获奸细构引大势回贼犯边等事疏

（嘉靖五年）

杨一清

（时巡抚陈九畴、御史卢问之先后谕奏土鲁番事，疏下部议，该兵部会同太保武定侯郭勋、尚书廖纪等覆题："议照招携讨叛，圣王驭戎之权，纳贡称藩，外夷效顺之体。今土鲁番雄据西域，吞噬诸夷，将我朝所立哈密忠顺王前后夷灭，其罪已不容诛。而犹容其通贡者，朝廷以远夷不足深较，姑示羁縻而已。彼乃益肆奸黠。包藏祸心，无故兴师二万，谋夺我之地土，假贡使以探虚实，倚同类以为内应。幸仗宗社威灵，守臣宣力，歼彼大酋，失势远遁，虽城池无恙，而村寨居民，不胜践踩。似此狂狡为患边疆，纵来能勒兵远讨,岂可复容入贡!或谓西域国多,理难尽绝。盖今次入寇,实亦借助诸夷之兵,贡道不通,则中国货物不入西域,而诸夷归怨,亦足散其党而离其心,数年之后,果能悔罪,复还哈密之封,再为议处。所据闭关绝贡,揆之今日事势,宜从守臣之请,不必疑阻。其谋为内应写亦哈信等一百六十七名,搜出私书,藏有兵器,事迹显露,宜置极刑。但人犯数多,先已奏行彼处巡按御史再加详审,情真罪当,照例转详,待报处决。如有冤滥,即与办理。原发凉州等城监候各起进贡并贡回哈密、土鲁番夷使,查得先年曾有迁发两广事例,但今人众,难以一概发遣,合无于内量为查审奸黠头目数十人,及写亦虎仙遗下家丁哈剌丹儿等五十一名,俱发两广地方安置。其余随从夷人并盘出大黄、顽石等项,及随身财物,俱令带回。并冒称撒马、天方等国夷使,通行所在官司,差官拨军,逐程管送出关,不许沿途延住。但臣等今日会议,止据所奏参酌处分,而事情隔远,未必悉中机宜。为照提督三边军务尚书杨一清素谙边情,练习事体,合无将前项所议事情,仍行本官,再加审处。如果相应,依拟施行。中间或有窒碍应加另处者,径自具奏定夺。"随有提督军务尚书金献民亦以闭关绝贡上言。奉旨:"均交杨一清再加审处。"因有是疏。)

窃惟土鲁番贼寇自速檀阿力以来,种恶数世,残灭我哈密封国,虏王母,戕罕慎,执陕巴,诱拘速檀并牙郎,抢夺金印,占据城池,为患几六十年。累朝列圣深怀以大字小之仁,兼体王者不治荒远之义,文告之辞,先后继出,抚边之使,相望于道。彼番逆天背命,怙终不悛。尝兴问罪之师,而又不忍为犁庭扫穴之举,尝下绝贡之诏,又因其纳款而许之复通。致使奸回以哈密为奇货可居,蔑中国之莫能制命,数年之前戕杀肃州将官,去年复大举深入,围困甘肃城堡,声言要夺地方,罪大恶极,神人之所共怒,王法之所必诛。都御史陈九畴、御史卢问之、尚书金献民等后先所议,皆欲闭关绝贡,辞义严正,推论详悉,已经庙堂大臣参详称允,为今之计,必当出此,更复何言。

看得巡抚甘肃都御史寇天叙会同镇守太监董文忠、总兵官都督姜奭、副总兵赵镇等议称"自古怀柔远人,自有定体,我朝抚待边方,亦有常道,前项所拟,乃一时权宜,未为经久之计。土鲁番于我中国,所利甚多,若终于拒绝,则失其所以为生,彼亦不能帖然安静,必先时复遣兵骚扰我边。况我边疆之守与不守，系于边备之修与不修，初不系于回夷之通与不通。使我边备诚修，回夷通亦可，不通亦可。我边备不修，通固不可，不通愈不可。土鲁番酋所以敢屡肆逆命者，奸黠谲诈，固犬羊之常性，然以正德年来观之，我亦有可乘之衅也。为今之计，惟在修我边备，使粮草充积，士马精强，城堡坚完，烽火严明。彼来求和，则责以大义，峻词谢绝；彼来侵掠，则整顿兵马，痛加剿杀。使彼求通不得，侵掠无获，数年之后，必悔罪纳款，还我哈密，归我抢虏男妇，度其诚恳，姑容入贡。既通之后，必须查照祖宗旧规，处待有道，使彼无词可借，无隙可投，如此庶恩威两尽，不悖古人柔远之道"等因。参详所议，盖各官均有地方之责，知虑患之难测，恐兵粮之不继，将来果有大举侵犯，兵力难以支持。万一偾事贻患，重典难辞。故虽不敢遽为通贡之言，以拂众论，亦不能终主绝贡之议，以贻后艰。度彼度己，有不得不然者耳。

臣去年题为《传报回贼声息事》内称："御戎无上策，自治为上策。"今甘肃地方兵马寡少，钱粮空乏，城堡无金汤之固，战马无充厩之良。原额戍伍，逃亡接踵，而其名徒存；见在军人，饥寒困惫，而其形徒在。己且未治，何以治人；内之不安，何能攘外！近询之边人，又有不止于臣之所言者矣。且正德十一年肃州之衅，将官被其戕杀，兵民遭其荼毒；去年，甘州之寇，寨堡残破，不知若干，人畜杀虏，何止数万，比之正德十一年，又复数倍。彼为守臣者，寇之未来，既不能阻遏，寇之既至，又不能剿截。满其所欲，得利而归。乃轻信下人之言，以为速檀满速儿、牙木兰俱被枪炮打死，遂以歼厥大酋之功，而掩其残破地方之罪。今二酋固无恙也，虽火者他只丁之死，稍雪边人之忿，然既不曾大遭创衄，岂有惩戒。所以，去年三月复遣其酋首脱脱木儿领兵数百，窃伏边境窥伺。幸而永昌将官马云辈袭杀败走，斩其渠魁，庶足稍挫其锋。况先年土鲁番之敢于残灭哈密者，皆因哈密奸回如写亦虎仙辈主使，各官所论诚是也，朝廷亦已明正典刑矣。而其近年之扰我藩篱，肆行无忌，始固有以致之，后又有以激之，镇巡所谓有可乘之衅者，以此丑虏节递番文，亦往往归咎于人。夫既不能刓其命，又无以服其心，我能绝其入贡之路，不能阻其犯边之路。倘此虏始终不悛，纠众复入，而我残破之寨堡，修葺未完，创伤之兵马，元气未复，甘肃之地，岂堪再破坏耶！且腹里人民，饥寒所迫，辄相啸聚为盗，彼强盛之虏，既失其所以为生,岂肯坐以待毙!侵犯之谋,势所必有。及照河西一线之地,西宁有亦卜刺之贼,住伏为患;庄浪有后山之寇,时出剽掠。倘或二寇并作,我之兵马,西御回夷,东备套虏,不知有余力否也。客兵虽数万可以调发,而仓廪在在空虚,将何取给?事势至此,恐无善终之策矣。

臣愚请及今空隙无惊之时,宜因其求和,行令甘肃守臣,差遣的当抚夷人员,同差来虏使,及寄住属番,译写番文,责谕速檀满速儿、牙木兰等,大意以为:"尔等弃蔑天道,违背国恩,数犯不悛,罪不容赦。群臣皆请调发各镇精兵三十余万,直捣尔巢,声罪致讨。大皇帝好生之德,念尔夷地人民,亦是朝廷赤子,为恶之人,固自有数,大兵所至,诛剿无遗,圣心不忍,止令守臣闭关绝贡,永不许通。今尔屡递番文,再三求贡,情辞恳切。今特令人省谕,尔果有悔过实心,将原封速檀并牙郎选出还国,将尔戍守哈密之人,俱各掣回,仍查近年教唆尔犯边首恶人犯,械送甘州三堂衙门,明正其罪,及将所虏掠甘肃一带城堡军民人口,尽行送回。待镇巡官奏闻朝廷,将尔既往之罪,一切赦宥,许尔照例通贡,不绝尔之衣食,保全尔之生命,仍将尔进贡在京沿途夷人,除罪恶显著外,其余俱各发遣出关,归还尔土。若不依听前言,断然闭我关门,绝尔贡路。倘尔复来侵扰我地方,已命守臣调集大兵,痛加诛剿,尔悔之晚矣。"如此谕之,庶几开其自新之路,缓其入贡之谋,我得以及时修饬边备,料理兵粮。若猾虏不肯悔过,我之内治既修,寇至有以待之,以守则固,以战则克,地方可保无虞矣。

天下之事,有理有势。理,经也;势,权也。守经而不达权,原理而不及势,其不贻祸人家国者几希矣。闭关绝贡,理也,经也,许其自新,势也,权也。如前所处,彼纵有狂谋,无词可执,所谓权而不失其经也。论者动举汉光武时事为言,夫光武固尝谢绝西域,休息生民,是时兵精将勇,彼听则中国晏安,不听则遣兵伐之,其势在我而不在彼。今日兵将强弱,视光武时何如?恐我不能持其势以临之,故不得不权为之处也。我累朝列圣,岂欲甘其背慢,而常抚之以恩,良以荒裔不足深较,亦恐结衅于彼,以劳我人马耳。夫既不能行之于先年整暇之时,而欲图之于今日破坏之后,可乎!

至于处置夷人,除谋为内应写亦哈信等一百六十七名,已行巡按御史详审,情真罪当,照例转详,待报处决,如有冤滥,就与辩理,径自施行外,其原发凉州等城监候，今寄监兰州、临洮府、巩昌卫三处哈密卫进贡夷人米力思蓝等三十名，及庄浪卫见监贡回哈密夷人除病故外失黑马黑麻等一十四名，并土鲁番进贡未回夷人满剌阿都剌等二十八名，哈密进贡未回夷人拜牙答等二十二人，都御史陈九畴等奏要照例迁发两广安置。兵部会议，又称人众，难以一概发遣，要于内量为查审奸黠头目数十人，及写亦虎仙家丁哈剌丹儿等五十一名，俱发两广安置。今据各官议称，各夷中间奸黠难以审辩，相应与哈剌丹儿等，俱发两广安置。臣恐本夷日后悔过纳款，乞还进贡夷人，无从发遣归国。合无将写亦虎仙家丁哈剌丹儿等五十一名，先行尽数发遣两广安置，仍将见监夷人米力思蓝等三十名，失黑马黑麻等一十四名，与进贡未回在京在途土鲁番夷人满剌阿都剌等二十八名，哈密夷人并牙答等二十二名，俱暂且羁候腹里所在地方，待后虏情向背己定，另为议处。其见监庄浪卫天方国贡回夷人母满剌丹等三名，撒马儿罕贡回夷人土陆孙等五名；见监永昌卫撒马儿罕贡回夷人一名马奔，并进贡未回撒马儿罕夷人九十九名，天方国夷人一十六名，虽真伪难辩，但彼以贡献而来，我既验放入关，若疑其诈冒，则又无实可据。合行在京在途官司催促前来，与庄浪、永昌寄监者，镇巡官陆续验放出关，遣归本土。其原带方物，并随身财物，听其领回，不许官司侵尅，重失远夷之心。人情事体，似为稳便。然今日之所以处番夷者，非转欲恃通贡为长策，以纾后日之患也。其所重在于修内治以待之耳。宜仍敕甘肃镇巡官朝夕警惕，无忘此虏，严斥烽堠，申明纪律，修葺城堡，整饬器械，振威武以警外夷之心，明赏罚以作我军之气。将节次发去官银，趁时广积粮料草束，务勾客兵万余数月支用，倘有不敷，作急议奏上请定夺。兵粮有备则河西安，河西安则关陕安，而中原安矣。以后夷人若果输诚纳款，容其入贡，宜如御史卢问之所言，必使处寓有所，而交易有时，称进有防，而遣归有限。其始至也，严禁边臣，不许侵其贡物，而减其供应之费。其既入也，严督各该地方，不得任其迁延，而勒其贸易之资。夷心既得，则邪谋不生，贡道之通，不足为吾痛矣。

臣老矣，不敢雷同附会，以陷欺罔之罪。谨疏其所见所闻者如此。但恐精力衰耗，志虑疏浅，况又不曾亲诣彼处地方，岂敢自以为是。如蒙敕兵部参详可否，会官议处，上请圣裁，倘有疏漏，未惬众情，合无仍行新任提督尚书王宪，再为审处具奏。

[附录] 金献民疏云：

照得土鲁番回夷僻在西隅，其人貌恶而心险，自汉以来，叛服不常。我太祖高皇帝奄有万国，制诰不许回回入贡，盖深烛其情而洞其心也。永乐后始复来贡，一时守臣失于防微，纵其商贩马匹而不知禁，在其迟延岁月而不知促。由是，我之虚实险易无不周知。成化八年，哈密王脱脱故绝，酋长速檀阿力将王母并金印抢去，占据其国。逮后罕慎继立，速檀阿黑麻者宏治元年又将罕慎杀死。陕巴继立，宏治七年又将陕巴执去，自此得惯，累为边患。朝廷震怒，命将征剿，闭关绝贡，各夷方知悔罪，遣使送还陕巴，由是贡路复通，往来无忌，而肃州寄住之回益多矣。正德年间，速檀满速儿大肆奸谲，又将哈密王执去，占夺城印，声言要犯甘肃。该前镇巡官具奏，钦命都御史彭泽统领兵马，并带钱粮赏赐前来，经略处置。回贼虑其闭关绝贡，照旧遣使纳款，献还金印，一以缓我师，一以释我疑。然贡使未入金城，而贼兵已过嘉峪矣。

臣惟中国之于外夷，因时纳贡，厚往薄来，非徒得其响化之心，实欲弭其侵边之患。前项回贼旋侵旋贡，旋贡旋侵，奸谋狡计，大略如前所陈。兹者天夺其魄，自来构衅，挫衄远遁，但彼之日用资我者甚多，窃恐失利日久，乞哀求贡之请又在旦夕矣。即今河西地方，民穷彻骨，万一见之不真，复听入贡，必将浚民之膏血，为之饮食；劳民之筋骨，为之役使。驿路骚扰，鸡犬不宁，臣恐河西两镇之军民，十五卫所之疆场，终当被其扰坏也。

臣愿自今以后，遇彼求贡，宜下明诏，声其累世不恭之罪，闭我关门，绝彼贡献。申命该镇守臣，谨斥烽堠，益严兵备以待之，则彼之奸谋破沮，狡计无施，河西垂首待尽之民，庶其有更生之望矣。

又一件，议处夷使。照得哈密卫、撒马儿[罕]、天方国等处夷人，嘉靖三年内，各带方物入贡，甘肃镇巡官陆续验放入关，已到庄浪等处住歇。近因回贼拥众入寇，各该官员恐为内应，俱各禁治羁候，奏请定夺。除各官访有实迹者不敢轻议外，其余虑有变而未见指实者，臣窃有言焉。夫夷裔之人，深情厚貌，内应之谋，难保必无。但帝王之于外夷，如天地之于万物，以诚信为本。前项夷使，若以为诡谲难信，始不当验之入关。若以为旧例当贡，今不当置之于法。况彼以贡献为名，既入我国而逐诛之，则类于杀降，外国闻之，疑我诱杀使臣，望风观避，不肯入贡，岂不自生疑贰，自开边隙。乞敕该部从长计议，转行甘肃镇巡官，将前项夷使，再加详审，务要讯访得真，议拟允当。如无指实，即便差人伴送来京入贡，量加赏赐，以慰其心。若是事出风闻，情有可疑，亦要省谕遣还，不必深究。如此庶情法不偏，恩威并著，夷人知所感畏，而将来之患可息矣。

《关中奏议》卷十二

［九月，乙未］，兵部议：哈密卫都督乩吉孛剌并委兀儿、哈剌灰头目人等先因土鲁番占据其地，暂令寄住近边。今又乞量移内地。夷情无厌，贻患可虑。请行提督、镇抚诸臣查处抚辑，照旧住牧，仍给养之，无令失所。从之。

《明世宗实录》卷六十八

寇公墓志铭

吕柟

［嘉靖三年，寇天叙］巡抚甘肃。……先年，土鲁番大掠甘肃，庙议闭关绝贡。至是，数递番文求和通贡，语犹悖慢。公上议，宜出师示威，可保无事（议曰："回夷于我有必通之势，我于回夷无终绝之理。若此虏求通不得，必致侵扰，我不大集兵粮，使其来则挫衄，彼不肯输诚，边方无可宁之日矣。"）。时总制王公欲遣钧帖切［责］其王速檀满速儿。公又议："自我太宗议立哈密，为土鲁番侵夺，先后经略大臣，止为此尺寸之地。今虽为彼占据，其名犹为我地。若钧帖云：'即将速檀拜牙即送还仍为王，如本人不振，听尔选择本类有力量一人主理国事。'此虏自专废置，是弃其地矣，不可行。"因上陈七事，皆获俞允。（下略）

《涂水先生集》附录

上王荆山总制论土鲁番事宜书

寇天叙

六月十一日奉教谕，谕以差通使，赍钧帖，出关省谕回虏。乃知老成忧国至意，非常情所能测也。先是，尝有人建议差回夷出关讲和，仆恐启衅招尤，损威纳侮，有亏国体，未之敢从。今以钧帖切责省谕，固为得体，但不知果出执事之独见乎，亦蹈前人之故事乎！抑亦得之他人之献策乎！督府所行，分当速奉，但事体重大，朝廷威德所关。其滥竽守臣，偶有所闻，不敢不披沥陈之，以备采择。

本朝处西域故事甚多，未及缕数。姑以其近者言之。正德中，总制彭公领敕带领兵粮，专以经略哈密为事，亦尝差人持钧帖省谕回虏头目，令其劝谕速檀满速儿将速檀拜牙即及金印、城池归还哈密，彭公仍进军甘肃诸地，遥振兵威。当时所费金币，无虑数千。后城、印虽还，旋复负约，蹂躏边郡逾月始宁。此先事之鉴也。且彭公钧帖，词义婉甚，又挟之以兵威，其所就仅及于是。今欲直责其罪，而复无军声以振其后，何其轻忽之甚邪！然此虏在我特以犬羊视之，在彼固一国之主也。况番国非我内地，朝廷相待，亦以优礼，《会典》具载。今以奴隶相视，直呼其名而责之，不知果能厌其心否也。具省谕之意，本欲息兵，而谋出不臧，仆恐兵衅自此启矣。

又钧帖所言，兵马刍饷，奸回无不知之。万一激中其怒，大举犯顺，将何以处之！纵使无此，或将所遣通使拘留不发，又不回报，将何以处之！已之则损威，不已则速祸，斯二者不可不深思也。

今之建议者徒以彭公故事为言，殊不知彭公其中有委曲尔。又所赍币帛，不闻何用，万一通使愚昧，误致酋首之前，岂不遗彼之笑乎！差遣使人，远通异国，亦是大事。未经奏准，又不题知，恐于事体未安，且虑他人议其后也。

或以回夷入寇，虑守臣不能战，却失事，故为是以息兵端。此尤迂浅难通之见，非忠为国家谋者。盖四夷犯边，亦是常事，兵家胜败，亦无常形。且彼夷谲诈多端，恐差人一出，事端愈繁，愈难为处，钧帖有云："将速檀拜牙即送还哈密，复国为王，如其不振，听尔选择自立。"此于事体尤为未顺。盖哈密是我封地，今虽为彼占据，犹望恢复，彼亦不敢以为己地也。若署置由之，是遂弃其地矣，不知执事左右亦曾虑及此乎！彼造端者，盖欲侥幸以邀名收功，而遗患于人，或将遗患于地方也。

以愚揆度，此虏求贡，是其本心，直欲我先差人以占地步耳。若少镇静不动，彼或遣人搔扰，或差人求贡。彼来搔扰则谨为堤备，若来求贡亦必勒致番文，然后议奏，庶于国体不亏，夷横可遏。盖拒之坚则其贡可久，许之易则其患随至也。

至于兴复哈密安置藩篱之事，尚需熟讲而后行。必欲驰檄切责，亦须调集兵马，随路驻扎，遥振声势，以备他虞，斯无后患。……庸劣之材，不堪此住久矣，必将连章求去，决不敢阿从，以邀非分之功。伏惟鉴谅，无任悚息。

《涂水先生集》卷二

嘉靖六年（丁亥 1527）

[二月，己未]，锦衣卫带俸署百户王邦奇以传升千户，遇诏削级。邦奇以诏出大学士杨廷和手，深怨望之。及奏复旧职，又为兵部尚书彭泽所抑，故又怨泽。乃上疏陈边事，言："今哈密失国，番夷内侵，由泽总督甘肃时赂番求和，邀功启衅，及廷和草诏论杀写亦虎仙所致。宜诛此两人，更选大臣，兴复哈密。则边事尚可为。"疏下兵部勘状。……至是，镇远侯顾仕隆等覆："邦奇所奏，皆虚妄无事实，惟欲假陈言以希进用耳。"上谓仕隆等徇情回护，切责之。……哈密事情，仍行督抚勘议以闻。

《明世宗实录》卷七十三

于是，牙木兰差人来请和，因九畴前恨，复用反间，称："前日入寇，非我本意，乃内附夷人沙的纳等传陈都堂命使之来而许之赏。"时在朝有受番贿为之构九畴者，故唱此言以腾播于内。未几，杨一清召入内阁，以尚书王宪代之。杨一清奏称："看得兵部所议，盖知虏患之难测，恐兵粮之不继，故虽不敢遽为通贡之言，以拂众论，亦不能终主绝贡之议，以贻后艰。今甘肃地方兵马寡少，钱粮空乏，己且未治，何以治人。合无仍行新任提督尚书王宪，再为审处。"王宪乃移檄遣撒马儿罕贡使迭力迷失等赍往，谕番酋悔过服罪，献还哈密城池，送还抢去人畜，方为奏请。

六年，诸议礼臣桂萼、方献夫、霍韬、张璁先后上言："哈密不靖，本由彭泽。泽之得召用由杨廷和曲庇泽也。乞急用王琼，以宁西鄙。"时因天变求直言，锦衣百户王邦奇疏曰："正德年来，巡抚都御史彭泽不恤边备，凌虐官军，侵克粮价，自昔至今，遂为通例。又兼赏罚不明，人心失望，擅自差人轻出外国讲和，怀奸邀功，开启边衅，致使番夷占据哈密，侵犯甘肃一带地方，抢掠求索，贪得无厌。而彭泽又乃大失恩信于番夷，因而蹙国丧师，大贻边患，然夷酋始轻中国之兵。副使陈九畴又乃拘执夷使，激启边衅，止知斩马黑麻一人于南门，不顾失陷官军于无算也。前任兵部尚书王琼深为隐忧，特有救正之举，又被权奸朋党，互相救援，止将彭泽等轻赐罢斥降发，其余重大罪恶，俱被影射不究。殆至新政之初，正当显戮遗奸昭示国法可也，岂意彭泽倚恃权奸大学士杨廷和心腹门生，谋同陈九畴、李昆，预先奏办，轻骑便衣深入城境，赍送嘱买杨廷和，会盟结党，誓以死生，意欲扶同误国。佐使杨廷和将写亦虎仙搏入诏书，假威擅柄，致将写亦虎仙监故，其余各夷俱被决斩。前者二次甘肃之乱，生民涂炭之苦，盖由先年公论不明及杀写亦虎仙等之误，启地方之祸。后蒙特命尚书金献民总督征剿。本官自恃宠威，不尽忠节，却以重大责任视如儿戏，诈言有病，在途迁延，遥寄兰州，朝夕邀会彭泽作乐饮酒，不顾彼处人民涂炭之苦，远望甘肃千里之外，束手观听，不究一方之久探，听回夷抢掳遂志满载而归，又夺他人擒斩达贼之功，奏为征进回夷之捷，冒授荫赏，下及童仆。况土鲁番前者侵掠中华，如蹈无人之境，志满意遂，方才从容回还。去岁前夷仍复又来抢掠，彼处巡按奏报逾常，困围边将，地方极苦，人民倒悬，十分紧急。若不再为奏闻，处置纵玩，夷丑得志，将来之害，不止于河西一带地方，而谋侵中国之患，难保必无。若不速将杨廷和、彭泽等明正诛戮，无以消弭灾异。为照忠顺王拜牙即自作不靖，弃国逃走，远避绝域，年久不还本国，所以中国失守而生民节年被其涂炭，幸赖先任总制都御史杨一清忠诚体国，潜消祸乱而威镇夷丑，敛迹远遁，承平岁余，莫敢侵犯。但犬羊之性，诡诈莫测，不可必其一定。及查弘治六年土鲁番王阿黑麻先遣大头目写亦满速儿等四十余人进贡，比因阿黑麻复掳忠顺王及金印去讫，又来犯边。多官奏闻，上命将夷使满速儿等四十余人安置广西、福建及闭关绝贡。累犯边陲不息，至弘治十年，计五年之久，方才悔过入贡，仍将忠顺王及金印来归，求取满速儿等。多官奏取满速儿等付给甘肃，自此河西始安定也。正当居安虑危，勿待临渴求泉，亦缓不济事矣。先年之满速儿尚存，今之虎仙等皆斩矣，诚恐丑夷求而无人，亦得借口称怨，遗患地方为害。臣于嘉靖四年十月十九日备奏前事，节奉旨：'该衙门知道。'兵部职方主事杨惇乃奏内奸臣杨廷和之子，被其阻滞壅蔽弥缝，不与施行。今奏敕修省，求治弭灾，再陈愚忠以弭灾变，一面速敕法司，将闻衅启祸误国奸臣，明正典刑，以谢边民之忿。及壅蔽忠言主事杨惇，量为罚斥，以弭灾异。"

诏下兵部议，不许回护。

《殊域周咨录》卷十三《土鲁番》

　　六年，锦衣百户王邦奇借哈密事请诛杨廷和、彭泽等，下部议，未覆。而邦奇复诬大学士费宏、石珤阴庇廷和，词连廷和子主事惇等，将兴大狱。言抗疏曰："先帝晏驾，江彬手握边军四万，图为不轨。廷和密谋行诛，俄顷事定，迎立圣主，此社稷之勋也。纵使有罪，犹当十世宥之。今既以奸人言罢其官、戍其长子矣，乃又听邦奇之诬而尽逮其乡里、亲戚，诬为蜀党，何意圣明之朝，忽有此事。至宏、珤乃天子师保之官，百僚之表也。邦奇心怀怨望，文饰奸言，诟辱大臣，荧惑圣听。若穷治不已，株连益多，臣窃为国家大体惜也。"

　　书奏，帝震怒，并收系言，亲鞫于午门，群臣悉集。言备极五毒，折其一指，卒无挠词。既罢，下五府九卿议，镇远侯顾仕隆等覆奏："邦奇言皆虚妄。"帝责仕隆等徇情，然狱亦因是解。

《明史》卷二百七《杨言传》

　　[八月，癸丑]，礼部右侍郎兼学士桂萼上言："昔甘肃之变，虏以杀降为词，实欲诉冤，初非剽掠。而陈九畴张大其词事，以震惊朝廷。当时大臣议大发兵驱之，遂致涂炭一方，盖杨廷和欲成王琼之罪，故科道官噤无一言。比遣勘问，又相推诿。臣故请起王琼以明此事，臣何私于琼哉！而科道官遂攻臣以为不能安静。……"上曰："尔所奏，朕自有处置。"

《明世宗实录》卷七十九

　　[十月，辛亥]，初，哈密数为土鲁番所破，余众走入塞，散处苦峪、赤斤、肃州诸城，前后千余人，并僦屋以居，贷田以耕。边臣因抚留之，给以牛种。间从官军出逐虏，有功辄加赏赉，所得卤掠辄与之。初给种米五百名，后或百石，诸夷亦颇安之。及是其酋乩吉字剌、合剌灰、畏兀儿等，以房屋地土不足居种，奏请拨给。兵备副使赵载以为："诸夷失国内附，暂留我边，朝廷待之已厚。今我军贫困，仓廪空虚，自救不瞻，而彼辄求田土。与之额内屯田则不可，置之威虏远地则不欲，宜使人告谕诸夷，宣国厚恩，责以兴复哈密大义。即不能存，当量给衣食，不得妄有陈乞。候复哈密，别为议处。"都御史李珏以闻。事下，提督尚书王宪议言："诸夷散处塞上，皆甘肃守臣一时权宜。今土鲁番献款求和，哈密兴复可计日待，而乩吉字剌等

忘其故国，妄有请求，此未可许也。且夷性无餍，若遂与之，将来何所止极！惟宜省谕诸夷，如载所言，则中国之体尊，攘夷之机得。"兵部覆言："宪等议是。"上从之。

《明世宗实录》卷八十一

[十一月，戊寅]，巡抚甘肃都御史唐泽条奏六事。……其一，抚用番夷。言："肃州寄住诸夷，若哈剌灰、畏兀儿、川边王子庄、赤斤、苦峪、柴城儿、大草滩、扇马城各种夷人多矫健可用，南山西番种类，又与山民杂处，善涉险阻。今副使赵载欲选寄住诸夷为前锋，佥事高登欲简杂居诸夷为深哨，控以列屯之兵，联以部伍之法，感之以恩信，驱之以机权，不惟销其叛心，且将得其死力。土鲁番必不敢轻犯我境，惟本兵议给口粮、什物、马匹，量拨荒田、农器，亦鼓动之一术也。"……得旨如议。

《明世宗实录》卷八十二

[十二月，癸亥]，先是，土鲁番酋速坛满速儿数遣其属牙木兰款关求贡，愿献哈密地及所掳掠。抚臣李珏等以番文奏闻。兵部议："番酋乞和者数，前以下提督尚书王宪，因其贡使省谕之，所请似不妄。第其词出牙木兰，非真乞贡之文，其诈以款我，亦未可知。若果悔过输诚，当归我哈密城池及原掳甘肃人畜，仍械送首恶叛臣，稽首关门，然后可信。"上从部议，命提督镇巡官王宪等省谕回酋，必其番文无伪，悔过有据，方为奏请处分。仍严督各该将领，益修内治，缮兵扼险以待，不得轻信传言，误堕贼计。

吏部尚书桂萼言："夷狄苟以诚归，朝廷亦当以诚待。今不乘其来而怀之，则哈密之地，何时可归，而边鄙之患，何时可息。臣谓当留质牙木兰，遣译者单骑谕速坛满速儿王，责以访哈密之后，归其金印、城池之旧，改过自新，方许通贡。"上深纳其言，第以夷情甚重，令与礼、兵二部议之。萼乃会礼部尚书方献夫、兵部尚书王时中等议言："臣等查看夷情，自正德时我边臣失计，已正法典。嘉靖二年以来虏复寇甘州，至今未息烽。而番酋乃遣人上书者四辈，委罪前吏，希求通贡。虽其言多抵饰，亦由事发有因也。宜内令严兵堤备，而遣通事及译官各一人，宣谕彼番，以通其意。且遣官查看前后边臣有无激变事情，以服其心。"上曰："番酋累犯不悛，吾欲问罪，恐滥及无辜，故闭关绝贡。今虽累奏求通，而未见悔过输诚之实。其令甘肃守臣暂羁夷使，马匹、方物，责验安插。礼部遣通事、译官各一人赍敕，与其人俱往。如献还哈密城池及所掠汉人，缚首谋犯边者付吏，乃听入贡。如违命不悛，即兴师往问其罪。其访哈密子孙宜袭者以闻。事发有因，诚如卿等言。即令原遣给事中、锦衣卫官核上先年功罪之实。前三年虏犯边，诸臣言速坛满速儿、牙木兰已死，乃今皆存，妄奏冒功，罪不可宥。甘肃不止回夷可虑，西海残寇、北山零贼皆伏藏为患，其令王宪亲诣河西经理，户部差官往开盐引足粮饷，务令随处充足，不乏军兴。"

先是，甘肃巡抚陈九畴、太监董文督兵御虏，部兵为首虏速坛满速儿、牙木兰俱毙于铳砲之下，九畴等即以奏捷。兵部尚书金献民、太监张忠、都督杭雄奉命征讨，未至而闻捷，亦以获首虏闻，俱得升赏。至是，土鲁番屡进番文求通贡使，署名皆速坛满速儿、牙木兰，上已疑之。会锦衣卫百户王邦奇劾奏九畴等妄开边衅，冒功不忠。上因怒。九畴职任巡抚，番虏入寇，不能督兵剿杀，以致攻破寨堡，杀掠军民，乃妄称酋首已毙，冒功升赏，欺罔不忠，令锦衣卫逮问。金献民等受命专征，未至地方，而扶同奏捷，令巡按御史械送来京。邦奇所奏情状，令差去给事中速为查勘，务得功罪之实。

兵部尚书王时中请并命所遣官核其酋首果否存亡。上以回酋屡来求贡，部中亦数与覆奏，俱不言其存亡，及命劾诸臣功罪，乃欲请究酋首存亡之实，掩护推延之弊显然可见，责令对状。时中自劾请罪，上乃宥之，归罪司官，各夺俸两月。

大学士杨一清言："犬羊之性，终不可测。比年入贡之使尚在国门，侵掠之兵已至嘉峪，是岂信义之所能结，文告之所能致也哉！通事、译字官在王朝官职虽微，然以使于外境，则国体甚重。往还万里，出入于沙漠之地，事变所不能无，恐非所以全中国之体也。"上曰："卿言良是。天子之使远涉番境，此失尊大之体，在京通事、译字官可勿遣，第以敕书属之甘肃镇巡官，令其遣抚夷官往谕为当耳。使番酋果能悔过输诚，朕当曲赦其罪，否则闭关绝贡，别作处分。"

《明世宗实录》卷八十三

嘉靖六年十二月癸亥，土鲁番款关求贡，上下廷臣议，未决。尚书桂萼疏请乘其来而急抚之，因责以献还哈密城池，时不可失。上然之，谕大学士杨一清曰："萼所奏哈密事情，甚说得是，待议来，如果可，即奏行。若彼有不顺之词，我则选将出师伐其罪状，复其忠顺之爵，西边之患，方得宁息。朕意以此，未知何如，预与卿计。"一清奏请及其求和之时遣使宣谕，许之自新，而中国因以其间修守战之备，庶恩威两得，后患可弭。上报曰："卿具议回奏甚详，但欲夷情伏顺，必先将我边失事人员悉以问罪，方可服夷酋也。而土鲁番上逆天道，背负祖宗厚恩，轻我中国，害我边民，其罪甚大，当要遣将征剿，方示中国之威，但恐滥及无辜。为今之计，以朕意内则选将练兵，一面委官前去整理粮草，就着暗整兵备，一面将求和夷使留质远方，一面将先今失误国事勾惹边患的通行拿问治以重罪，一面选委有胆力通夷情练达通事一人，赍持抚谕诏书，亲谕速檀满速儿，如果悉遵诏命，悔罪来降，方宥罪如故，如稍有轻慢之意，则严整大兵，直捣其穴，然后可除边方之患。其祸之来，实始于彭泽、陈九畴，而因杀死写亦虎仙家族，侵欺财产，所以彼酋至今恨之。及前年出师，委是虚奏成功，其实益长回酋之慢视也。今亦要追究满速儿在否。其陈九畴内恃杨廷和之势，尤为罪首。次则杨廷和。若有言者以九畴死罪，方称回酋之恨，此则未可。夫以一巡抚大臣对一回酋之命可也，则孰为轻重焉。今之计要在朕与卿等行耳，不当苟且回护。……"

《明世宗宝训》卷九《驭夷》

论边务

（嘉靖六年）

张璁

　　臣参详前都御史彭泽之处置边夷，疏略寡谋。前兵部尚书王琼因其启衅固当，声其误国之罪，似未免有过直之心也。王琼名若不完，才实有用，杨廷和因其奏己，乃遂处以充军之罪，实未免有过忍之心也。是诚徒任树党报怨之私，全无忠君爱国之实者矣。……

　　又看得王邦奇奏称"甘肃二次之乱，盖因先年公论不明，及杀写亦虎仙等之误"一节。夫写亦虎仙释放，原出于朝议。而复执之，乃出诏书，寻称监故。嘉靖三年五月处决各夷内火者马黑麻并米儿马黑麻，八月土鲁番大举入寇甘州，诚未必无所由也。

　　夫人君之祸，莫甚于朋党，人臣之罪，莫大于树党。汉、唐、宋之事可监也。咸谓王邦奇本罢职千户，有觖望心。臣谓人臣之事君也，惟当取善以辅主，不当因人而废言。故今日之事，若不惩于既往，无以警于将来。（下略）

《张文忠公集·奏疏》卷三

嘉靖七年（戊子 1528）

[正月，丙申]，大学士杨一清言："臣出入中外，几四十年，而在陕西最久。……西域土鲁番踵恶数世，先年独残破哈密，后则沿边王子庄等处，赤斤、罕东等番卫俱被蹂践，遂敢称兵叩关，犯我肃州，困我甘州镇城矣。……"

《明世宗实录》卷八十四

[三月，庚寅]，先是，上命兵部会三法司议甘肃功罪。刑部尚书胡世宁因奏："忠顺王速坛拜牙即已自归土鲁番，虽还哈密亦其臣属，其他裔族无可立者。回回一种，久已归之。哈剌灰、畏兀儿二族，逃附肃州已久，即驱之出，不可。然则哈密将安兴复哉？纵令得忠顺王孊派，与之金印，助之兵食，谁与为守？夫土鲁番变诈多端，善为反间。其欲间我谋臣，则言侵犯肃州皆陈九畴所致。夫其兴兵入寇，造意通谋已久，一旦拥兵径入，各回潜置兵甲，图为内应。使非陈九畴奋勇不顾后患，击杀奸回，又近遣属夷劫其营帐，远交瓦剌掠其城池，使彼内顾而还，则肃州难保无虞。臣以为文臣之有勇知兵而忘身为国者，无如九畴，固彼番夷之所深忌而欲杀也。惜其后信僚属之公移，听奸回之诈报，而妄以速坛满速儿及牙木兰为死，则其罪有不免耳。臣愚欲乞圣明特与辅臣熟议，如先朝和宁交趾故事，置哈密不问。不必再辱皇命，究诘城、印，以中彼要索之计。如其不肆侵扰，则许之通贡；或复为寇，则闭关绝之，庶不以哈密故疲吾中国。"上报闻。

已而兵部、法司会议："九畴举事张皇，致使夷贼深入，然卒能御之使去，其功亦多。第轻信传闻，辄报番酋已死，妄诞之罪，所不能辞。兵部尚书金献民掠取人功，自叨录荫，又举冒功人吏，俱受爵赏。总督都御史彭泽，经略未成，致贻后艰，然尝抚回金印、城池，功有可言。甘肃巡抚都御史李昆、镇守太监许宣、都督佥事史镛、参将蒋存礼、副总兵赵镇、参将云冒、游击将军王爵前后功罪与九畴同而其情有差。监督太监张忠、都督佥事杭雄与金献民同体论法，不宜有异。都指挥王辅妄报番酋之死，致使镇巡轻信。纪功御史卢问之预防生变，乃至擅决夷囚。以上诸臣法宜究治。镇守太监董文忠与金献民、张忠、杭雄子侄冒授荫升并一切参随人员滥升俸级者，俱宜清查，奏请上裁。其先年斩获回夷有功人员，仍宜催促勘报。"得旨："九畴招尤启衅，使回贼深入，残暴边城，又妄报速坛满速儿、牙木兰之死，谪戍极边。泽处置疏略，致启兵端，夺职闲住。昆、宣、镛、存礼、文忠俱降二级，镇、辅等提问夺俸有差。他俱如奏。唯献民、雄、忠俟勘明定拟。"已遣给事中商大节、御史赵镗及兵部司官一员查勘。

《明世宗实录》卷八十六

兵部尚书王时中会同刑部尚书胡世宁等勘问九畴等事情，具疏曰："虎仙父子深奸巨蠹，外通哈即卖国，内结钱宁乱政，心迹奸诡，死有余辜。及查王邦奇假建议为名，牵引浮泛，复图进用，该兵部题奉钦依降锦衣卫总旗，别难再议外，臣等议照政令莫大于刑赏，功罪在论其重轻，功之大者或可以赎罪，罪之轻者亦难于淹功，若乃功罪相伦，自亦情法有在，或无功而罪本轻，亦又有罪而事已结，俱不能一律而论。如陈九畴叨领边寄，举措乖张，先后启衅招尤，罪固已重。两次折冲御侮，功亦为优。又轻听回达之捏词，滥报番酋之真死，事虽出于传闻，情尤涉于妄诞。金献民仰承重命，提督西征，调集三边之军马，振扬全陕之威声，未足称劳，掠取他人之功次，粧成同事之捷音，何可冒荫。且连参随人员，俱各滥升职俸，虽恩典出自于上，而辞受有负于初。再照彭泽彼时经略未成底定，因而致贻后患，罪有明案。缘曾抚回金印、城池，既而回夷隔年入寇，功似可言。李昆、许宣、史镛、蒋存礼前后功罪与九畴相连，原情各有差等。张忠、杭雄始终往返，与金献民一时具奏，论法不宜异同。先任指挥王辅开报传闻番酋之死，以致镇巡轻忽，会奏之虚，委属有违。卢问之初以预防生变为心，仍将应死夷囚擅决，亦非相应。以上各官俱合究治。但彭泽及陈九畴先经会问，题奉钦依为民。李昆已降副使，复起用，又降左参政，与彭泽俱致仕。许宣、史镛、蒋存礼亦经参提发落。合候命下之日，先将杭雄革去见任，与张忠俱候陈九畴、金献民问明之日，奏请定夺。彭泽罪犯与李昆、许宣、史镛、蒋存礼先已问结，似宜量处，臣等擅难定拟。及照董文忠虽故，与金献民、张忠、杭雄子侄等项冒授荫升，并一切参随人员凡未至地方混得滥升俸级，行委科道官会吏部主事从公逐一清查，奏请定夺。并先年斩获回夷中间未升功次人员，仍催促勘报，以凭升赏。

臣等切念甘肃为中国右臂，土番实禽兽与邻，变诈反覆，乃虏寇之故情，功罪相寻，亦边臣所难免。仰惟皇上恩威信义，昭示无遗，蕞尔小丑，纳款有日。伏望普弘天地之度，丕昭日月之明，俯念各官曾效微劳，早赐宸断，俾法司遵照议拟上请施行。务严夷夏之大防，永存古今之治体，则威德所及，四夷无不畏服。"

上诏："各官功罪，你每既会议分别轻重等第奏来。陈九畴行事乖张，招尤启衅，以致回贼深入，残害地方，又妄报打死番酋，好生欺罔，难照常例，著兵部定发极边卫分充军。彭泽虽经黜革，后又朦胧起用，还革了职，照旧冠带闲住。杭雄与张忠俱待金献民提到问明之日，奏请定夺。各官子侄冒受荫升官职，俱革了。其余参随人员功次，还着科道官会同兵部委官从公逐一清查，具奏定夺。李昆、许宣、史镛、蒋存礼、董文忠各降二级。"

《殊域周咨录》卷十三《土鲁番》

土鲁番速檀满速儿寇肃州，命献民兼右都御史，总制陕西四镇军务。比至兰州，巡抚陈九畴已破敌，献民再以捷闻。还京，仍理［兵］部事。……［王］邦奇讦前尚书彭泽，词连献民，逮下刑部狱。法司劾献民奉命专征，未至其地，掠功妄报，失大臣体，宜夺职闲住，削其世荫。诏可。

初，"大礼"议起，献民数偕廷臣疏争，及左顺门哭谏，又与徐文华倡之，帝由此不悦，卒得罪。

《明史》卷一百九十四《金献民传》

世宗入继，钱宁败，琼亦得罪。御史杨秉中请召泽，遂即家起兵部尚书、太子太保，昆、九畴亦复官。……累疏乞休，言者复交劾之，乃加少保，赐敕乘传归。

锦衣百户王邦奇憾泽尝抑己，上书言："哈密失国由泽略番求和所致。"语侵杨廷和、陈九畴等。张璁、桂萼方疾廷和，遂逮九畴，廷讯戍边。泽复夺官为民，家居郁郁以卒。

《明史》卷一百九十八《彭泽传》

初，土鲁番败遁，都指挥王辅言："速檀满速儿及牙木兰俱死于炮。"九畴以闻。后二人上表求通贡，帝怪且疑。而番人先在京师者为蜚语，言肃州之围由九畴激之。帝益信。会百户王邦奇讦杨廷和、彭泽，词连九畴。吏部尚书桂萼等欲缘九畴以倾泽，因请许通贡，而追治九畴激变状。大学士［杨］一清言事已前决，帝不听，逮下诏狱。刑部尚书胡世宁言于朝曰："世宁司刑而杀忠臣，宁杀世宁。"乃上疏为讼冤曰："番人变诈，妄腾谤讟，欲害我谋臣耳。夫其畜谋内寇，为日已久，一旦拥兵深入，诸番约内应，非九畴先几奋戮，且近遣属夷，却其营帐，远交瓦剌，扰其窟巢，使彼内顾而返，则肃州孤城岂复能保。臣以为文臣之有勇知兵忘身殉国者，无如九畴，宜番人深忌而欲杀也。惟听部下卒妄报，以满速儿等为已死，则其罪有不免耳。"已，法司具狱，亦如世宁言。帝卒中萼等言，谪戍极边，居十年，赦还。

《明史》卷二百四《陈九畴传》

遵祖法以处外夷疏

胡世宁

....

　　乃惟哈密远在万里，其王脱脱之后已绝。自其主母以来，三被土鲁番杀掳，占夺城池。廷臣无敢直言请以先朝处外夷之法处之者，乃求其亲党曰罕慎、曰陕巴而立之，旋被占夺。今其民回回一种久附土鲁番，为倾本国。哈剌灰、畏兀儿生达二种，已逃附肃州，依我存活，不敢复归。其王拜牙即自愿投附土鲁番，反欲导彼入寇矣。正德年间兵部奏差彭泽总督经略，仍请敕一道，赍谕番酋速檀满速儿并火者他只丁，欲其献还哈密城、印，将拜牙即送回本城据守。夫拜牙即自愿归彼，虽令复守本城，亦其臣属也，于我何益！又敕一道，令奄克孛剌回哈密与写亦虎仙同守城池。夫写亦虎仙为彼占据哈密，而奄克孛剌避难求归，今使之还，是驱入虎口也。一时廷臣失处如此。彭泽素怀忠勇，身任其事，乃亦依阿不行执奏，而苟且行事，不终而还。责以大臣体国之义，不为无罪也。使今土鲁番献还哈密城池，忠顺王真有嫡派应立之人，朝廷与之金印，助之兵粮数万，到彼为王，谁与之守！不过一二年，复为所夺。益彼富强，辱我皇命，且使再得金印、城池，以为后日掯勒求索之计耳，于我中国何益也。

夫土鲁番变诈多端，善为反间。其欲间我附城属达，使之激变，则称哈剌灰、畏兀儿稍书交他来。其欲间我谋臣，使之受罪，则称："坏事的都是陈都堂，沙的纳咱儿前说着来。这里把巴歹起发了，馈你饭米赏赐。"又言："射死火者他只丁，恼了，人马往甘州城杀了一日。"其欲使彼番使得通内间再无阻害，则称："王子因见汉人杀了火者撒者儿并写亦虎仙父子，故来报仇。"夫自嘉靖二年进狮子夷人，已递番文开称："番使被乜克力抢了马，又遇达子杀了人，速檀满速儿要动人马，一定来肃州、甘州。"三年五月初三日，写亦虎仙子米儿马黑麻等在甘州临刑，口称："八月里王子人马如麻的来。"闻彼四月已收人马，八月果至，则其造意通谋已久，岂为杀彼三人报仇，亦岂为陈都堂及哈剌灰、畏兀儿使之来也。其恐我复结瓦剌为之后患，则言："七、八月里领着瓦剌达子还要往汉人地方上去。"而竟不来。其变诈何可信也。其自正德六年得送回伊弟真帖木儿，因在甘州住久，深知风土好过，即起逆心，要来侵犯。正德九年即要插旗甘州城门上，十年六月陈九畴到甘州。十一年彼自以原许段子不曾与足及拘留番使为名，兴兵入寇，岂因陈九畴也。其先三取哈密城池，皆以哈密奸回为之内应。其渐置奸回写亦虎仙等亲党买屋久住肃州城内，而又节差番使倒剌火者、斩巴思等来探消息，为通书问。一旦拥兵径至城下，各回潜置兵甲，图为内应。使非陈九畴奋勇不顾后患，即将各回监故打死，而又近遣属夷劫其营帐，远交瓦剌抢其城池，使彼闻变内顾而还，则肃州城池难保无虞。臣以为文臣之有勇知兵而忘身为国，无如九畴，固彼番酋之所深忌而欲杀也。惜其后信僚属之公移，轻听奸回之捏报，而妄奏速檀满速儿、牙木兰之杀，则其罪有不免耳。王邦奇奏其执杀夷使，激启边衅，又言二次甘肃之乱，由杀写亦虎仙等之误，盖彼武夫轻信，惑于流言，为彼内间耳。

至于通贡一节，则其后事难料，前事可征。弘治四年，因其掳去忠顺王陕巴，六年欲犯肃州，不服抚处，奏准绝贡，将其贡使一百八十一名，尽发两广安置。十一年因见器物缺乏，诸夷归怨，方才悔过，送还陕巴。嗣后通贡不绝，地方骚扰亦不绝，而反间内应络绎于京西、甘肃之间。驯至十一年暨嘉靖三年，二次大举入寇，今奏准绝贡，又三年矣。祇闻来求，不闻侵犯者，岂其力有余而心不欲也，盖亦惩前二次火者他只丁之被杀，瓦剌诸夷为之后患而长虑却顾也。今廷臣议者以有备为长策，以通贡为权宜，其言诚是也。臣愚欲乞圣明特与辅臣熟议，今后哈密城池照依先朝和宁交趾舍置不问，而惟责彼番人恭守臣节，再无侵犯，一二年后，方许入贡。或止通互市。仍约其贡其市皆不许多带人众，淹留岁月。则我之边城驿途供费可省而得专事边储，我之谋臣勇将反间不虞而得尽心边事矣。臣愚昧死妄言，未敢以为必可用，惟乞圣明采择，幸甚。

奉圣旨："览卿所奏，知道了。兵部便照前旨会同三法司具奏定夺。"钦此。

《胡端敏公奏议》卷八

[六月，壬寅]，番夷牙木兰、帖木哥、土巴率众内附。牙木兰故曲先卫人，幼为土鲁番所掠。比长，黠健，速坛满速儿信用之，屡为西边患。至是，为满速儿所疑，惧诛。帖木哥、土巴俱沙州番族，土鲁番威属之，岁征其妇女、牛马，不胜侵暴。故三夷率其族帐男妇数千人，叩关求附。甘肃巡抚都御史唐泽议于肃州迤北境外威虏旧城及天仓墩、毛目城等地散处，其众暂给口粮月一斗，量资牛种，令随地耕牧，秋成自食，待西事宁日，各归本土，作我藩卫。提督尚书王宪以闻，因言："牙木兰为番酋腹心，而土巴等被驱为羽翼。今内相猜忌，挈族来归，中国之利也，义不可拒。且安插之地，视先年益远，而防亦颇严。抚给之粮，循旧例量减，而费亦颇省。臣已遣人分谍瓜、沙州察虏众归附所由，及谕令贡市还国诸夷取速檀满速儿真正悔罪番文。如敕旨至日，会新任提督王琼审议具奏。兵部覆议，亦请下琼筹度。"得旨："夷情重大，其令尚书琼亲诣甘肃，会守臣悉计以闻。"

[癸亥]，甘肃镇巡官都御史唐泽等言："牙木兰先受番酋之命而临关求贡，今避番酋之害而入关投降，事势既殊，机权当审。前降宣谕敕书，若遽遣赍以行，恐致亵威取侮，若但请留以待，又恐坐失事机。今欲暂留敕书，遣还原来夷人，令其宣播朝廷因彼求贡降敕晓谕之恩，诘问有无逼迫来降之故，谕以挈回哈密戍守，械送教诱犯边者及还掠去人口，取具印信番文，输诚悔罪，方许通贡。"事下，兵部议以泽言为然。上命敕提督尚书王琼查照前旨，译写帖文，备载朝廷恩威及今所拟事理，选择原行亲信头目夷人赍回，省谕速檀满速儿，果有悔过实心，另具真正番文，遣人同来赍递，提督镇巡等官议处具奏。前敕缴还。既而，西番头目戍木克等率众与牙木兰俱

来，诏通行尚书琼同镇巡官议处。

《明世宗实录》卷八十九

牙木兰八岁时为土鲁番所抢，及长，为土鲁番头目。其兄脱啼娶帖木哥妹，收掌曲先卫印信，部下二百余人，依帖木哥等沙州住牧。帖木哥等后投肃州，脱啼乃往南寻本族，后亦无踪迹。牙木兰在土鲁番用事，甚见宠信。……后牙木兰屡夺占哈密城、印，兵部议绝土鲁番，不许通贡。土鲁番乃复乞贡，又以事疑牙木兰交通中国，逼逐之。嘉靖七年，牙木兰乃拥帐三千，与罕东卫帖木哥（即兄娶其妹者）及土巴等来投肃州求降。上命总制三边兵部尚书王琼抚处，敕曰："近该兵部覆题，该甘肃镇巡等官及先任提督尚书王宪各奏：土鲁番酋先年拥众侵犯甘州，残害地方，节该守臣具奏闭关绝贡。近乃遣使求贡，奸谋叵测。夷酋牙木兰等本曲先部落，叛附土鲁番，为彼心腹，侵轶我境。今与帖木哥、土巴等各称被土鲁番逼害，率众投附，有无别项蓄谋，亦难逆料。各官欲照先年事例，安插居住，以示怀远之道，但又称尔新任提督，前项事体重大，未审意见有无相同。今特命尔亲去甘肃地方，会同镇巡等官，再加详处，仍多方用心，查审各夷是否被逼投附，有无别蓄奸谋。若果势穷求生，倾心归向，先将各项人口查验明白，各照所拟地方分散安插，应给口粮、牛具、地土，查照先年事例，斟酌施行，量将城池修筑，以便防守，分族居住，使其自相亲睦。仍选差的当官员，不时晓谕，令其安分守法，自为生理，不许专恃官粮供给，及在彼生事扰害地方。彼处地方，虏情不一，尤须督领，令大小将官整饬士马，振扬军威，一切边备武备，务要朝夕戒严，不可时刻怠慢，以防意外之患。朝廷以尔才识素优，练达边务，故兹委托，尔须殚心竭力，规画修举。其干碍夷情，必与镇巡等官计处停当，应施行者径自施行，应奏请者具奏定夺。敕内该载未尽者，听尔从宜区处，毋恃己见，务稽众议，使边鄙宁谧，朝廷无西顾之忧，斯尔之能，尔其钦哉！"

于是，甘肃兵备赵载会同分巡西宁李淮、游击将军彭濬共议称："牙木兰原系我曲先卫属番，自幼抢去与土鲁番作为谋主，今逼投附，置之甘肃，平居防其捕逃，寇来防其内应。虽云投降，其妻子兄弟尚在彼中，难保全无反覆，必须或徙居内地，或转发别边，方为良便。纵使土鲁番将来求讨，原不系彼回夷，我之旧属，今归于我，名正言顺，亦可塞其求请。"

王琼乃疏谓："牙木兰原同帖木哥等前来归附，本当与帖木哥等一例安插，但恐复回沙州，又为土鲁番所制，意外生变。若欲安置远方，又恐阻绝以后夷人不肯降附，请将牙木兰并其仆妾差人伴送赴京，查照永乐年间山东青州等处安插夷人事理，议拟安插。或径差人伴送延绥镇巡官处，发榆林卫收充旗役，给拨月粮营房，随军杀贼。或别有处置。"

《殊域周咨录》卷十四《曲先》

［正德］十一年，土鲁番复据哈密，以兵胁［罕东左卫都督］乞台降附，遂犯肃州。左卫不克自立，相率迁肃州塞内，守臣不能拒，因抚纳之。……乞台既内徙，其部下帖木哥、土巴二人仍居沙州，服属土鲁番，岁输妇女、牛马。会番酋征求苛急，二人怨。嘉靖七年夏，率部族五千四百人来归，沙州遂为土鲁番所有。

《明史》卷三百三十《罕东左卫》

［七月，己丑］，提督陕西三边军务兵部尚书王琼言："往年撒马儿罕、天方国、土鲁番、哈密四处夷人各遣使入贡，未及廷献，而土鲁番旋来寇边，故都御史陈九畴议将土鲁番、哈密贡回夷人，羁留不出，以观其变。迄今二年，虏心未悛也。请通行验放出关，仍宣慰番酋，令其改过自新，用示柔远之德。"兵部覆议，从之。

《明世宗实录》卷九十

嘉靖七年，王琼复疏曰："臣于六月初七日到于平凉府东关，有撒马儿罕、天方国、土鲁番、哈密四处夷人。臣审问因何在此住歇，各夷告称：'有镇守甘肃李隆传示，如今圣人出世登极，不比在前，但系外夷，俱进贡庆贺。以此各夷于嘉靖元年前来进贡到京，管待筵宴，给与赏赐，起关应付回还。不料嘉靖三年，土鲁番犯边，将各夷沿途留住。原差伴送官舍，俱回甘州，我等在此自备盘缠过活。'但查审各夷内系撒马儿罕、天方国者，俱该遣还，系土鲁番、哈密者，俱该腹里地方羁候。又据撒马儿罕等夷人告称：'若将哈密、土鲁番夷人留住，只放我辈出去，路经土鲁番，必不肯放过，我辈亦不敢去。'又称：'若路不通时，宁往两广去，还可得生。'查得先该巡抚都御史陈九畴原议，要将土鲁番、哈密贡回夷人，俱发两广地面安置。先任提督尚书杨一清为国忠谋，反覆辩论，将哈密、土鲁番贡回夷人，改拟腹里羁候，待虏情向背已定，另为议处；将撒马儿罕、天方国无干夷人遣还本土。题奉明旨，依拟施行。使当时各官即能体悉杨一清之忠谋，用彼处夷之长策，即将应放还者放还，应羁候者再为议奏，夷情宁息久矣。乃各坐视玩愒，故违明旨，延今二年之上，不行查放议处，臣实恨之。切照土鲁番节次赍递番文求和，专一以放回进贡夷人并打发出赏赐为言，乃其本心。及详撒马儿罕等处夷人告称，不放出土鲁番人不敢回去，亦是实情。合无行令各该巡抚通查各处羁候夷人起关，差官伴送至甘肃行都司羁管，给与口粮养赡临时，臣与镇巡官访探土鲁番仍前求和通贡，以后再无侵侮别情，将原拟羁候各起贡回夷人，与原拟遣还撒马儿罕等夷人，通行议放出关。令镇守总兵官出给印信汉番字帖文，交付撒马儿罕等夷人传与土鲁番，令退哈密城池，许其进贡，边衅可息。如彼不听宣谕，直在于我，由在于彼，另行议处，亦不为损。"上亦从之。

《殊域周咨录》卷十五《撒马儿罕》

已而起王琼为兵部尚书代王宪，琼疏曰[①]："臣蒙恩起用，提督三边。自入关交代以来，查得黄河套内贼情即今稍缓，惟有土鲁番夷情未宁，急当议处。臣历考往事，正德八年以前，土鲁番虽尝虏杀忠顺王，朝廷亦尝拒之，而不遽绝其贡，直尝在我，曲尝在彼。而彼又不知我边之虚实，未尝提兵一至沙州近边寇掠，况敢窥肃州之门户。彼时朝廷处之既得其宜，守臣又不敢任情恣肆。虽或时与哈密沟衅，曲自在彼，旋复底定。自正德十年以来，执政者昧于经国之图，引用非人，相继坏事。既增币约，自失信义，又淫刑杀降，大失夷心，直反在彼，曲反在我。肃州之败，甘州之惨，由我致之，不可独咎土鲁番也。此时使甘州守臣即能如杨一清之义，度量时势，曲为抚处，尽遣他国贡使出关，奏发羁留哈密、土鲁番贡使回归本土，而又谕以前守臣坏事之意，使等分任其咎，土鲁番必翻然悔罪，照旧通贡，不待至今日屡廑九重之虑矣。奈何守臣之计不能出此，漫谓土鲁番服而又叛，去而复来，非信义之所能结，往往大言以张虚名，不顾酝酿渐成实祸。既将已经奏准遣还夷人自今不放，又将新贡夷人羁留肃州，自谓使之进不得贡，退不得归，操纵在我，以慑其骄悍之气，盖止知泥古欲绝其入贡之路，而不知度今不能绝其入寇之路也。

---

① 编者按，此疏应是王琼初赴任时所上，故列于此。

前此土鲁番令牙木兰来沙州住坐，乞放出进贡夷人，带回赏赐，彼即退还哈密城池并抢去人口。在我自当推赤心置其腹中，许之可也。而守臣乃以为未有悔过输诚实迹，令其将先年抢去人口头畜尽数送还，及将教唆犯边首恶，绑送甘州，又令其访取忠顺王的派子孙承袭，凡此皆自示以疑，而又责以难从之事，教之使不得和也。

自嘉靖三年犯边后，至今三年矣，议者执持两端，含糊展转，迄无定谕。即今土鲁番因牙木兰住沙州二年，不得通贡，遂听谗言，疑其与中国通，欲并罕东等头目诛之。牙木兰等惧，今年四月，急率其部落五千余众归附甘州，守臣不得已纳之，是又一大变矣。自土鲁番两入甘肃，肆行杀掠，未遭挫损，彼因已有虎视河西之意。而关外赤斤、苦峪、曲先、蒙古罕东诸卫昔为肃州藩篱者，尽皆逃散避难入关矣。万一土鲁番怨牙木兰之薄己，卷土重来，我之边备废坏，又值天旱米贵，不审守臣能使必不得饮马于黄河否也。臣言至此，实可寒心。

议者又谓：虽前守臣启衅坏事，然彼既犯顺深入，在我不可含忍许和，示彼以弱，自损国威，亦不必深咎前人之失，以快民志。臣愚以为不然。……盖曲直不辨，处置失宜，则无以服叛臣之心。时势不审，率意妄行，则无以为善后之计。臣愚知之熟而虑之审，臣愿陛下以臣所言下兵部会官急议。如果可采，准令将土鲁番、哈密羁候夷人及近日差来见在甘州夷人，先准放回，未去夷人各带原领赏赐，尽数验放出关。仍晓谕紧要头目说称：'如今朝廷已知都御史陈九畴等坏事，都加罪了。又知你土鲁番屡次投递番文，初意要抢把巴，反达甘州边上，遇官军厮杀，原无侵犯甘州之意。今赦尔罪，各起夷人，俱准发出。尔土鲁番先年抢去见在人口送还，死亡了的罢，将看守哈密城头目取回，听哈密自在彼处住坐。作急具番本赍到甘州，交与镇守官转奏，不必等候回报，就将尔后来进贡夷使，起送赴京进贡。'其先拟要将首恶绑送等项难从之事，今次晓谕不必该载。其牙木兰等既已投降，理不可杀，听臣等斟酌，用为间谍，从宜施行。以后事或有变，直在于我，另为议处，庶不失误机会。"

上诏："所奏明白周悉，足见筹边至意。先年失事之人已都处治了，听尔从宜处置，务要内安外攘，以靖地方，副朕简任。"

《殊域周咨录》卷十三《土鲁番》

［八月，癸亥］，初，番夷帖木哥等既降，其部下虎都都、土古尔者等势孤，亦相继来附。甘肃镇巡官以闻。兵部议，行总制尚书会镇巡审核无诈，即同牙木兰等一体安插。土古尔者等若愿仍回沙州者听。诏如议行。

《明世宗实录》卷九十一

　　［闰十月，癸酉］，先是，土鲁番屡寇甘肃，官军一败之于张钦堡，再败之于肃州，又败之于永昌。部议各以征剿番夷事例行赏。巡按御史刘濂谓番夷猖獗，势等北虏，今官军斩获功次，亦当从先年深入哈密之例。上从其请，升赏永昌守备马云、肃州参将云冒等官军一百九十六人有差。

《明世宗实录》卷九十四

　　［十一月，丙午］，提督陕西三边军务兵部尚书王琼等言："土鲁番速坛满速儿献还哈密城池及诸所劫掠人马器械，累遣使求贡。顷奉旨索有番文，臣译审其情，似出悔悟。伏冀圣度含弘，不责小夷之罪，许令照旧通贡。"兵部覆，如琼议。上曰："夷酋世济凶恶，始议闭关绝贡，法所宜。然迩者乞贡再三，朝廷以远夷不足深较，令镇巡官察其果有悔悟实心，责取真正番文具奏，方许通贡。今既译审无诈，准放入关。分为两运，遣官伴送来京，每运毋得过五六十人。余下人口，存留在彼听候。仍定与往来期限，不许在途迁延骚扰。琼仍会同镇巡等官严督所属，修饬边备，整理兵粮，加谨防御。未尽事宜，悉听从长计处。或事有变更，势有窒碍，亦宜具实以闻。"

《明世宗实录》卷九十五

议处哈密事宜疏[①]

李承勋

　　议得御戎之道，揣敌者烦而难，自治者简而要。土鲁番在西戎中本非强大，自正德十一年以来数犯甘肃，我边往往失利，非彼之善，乃我之自治未善耳。今虽称献还哈密城池，不过以空言相诳。前后放回彼地羁留使臣共二百十九名，彼送回原掳人口止三十二名，不及百千之十一。但中国厚往薄

[①] 编者按，此疏时间不明。从内容来看，主要是针对土鲁番献还哈密城池及处置牙木兰二事而发的，故置于此。

来，似当略其隐情，嘉其善意，不为常例，量赏纻丝数十匹以答之。又恐彼以索讨牙木兰为词，再启边隙，此事当熟虑于未纳之前，不可二三于既纳之后。查得牙木兰先该彼处各官称，系曲先卫熟夷，自小被彼虏去，今始得还，受之不为无词。已奉成命安插，断无可遣之理。若彼不自度量，再来侵犯，将入贡使臣，依各官所拟，斩首示众，诚不为过。然使臣之中，或有原不与逆谋者，临时鞫问明白，分别轻重犯该奸细重情，听总制军令斩首，其余监候奏请发落，庶宽严得中。合候命下，转行总制陕西三边尚书王某，撰写钧贴，省谕土鲁番使臣，大略言："土鲁番自古以来，永为中国西番不侵不叛之臣，所以我前朝列圣，嘉其忠顺，许令通买卖。凡尔服食器用，悉仰给于中国。后因边臣抚驭失宜，致尔怨叛。今速檀满速儿能自悔过，献还哈密城池人，似有改过之意。朝廷之于哈密，非利其土地人民，以哈密乃哈密之哈密，为尔侵夺，皇上为中外华夷之主，不得不为之治乱扶危。速檀满速儿既能献还哈密城池，自今以后，再不可兴兵扰害哈密并瓜、沙各处熟夷，方见忠顺之实。朝廷不念旧恶，容尔照依旧规通贡。若再骚扰哈密、瓜、沙一带熟夷，使彼不得安生乐业，再来赴愬于边臣，定将入贡使臣或斩首或迁发烟瘴地方，不容尔通贡。大小关隘严切把截，私商官贩，俱各禁止，中国一物一布，不容放出，与尔永绝。岂不有伤尔前人之善意，岂不有负我列圣之深思乎！朝廷念尔远人，嘉尔向善，特于例外赏尔段匹。尔宜益加忠顺，永保无虞。"

其米儿马黑木见在哈密住守，亦合量加恤赏。但其故父失拜烟答、故兄米儿马黑麻俱以叛逆伏罪，本夷向背，真伪难测。伺彼稍能存立，真心归附，效有劳绩，镇巡官具奏，另行议处。

再照前项议处事宜，不过因彼之情而答之耳。总而论之，甘肃之安危在自治之得失，而不在土鲁番之强弱，要当以足食固边为久计，通番纳贡为权宜。若我将士辑睦，军饷充足，斥堠精明，彼若再来入寇，坚壁清野，勿与交锋，前不得战，野无可略，不过数日，彼将自挫。候彼欲退，我则尾之，若彼求斗，我复入壁。或用熟夷以挠于旁，或诱瓦剌以截其后，利则战，不利则守，何畏于彼而汲汲与之和乎！入寇则固守以挫之，而不贪杀获之功；求贡则不拒以柔之，而不责既往之咎。彼虽变诈万端，而我待之惟一诚；彼虽反复万状，而我度之惟一理。庶几控制有道，体统自尊。

然兵有深机，事难遥度，是以阃外之事，不从中制。今臣僚中练达老成如琼、才猷宏达如琼亦一时未易得也，而又膺总制之重任，握便宜之大权，事当应机立决，大者画一具奏，毋或顾虑太过，动辄作疑请议。切恐锋镝交于原野，谋猷决于庙堂，万一不合彼中时宜，反致牵制误事。臣等中外虽殊，义当共济，本官务要展布，四体知无不为，申长子帅帅之义，释圣主西顾之忧，则关陕永赖，远夷自伏矣。

《皇明经济文录》卷四十

[十一月，辛酉]，詹事兼翰林院学士霍韬疏言："自土鲁番攻陷哈密以来，经略未见底定。议者或言绝贡，或言通贡。圣谕曰：'必有悔罪真正番文，然后贡使可通。'此因通贡之机，而广迁善之路，中国待夷狄之体也。今西番求贡，尚书王琼译进番文，俱裔夷小丑之语，无印信足征，则[悔]罪之心未出于实。辄许通贡，恐戎心益骄，后难驾驭，而边患愈滋。可虞者一也。哈密城池虽云献还，然无番文足据，何以兴复！或者遂有弃置不问之议。夫土鲁番无道，图我哈密久矣，我遂弃置不问，彼愈得志，将劫我罕东，诱我赤斤，掠我瓜沙，外连北狄，内扰甘肃，而边患益滋矣。可虞者二也。牙木兰者，土鲁番书则曰：'不知彼去向也。'岂诚不知也！安知彼非诈降饵以诱我。他日犯边，则曰：我纳彼叛人，彼来报复也。又曰：我不归彼叛人，彼不归我哈密也。自是哈密永无兴复之期矣。彼拥重坐大而我之边患愈无休息矣。可虞者三也。牙木兰之降也，日给廪饩，所费良多，犹曰羁縻之策，不得已也。若土鲁番拥众叩关曰：取彼叛人，将驱牙木兰而与之耶？彼则诡曰：降以投生也，今出则死，而不肯去。将从而纳之耶？恐为内应，而有肘腋之忧。土鲁番拥兵于外，牙木兰为变于内，甘肃危矣。可虞者四也。此臣所以为西边虑也。或曰：'今陕西饥荒，甘肃孤危，尚虑不保，虽弃哈密可也。'臣则曰：'保哈密所以保甘肃也，保甘肃所以保陕西也。若曰哈密难守则弃哈密，然则甘肃难守亦弃甘肃可乎！昔太宗皇帝之立哈密也，因胡元遗孽力能自立而遂立之，借之虚名而我享实利者也。今哈密之嗣三绝矣，天之所废，人孰能兴之。今于诸夷求其雄杰足矣，守我城池，护我金印，和戢诸戎，修我贡职，力能自立即可因立之矣。必求哈密之后乃立焉，多见其固也。'"

··········

疏入，上曰："览韬所言，知其留心边务。牙木兰纳居内地，奸谋叵测。

兵部其一一参详筹画，究极利害，务要计出万全，具奏定夺。边储屯种，户部看议以闻。"

《明世宗实录》卷九十五

哈密疏

霍 韬

窃见近日兵部覆题西番通贡事宜，尚有遗虑，臣谨陈其略，请自圣裁。

谨按永乐年间，封哈密为忠顺王，一以断北狄右臂，二以破西戎交党。外以联络戎夷，察其逆顺而抚驭之，内以蕃屏甘肃，而卫我边郡。古帝王制外夷安中夏之长策也。自土鲁番攻陷哈密，夺我金印，据我城池，屡年经略，未见底定。前次都御史陈九畴建议曰："欲制西番使献还城池，须闭关绝贡。"盖谓西番仰命中国，惟通贡贸易也。若绝不通贡，则彼也欲茶不得，发肿病死矣；欲麝香不得，蛇虫为毒麦禾无收矣。是故闭关绝贡，所以扼西番之咽喉而制其死命也。惟彼贡路不通，死命不救，遂常举兵扰我甘肃，破我寨堡，杀我人民。边臣苦于支敌之不给也，复有开关通贡之议。奉圣旨："若土鲁番有悔罪真正番文，献还哈密城池，献还人口，即许通贡。"是我圣上[①]因通贡之机，广[②]迁善之路也，中国待夷狄之体也。今西番求贡，尚书王琼译进番文一十余纸，具裔夷小丑之语，无印信足征之辞，则土鲁番未有悔罪之实可知也。彼未悔罪，遽许通贡，恐戎心益骄，后难驾驭而边患愈滋，可虞者一也。哈密城池，虽称献还，乃无番文足据，不知后日作何兴复，或者遂有弃置不问之议。夫土鲁番之无道也，图我[③]哈密久矣，我遂弃置不问，彼愈得志，将劫我罕东，诱我赤斤，掠我瓜、沙，外连北狄，内扰甘肃，而边患遂博矣。可虞者二也。牙木兰者，土鲁番腹心也，拥帐二千，称降于我。然在牙木兰，则曰来降也，在土鲁番书[④]，则曰不知彼去向也。以事理观

---

① 编者按，《胡端敏公奏议》卷十《回达入境官军击斩退去随递番文讨要羁留夷使疏》引霍韬此文。"是我圣上"后有"将"字。
② 编者按，《胡端敏公奏议》同上文，"广"下有"戎夷"二字。
③ 编者按，《胡端敏公奏议》无"我"字。
④ 编者按，《胡端敏公奏议》无"书"字。

焉，岂有拥帐二千远来款塞彼乃不知也[①]！安知彼非诈降饵以诱我，他日犯边，则曰：我纳彼降人，彼来报复也。又曰：我不归彼叛人，彼不归我哈密也。自是哈密永无兴复之期也[②]。彼拥众坐大，而我之边患愈无休息矣。可虞者三也。牙木兰之降也，廪饩日食，仰给于我，费已不小矣。犹曰：羁縻之策，不得已也。若土鲁番拥众叩关曰：取彼叛人也，将驱牙木兰而与之也。彼则诡曰：降也以投生也，今出则死，而不肯去。将从而纳之耶，恐为内应，而有肘腋之忧。土鲁番拥兵于外，牙木兰为变于内，即甘肃危矣。可虞者四也。此臣所以为西边虑也。

或曰："今陕西饥荒，甘肃孤危，尚虑不保，虽弃哈密可也。"臣则曰：保哈密所以保甘肃也，保甘肃所以保陕西也。若曰哈密难守，则弃哈密，然则甘肃难守，亦弃甘肃可乎！因弃甘肃，并弃临洮、宁夏可乎！西北二边，与虏为邻，退尺寸则失寻丈，是故疆场弃守之义不可不慎也。矧圣明在上，将莅中国抚四夷，追复帝王之盛，以增光祖宗，乃劝皇上轻弃祖宗疆场，可乎！

或曰："然则汉弃珠崖，宣德间弃交趾，不可耶？"臣则曰：北狄南蛮，体势则殊。珠崖、交趾，吾欲弃之，置之化外而已，彼不吾毒也。若西北二边，则据险以守，我失险则虏得险矣。贼虏据险，则中国大患，遂无穷已。宋人西失灵夏，北失幽燕，国遂不振。然宋人且以汉弃珠崖借口，是其学术杀天下也，可不戒乎！交趾自秦汉迄唐入中国，为衣冠文物之邦者千年矣，非土官州郡化外之夷之比也。杨士奇援汉弃珠崖例弃之，乃陋儒当权，上下宴安，货赂公行，纪纲不振，举版图十郡之地，弃置不守，盖若考作室乃不肯堂也。杨士奇者太宗皇帝罪人也，又足法乎！

或曰："哈密自成化九年失之，二十年收复。弘治六年失之，十一年收复。正德六年复失之，袭封忠顺王者，且降于土鲁番矣。今虽取还城池，无人与守矣。劳中国以事外夷，恐非计也。"臣则曰：保全哈密，则赤斤、罕东声势联络，西戎北狄并受制驭。若失哈密，则土鲁番酋并吞诸戎，势力日大，我之边患日深。是故保哈密所以保中国也，不得已也。昔者太宗皇帝之立哈密也，因胡元遗孽力能自立遂立之，借之虚名我享实利者也。今哈密之

[①] 编者按，"也"，《胡端敏公奏议》作"耶"。
[②] 编者按，"也"，《胡端敏公奏议》作"矣"。

嗣三绝矣，天之所废，人谁兴之！议者必求哈密之后乃立焉，亦见其固也。苟于诸夷求其雄杰，足以守我城池，护我金印，和戢诸戎，修我贡职，力能自立，即可因立之矣，固不必求胡元之孽也。

或曰："弘治六年，土鲁番酋要我封爵矣，求我主哈密矣，然则尔时何不因遂立之，乃必求胡元遗孽，启数十年之纷纷耶？"臣则曰：土鲁番酋志吞哈密，并为一国，遂霸西戎，且连北狄。尔时若假之封爵，是虎而借之翼也。若析为两国而控制之，亦其可也。今遣间谍告诸西戎曰："中国所以闭关绝贡，非尔诸戎之罪也。土鲁番不道，灭我哈密，蹂我疆场，将兴问罪之师焉，故先闭关，制其死命。尔诸戎无罪，不得通贡，实土鲁番之故也。尔诸戎有并心共力，破灭土鲁番，即封尔为忠顺王，授尔金印，以主西戎。"又因牙木兰之来降也，谕之曰："尔旧则土鲁番之腹心也，今降则我中国之藩翊也。尔力能立于哈密乎，即以封尔。三年之后，尔能和戢哈密，即授尔金印为忠顺王，长为中国卫。"则主哈密者，虽非胡元之裔，亦不失我中国封爵之体矣。权以通变，变以从时，是固边将之任也，阃外之责也。朝廷勿与知焉，假之便宜之权，可也。

或曰："今忍弃哈密，岂得已也耳，甘肃去年银一钱易粟四升，今银一钱，仅易粟二升矣。军士空腹，救死不赡，在甘肃且凛凛，何有于哈密？"臣曰：此则户部之罪也。昔我太宗皇帝之供边也，悉以盐利。其制盐利也，盐一引输边粟二斗五升，是故富商大贾，悉于三边自出财力，自招游民，自垦边地，自艺菽粟，自筑墩台，自立保伍，岁时屡丰，菽粟屡盈。至天顺、成化年间，甘肃、宁夏粟一石易银二钱。时有计利者曰：商人输粟二斗五升支盐一引，是以银五分得盐一引也。请更其法，课银四钱二分支盐一引，银二钱得粟一石，盐一引得粟二石，是一引之盐致八引之获也。户部以为实利，①遂变其法。凡商人引盐，悉输银于户部，间有输粟之例，亦屡行屡止，且虽输粟亦非复二斗五升之旧矣。②商贾耕稼，积粟无用，辍业而归，墩台遂日颓坏，堡伍遂日崩析，游民遂日离散，边地遂日荒芜。戎虏入寇，一遭兵创，生齿日遂凋落，边方日遂困敝。今千里沃壤，莽然蓁墟，稻米一石，直银五两，皆盐法更弊之故也。然则欲足边粮，其复太宗盐法乎！

---

① 编者按，《胡端敏公奏议》无"甘肃、宁夏粟一石……实利"一段。
② 编者按，《胡端敏公奏议》无"间有输粟……旧矣"一段。

或曰："输粟支盐，则边方日垦，边民日繁，边粟日多，盐价亦平。输银支盐，则边地日荒，边民日耗，边粟日少，盐价亦贵。若然，则安边足用之长策，莫善于太宗皇帝之盐法矣。户部何为不行乎？"

臣曰：输粟于边，利归边民，输银于户部，利归户部。今户部之征盐银也，计银一万，加耗千两，下自吏胥皂卒，上而郎署卿佐，蚕食饵利焉。若行输粟之令，户部失耗银之利矣。是故谨守弊法，不肯复太宗令典也。皆臣愚博采众谋，复相辨诘，过不自揣，其为狂瞽者如此。①

伏惟陛下敕问兵部，土鲁番叩关求贡，有何印信悔罪番文，哈密城池作何兴复，牙木兰来降其诚其伪，作何料理，务出万全之策，勿堕狡戎之谋。再敕户部，甘肃边粮累年缺乏，若何为目下振救之策，若何为经久饶赡之策，详画上闻，取裁圣断。臣愚且见中国尊安，万世永赖，区区裔夷之向背，付之边臣一叱咤定矣，不烦圣明转侧西顾之勤也。

奉圣旨："霍韬所奏，足见留心边务，牙木兰纳居内地，奸谋叵测。这本所言，兵部逐一参详筹画，究极利害，务要计出万全，具奏定夺。勿得顾忌，以贻后患。边储屯种，户部看处了来说。"钦此。②

《皇明经世文编》卷一百八十六

[十二月，庚寅]，初，土鲁番虎力纳咱儿引瓦剌二千余骑犯肃州，至老鹳窝堡。时撒马儿罕夷人以入贡留堡中，虏从堡下呼诸夷与语，问以通贡事。游击将军彭濬急引兵迎战，斩首数级。虏言欲问信通和，濬不听，麾兵进击，破之。虏退走赤斤，使人持番文来言，乞许入贡，还羁留之使，因委罪瓦剌，词多悖谩。提督尚书王琼等以闻，因言番夷行且惧悔，宜原其求通之情，宥其不知之罪，令通贡如故，以罢兵息民。并上彭濬及兵备副使赵载功状。时詹事霍韬议，以为土鲁番事势可虞。事并下兵部。至是覆言："土鲁番自通贡以来，渐置奸回于内地，欲取肃州，事觉乃绝。则多纵反间，倾我抚臣，然终不敢入寇。今诏许之入贡，使方入关而虏兵已至，几危甘肃。此闭关通贡利害，较然甚明。今提督等官既言虏薄我城堡，缚我军士，声言大举以恐喝中国，变诈如是。而又言虏方惧悔，宜仍许通贡，以息边陲，前后似相抵牾。且霍韬又以虏无印信番文为疑，臣谓虽有印信，亦不足据，第不使堕其术中以疑我忠臣弛我

---

① 编者按，《胡端敏公奏议》无"或曰……如此"一段。
② 编者按，自"奉圣旨……"以下一段，《皇明经世文编》无，录自《胡端敏公奏议》同上文。

边备则可矣。牙木兰我属番，为彼虏去为之用事，今束身来归，事为反正，宜即抚而有之，以招彼携贰，益我藩篱。至于兴复哈密之事，则臣等窃以为非中国所急也。夫哈密三立三绝，今其主已为虏用，其民散亡殆尽。假使更立他种，彼强则入寇，弱则从彼，难保为不侵不叛之臣。且哈密之复，其力岂能邀截北虏，使不过河入套也哉！故臣以为立之无益，而适令土鲁番挟以为奸利耳。臣愿皇上赐王琼玺书，令会同甘肃镇巡等官召谕夷使，责以大义，晓以利害。自今许入关通贡者多无过十五人，所至毋得延住。又遣其使谕速坛满速儿问以入寇状。借曰不知，则令械送虎力纳咱儿。或事出瓦剌，则斩瓦剌百人以赎罪，否则羁其贡使，发兵征剿，庶几威信并行，彼知敛戢。

更敕王琼，务为国忠谋远虑，力求兴复哈密善后之策。除瓜、沙属番及哈密遗民畏兀儿、哈剌灰等，俱不得遣，其他力能服众及能灭土鲁番者，或请给印封爵，使主哈密，听琼等熟计。然臣窃料土鲁番酋所恃火者他只丁、牙木兰统兵于外，而写亦虎仙等数番使为间于我中国耳，今皆诛死，而牙木兰已来归，势亦渐弱。哈密距关千五百里，所过罕东、赤斤诸卫，皆已款塞。彼远涉千里而供馈无资，又过流沙，水无所得，视前入寇为难。故今甘肃所忧，不在土鲁番。而南有亦不剌，北有瓦剌，最骁劲近边。往者我以为援，今从彼为寇，此甚可忧也。自今宜以通番纳贡为权宜，以足食固边为久计。且闻瓦剌之众方怨土鲁番，使谋臣能利而诱之，使自相携贰，此亦伐交之术也。更遣御史部属各一员以往，凡边境道理、军民休戚，虏情强弱向背，边臣章奏虚实及开垦屯田安边足食之计，亟勘议以次奏闻。仍多赍银币，以赏阵亡及有功者。彭瀞、赵载各升职级，原附哈密遗民属番咸量加赏劳，以宣天子威德，比之远复哈密，为力易而所得多矣。"

又请量授牙木兰一官，赏其同降，以怀来者。

上深然之。乃命王琼熟计边务，不得轻信易言，以贻后患，仍察牙木兰情伪议处以闻。畏兀儿、哈剌灰等安插如故。赵载、彭瀞各赏纻丝二表里，升载左参政，仍管肃州兵备事，升瀞都指挥同知。其余功下御史勘奏升赏。令镇巡官量犒官军死伤。以遣官访勘，非责成之道，已之。

《明世宗实录》卷九十六

土鲁番贡使乞归哈密城易降人牙木兰，王琼上其事。世宁言："先朝不惜弃大宁、交趾，何有于哈密！况初封忠顺，为我外藩，而自罕慎以来，三为土鲁番所执,遂狎与戎比,以疲我中国,耗财老师,戎得挟以邀索。臣以为此与国初所封元孽和顺、宁顺、安定三王等耳。安定在哈密内近甘肃,今存亡不可知,我一切不问,独重哈密,何也?宜专守河西,谢绝哈密。牙木兰本曲先卫人,反正归顺,非纳降比,彼安得索之,唐悉怛谋事可鉴也。"张璁等皆主琼议,格不用,独留牙木兰不遣。

《明史》卷一百九十九《胡世宁传》

回、达入境官军击斩退去随递番文讨要羁留夷使疏①

胡世宁

....

臣等看得土鲁番回夷,变诈多端,求索无厌,自来侵犯②我边,惟见利则进,知难则退,朝廷御之亦惟选将练兵,广屯积谷。严夷夏之分,以绝其内间;公赏罚之施,以励其外攘。遇彼来寇则杀,去奔勿追。间有穷迫而慕义来归,则抚而有之,以为我藩篱;纳款而诚心来贡,则礼而待之,以施彼恩信。虽自古帝王,及我祖宗所以安中国而抚四夷之道,不过如此。未闻敝中国以事外夷,撤藩篱而延寇贼者也。今查此虏自弘治年间,连次用计,杀虏哈密嗣王罕慎、陕巴,不听抚处,至欲领兵一万,攻我肃州。我孝宗敬皇帝赫然震怒,特准谋臣奏议,执其贡使一百八十一名两广安置,绝彼通贡。彼遂失我器用、药物,不能为生,诸羌③怨彼,彼方悔过,送还陕巴。后复许贡,彼得善置奸回于我国中,上自京师,下至甘肃,无处不有其人,无处不通其交结而受其反间。积至正德十一年,大举入犯,意图原置奸回善巴斯、高彦名④等内应外合,亦如先取哈密故智,唾手而取肃州。幸得先任兵备副使陈九畴一时奋勇,打死内应奸回,杀退外攻各贼,而又近差内附夷兵劫其老营,外结瓦剌达子等捣其巢穴。彼番大创,乃因内间,反致九畴死罪。暨蒙皇帝即位开释,复用九畴巡抚甘肃。又值彼番大举入犯,又被九畴

---

① 编者按,《皇明经世文编》卷一百三十五收此疏,为《复土鲁番议疏》。
② 编者按,《皇明经世文编》"侵犯"下有"为患"二字。
③ 编者按,"羌",《皇明经世文编》作"夷"。
④ 编者按,《皇明经世文编》作"斩巴彦思高名"。

督兵敌退，奏请闭关绝贡。彼番复纵反间，仍致九畴得罪，而声言："求贡不许，必来抢掳报复"，以恐吓吾人，然迄今四年，并不敢一骑来侵。近该提督等官奏准通贡，将原欲安置两广番使，尽许放回。今贡使未多入关，而彼番又使头目虎力纳咱儿等以问信通和为词，勾引瓦剌达子数千，直抵肃州近城。若非游击将军彭濬、兵备副使赵载谋勇相资，素有备御，而临时遇徼，又或私创九畴之祸，梏守通和之说，迟疑不敢发兵出战；而又非得素抚属番，助斩贼首，则肃州城池，必为所破，而甘州以西五百里地方，必皆难守矣。此闭关通贡孰利孰害不待智者而知也。

今各官奏内，又执番本所言陈九畴坏事为词，以见罪不在己。且既称黄草坝堡有先来进贡夷人三十九名在内，上城与堡外回贼答话，下城就将堡内防夷游军陈经等一十九名捆缚，抢去六名。又过四顷堡，绑去按伏游兵张计月等四名，夜不收二名。别递番书言："会众番王备下人马五万又有五千至此。"又出谩言："起春到甘肃，你们也把十三布政使的人马辏著（着）。"①虏情变诈如此，而各官奏内又称："各夷答话，已有惧悔之意。"又欲原其求贡之情，宥其不知之罪，仍照原议，起送赴京，以图罢兵息民。前后若相抵牾。事在彼中，臣等势所难度。况蒙圣恩，业已许贡，番使临门，彼处官司戒前虑后，必不敢据理扬威，一时拒绝。又况天朝政令当一，臣等亦不敢轻议朝令夕改，遽言绝贡。及照提督尚书王琼大才通变，必有奇术转危为安，非臣等常虑所及。

再照詹事霍韬所奏，为国远虑甚切，而其查访近事未真。臣等逐一参详。其称："土鲁番未有悔罪之实而遽许通贡，恐戎心益骄，而边患愈滋。"药石之言也。乃以番文无印信足征为疑，不知番文虽有印信，又何足征而足以制其死命乎！盖惟在我识其变诈而弗落其计中，以疑我忠臣弛我边备则可矣。牙木兰若原彼世臣，拥帐三千②来降，轻纳则后患委的难测。臣等昔未到部亲理其事，详见其实，则亦与韬同此见也。今究其实，则牙木兰乃我属番曲先卫人，为彼虏去，为之用事。今遣来我近边，求和不得，入寇不敢，受疑避罪，束身来归，事为反正，与其亲弟满剌添乱儿辈主仆六人耳。偕来老弱男妇数千，乃

---

① 编者按，《皇明经世文编》无"起春……辏着"一段。
② 编者按，"三千"，《皇明经世文编》作"二千"。

自瓜、沙属番帖木歌、土巴之众，是皆边官业已受之，而奏闻朝廷，初不之禁矣。今彼穷迫无归而我抚处已定。近者回、达入境，彼已斩送首级来报矣，更欲驱遣，彼无所往，势将转恩为仇，事变可虞。而或乘其饥疲，递加扑灭，则又非圣皇之仁①也。当此之时，正当抚而有之以招彼携贰而益我藩篱耳。

然臣等自来反复思虑，惟欲固我边疆保我中国耳。至于兴复哈密之事，则臣等绵力菲才念初不及于此也。臣等昔时愚见。惟闻哈密之地，外隔流沙，距我肃州一千五百里。比之太祖昔建大宁都司于境外四百余里，而太宗迁置于今保定，太宗初置交趾布政司，郡县其地，而宣宗弃之安南，初不知其为弃祖宗疆土也。哈密主初封忠顺王者，乃元遗孽，我太宗皇帝于永乐二年封之，三年即故。立其兄子，未几即绝，而强立非其子孙者嗣之。盖尝三立，三为土鲁番杀虏。今其主自愿归番而反欲引彼入寇，其民皆四散无遗矣。故臣等初亦以为比之国初立元遗孽为和宁王、为和顺王、为顺宁王、为安定王者事同一体，而安定王又在哈密之内，近我甘肃，今皆不知其存亡有无。则兴复哈密之事，臣等初虑实不及此也。而更私忧以为若抚他番以王哈密，则今牙木兰主仆六人决不能往。使其他虏为之，恐其强则叛我而入寇，弱则畏彼而从之，诚难保其为不侵不叛之臣也。昔汉武开西域以断匈奴右臂者，正今甘肃之地尔。若谓哈密兴复而遂能绝北狄之通西戎，以固我甘肃，保我陕西地方，则今宣府、大同、延绥三重镇不能邀截北虏之过河入套也。哈密之复，其功岂能胜我三镇。臣等初见以为立之无益，而岁受土鲁番之挟我以为奸利，则宜有觉而速改。故兴复哈密之事，臣等念不及此也。

今闻议者有谓劝陛下弃祖宗疆场之言，臣等口噤目眩，数日不能出一言。顾惟提督尚书王琼与韬皆素有高世之见，非臣等浅昧所及，故愿兴复哈密一事，特行王琼在彼处之耳。今据各官所奏事情，除前回、达入寇实计若干，我军斩获阵亡及被杀虏人畜各有若干，有无重大失事隐匿不报情弊，本部照常行彼巡按勘实另行外，臣等愚见，欲乞圣明赐敕一道，特委提督尚书王琼，令其会彼甘肃镇巡管屯都御史等官，通召土鲁番夷使而责谕之曰："尔初两次入寇，皆被我陈都堂杀败，而又奏准闭关，绝尔通贡，且欲尽将尔贡使安置两广。尔不得我中国药物器用，无以为生，结怨诸夷。尔累次递

---

① 编者按，"仁"，《皇明经世文编》作"恩"。

番文求贡，而声言不从则大举入寇，然四五年之间，竟不敢来。我边臣亦尝为尔奏求通贡，朝廷疑尔昔日之恶，累奏不难。今我来边，怜尔穷困，不顾利害，保尔诚心悔罪，再不入寇。朝廷惟信我言，准尔通贡。今尔却令虎力纳咱儿等勾引瓦剌数千，寇我肃州，今已被我军杀败，使朝廷不信我言，将如之何！若此出尔王子速檀满速儿之意，则新旧番使皆当斩首，枭令边关，而遂举兵进剿，何贡之有。然我天子是大圣人，以天下为度，视尔小夷欺扰犹蚊虱搔痒于皮肤也，岂足为计。但我边臣仗义宣威，岂甘受尔欺诳。尔昔番文谩言要我辇十三布政司人待尔，此言我犹不忍尔奏也。使其奏［闻］①，天子震怒，［命］②我止发三镇兵十万，直捣尔巢穴，尔问尔国老成人，尔番人自汉以来，有能敌我中国兵否？我更奏讨朝廷银十万两，好段、好马各十万匹，令人晓谕近尔各种番、达，能斩尔回回一首者，赏银十两，好段、好马各一匹，有能斩首千级来献者，即封为忠顺王，使居哈密，岁许通贡，赏赐不绝。尔回回之首，能存几何！但闻尔言：'前此入寇，乃虎剌纳咱儿私擅所为，王子止是使他来求贡，初不知道。'又言：'瓦剌来寻帖木奇，我们当不住了。'③以此未忍罪尔。旧留贡使姑放出关，新来贡使亦放入关，但今每起，入关止许十人，多不过十五人。其多余人数，勒令回国，原带贡物，俱许验交来者顺带来京，赏物亦听带回散给。经过地方，止许一日一站，不许延住二日，有过三日者，即不应付。敢有似前骄纵不听约束者，轻则编置两广，重则斩首地方。仍令先回番使赍谕王子速檀满速儿知道，今来入寇，他果不知，则将虎力纳咱儿等械送入关，以凭斩首示众。若系瓦剌诱哄得来，则将瓦剌入寇之人，斩首百十来献，虎力纳咱儿亦免其罪。今次贡使既得放回后，后无再犯，许贡不绝。若不将虎力纳咱儿等械送治罪，又不斩送瓦剌入寇人首级，则明是王子知道纵恶，今次进贡人安置两广，连赏赐礼物通不发回。再有侵犯，必如前言征剿。"如此责谕，庶几威信并行，而彼必知所敛戢矣。

更敕王琼，务要为国忠谋远虑，力求兴复哈密善后之策。除前瓜、沙属番帖木哥、日羔剌、土巴等，及原哈密遗民畏兀儿、哈剌灰避祸来归者，不许逼回哈密，驱置虎口，撤我藩篱，损我天子好生之德，益彼夷虏入寇之党

---

① 编者按，"闻"字据《皇明经世文编》补。
② 编者按，"命"字据《皇明经世文编》补。
③ 编者按，《皇明经世文编》无此句。

外，其余凡有人之①宗派才力堪以服众为王，而近彼各夷之愿从立国者，及近彼地方各种诸戎有能共灭土鲁番者，即许为忠顺王，听居哈密。悉从本官安处停当，可信其永为不侵不叛之臣，而后奏请钦断，给印封爵。臣等不敢轻议亦不敢偏阻也。

　　臣等又窃料土鲁番声势，其民皆安土饱食，不愿入寇。其主速檀满速儿先倚二大将火者他只丁、牙木兰统兵于外，而写亦虎仙等数番使为间于我中国耳。今火只他只丁已杀，写亦虎仙等已诛，而牙木兰又携贰来归，其势盖亦渐弱。故欲发兵五百，近执牙木兰等于瓜州，尚迟疑不敢，而致其来归。况今哈密来至嘉峪关一带千五百余里，其地先有罕东、赤斤等卫，原我属番，被彼驱胁供馈接应者，今皆归我款塞，彼来所经空地千里②，供馈无资。又过流沙，水无所得，盖其入寇比前益难。故今甘肃所忧，不专在土鲁番，而南有亦卜刺，北有瓦刺，皆北狄骁劲，瓦刺又比土鲁番离我颇近。先时都御史许进之入哈密城，陈九畴之杀退土鲁番，皆结彼为援，今反被土鲁番勾引来寇，此而得惯，则甚可忧也。宜敕边臣，无以能招土鲁番入贡为功，而以诸达在近恐其寇我难御为患。故今当以通番纳贡为权宜，以足食固边为久计。然足食之计今时甚难，而霍韬奏欲招商中盐纳谷，听商募民种谷，实为有益。陛下已命户部议覆，而臣等亦有计处与之相符，先奏亦该户部议覆，本部案候另行外，惟照瓦刺之来，而被我边臣敌退，其泣怨土鲁番招引之误。使我边臣有识，固可利而诱之，以杀彼番，使其自相携贰，以不为我害，此伐交之术，今虽日久犹可行也。然众皆忧甘肃之危日甚，而臣等不揣窃以转危为安之术惟在圣明主张于上，一转移之间而已。盖今彼中事情，言者不一，而闻者多疑；群臣有见，或真者不信，而信者非真，以是庙谟难定。而在彼官民属番，或未知我皇上恩德之隆，欲乞圣明独断，选差御史一员，部属官一员，必其晓事不欺而诚心为国不随势变迁之人，以往于彼，边境道里、军民休戚、敌情强弱向背、边臣章奏虚实各项事情，应该作何区处，各处屯田应该何计开垦，及凡军储何计可足，边围何术能固，逐一勘实，渐次奏闻。若彼先奏皆实原处无差者，即便会同镇巡等官安处停当，务

---

① 编者按，《皇明经世文编》无"人之"二字。
② 编者按，《皇明经世文编》无"供馈……千里"十九字。

求坚久，不许朝令夕改。若先奏可疑，原处未当，作急奏闻区处。仍乞发自圣心，见得当此隆冬，念及甘肃州边城极远孤危，而又被敌鏖战之苦，令赏彩段、布、绢各若干匹、银一二十万两前去，宣布我皇上恩德垂念至意。内将军民曾经对敌守城者，各赏布二匹，指挥千、百户各赏绢一匹，都指挥各赏段一匹。阵亡及杀贼获功者各赏银二十两，仍纪其功，应升应袭官职照旧升袭。阵伤者各赏银五两。游击将军彭濬、兵备副使赵载各赏彩段一表里。前报功次勘实，仍依提督尚书王琼等所奏，彭濬于实授都指挥佥事上量升一职，赵载升参政职事，仍管肃州兵备，以后二三年抚处成功，仍依御史熊爵所奏，超擢都御史，在彼巡抚。其原附久住哈密夷民哈剌灰、畏兀儿，及先今来归瓜、沙属番日羔剌、帖木哥、土巴等部下人众，皆每家赏布一匹，头目三人，各段一匹。谕以我天子恩德，万里差官来抚尔众，救尔生命。其新附原归原土者听归原土，其不愿归不敢归者，借给牛具、种子，听其趁时耕牧，为筑城池坚固，约以世为我臣，不侵不叛。敌①来近边，则坚壁清野，使彼野无所掠，食无所资，不能一朝居此。敌②若攻我，则尔出兵以牵其后。虏若攻尔，则我出兵以解尔围。尔我相为掎角，永保尔生。彼必感悦而世为我藩卫，虏寇益少而边围益固，比之远复哈密，为力易而所得多矣。至于牙木兰悔罪归正，弃戎即华，情亦可嘉。伏乞圣恩，量授一官，特赐冠带、衣服一套。其弟满剌添乩儿量与冠带通事名色。跟来三、四人俱充勇士食粮，使居甘州三二月，以耀彼国人而招怀来者。仍送来京居住，以审彼国俗而料我边事，所益多矣。③

....

奉圣旨："览卿所奏，叙述哈密、土鲁番夷情，本末条画详悉。其言御戎在于选将练兵，广屯积谷，尤为有见。这番夷变诈多端，大言诳惑，挟求通贡，据其投递番文，多非情实。各官先后论奏，亦复自相牴牾。朝廷从宽不究。已敕尚书王琼一切抚待安插进贡防御兴复哈密等事都要处置停当，不许轻信易言，以贻后患。今不必再写敕，尔部里只备去行文书与他，著遵照前旨，参以今拟责谕之言，省令番酋悔过革心，以图保全。若再稔恶不悛，

---

① 编者按，"敌"。《皇明经世文编》均作"虏"。
② 编者按，"敌"。《皇明经世文编》均作"虏"。
③ 编者按，"敌"。以下《皇明经世文编》无。

即便奏闻，动调大兵征剿。且选练抚剿正系提督大臣责任，屯政粮食已敕都御史刘天和整理，若再差大官前去访看，未必皆得其真，亦非责成之道，还著他每用心料理，不许苟且误事，前敕事理照旧行。牙木兰情伪难测，向背未定，著同各夷都暂在彼处地方安插，听提督镇巡官再为审处具奏定夺。畏兀儿、哈剌灰等来归有年，岂有遣回之理。彭濬、赵载既杀贼有功，各赏纻丝二表里，彭濬升都指挥同知，赵载升陕西布政府左参政，仍管肃州兵备事。其余功次著巡按御史上紧勘明具奏升赏，阵亡阵伤人员著镇巡官量为赏犒，其余的罢。"钦此。

《胡端敏公奏议》卷十

与胡静庵论土鲁番书[①]

王廷相

廷相顿首。静庵先生：土鲁番无印信番文，未见悔罪之实，议者诚是也。虽然，此非所难者，彼得通贡，则印信文书转首可得矣。余谓回夷狡诈反覆，纵有真正番文，反异而作歹，亦其所有者，此亦何足凭据为哉！其后兴复哈密，此非所易言者。请以今之时势难易缓急为执事陈之。夫哈密乃中国西鄙藩干，诚不可弃而不省者。今据哈密国势人力，果能与土鲁番相拒乎？不然，虽得金印，虽还城池，终还为彼之殴役耳。夫欲大举兴复，必得甘肃兵力，足以制彼之命，如齐桓之救邢复卫可也。今中国之力能然乎？纵有兵马刍储，足以一举而恢复之，嘉峪关至哈密旧城，尚有半月之程，我兵既归，彼兵即至，哈密残困孱弱之族，能与之抗乎？此不待智者而后能料也。谚语云："扶得竹竿，难扶井索"，岂非此之谓乎！哈密之兴复，恐不能如祖宗时矣。此外惟有许其通贡，挟彼还印，求哈密一酋长立之，以存其国，不至骤灭一策耳。然亦羁縻络笼，少存中国制夷之体，求其真能为我捍蔽固不可得矣。

其曰：求诸夷之雄杰，立之以为哈密之主。余尝考之矣。祖宗之时，关

[①] 编者按，胡静庵即胡世宁，这是王廷相向胡世宁提出的建议，与胡氏奏疏相比较，可知是吸收了王的意见的。

外设立七卫，以捍蔽四戎。今百余年来，渐以凋灭，无复生聚。阿端一卫，不知所往矣。曲先则南入乌思藏矣。赤斤、安定、罕东，或数百为族，数十为落，皆内附肃州境土，如野鸟惧物为害，依人居止，衰败凋残，厌厌游游，止存气息矣，夫安望其振厉。惟罕东左卫少壮可战者仅有一二千人，即今亦来内附，而瓜、沙空虚矣。其近西羁縻诸夷，大略无复可望如此。不知土番临近如天方、撒马儿罕诸国，何由可以间谍而使之破灭土番耶！此非仆浅近者所能计也。其牙木兰来降，据其当日番文之词，不过与其弟满剌天哥等六人入关耳。其云男妇老小约有五六千人，皆帖木哥、土巴之族属。今牙木兰六人，甘肃守臣已处之深入内地，彼土番虽欲求与通语而不可得，况能有别谋乎！纵有之，六人之力何为哉！据彼之来降也，诚为速檀满速儿之逼，非有他故。观土巴、帖木哥与之同来，其情状可以类见。番文云："速檀满速儿王子，把牙木兰坐的羊阿沙城别馈了头目坐了，把牙木兰的家当都抄了。"观此，则牙木兰无复西望之意可知。肘腋之变，我亦非所忧矣。但土巴、帖木哥不可令彼久弃沙州，当令守臣早行计处，促使之归可也。不然，则瓜、沙久虚，土番遣人窃据，耕牧其地，一则可以为入寇之资，一则可以为开拓之计，甘肃愈益多事而不可支矣。或帖木哥等族类内地处久，积习成俗，终宴安于所托，遂绝念于本州，瓜、沙终于不守，是自撤藩篱借寇势而资盗图矣，又乌乎可哉！区区之见如此，望教之为幸。

《王氏家藏集》卷二十九

嘉靖八年（己丑 1529）

［正月，丙寅］，总制陕西三边军务尚书王琼等言："沙州番酋帖木哥、土巴等，故我朝罕东左卫属番，为哈密羽翼，甘肃藩镇者也。后以避土鲁番侵犯，窜入肃州。以穷归我，势不可绝。今宜顺其情，诸部落内附者，以其半居白城山，半居威房城，仍简精锐四百人，每季百人，更番随我军操练，令都督日羔刺统之。既可以羁縻夷众，亦可以和辑夷情。其曲先叛将牙木兰虽称降，而妻子尚在番中，今弃之则不仁，留之近地则非便，惟徙之辽东为宜。"上曰："然。诸未尽事宜，总制、镇巡官仍熟计以闻。牙

木兰情伪难测，其徙置湖广，以防他变。俟番情归顺，哈密兴复之日，再行议处。"

《明世宗实录》卷九十七

头目帖木哥、土巴等原在沙州住牧，今（嘉靖七年二月）因惧土鲁番贼杀，同回回头目牙木兰投肃州南白城山住牧，离肃州城二百八十里，部下男妇五千四百一十八人。……七年，彭濬及分巡西宁副使李淮共议得："帖木哥等原系我朝设立罕东左卫属番，为哈密羽翼，甘肃藩篱。续因哈密忠顺王丧败，土鲁番侵犯沙州，各夷力不能支，悉众来投。即其顺而或逆之迹，探其往而复来之心，盖思念我朝恩威乃其真诚，屈于土鲁番为所使者殆非得已。况土鲁番年例索其子女、牛畜，来寇就其刍粮、马匹，需求扰害，殆无宁岁。先年投我来则给之粮赏安插，去则给之锅铧牛种，畏彼怀我，斯亦至情。日今土鲁番求通，议者谓可遣复归本土，但事尚未定，若遽遣回，恐土鲁番又复驱彼恃以为援，回番连合，为患匪细。据各夷之情则不肯回，即今日之势亦尚不宜。据遣肃州地方见有哈剌灰等数种，各夷人众地方窄狭，住牧委亦不便，其势又不容于不另图安插矣。罕东各夷告欲分一半白城住牧，一半仍照原拟威房住牧。议者谓白城山附过甘州，恐有偷窃扰害，方来虽未可保，然鼠窃狗偷之害，比之连合内侵之害，大小悬绝。况白城山系各夷旧曾住牧之地，准令一半去住，分散其党，既无众聚之势，又遂孳牧之愿，一时权宜情势俱似少便。然既得其众，宜用其力，若尽数留住，彼妨生理，我费粮糗。宜于各夷内挑选精壮有马四百名者，俾其子弟统率，分为队伍，听调杀贼。分为四班，每班百名，一季一换。上班之日，每名量给口粮四斗五升，安住城北空堡，令都督日羔剌统领，抚夷官管束，随我军操练，不惟足以羁縻夷众，亦且足以和辑夷心。及照日羔剌系都督见掌印信，先因袭职回还，一向肃州寄住，为人淳实，颇知法度。但前项夷众十余年来俱属帖木哥、土巴等分管，又系日羔剌尊辈，众心不复知有都督。宜先申明名分，设立条约，出给钧帖，晓谕夷众，使之统领，帖木哥等仍听节制，庶统纪有归，易于控制。俟后土鲁番效顺果坚，哈密卫可兴复，然后遣归本土，则各夷思我安插远害之恩，益坚敬顺向化之诚矣。古之人欲图功必审其势，欲得众必顺其情，今日之事，察番夷之情，审轻重之势，酌事变之宜，不得不暂为安插之议也。"

于是王琼为之请于朝。下兵部议。尚书胡世宁议得："所奏区处停当，相应依拟。但帖木哥等各夷既无生理，众难存活，若无城卫，虏来势难坚守，不无又为彼掠，以为寇助。合无仍咨各官，查照原敕事理，于彼各夷新分地土，牛具种子，量为措给，城堡沟池，量为修筑，以安彼生命，以便彼防守。虏来坚壁，绝彼粮援，为我犄角，不为无益。待后哈密委果兴复，成立国势，能界限回达交侵，足为瓜、沙等处捍蔽，另行审情度势议奏，遣归本土。各官奏内又称要令帖木哥、土巴等俱听都督日羔剌节制，但当察彼夷情相愿，方可如此约束，若彼情势难合，亦听从宜另处。"

上诏："帖木哥、土巴等部落准令安插白城山、威虏两处，分散居住，并挑选精壮夷人分班更换，令都督日羔剌等管束，随军操练。"

《殊域周咨录》卷十四《罕东》

[二月，辛卯]，兵部奉旨会廷臣议总督三边尚书王琼所奏处置哈密事宜言："哈密七卫控制夷虏，实西北一藩篱。比因土鲁番侵扰，避难内奔。国家既权宜收恤，令得随地以居矣。但肃州孤悬一隅，群夷环绕，终非长策。其住久者，且不轻议，惟罕东左卫帖木哥、土巴等新附未久，野心难测，宜伺察动静，以备不虞。仍风谕诸番有愿还故土者听。其原系都督以下等官，除叛逆子孙米儿马黑木外，俱准奏承袭，免其赴京。"诏如议行。

《明世宗实录》卷九十八

王琼乃上疏①曰："臣会同镇守太监张洪、巡抚唐泽议得，我圣祖神宗，受天明命，奄有四方，威制四夷，罔不宾服。其在西夷，因其种类建卫授官，铸降印信，俾其统束部落，岁时朝贡，以示羁縻。自肃州至于哈密，千五百里之间，赤斤蒙古、罕东左等卫番夷，其初俱能睦族自保，厥后本族自相仇杀，部落遂渐离散。哈密之西，惟土鲁番一种最为强盛。外阻天方国、撒马儿罕诸夷，制其出入，内压哈密、蒙古、罕东属番，听其驱使，侵扰吞并，假道胁援，莫敢不从。今哈密夷人尚有住本城者，惟掌印都督奄克孛剌逃难内奔，终于肃州，二子承袭，不敢复从。蒙古罕东卫节年避害归附，至今尽失故土。曲先卫岁久年远，徒闻脱啼之名，罕东、安定族亦离散，阿端莫知其处。即今肃州西北千五百里之境，已无人烟。论者谓

---

① 编者按，此疏时间不详，但与前条《实录》纪事有关，故附于此。

诸番内徙，土鲁番自今入寇无援，实为中国之利；又谓肃州孤危，群夷环绕，恐有意外之虞，长顾却虑，惟逐回故土，乃为正理。但诸夷之畏土鲁番如蹈水火，势难强逼，使其可强而归，则必外附强番，又如昔日大为边患。所以节年守臣议欲权宜安插，实非得已。今事势既变，须有处变之术，驭抚得宜，方保无虞。乞敕兵部会官再议，如果无别长策，暂准臣等前议照旧安插，仍乞降敕一道赍付整饬兵备副使并分守肃州将官，奉行遵守。轮遣逻卒侦诸番之动息，以防奸宄；严谨疆界，禁各族之交侵，以除窃盗。务使恩克怀柔，威能弹压，夷情抚定，地方底宁。赏以酬劳，国典具在，自常举行。如或视为泛常，轻忽失处，致有疏虞，亦难辞责。再行陕西行都司查勘各卫所夷人自相保勘，照例起送赴京袭职。中间贫难不能赴京者，该道查无违碍，许令各夷顺赍保结公文，代领敕谕，回日送行都司交与承袭。如此使各种番夷悉得承继祖职，一则不忘祖宗羁縻成法，一则便于今日控驭。外侮可御，边境可宁。"上从其议。

《殊域周咨录》卷十四《赤斤蒙古》

　　时提督三边尚书王琼力主兴复哈密，且请抚驭散亡属番，以安边境，行令陕西边备赵载，游击将军彭濬同抚夷官指挥刘云等，查得哈密卫离肃州一千五百余里，忠顺王名速坛拜牙即，正德八年投顺土鲁番，至今无人承袭。本卫都指挥四员，一员奄克掌印，正德八年投肃州东关寄住。奄克故，其长子袭，亦故。弟乩告孛剌袭，见存。一员虎仙，正德十六年死于刑部狱中。长男马黑麻，嘉靖二年甘州处决，无嗣。一员满剌哈三，故绝。一员失拜烟答，死于肃州，其妻见住甘州北关，长男马黑麻，嘉靖三年西安府处决，次男马黑木见在哈密，未袭。所管畏兀儿一种，已袭职普觉净修国师一员，都指挥、指挥使、指挥同知、指挥佥事、所镇抚共七员，各验有授职敕书。未袭职正千户一员，原授职敕书被贼抢去。都指挥、指挥使、千百户、镇抚九员，僧纲司都司二员，各授职敕书收贮。前项哈密卫所管畏兀儿一种部下男妇共三百七十名口。又有哈剌灰一种，已袭职指挥同知一员，验有授职敕书。未袭职指挥同知、指挥佥事、千户、镇抚共十三员，各原授职敕书收贮。前项哈密卫所管哈剌灰一种部下男妇共五百一十名口。及审据各夷供称：见在哈密卫未袭镇抚等官二十四员名，未能尽记，请令听其承袭。

兵部尚书胡世宁议谓："哈密等卫属夷未曾袭职者，查验先年受职敕谕，如果真正及的亲相应承袭子孙，别无违碍，责令本族夷人自相保勘，取具承袭的名具由，奏缴换给诰敕，准令袭职，且免其起送赴京。新敕赍给收领，就将旧敕照例拘收到官，两相交付，差官进缴，通候年终，会官烧毁。至于米儿马黑木兄原以叛逆受罪，其身家见附土鲁番服属，合无待候哈密兴复，而彼仍属本国，然后听袭，亦未为晚。"上从之。

《殊域周咨录》卷十二《哈密》

[三月，乙卯]，初，土鲁番速坛满速儿累求通贡，尚书王宪遣贡还夷人写亦马黑麻、普哈力等五人往谕之，不报。至六年八月，普哈力一人偕其使马黑麻虎力奶翁诣关称贡，又潜令牙木兰入寇。牙木兰不从，乞降，乃羁马黑麻虎力奶翁等于肃州。七年，写亦马黑麻等三人来索所羁贡使，复遣虎力纳咱儿入肃州剽掠，游击彭濬遂斩之。尚书王琼以所斩虏首示马黑麻虎力奶翁，责以大义，因械之下狱。至是，始遣把提满可等献还哈密城池及前掳去人，而欲索取牙木兰、马黑麻虎力奶翁、普哈力等，因以邀赏，且曰：若不从，必大入寇。王琼引诸夷伏阶下，谕以朝廷威令，释马黑麻虎力奶翁等，令赴京朝贡。牙木兰故非番类，朝廷已安置他所矣。其哈密夷众付故都督失拜烟答男米儿马黑木管辖之。未几，速坛满速儿复遣满剌米来，书词颇逊，琼因赏犒之，命与把提满可等同回，乃上疏言："番酋求通，往复四年，今始顺服。但夷情叵测，矧亦不剌盘据西海，大房住牧近郊，使设备不虔，噬脐无及，臣已悉计防守矣。臣又以为曩者番夷自与哈密为仇，故不杀其贡使，迁置两广。迩以守臣失计，乘隙犯顺，故暂羁留之。今既许其通贡，而万一不悛，则当斩其使悬之藁街，传示境外，足以泄愤。至欲胁求牙木兰，必不可与。若其再来纳款，惟当量为赏赉。然此皆非臣敢专议，惟皇上裁断。"上命兵部会官议奏。

《明世宗实录》卷九十九

嘉靖八年正月哈密满剌米牙番文

我小的满剌米牙把总制老爷们言语传与速檀满速儿了。他回话说："犯边的不在我身上起，因是陈都堂来。如今总制老爷来了，我们上多可怜见着恩顾了。我在前干的歹事也悔了，以后再也不干了。虎力纳咱儿问了罪了。"我小的满剌米牙说："因你为歹，死了多少生灵，你那一世，天根前怎么回话？"王子把领头咬着哭了："我再犯边时，天也不容。"

《四夷广记·哈密》

[四月，己巳]，巡抚甘肃都御史唐泽言："哈密等处进贡夷人每沿途寄住贩易谋利，经年不归。甚有前贡者复充后贡人数，更名冒进起送者，骚扰驿路，存留者耗费月粮，殊非中国防边之体，乞为议处。"礼部尚书李时覆言："欲革其弊，当清其源。回夷入贡唯利是图。而导之为奸则伴送通事诸人是也。今宜令肃州兵备及镇巡诸司，每遇贡使入关，必验其方物之数，并籍诸夷年貌，委官押送入京，计程定限，逾期者罪之。及贡还则礼、兵二部各委一官查核赏赐诸物，有夹带别物者俱为禁革，仍令序班送至甘州验放出关。如是，则礼法兼尽，弊端可革，而抚顺柔远之道得矣。"诏如议行。

[四月，戊子]，总制陕西三边军务兵部尚书王琼上言："臣闻汉赵充国奉命西征曰：'愿至金城，图上方略。'盖百闻不如一见，阃外之事，难以臆度遥制故也。臣尝观都御史唐泽、御史刘濂议处哈密、土鲁番事宜，皆身亲履历，见真而议当，可谓国是矣。向已会奏而未见允行，故今日纷纷，迄无定论。其言曰：'今议土鲁番占据哈密一节，有已然之迹，有当然之理，有必然之势。抚之以恩而彼志益骄，震之以武而我力先屈，此已然之迹也。顺则绥之而不为之释备，逆则御之而不为之劳师，此当然之理也。处置得宜则远服而迩安，处置失宜则兵连而祸结，此必然之势也。盖师不可以轻举，寇未可以横挑，其大者有五焉。我之军额空存百无一补而兵不足，屯田满望十有九荒而食不充，一也。屡挫而怯，久戍而疲，我之锐气未振；长驱而入，满载而还，彼之逆焰方张，二也。我失瓦剌之援而进无所资，彼合瓜州之力而退有所据，三也。河东临洮诸府，甘肃之根本，而伤夷未苏；关外赤斤诸卫，甘肃之藩篱，而零落殆尽，四也。西南巢海上之虏，防守难撤；东北梗山后之戎，馈饷难通，五也。况哈密地界群虎之中，今若大发兵粮，远冒险阻，强驱垂亡之部落，复还久失之封疆，是送羊入虎耳。掣兵而归，则彼难独立，留兵以守，则我难久劳，皆必危之道，非自然之策也。窃谓莫危于战，莫安于守，忠顺王之绍封，势宜加慎，土鲁番之求贡，理可俯容。索

还城池，存我继绝之名，而渐图兴复。宣谕酋长，开彼效顺之路，而严加堤防。选任将帅而责其成，搜补卒乘而养其锐，专官运粟河东以济乏氽之急，募民广屯塞下以浚足食之源，俟我无不修之备而彼有可乘之机，然后惟所欲为，俟瓦剌，屯苦峪，城瓜沙，兴哈密，襟喉西域，拱卫中华，将无不可矣。若今日则非其时也。'臣反复参详泽等之议，知其明习时务，深加叹服。乞敕兵部，早定国是，以便奉行。"

下兵部议。尚书李承勋言："唐泽原奏固深合夷情，但机不可先设，变不可预图，用兵驭夷，惟在随机应变，要非画一之法可以持循而世守也。今第令甘肃镇巡诸臣量度事势，从宜行之。"诏曰："可"。

《明世宗实录》卷一百

［五月，壬戌］，总制陕西军务尚书王琼及镇巡官会奏："威虏城与北虏为邻，白城山与南山番夷接境，安插帖木哥等五千余众在彼住牧，不时挪移帐房，趁逐水草，采猎为生，难以开耕地土，修筑城堡。且帖木哥等暂时收抚，未为经久，宜照原议，待土鲁番宁息，仍遣归本土。"事下，兵部议覆，从之。

［五月，癸亥］，初，兵部以土鲁番变诈多端，督抚官奏论先后抵牾，请令王琼审处，且练兵积粮，稍为征剿之计。至是琼上言："制御西夷与北虏不同。……古之西戎、敦煌，即今之土鲁番、哈密、沙州之地，自汉以来悉通中国。我朝自洪武、永乐通贡不绝。臣愿皇上远法舜、禹敷德格苗，近守祖宗怀柔远人成法，以罢兵息民便。若兵部所言，夷情变诈多端，及先后论奏抵牾，皆未明悉此中事宜。且起送夷人每起不过正副使二名，保无他虞，即有变擒杀之无难。臣今不敢别有计议。"疏入，诏如琼议行。

《明世宗实录》卷一百一

［六月，辛卯］，诏湖广巡抚处给安插土鲁番酋牙木兰等房屋口粮有差，仍命牙木兰果愿输忠，进献番文，官司即与转达。从总制尚书王琼奏也。

《明世宗实录》卷一百二

上诏："牙木兰情伪难测，不宜久留彼处地方，着镇巡官差的当人员并其家口押送湖广镇巡官处，取便安插回奏。"牙木兰乃涉湖广江夏，居鄂城，广买田地，盛置宅业，为东南一大贾胡，迄今殷富云。

《殊域周咨录》卷十四《曲先》

［七月，庚戌］，土鲁番速坛满速儿王等遣使贡玉石、方物，赐彩币、金织衣、绢匹有差。

《明世宗实录》卷一百三

［十月，癸亥，朔］，土鲁番使臣马黑麻虎力奶翁等贡例外自进玉石等物，纳之，诏赏如直。

《明世宗实录》卷一百六

嘉靖九年（庚寅 1530）

［正月，庚子］，初，甘肃镇巡等官唐泽等言："土鲁番屡年犯边，盖恃瓦剌为外援。今因议婚，彼此有隙，宜遣使赍赏远结瓦剌，以离土鲁番之交。"总制尚书王琼则言："无故赍赏，侥幸不可必成之功，自启衅端。"兵部覆议："镇巡所论固兵家用间之策，而总制以生事启衅为虑，尤得中国正大之体。宜咨各官查照议奏事理，土鲁番不来犯边，许其照旧通贡，若再侵犯，即绝其贡使。瓦剌叩关纳款，量行犒赏，如其不来，不必遣使，庶夷情自服，国体自尊。"从之。

《明世宗实录》卷一百九

［六月，庚辰］，［总制尚书王］琼至陕且二年，西服土鲁番，率十国奉约束入贡，北捍俺答，经岁无烽警。及是，诸番荡平，西陲无事。河西四郡旧苦土鲁番侵暴，恐一旦琼去，夷患复作，咸诣抚按镇守，乞为奏留。于是，甘肃巡抚都御史唐泽、巡按御史胡明善为言："土鲁番吞哈密六十余年矣，先后经营诸臣，持文墨者未效安辑之绩，仗节钺者未伸挞伐之威，是启戎心，酿成边祸。幸皇上特起王琼而委任之，琼奉命驱驰，殚厥心力，息兵固圉，克壮其猷。于是，久稽夷众，遣归本土，新来夷使，请准入贡，其有潜入肆掠者，又奋威武以芟刈之。牙木兰房之心膂，则徙置内地；帖木哥、土巴房之爪牙，则羁縻于近边。安插寄寓关厢属番，以恤其情，抚驭散亡山谷属番，以联其势。预处曲防，悉当其可。琼之言曰：'中国之于夷狄，顺则抚之，然抚之过则纳侮；逆则拒之，然拒之甚则黩兵。天下事唯有是非两

端，夫苟知其为是而必可行，又计后来之成败而不果于行，未有不误国殃民者也。'琼之存心立论若此，所以敢于任事，行人所难，讫能康济一方，实我皇上知人任旧之明效。兹甘肃阃镇军民久居危苦之地，赖以少安，合辞恳臣，欲久留琼。兹土民情如此，臣等谨具实以闻。"上乃嘉奖琼尽心边务，勉其益懋厥职，以副委托至意。

《明世宗实录》卷一百十四

至嘉靖六年，有边警，[桂]萼力请用琼，不果。帝亦悯琼老病，令还籍为民。御史胡松因劾萼，谪外任，其同官周在请宥松，并下诏狱。萼复言琼前攻廷和，故廷臣群起排之。帝乃命复琼尚书，待用。明年，遂以兵部尚书兼右都御史，代王宪督陕西三边军务。

土鲁番据哈密，廷议闭关绝其贡四年矣，至是，其将牙木兰为酋速檀满速儿所疑，率众二千求内属。沙州番人帖木哥、土巴等素为土鲁番役属者，苦其征求，亦率五千余人入附。番人来寇，连为参将云昌等所败，其引瓦剌寇肃州者，游击彭濬击退之。贼既失援，又数失利，乃献还哈密，求通贡，乞归羁留使臣，而语多谩。琼奏乞抚纳，帝从兵部尚书王时中议，如琼请。霍韬难之。琼再疏，请诏还番使，通贡如故。自是，西域复定。……甘肃军民素苦土鲁番侵暴，恐琼去，相率乞守臣奏留。于是巡抚唐泽、巡按胡明善具陈其功，乞如军民请。优诏奖之。

《明史》卷一百九十八《王琼传》

答王总制[①]

廷相顿首启晋溪先生执事：自起废以来，西方兵事气势日振。土鲁番侵扰无状屡屡矣，建牙之日，即为遣放羁人，许其入贡，以消兵端。此非先事烛几者，不能也。……三边之凭依，朝野之属望，非执事其孰与归？进复旧贯不久矣，珍珍重重。

《王氏家藏集》卷三十七

---

① 编者按，此信具体时间不详，暂附于此。王总制即王琼。

贺少傅兵部尚书晋溪王公平土番序

康　海

　　国家封哈密为榆关以西之外藩，当时哈密既强，又受有天朝显封，诸番莫敢抗也。逮成化、弘治以来，土鲁番强噬诸番，夺哈密，逐其君，积六十年，渐不可制。孝宗虽尝命文武大臣兴师问罪，拐其巢穴矣，王师比还，而骄悍如故。赏之不厌其心，威之不致其畏，固以轨事诸公之过也。何也？国家以一统之盛，臣服万方，土鲁〔番〕虽强，窃据西北一席之地，而叛服不常如此。我义未直，兵则何畏！我求方剧，予则何恩！是以信义不行，绥靖无法，徒廑庙堂筹顾之忧，无补疆圉侵凌之患。而中朝士大夫又重声誉而略综核，胜口说而贱事体，故允蹈者少，浮夸者多，遂使生灵厄于原野，转输殚于道途，非轨事诸公之过哉！

　　天子嗣大历服，起前少师吏部尚书晋溪公于戎伍，改兵部尚书，授以节钺，总督兹事。公至，萃边方重臣于帷幄而论之曰："国之于夷狄，固不可过抚以纳侮，亦不可深拒以穷兵。唯顺则抚，故赏斯恩焉；唯逆则拒，故威斯畏焉。诸君历事既久，顾不足以知其故乎？回鹘贾胡耳，仰华夏以为利，借黄、麝以厚生。往昔侵方物而绌信义，勒贡献以启衅尤。吾辈固不欲仍，乃仆迹矣，曷求所以固圉息兵之道乎！"乃出其羁使，纳其贡夷，击窥伺之恶，示归土之谕。于是混淆者革，捍格者通，方物无掊克之虞，勘报无稽留之苦。观其吁天改过，出印献城，则夷情大悦，夏德丕宣可知矣。牙木兰、帖木哥、土巴，土鲁番心腹爪牙也，皆望风归化，毕命致身。而六十余年难制之虏，一旦以笑谈决之，固信义无绌于我，而恩威允叶其心云尔。当时轨事诸公，何独不若此哉！尝见甘肃镇巡挽留之疏，谓公是非可否每明辩于经画之时，成败利钝不取必于智谋之末，敢于任事而行人所难行，善于应变而决人所难决，遂能展布四体，康济一方，斯实录矣。

　　厥功既闻，天子加公少傅兼太子太傅，甘肃诸公，因父老感激之意，地方宁谧之余，征文贺公。予不佞，故即当时之事所私见者与公之所已行者叙之，后之观者倘有取焉，可以知国家之长计矣。

《康对山全集》卷三十四

嘉靖十年（辛卯 1531）

［五月，庚戌］，甘肃巡抚赵载奏三事："一，抚恤属番以固藩篱。谓罕东左卫帖木哥、土巴等率众归附，宜量与一官。又先年赤斤蒙右等卫都督赏卜达儿男锁南速等，寄住肃州已久，亦宜下敕奖慰，或赐恩赉，或令承袭，或与换敕，以绝土鲁番招致之望。……"

《明世宗实录》卷一百二十五

嘉靖十一年（壬辰 1532）

［二月，己丑］，土鲁番速坛满速儿等，天方国速坛札剌丁等，撒马儿罕速坛阿卜写亦等，哈密卫袭职都督米儿马黑木等及额即乩哈辛等，各遣夷使入贡谢恩，共四百人以上。礼部言："哈密贡期故与朵颜三卫相同，祖宗定制皆许其一年一贡，每贡不过三百人。三卫皆许入京，哈密则十人起送二人，存留八人在边。今西域诸夷远在万里，素非属国，难比三卫贡期。而诸国遣来夷使人数过倍，番文二百余通，皆以取讨牙木兰为词，中间求索赏赐，数且不赀。似是假托窥伺，以觇朝廷处分。边臣不遵明例，一概起送，有乖法体。至于额即乩哈辛乃鞑靼回夷，旧未入贡，今亦遣五十余人，疑皆土鲁番部落所假。请下督抚诸臣，以后哈密卫分当如近例验放，土鲁番诸夷入贡之事分别存留起送，仍出半印勘合，给付使臣，入京比对。仍敕诸臣毋得避害目前，贻祸异日，贪纳款之虚名，失御夷之上策。庶使远人敬惮，国势尚尊。"上可其奏。

《明世宗实录》卷一百三十五

议处土鲁番等夷人入贡事宜疏[①]

夏 言

今土鲁番各国差来夷使，谢恩进贡，投递番文几二百纸，起送人数，倍违旧例。况每纸番文俱以取讨牙木兰为词，如出一口，中间来索赏赐金银、彩段、器皿，数且不赀，难以应塞。窃思前项番夷骄犷狡黠，今次入贡，分明挟势要求，假托窥伺，以觇朝廷处分。而边臣不循往例，一概起送前来，似乖事体。若不申明旧例，将来岁复一岁，增而又增。彼欲进贡，则容其进贡，彼求赏赐，则与之赏赐，是敝中国以事外夷，而我威侵弱，彼志益骄，何以救药于将来也。至于哈密贡期，正与朵颜三卫相同。盖三卫为京畿东北藩篱，所以祖宗定制，俱许其一年二贡，每贡不过三百人，三卫都许来京。哈密每十人起送二人，存留八名。今西域诸夷，远在万里之外，本非素附之国，难比朵颜三卫贡期。况据通事王凤查称，额即乩哈辛系鞑靼回夷，素未入贡。今亦差来使臣五十八名，想是土鲁番部落，假称国王名色，冒贡图赏，设谋诡秘，抑未可知。合候命下，本部移咨兵部，赍文与都御史赵载，将今次各国夷使，作急查照旧规，及近年题准事例奉行。

《皇明经世文编》卷二百三《夏文愍公文集二》

[十月，辛丑]，诏肃州哈密卫夷人委兀儿等自今五年一入贡，每贡不得过百人，起送不得过三十人，著为令。

《明世宗实录》卷一百四十三

嘉靖十二年（癸巳 1533）

[正月，丁卯]，土鲁番夷使马黑麻虎力奶翁等贡物及方物，赏赉如例。

《明世宗实录》卷一百四十六

[二月，辛巳]，土鲁番速坛满速儿以三事奏请，其一欲治先任甘肃都御史陈九畴罪，其一欲遣人和番，其一欲归彼降人牙木兰。兵部言："黠夷渎

---

① 编者按，此疏不载于《桂洲先生文集》，故自《皇明经世文编》转录。

奏，渐不可长，请敕通事人员传谕本夷，自今宜谨修职贡，毋得妄言招谴。"从之。

[癸巳]，令甲："凡外夷进贡方物，边臣验上其籍，礼部按籍收进给赏，其籍所不载，例准自行贸易。贡事既竣，即有余货，责令带归。愿入官者，部为奏闻给钞。"正德末，黠夷猾胥交关罔利，乃有贸易余货，令市驵评价，官酬绢钞之例。是岁，土鲁番夷使马黑麻虎力奶翁、天方国夷使火者阿力克等以其积余玉石、锉刀等贡，固求准贡物给赏，渎奏耳四。礼部乃以正德年例为请，许之。

西域夷使多贾胡，每入辄挟重赀与中国市，边吏利其贿，侵索多端，类取偿于朝。一或不当其直，则咆哮不止。虎力奶翁等皆黠悍，既习知中国情，又憾边关之掊克也，累累诉其状于部，不为问。镇守甘肃太监陈浩者，当夷使入，命家人王洪索名马、玉石诸物甚夥。至是，奶翁等遇洪通逵，遂执诣部以证实其诉。于是，部奏："事关大体，须大有处分，可服远人心。"上乃敕遣法司、锦衣卫官、给事中各一员系王洪与夷使诣甘肃，同总督官并巡按御史勘之。

《明世宗实录》卷一百四十七

先是，番使马黑麻、虎力奶翁等谢恩进贡，住肃州东关。镇守太监陈浩令家人王洪与番使买货物不给价。至京，番使于兵部前遇见王洪，拿告礼部，送司审。据王洪口供：于嘉靖十年八月内，夷人奶翁等在肃州地面与军民人等交易，是陈太监分付与伊买马等项，委果得过马五匹并玉石一块不知斤两，铁角皮二十张，舍力孙皮二十张，银鼠皮一百二十张，锁袱一段，撒哈剌一段，锁子葡萄大小共四斗，西羊皮一匹。说到甘州，与伊价银。后洪只在肃州居住，不知陈太监到甘州曾否还伊价银。据此，除将王洪责令中兵马司牢固监候，并愿与同监夷使二名虎儿班、把巴撒力俱取收管外，案呈到部。

礼部尚书夏言疏曰："中夏之待外夷，界限贵严，所以古者大夫无境外之交，本朝法例有索取之禁。所据前项夷人到边，凡我守疆之臣，一言不可与之潜通，一钱不可与之私易，况贾胡尚利，易启戎心。今太监陈浩受朝廷边方重寄，乃敢违法贪黩至此，不惟取侮外夷，抑已敢犯重宪。但本夷辄擅拿人，全无畏忌，王洪应口供认，无复辩词，中间或有隐情，未可逆测。但裔夷讼中国,事关大体,合当从重明白议处,既不可堕外交之计以损国威,亦不可失远人之心以召边衅,又不可纵边臣之贪以屈国法。且据通事人员译知,虎力奶翁等口称欲声冤阙廷,要求明白,恐亦未可诿之查勘可以杜结。况此夷今在辇毂之下,尚尔跋扈凭陵,若回至甘肃地方,事情不明,夷心不服,则二、三边臣,岂能控制驱遣。臣等以为此事在朝廷当大有处分,方保不害治体。乞赐宸断,敕差法司、锦衣卫堂上官各一员,给事中一员,前往甘肃地方,会同总制官、巡按御史作急勘问。若夷使奶翁等所奏俱实,将各官所得夷人原物尽行追给明白,仍量调人马将一应进贡夷人防送先行督令出关。务在起程回国去讫,勘事官方许回京,具奏请旨,然后将有罪人员从重处治。如此庶夷情早得明白发遣,不致逗遛纵肆,而朝廷令严法重,亦足以服远夷之心矣。"

上从之。自后边臣不敢私取番物,番人贡不绝至今。

《殊域周咨录》卷十三《土鲁番》

故事:诸番贡物至,边臣验上其籍,礼官为按籍给赐,籍所不载,许自行贸易。贡使既竣,即有余货,责令携归。愿入官者,礼官奏闻给钞。正德末,黠番猾胥交关罔利,始有贸易余货令市侩评直官给绢钞之例。至是,天方及土鲁番使臣其籍余玉石、锉刀诸货,固求准贡物给赏,礼官不得已,以正德间例为请,许之。番使多贾人,来辄夹重货,与中国市。边吏嗜贿,侵克多端,类取偿于公家。或不当其直,则咆哮不止。是岁,贡使皆黠悍,既习知中国情,且憾边吏之侵克也,屡诉之礼官,却不问。镇守甘肃中官陈浩者,当番使入贡时,令家奴王洪多索名马、玉石诸物,使臣憾之。一日,遇洪于衢,即执诣官以证实其事。礼官言:"事关国体,须大有处分,以服远人之心。"乃命三法司、锦衣卫及给事中各遣官一员,赴甘肃按治。洪迄获罪。①

《明史》卷三百三十二《西域四·天方》

〔五月,丙午〕,时西夷入贡,土鲁番、天方国等称王号者百余人,礼臣言其非宜,请敕内阁议所答。大学士张孚敬等言:"西域诸国王号疑出本国封受,或伊部落自相称谓。且先土夷使至称王亦有三、四十人,当时并缘

---

① 编者按,此实土鲁番使臣事,《明史》误列入"天方"传内。

所称答之，今遽裁革，恐夷情不协，乞更敕礼、兵二部详议。"于是，礼部尚书夏言，兵部尚书王宪等议覆："中国之于裔夷，固不拒其来，而亦限以制。其或名号僭差，语言侮嫚，则必正以大义，责其无礼。乃国家大体所在，不可忽略。今土鲁番、天方使夷，多冒王称。谓其本国封受，则旧文无之，谓其部落相呼，则不当闻之阙下。若遂据来文，并从优答，臣恐渐启戎心，西国自此多事，将致贡使日增，供费赍予日烦，竭府库以厌溪壑，非计之得也。臣等请查照成化、弘治间例，回赐敕书，止本国王一人，余止照各地面名直书给敕一道，且于本国王敕内申重天语，少加诘责，令知国无二王大义，仍定以贡期，限以人数，不许其来朝无时，庶几正名定分，谨始防微，不失中国制御外夷之义。"上从部议。

《明世宗实录》卷一百五十

请敕戒饬土鲁番、天方国夷酋疏

夏　言

主客清吏司案呈"嘉靖十一年十一月，该陕西行都司都指挥同知徐威等，起送土鲁番并天方国等地面速檀满速儿王等差来夷使马黑麻虎力奶翁等，赴京进贡。该本部将各夷使进到方物验收，及将各番王求讨事情，俱经具题给赏外，即今差官督发各夷起程。查得今次土鲁番入关进贡，共二百九十名，天方国一百三十七名。缘旧例各夷入贡，十人内准与起送一人，其土鲁番等处来贡，止许与哈密依时同来，并不许过十人。后为宽禁例以舒夷情事，又准每十人起送二人，其土鲁番、天方国两处先年赴京人数，多不过二十余人。惟是今次到京人数倍多，且开列地面王号动致数十，以致求讨之文，不胜其繁，不惟违越旧规，抑亦非以小事大之体。若不及今区处，将来踵袭故常，于赏赐则难于应付，于体统则难以制驭，恐非善后永久之图"等因，案呈到部。看得西域诸国，载在《会典》，惟是土鲁番、天方国、撒马儿罕等乃其国号，其称王者亦止是一人。前此求讨番文，除国王外，多者不过十余纸，大抵皆称王母、王弟、王子头项，其余部落地面，类称头目名色。惟是今次土鲁番开称王号者七十五人，天方国称王号者二十七人，不别孰为国主，孰为部领。今次敕书回赐之间，若一概具答，如其所称，则是所开地面皆系入贡之国，而彼国亦无复君臣之辨矣。

此等事体，大有关系，庙堂之上，宜有处分，一以尊中国之体，一以折外夷之奸。况其称号名目既多，则贡物虽微，自当如例给赏，求讨相同，自当逐项回答。且一次准许，日后遂为成例，将来不副其无厌之求，则执词启衅，未必不由于此，宋人岁币之事，盖可鉴已。所以富弼当国家事势逼迫之时，犹力争献纳二字，古人慎重事体如此，夷狄岂得不畏！我朝以堂堂一统，国势尊强，非前代比。况列圣相承，神威圣武，四夷震叠，泰山之势，何所不压。而蕞尔小夷，乃或肆其狡诈，概称王号，僭渎天朝。揆诸国无二主之义，责之以小事大之道，彼将何词。为此，臣等议得今次回赐敕书，除各国国王一人，宜从本等称号，其余恐未可类以王号回答。合无请自圣裁，敕下内阁辅臣，从长议处，撰敕一道，发明华夷君臣大义，备述祖宗相待外夷恩威并用旧规，丁宁天语，示以画一之令，责付进贡夷使，赍还本国，宣示国王，俾知遵守，庶怀柔之道，制驭之方，各得其宜，斯为圣王御戎之上策矣。臣等肤浅之见，未知远猷，伏惟圣明裁择。嘉靖十二年四月十三日题。

奉圣旨："依拟。"

《桂洲先生文集》卷十二

议处降答各夷敕书称谓疏

夏　言

礼科抄出少傅兼太子太师吏部尚书华盖殿大学士张孚敬等题"近该礼部手本开称'今次进贡夷人，土鲁番称王号者七十五人，天方国称王号者二十七人，欲将敕书除国王一人宜从本等封号，其余未可类以王号回答。合无请自圣裁，敕下内阁辅臣，从长议处，撰敕一道，责付夷使赍还本国，宣示国王俾知遵守'等因。奉圣旨'依拟'。钦此。臣等反复思惟，看得西域诸国称王数多，或是本国封授，或伊部落自相称呼，皆未可知。又查得先年土鲁番等进贡使臣，多寡不同，称王者亦曾有三、四十人，俱以王号回答。今次若不依来文，止回答本国国王一人，诚恐夷情不协，执词觖望。合无仍敕礼、兵二部再加从长议处停当，奏请定夺。务使国体尊严，夷情慑服，庶得御戎之道矣"等因。奉圣旨："卿等以所议欲仍命礼、兵二部从长计议，亦是慎处之道。其称王还查旧文同否，一并议来，礼、兵二部知道。"钦此。抄出到部。

　　臣等议得土鲁番，天方国自弘治、正德及嘉靖八年以前入贡，屡次其赴京使臣求讨物件，称呼名号，并未有如今次之多，是以本部欲乞圣裁，敕下内阁辅臣，从长议处。诚欲尊崇国势节省国储，将以少效芹曝之愚也。今内阁辅臣题称前因，复蒙陛下敕令礼、兵二部从长议处，是臣等初意欲伸中国之威而惜夫体，辅臣之意，恐召外夷之怨，而启乎衅，皆以纳忠于陛下，非为身谋也。但看得西域诸国称王号者，惟土鲁番、天方国、撒马儿罕三国，节年入贡，其余如日落等国，国名尚多，来朝绝少，自与土鲁番等国不相统属。查得土鲁番自弘治、正德以来入贡十三次，天方国自正德以来入贡四次，每次称王号者多止一人，或二人、三人，其余多称头目、亲属。嘉靖二年、八年，天方国称王号者始多至六七人，土鲁番称王号者始多至十一二人，而二年内撒马儿罕始称王至二十七人。内阁题称先年亦曾有称王至三四十人者，盖即嘉靖二年并三国而数之有此数也。若今次土鲁番则七十五王，天方国则二十七王，而近日续到撒马儿罕则五十三王，并而数之，则为百五六十王矣。是前此来朝称王，并未有如今次之甚，其所称王号，查与旧文并无相同，即有同者，地面又复不同。及查先朝回赐敕书，弘治以来，或止回本国国王一人，其余头目、亲属，即该载一敕之中，或一地面几处内，一地面头目几名，不拘多少，赐敕一道；或各照亲属名色，如嘉靖八年，每人赐敕一道。今开列地面既多，称呼王号者尤多，揆诸旧例，殊为参差不一。必欲依文回答，如往年撒马儿罕例，但恐彼时亦出于一时不审不及致详之过，固未可遂以为例袭而行之也。况撒马儿罕止因嘉靖二年添称王号二十七人，此其肇端，今次遂致倍逾其数，岂不可为鉴哉！

　　查得成化元年，该礼部议称，土鲁番等国今后来朝，经由哈密地方者，就彼听候同来，并不许过十人，及不得假作别番名目，滥放入关。此系著例可考者也。弘治元年，该甘肃镇巡等官奏称，哈密地面同撒马儿罕、天方国等处使臣六百一名，土鲁番三起男妇四百十四名口，俱来进贡。本部为照差人过多，冒赏太滥，议拟合于六百一名口内，量准二百名，其天方国果系原来夷人，量准十数人起送来京；其额外多余并土鲁番等三起，合俱以礼阻回。及请敕切责镇巡官员，今后务要照例验放起送，其守关原报官员，行巡按御史查提问罪。此系禁例之严，近在孝宗之朝，非远也。则是前此国家之处三项夷人，固尝禁其不得假滥名目，亦尝节其起送人数，至于土鲁番三起男妇四百余人，又尝尽数以礼阻回，既而于镇巡验放官员，则加切责，于守关原报人员，则行提问。是皆老成谋国之臣，其重体惜费，伸威振法，处置曲尽，固未尝虑其有他患也。

臣等窃谓自古中国之于裔夷，当其来朝入贡，虽嘉其纳款之诚，未尝直与拒绝。至于贡期方物，未尝不有体例为之节制。其或名号僭差，言词侮嫚，未尝不正以大义，责其无礼，必如此而后有内夏外夷之辩，天冠地履之分，庶几德可远施，威可远加，而中国不失为中国矣。今土鲁番、天方国称王太多，事关国家大体，若谓其本国封授，则前此旧文所无，若谓其部落相呼，则不当闻于阙下。若止依来文回答，则土鲁番、天方国皆一国也，恐自此而为数十国矣。若类以王号答称，人与敕书一道，窃恐自今以后，各项地面各执所得敕书，率其部落，任意加增，将来无时入贡，势难阻绝。贡使日增，则道路有司，供费日甚，赏赐回答，无有纪极。以府库有常之财，似不足以充溪壑无涯之欲。况臣等昨来亲赴左顺门，看给回赐土鲁番、天方国所费礼物不赀，其织金蟒龙各样鸟兽段匹，俱系永乐年间织造之物，颜色鲜明，金缕致密，非近年织造者可及。询之管库人员，亦云见今积贮空虚，后将难继。且夷人所贡铁锉等件，俱无用之物，而竭我帑藏以应彼求讨，是敝中国而事外夷，恐非计之得者也。

臣等愚议，合无查照累朝旧规，成化、弘治年间事例，今次回赐敕书，除本国国王一人应从原来称号，其余止宜照依原来各项地面名目直书，不用王字。不拘地面多少，给赐一道，不必人与一敕。于本国国王敕内，伸重天语，少加诘责，今后不许滥称别项地面王号，止照先年头目名色入贡，使知国无二王大义。仍乞定以贡期，限以人数，不许其来朝无时。如此庶几正名定分，谨始防微，伸中国之威，慑外夷之心，御戎之策，斯为得矣。臣等管见，区区如此，若夫长虑熟计，弘见达识，为国家建千百年久远之谋，实惟密勿元臣职掌丝纶之事。伏乞圣明仍敕辅臣参酌。臣等查议稽按累朝旧章，应否从长处分，使国体奠安，惟复依文回答，使夷情顺悦，臣等擅难定拟，伏乞圣裁。嘉靖十二年四月二十九日题。

奉圣旨："是，这各夷敕书每国称王只准一人，余俱作头目字样。"

《桂洲先生文集》卷十二

嘉靖十三年（甲午 1534）

［六月，丁酉］，土鲁番诸回夷至各边市易，要求入贡。边臣以闻。礼部言："回夷入贡以三年、五年为期，系累朝定例，今土鲁番旧岁来贡者尚未还国，今又违例要求，不可许。"上然之。

［己亥］，以肃州卫钵和寺境外闲地一十六顷有奇，给寄住哈密卫都督乩吉孛剌等部落耕种，从总制唐龙议也。

［辛亥］，先是，嘉靖十年土鲁番夷使马黑麻虎力奶翁等及天方国夷使火者阿克力等入贡，各携方物求市。通事马骥诈以巡抚部御史赵载名科索诸夷良马，太监陈浩、总兵都督同知姜奭、副总兵都指挥同知杨佑各遣人市买夷马、玉石、皮革等物，抑勒其价。而骥又私没其所酬直，浩奴王洪诈取夷马夷物为多。骥及诸伴送员役在途又数征赇于夷，夷不胜愤怨。有故百户子马忠者以私事恨抚臣，时夤缘求袭入京，馆于夷所，乃嗾夷求释先年所执牙木兰，并构镇巡等官强市抑勒状奏之。上命礼、兵二部省谕，下其事于巡按御史勘报。浩奴洪适以事入京，忠又嗾夷执洪，讦于礼部，部臣以闻。上以夷讼中国，事关大体，特遣大理寺右少卿蔡经及锦衣卫指挥佥事王缙、兵科给事中祝咏赴甘肃，会总制及巡按御史勘核。经等因参："浩、奭、佑等黩货启侮，而载约束弗严，事皆宜罪。第诸臣受边防重任，遽以外夷妄奏而深谴之，恐骄戎心。请从宽假量加罚治。马骥、马忠本以边防巨猾，酿成衅端，宜遣戍瘴乡，以示警。夷使马黑麻虎力奶翁及火者阿克力等皆宜论罪，第以裔夷丑类，难以常法绳之，乞赐曲宥，以彰国恩。其伴送科索及交构人员，各遣配如律。"刑部覆请，上谓："浩、奭、佑狥货规利，取侮外夷，各降秩一级。载督率不严，夺俸一年。余如勘议。"

《明世宗实录》卷一百六十四

嘉靖十五年（丙申 1536）

[十二月，丁未]，巡抚甘肃右佥都御史赵载条陈边事：……一言土鲁番素恃瓦剌为逆，今闻与瓦剌有隙，若乘间招之，必当效顺。宜预敕镇巡官，如遇瓦剌归附，即行赏赉抚绥，务得其欢心，则可以坐制土鲁番，使不敢叛。一言土鲁番屡服屡叛，而我抚之太过，信之太深，令彼得肆其奸，志益骄恣。宜考前例，俟其犯顺之日，即戮其使人奸黠者，其余迁之两广，闭关绝贡。既彼悔罪，止许通贡，不得辄还其使。彼内有所牵，外有所畏，不敢轻犯。……疏下，兵部覆请以制御套虏，抚处瓦剌，诛迁夷使三事下总督重臣议奏。……诏如议行。

《明世宗实录》卷一百九十四

嘉靖十六年（丁酉 1537）

[正月，辛卯]，御史胡守忠言："西夷土鲁番来贡方物，率于中途抵换。又多赍私货，贸易为奸，沿途骚扰，驿递苦之。自今请令镇巡官阅实所贡方物，送部验进。其回市及沿途供应，官为定制，毋令劳扰。有不然者，罪坐伴送等官。"礼部覆议，报可。

[壬寅]，礼部覆甘肃巡抚赵载所议二事。一言"西域土鲁番、天方、撒马儿罕各国称王者百五十余，皆非本朝封爵。又额即乩哈辛原非入贡番夷，盖西域贾胡诡立名色，以徼赉予。今宜译审酋长体例，使臣名数，及查四夷一切事宜，定为限制，冒滥称王者责令改正，违例入贡者以礼阻回。每国分为等第，每十人许二人赴京，余留在边听赏"。一言"外夷通事皆以色目人为之，往往视彼为亲，视我为疏，在京则教其分外求讨，伴回则令其潜买禁物。且诸夷之中，回夷最黠。其通事宜以汉人，毋令交通，以生夷心"。诏如议。

[丙午]，哈密卫夷使米儿马黑木等……各贡马及方物，宴赉如例。

《明世宗实录》卷一百九十六

议处甘肃夷贡

严 嵩

该兵部咨,该巡抚甘肃地方都察院右佥都御史赵载题称,"甘肃地方,北控达虏,西备回夷,内抚属番,南邻羌谷,治皆卫所,而无郡县,政多边计,而匪他谋。臣居边十有一年,夷虏情状,边计得失,目击耳闻,兹谨摅愚虑条为一十二事,伏望敕下该部计议施行"等因。题奉圣旨:"该部知道"。钦此。内开立成法以验西夷、重译使以待西夷二事,咨送到部。臣等谨开立前件,议拟上请。

"一,立成法以验西夷。照得西域入贡,原无定例,先年止据哈密忠顺王,差人伴送。近年忠顺王已无。先次西夷入贡,天方国、撒马儿罕、额即卮名号之外,番文开称某地面某王某速檀番本百余,其称号不系我朝封爵,无凭稽查。历考书史,并询问夷使,西域地方自嘉峪关到沙州七百余里,沙州到哈密七百余里,俱系先年属番住牧,今已无人。哈密到土鲁番一千余里,自土鲁番到义力失六七百里,即汉之盐泽,皆土鲁番种类。迤西大则撒马儿罕、天方国、鲁迷、亦郎,小则黑娄、怯迷、阿即民沙密把黑旦等处,即汉之车师、康居、大宛之属,随代易名者,皆由土鲁番之地,始可达于中国。今其人至,虽云各国名色,缘各夷面貌语言相类,真伪难辨。节年差人,止到土鲁番,夷西诸国,皆未曾到,西域动静虚实,皆不能真知。先年虽有忠顺王掌金印,主各夷贡事,恐亦未能如东南诸夷入贡有符验者可凭信也。乞敕该部计议,应否照依东南日本等国,东北朵颜、建州等卫,或给发号纸,或定立限期,或译审酋长体例,使臣名数,及该部原有先年西夷定例事宜,备查议拟,题奉钦依,永为成式。庶边官有所凭稽,夷使免于欺诈。"

前件,臣等议得西域诸夷种类不一,如哈烈、哈三、哈撒儿、沙的蛮等四十国,经哈密而来,或三年、五年许贡一次,其余如土鲁番、天方国、撒马儿罕,皆朝贡不常,载之《会典》可稽也。永乐四年,止封哈密酋长安克帖木儿为忠顺王,以后袭封,锡以金印,使掌西夷贡事。今忠顺王已无,而诸夷之入贡,号为王者不一,大抵皆其私称,不系我朝封爵。且如嘉靖十二年,土鲁番称王者七十五人,天方国称王者二十七人,撒马儿罕称王者五十三人，又额即乩哈辛，原非入贡番夷，亦差来使臣五十八名。盖西域贾胡，素号贪利，窥知回赐国王仪物繁缛，遂诡立名色，要求赏予。此其奸谋章章明甚。及今不为限制，则将求入贡，必复倍于前日，冒滥殊称，私窃名器，且以府库有限之财，填溪壑无穷之欲，恐非所以存纲纪而节财用也。所据都御史赵载奏，要给发号纸，定立限期，译审酋长体例，使臣名数，及查本部先年原有西夷定立事宜，题奉钦依，永为定式，不为无见。但臣等查得东南日本等国，皆世有爵土，国有专王，所以先年给发号纸，置立底簿，差官赍散各该地方，遇各夷来贡，令其填写收执，比号相同，方许来京。朵颜、建州等卫，则一年一至。岁贡之期，既不逾越，来贡之人，亦有定名。而西方诸夷，素非附属，贡献不常，并无给发号纸之例，定立限期，则三年、五年，载在旧典，俱难别议。至于译审酋长体例使臣名数，及查西夷一切事宜，则正为之限制之意。本部查有节年题准事例，相应再行申明，合候命下，移咨都察院转行镇巡等官，今后如遇各夷入贡，一一查照事例处分。中间若有名种殊常，番文繁叠，务须详加译审，研究来历。如系各国部落冒滥称王，则当发其奸谋，责以大义，令改正使臣名色。如其仍前骄肆，怙终不悛，即当以礼阻回，不容通贡。每国俱分为等第，照例每十人准起送二人来京，其余存留在边，听候给赏。通行造册，马上差人先赍送部收贮，仍另出半印花栏勘合，给使臣亲执来京，以凭比对，定拟给赏。其伴送人员，严立限期，毋得纵容沿途买卖，骚扰驿递，生事害人。一面行文知会陕西、河南巡抚，各转行回夷经过处所，预备车辆人夫，遇到即便差拨防护起送，不许淹留久住。就将经过并起送过日期，申呈巡抚衙门，类造清册，咨送本部查考。仍预行沿途大小王府，毋辄与买卖。到京之日，本部仍行该管衙门，不许私相往来。通事人员敢有透漏事情哄赚财物教诱为非者，事发从重参究治罪。如此庶体统正而法例明，裔夷服而中国尊矣。

"一，重译使以待西夷。切见译审外夷通事序班俱系外夷色目人为之。缘汉回在中国甚多，士农工商，通与汉人相同，宜乎用夏变夷。然竟以彼教为是，丧用夷礼，不食猪禽。有特立欲变者，则群聚而非之，虽妻子亦辄离悖。同类则相遇亲厚，视若至亲。今通事序班人等，俱系色目人，往往视彼为亲，视我为疏，甚至多方教唆，在京师则教其分外求讨，伴回则教其贩卖茶斤、违禁货物，肆无忌惮。且使外夷轻中国无人，非其同类，不能译其语也。合无于四夷馆内选令汉人习学番语，前项序班，俱以汉人充之，不惟不肯漏泄中国事机，亦示彼夷谓中国之人无所不能，是亦防惯外夷之一端也。"

　　前件，臣等议得通事之设，所以通夷使之言，引领朝议，译审真伪，因以宣示国家恩信，而慑服夷心，诚不可缺焉者也。今各国通事皆有定员，外夷色目人在中国亦得为通事者，盖访保考选之时，大抵取精通夷语者为之，初未问其族类也。但诸夷之中，惟回夷极为桀黠，在外则侵扰边疆，入贡则要求赏赉。需索无厌，则驿递苦于供亿，私买违禁货物，则官司被其欺瞒。反覆靡常，奸伪百出，诚为可恶。然彼夷自万里而来，岂能尽知中国之事，良由我中国有等细人开端倡始，崇恶长奸，巧设邪谋，阴为主使，以致回夷轻视中国，辄敢挟制边臣，污蔑朝士，投进之词，无虑百十，甚或泄漏事机，勾启戎心，似兹所为，不可枚举。缘汉回通事，实本非我族类，同恶相济，同类相亲，固理之必有。虽其中贤否不齐，难以一概指论，而谨严于先事，防杜其将来，亦不可不重为之虑也。所据都御史赵载条陈重译使一节，相应遇拟。及查回回馆署丞白杰、序班王凤祥□丁忧通事锁守贵、候缺通事撒文奇俱系汉回，合无候命下之日，通札送鸿胪寺各带俸支米，遇有别国员缺，考改其前项员缺。一面行边访保，一面行鸿胪寺查取见在人员精通回语及行止端庄者，各送部查补。仍行镇巡等官，今后如遇回夷入贡，伴送通事，亦用中国精通回语之人，不得差委汉回，致生奸弊。臣等再照各国序班通事以上人员，虽在鸿胪寺带衔，而职专朝贡，实隶本部掌行。切缘各官止是考满经由本部，况考语亦凭该寺开送，中间贤否，漫无可稽，是以此辈敢于为非，无所顾忌。合无行令该司及提督主事时加考较，但有职业隳废及交通夷人受贿作弊者，呈堂参究施行。庶职守相维，法度严饬，而人不敢犯矣。嘉靖十八年正月二十二日。

　　奉圣旨："准议。"①

《南宫奏议》卷二十九

---

① 按：此文"嘉靖十八年"疑系"嘉靖十六年"之误。参见前条《明世宗实录》卷一百九十八所记。

嘉靖十七年（戊戌 1538）

[正月，庚寅]，天方国遣使臣写亦陕西丁等入贡，请得游览中国。礼部议奏非例，疑有狡心。诏绝之，还其贡物。

《明世宗实录》卷二百八

议处土鲁番夷人进贡

严 嵩

该巡抚甘肃右副都御史等官牛天麟等会题内开"臣等会同镇守太监廖斌、总兵官姜奭议，照［土］鲁番速檀满速儿等番本一百三十五纸，正副使从人满剌失［黑］纳咱儿等二百九十四名口，撒马儿罕并附搭额即乩伯等番本一百一十九纸，正副使从人火者也些等二百九十七名口，天方国写亦纳速鲁儿丁等番本四十一纸，正副使从人写亦陕西丁等一百名，鲁迷沙速来亦蛮等番本三十三纸，正副使从人火者卜即力等七十五名，哈密卫袭职未回都督米儿马黑木母古力比扯等番本二纸，正副从满剌马黑麻等三十名；本卫伴送各地面夷人满剌搭儿马黑麻等四十名，各该地面买卖夷人火者阿克力等一百九十一名口。各番本内词语悉皆遵照旧规，感恩献贡，祝赞皇上福寿万年，江山平安，大略相同。所据前项夷人并原进马匹方物，既经各官审处明白，相应照例起送。但土鲁番速檀满速儿番本内称'求讨牙木兰，及欲奏讨和番赏赐'；天方国写亦纳速鲁儿丁番本内称'使臣写亦陕西丁不图赏赐，乞要见过朝廷金面，游转地方，观看景致，直到海边，然后打发出来'等情。查得速檀满速儿先年求讨牙木兰并和番赏赐，已该兵部会同多官计议，奉有明旨，晓谕朝贡夷使，传示本夷，谨修职贡，不许仍前浮言奏扰。宸断赫然，岂容别议。其天方国夷使写亦陕西丁游转地方，虽若仰赡我中原山河之意，恐亦未必不因之以觇我内地之虚实也。必须廷臣会议取自上裁。及照各夷番本繁叠，称王数多，希求不赀。臣等再四审问，各夷始终执称，各有地面城土管束人众，自来称道番王名色。盖遐方夷狄，原非素附之国，不系我朝封赐，委亦无凭稽究。再照前项夷使虽经会行陕西行都司掌印并肃州兵守等官，照例每十人起送二人，及土鲁番、天方国各止例外多添一人，但今入关夷人比之先年为数尤多，臣等虑恐贾胡之心，贪得无厌，将来仿效，番本益增，夷使愈多。必须裁定额例，方免异日增添纷扰之弊。伏望敕下该部会同府部寺院科道等官，从长计议，合无将土鲁番等各地面以后进贡夷使，俱比照肃州卫寄住哈密卫都督乩吉孛剌等事例，酌量删定"等因。

奉圣旨："礼部看了来说。"钦此。

臣等看得都御史牛天麟题称，土鲁番等夷使乞要比照哈密卫都督乩吉孛剌等事例，酌量名数进贡一节，照得我祖宗抚有四夷，其在西边，特设哈密以为西域诸戎之控制，至锡之王号，假之贡期，正以其效力国家，庸示优待之意。各夷入贡限期人数，俱有累朝定例，稍或过多，辄行阻回。今土鲁番等处入贡，正系年例，而各夷人数，自合照常入关，并各头目合称本等名色。却乃故违明旨，袭称王号，倍递番文，连络入关，视昔益众。该边重臣，自合遵照节奉明旨，督令所属千户、通事等官，严加晓谕，阻回其众，或先事请命于朝，以为进止。顾乃一概滥放入关，及先行起送土鲁番人来京。似此姑息依违，地方何所依赖！所据甘肃镇守等官，相应照依先年事例，降敕切责。其守关呈报人员，径行御史查提问罪，庶足以示惩戒。其土鲁番夷人既经起送在路，似难中止，合候彼夷到京之日，本部会同兵部，从长计议，上请处分。天方等国未经起送夷人，合候命下，转行都御史等官，督令千户、通事人员，开诚晓谕，一依先年事例，应阻回者阻回，应起送者起送，务在昭德布信，正以大义。其天方国写亦陕西丁求要游转地方观看景致，国家百七十年诸夷来贡，并无此等恩例。而该国远在西域，其欲游览中土，意果何在！恣肆奏扰，冒渎天听，所宜严禁痛绝，以破其奸，使知朝廷有不可犯之威，有不可变之例，庶几外夷慑服，而中国之势以尊矣。嘉靖十七年正月十五日。

奉圣旨："依拟，写亦陕西丁不许起送。"

《南宫奏议》卷二十九

［四月，壬戌］，土鲁番夷使满剌失黑纳咱儿等入贡，宴赉如例。

《明世宗实录》卷二百十一

嘉靖十八年（己亥 1539）

［八月，乙亥］，哈密卫委兀儿地面夷使乩吉满可等进贡谢恩，各宴赍如例。

《明世宗实录》卷二百二十八

嘉靖十九年（庚子 1540）

［六月，辛巳］，先是，瓦剌同类相仇，其酋奄克乞我来川住牧。至是，瓦剌卜陆王桶孛刀忽还，为回夷所败，遣使叩塞，愿与奄克同住，且言西番侵之，欲与交恶。总督尚书刘天和言："瓦剌之部素称众强，弘治时土鲁番占据哈密，都御史许进厚啖以金币，令击走之。正德时土鲁番大入肃州，副使陈九畴权使瓦剌，令袭其三城，虏掠万计，土鲁番闻之，狼狈而归，肃州之围遂解。其为我用久矣。且土鲁番入寇，必藉其力，是又能为我边轻重也。今及其兄弟困穷之秋，从而抚之，感恩自倍。我如不受，必折而入于土鲁番，为他日忧矣。宜亟许之。"而甘肃抚按丁汝夔、顾坚则疑其诈与西番交恶，为合势内侵之计。兵部并上其章。上重其事，令总督等官详议定计以闻。

《明世宗实录》卷二百三十八

［七月，丁酉］，土鲁番夷使米列阿都写民等违例进贡，诏勿纳。制：土鲁番五年一贡，为奸夷火者皮列所诱，遂先期入关。抚按谕阻，请权驻内地自食以待贡期，许焉。仍行本国治奸夷罪。

《明世宗实录》卷二百三十九

议处番夷候贡事宜

严嵩

看得巡按陕西监察御史顾坚会同巡抚甘肃都御史丁汝夔各题称"土鲁番等处地面差来夷使米列阿都写民等各夷赍进番文马匹方物，前来进贡，限期未至，相应阻回。但恐深拒太甚，则失远人倾慕之心。若容久住候期，又恐别生意外之患。除买卖夷人哈只马黑麻等七十五名照例行令买卖，毕日照名督发出关，及将火者皮列遵照先奉钦依事理阻当关外不许进入，仍一面将米列阿都写民等多方抚阻，及加谨关防备，严禁军民人等不许交通。乞敕下该部从长议处"一节。

为照土鲁番进贡，以五年一贡之期例，该于嘉靖二十年方才入关，二十一年起送到京。今夷使米列阿都写民等已于十八年入关，则是先期二年矣。揆厥所由，乃奸夷火者皮列先以凶恶获罪而归，辄敢拨置番王，违乱贡例，诱众而来。本当阻回，但该镇巡等官具奏，已经谕阻，米列阿都写民等告称路远艰苦，自陪口粮，在彼住坐，以候贡期。是各夷自知违例之罪。今夷众安插日久，势难中遏，所据住候贡期，已经镇巡等官议奏前来，相应酌处。合候命下，本部备行都察院，转行抚按等官，再加省谕。果无别情，听其自陪口粮，在彼住坐，但要严加管束，不许容纵地方军民，交通生事。候至该贡之朗，再无各夷重遣贡使，照例起送赴京进贡。其火者皮列仍行彼处回夷国王知会，查照究治，以惩其奸。庶法例昭明，远人知所遵守，而夷情俯顺，亦不至于失其所矣。嘉靖十九年七月初八日。

奉圣旨："是。这夷人违例进贡，本当阻回。既各夷哀告路远艰苦，愿自陪口粮在彼住坐，以候断期，便行彼处抚按官再加省谕，果无别情，依拟行。还要严加约束，不许容纵地方军民交通生事。候至贡期，再无各夷重遣贡使，照例起送赴京。火者皮列仍行彼处国王知道，查照究治，以惩奸恶。"

《南宫奏议》卷二十九

嘉靖二十二年（癸卯 1543）

［五月，庚申］，土鲁番、撒马儿罕、天方国、鲁迷、哈密等地速檀满速儿等王遣头目米列阿都写民等……贡马及方物。宴赉如例。

《明世宗实录》卷二百七十四

［九月，丁巳］，土鲁番等地夷使所进玉石、刀锉诸物，边臣择其粗恶者还之。至是，自陈道远艰苦状，乞量加选进，从之。

《明世宗实录》卷二百七十八

嘉靖二十四年（乙巳 1545）

[七月，丙子]，先是回酋马黑麻速坛兄弟相仇杀，因令其党速坛米列等率二百人田于沙州，冀秋收则入掠。既而逃夷归我，其事泄，乃诈请求沙州住牧以自解。于是总督都御史张珩请行文省谕，侦其真伪，而镇巡等官仇鸾等则欲乘彼仇杀，统兵剿之。俱下兵部议。覆言："甘肃为西北重镇，一面孤悬，诸夷还处，而沙州又其藩屏地，必无容其耕牧之理。宜如珩请，照往年省谕土鲁番速檀满速儿例，移文戒谕，宣布朝廷威德，令亟悔过，将沙州耕牧各夷尽数收归。如或执迷不悟，然后督兵相机歼灭，如鸾等言。"报可。已而珩等复奏："本夷遣其属来求互市，因而许之，似亦羁縻之法。宜遣官平其价值，俟交易甫毕，仍谕以速回本土。庶几远人畏威怀德而边疆无意外之虑。"兵部复以为请，上许之。

《明世宗实录》卷三百一

[九月，戊子]，哈密卫左都督乩吉孛剌等奏求食粮。户部言："先年夷人被土鲁番所驱，亡逃肃州。朝廷哀其穷窘，再发粮五百石赈之，原不为例，已经议革。今所请不可从。"诏从部议。

《明世宗实录》卷三百三

[十一月，癸未]，甘肃边外夷人马黑麻速坛率众叩边求贡。礼部言："马黑麻速坛系速坛满速儿之子，曾耕牧沙州，潜谋犯边，因事泄而求互市。朝廷既已羁縻许之，兹复求贡，不附哈密同来，又非该贡之年，夷情难测。宜行督抚官审核真伪以闻。"报可。

《明世宗实录》卷三百五

嘉靖二十五年（丙午 1546）

[正月，丙戌]，兵部议覆总督陕西三边右都御史张珩等奏："土鲁番父子世济凶恶，往年戕杀哈密国王，侵害赤斤等卫，故西域诸夷，惟土鲁番

为黠。自速坛满速儿病故，长子沙速坛袭主本国，次子马黑麻速坛乃复阴据哈密，近年兄弟争忿仇杀。今马黑麻速坛结婚瓦剌以为援，潜种沙州田以为资，意在西抗彼兄，东侵我土，幸而神发其奸，马黑麻失等逃来告变。乃率众叩关纳款求贡，复递番文求讨地方，据其迹似有归顺之情，原其心实皆展转之计。且彼占据哈密，盖亦有年，复欲求讨住坐地方，正欲为窥伺甘、凉之谋，决无容彼耕牧之理。今虽听抚还国，与兄同住，只恐逼胁叩关，再求避难。或照牙木兰事例安插，此徙戎内地，终遗养虎之患。宜设官军整理粮饷，以备复至。或阴怀异谋，鞠凶犯顺，则杀伐之威，断乎难免。宜行督抚等官再加译审，果出输诚纳款，给帖省谕，使知华夷自有界限，不得侵越，毋再妄求地方，毋再盗种沙田，毋残害哈密，毋苛取贡夷。如或仍前执迷，阳顺阴逆，则调兵进讨，闭关绝贡。"

得旨："甘肃自经土鲁番戕害哈密以来，藩篱寝废。边臣历年经略西事，迄无成功，赤斤等地方，日益削弱。回夷占住甘肃，生息日蕃，贻患甚深。马黑麻速坛踵袭父兄旧恶，包藏祸心，今又结婚瓦剌，阴据哈密，占种沙州土田，意在内侵。止因谋泄，遂尔投降，原非本意。姑且俯顺其情，照旧规容其入贡。其求讨地方住坐，欲照牙木兰事例安插，俱不准行。"

《明世宗实录》卷三百七

[六月，丙戌，朔]，土鲁番回夷马黑麻速檀差夷使脱列等贡马匹方物，宴赏如例。

《明世宗实录》卷三百十二

嘉靖二十六年（丁未 1547）

[正月，癸亥]，先是，瓦剌达虏卜陆害儿等三十人以避哈密诸夷侵掠内附，至是，求还。甘肃守臣以闻，诏即遣出关。

《明世宗实录》卷三百十九

[三月，乙卯]，初，二十四年十月，马黑麻速坛赴关纳款，土鲁番夷使火者阿克力等八百余人因而叩关。时总兵官仇鸾、都御史傅凤翔不能阻回，尽验入，安插于甘州。故事：夷人五年一贡，贡夷入关，半留肃州，半

留甘州。及都御史杨博代凤翔，诸夷固欲先期起送，且不愿分住肃州。博省谕止之，仍分其半往肃州。至是，有诏议处，博乃条上八事，下礼部议覆。"一，诸夷入关虽早，今及五年之期，请行起送。一，例当起送五十，存留二百，阻回五百有奇。今诸夷以候久乞哀，请于阻回数内更留百人，减半给赏，不为例。一，哈密夷使止九十三人，马止七十八匹，并无夹带。请分进存起送如例。一，诸夷马例止二百四十五匹，今已验收九百八十六匹，当退还者七百四十一匹，业已给军给驿，请偿其直。一，方物验退者听于甘肃开市。一，贡既届期，廪给五十，口粮二百，听支如例。所增百人，亦量给口粮。一，各夷番本三百余道，先令边臣审问，不合理法者退还勿奏。一，阻回诸夷口粮俱已住支，今告称归途恐瓦剌达虏遮击之，愿候贡夷与同出关。住久或生事端，请径自督发。"

议入，上曰："贡夷事宜姑如议行。先抚镇官滥放入关，新巡抚官不即参论，并当究治。凤翔、鸾姑夺俸各三月，博一月，兵备、参将等官两月。如再失处，重治不贷。"

《明世宗实录》卷三百二十一

[十月，戊午]，巡抚甘肃都御史杨博疏陈议处贡夷诸事，礼部议覆："一，《会典》及《条例》，迤西诸夷惟哈密许每年一贡，每贡三百人，每十人起送一人到京。其哈烈、土鲁番、天方国、撒马儿罕等路经哈密来者，或三年、五年一贡，起送不过三五十人，其赏赐存留一以哈密为例。后每十人许起送一人，亦共不得过三五十人。则是于存留中多送数名，其于大数固未尝增也。顷来滥放，非事例之不明，特奉行之未至。近议火者阿克力等起送五十人，存留听赏者一百人，阻回五百二十人，又各夷告求宽假，量准再留一百人，最为适中。宜行边臣，自后各夷五年来朝，务遵此例。有因循滥放者，从重论罪。仍俟各夷出关，省谕使知遵守。一，人臣无外交，今边臣取赂于外夷，外夷致讼于中国，悖理甚矣。自今贡夷讦奏不法等事，译审明白，除重大者题请差官体勘，其余俱行抚巡官从公查审，问拟如律。若系虚捏，即坐本夷，轻则戒谕，重夺赏赐。仍行边官，有过夷人，毋许再入。抚巡重臣，尤宜督励所属，以杜私交。其有纳贿不悛者，参奏处治。"

诏如议行。

《明世宗实录》卷三百二十九

开陈制御西夷事宜疏[1]

杨 博

照得诸番之中，惟回夷最为奸狡，而回夷之中，土鲁番尤为骄悍，经制长策，自古称难。且如嘉靖二十四年本不系应贡之期，辄敢踵习故智，拥众叩关，于时处之一失机宜，遂致流毒滋蔓，不可救药。致劳圣明亲赐裁断，方始詟服。及今若止为目前之图，不求善后之计，臣恐将来河西之患，实自此始。用是广咨博访，择其尤切要者条为三事，臣待罪边陲，目击时弊，非敢苟为一身之谋，直以厝薪之火，其忧方大，是以不得不竭其愚虑，如蒙乞敕该部再加议拟，如果有补夷情，早为裁覆行下遵守，臣愚幸甚。

计开

一，定事例以服夷心。臣惟土鲁番等地面，并哈密入贡伴送等项，节年题准事例，虽已鲜明，缘五年方有一次。官更吏改，事体茫然，以致积年猾夷，肆其欺诳，反覆辩析，极劳颊舌。臣近日奉旨议处夷情，遍问官寮，俱称新任，旧事不知，虽兵守大吏，亦不过道听涂说，无所可否。不得已，乃取收架文卷细加搜阅。兵火之余，散漫残缺，止得其概，以意会之，仅能终事。仰惟朝廷典制，炳如日星，凡在西民，无不拭目快睹，矧兹制御戎虏之方，关涉特重，似不宜漫无统会，一至于此。合无听礼部将节年西夷事例，逐一查出，约节成书，刊印二、三百本，发下本镇大小官员，各给一本。今次夷人贡回之日，各地面头目正使，礼部亦各给与一本。庶几典章法制，一览无遗，不惟边臣有所持循，蠢尔夷裔，自亦不能售其奸矣。

一，息刁诈以全国体。臣惟朝廷所以制御臣下者，礼与法也。礼以纲之，刑以维之，失礼则入于刑，国之经也。至于小民之挟制官府，相与奏诉者虽得其情，犹为之全其体貌，投鼠忌器，正所以尊国体也。而况华夷之辨，尤当致慎者乎！臣近日奉旨议处夷情，移文肃州兵备、参将等官，率皆缩颈敛手，不敢片言理论。臣质其故，乃曰："是夷奸险，某年诘奏某人，已拿问矣。某年诘奏某人，已落职矣。以是不敢。"臣不胜忿激，以为朝廷

---

[1] 此疏时间不明，暂附于此。

设置边臣，专为制御戎虏，若人人远嫌避咎，不知将何赖焉。遂不得已，亲为查审条例以闻，业已奉有谕旨，无容别议。但方来之事，不可不虑。查得嘉靖十二年，土鲁番夷使马黑麻虎力奶翁等奏称太监陈浩贪黩之状，节该礼部议得，既不可堕外夷之计以捐国威，亦不可失远人之心以招边衅，又不可纵边臣之贪以屈国法，在朝廷当大有处分，方保不害治体。词严义正，可谓深得安攘之要。合无查照该部题奉钦依事理，今后夷人讦奏大小官员不法事情，差官体勘。果系赃诬，即将夷人重加戒谕，令其晓然知圣明在上，昭如日月，纤毫刁诈，不容欺弊。如所奏得实，先将夷人督发出关，方许请旨，将有罪人员从重处分，虽置之极典，亦不为过。庶几夷心稍戢，国体克全，而奉法之臣，亦自可以展布矣。

一，定供亿以绝觊望。臣惟西域贾胡，嗜利无厌，虽升合毫厘，无不多方告扰。且如廪粮一事，据肃州卫申，则云进贡该廪给，存留该口粮；甘泉驿申，则云正副使该廪给，存留该口粮。臣细加稽考，如故节年事体不一，盖皆边臣相与因袭，原无题准定例。……臣尝与守巡兵备各官虚心计议，咸谓正副使廪给，从人口粮，于理犹为近似，盖名位有等，供亿因之差别故也。又如存留给军给驿马匹，一向相沿，上马价十二两，中马价十两，下马价八两，斟酌调停，俱已平妥，各夷犹且屡屡告要增添，苦无厌足，亦缘原无定例，故彼得以肆其奸尔。臣愚以为此等事情，迹若轻小，其在夷情，则关涉颇重，不可不为画一之政。合无将前项廪粮马价，听兵部议拟停当，并入礼部新定事例之内，以后庶几便于遵行，不致烦扰。

《皇明经世文编》卷二百七十三《杨襄毅公奏疏》

嘉靖二十七年（戊申 1548）

［七月，壬辰］，土鲁番、撒马儿罕、天方国、鲁迷、哈密五地面速坛母沙法儿王等遣人来朝，贡马及方物。宴赉如例。

《明世宗实录》卷三百三十八

嘉靖三十三年（甲寅 1554）

［四月，甲申］，土鲁番、天方国、撒马儿罕、鲁迷四地面番王速坛母沙法儿等各遣人来朝贡方物。宴赉如例。

《明世宗实录》卷四百九

［六月，丁酉］，哈密头目满剌马黑麻打力哈即等差人来朝贡马。宴赉如例。

《明世宗实录》卷四百十一

嘉靖三十六年（丁巳 1557）

［九月，丙子］，哈密卫都督米儿马黑木乞贡，许之。米儿马黑木为土鲁番所侵，乞内附，既处之甘肃，至是，援沙州都督日羔剌例陈乞，特从其请。

《明世宗实录》卷四百五十一

嘉靖三十八年（己未 1559）

［三月，丁丑］，土鲁番、天方国、撒马儿罕、鲁迷、哈密等番王速檀沙母咱法儿等各遣夷使来贡马驼方物。宴赉如例。

《明世宗实录》卷四百七十

［十一月，己卯］，陕西督抚王梦弼等言："哈密系我属卫，久为土鲁番所并。近土鲁番王沙速坛之子脱列速坛乃复占据哈密，哈密夷庶虎尔的等被其残虐，田禾悉为蹂践，饥寒迫切，携孥内附，别无意外奸谋，请分发甘肃寄住。哈密国师都督拜言孛剌等各部下随住钤束，仍将精壮选充夷军通事，食粮随操。"事下，兵部覆言："虎尔的等六十四名口内系哈密属夷者，许令拜言孛剌等钤束，或收充夷军。若系土鲁番者，须厚给饩廪，俟回夷朝贡之期，带回本国。"诏可。

《明世宗实录》卷四百七十八

嘉靖四十三年（甲子 1564）

［五月，甲寅］，甘州北卫寄住哈密卫故都督同知米儿马黑木男米儿阿黑麻以袭职来朝贡马，给赏如例。

《明世宗实录》卷五百三十四

嘉靖四十五年（丙寅 1566）

［三月，壬寅］，土鲁番速坛马速叩关请贡，许之。先是，番王沙速坛潜掠北房部落，中流矢死。马速其弟也，拥众嗣立，乃遣人求入贡。诏下礼部议，言："马速以弟继兄，名义甚正。况远夷称贡，理无拒绝。第其种落实繁，若概赐要求，则关右未免骚然烦费。宜明与之约，今后各番族务遵原定年分入贡，毋得执此为例。"报可。

《明世宗实录》卷五百五十六

［七月，癸丑］，土鲁番速檀马速差人来朝，贡马及方物。宴赉如例。

《明世宗实录》卷五百六十

十二　明隆庆时期（1567—1572）

隆庆三年（己巳 1569）

[五月，庚申]，命量给土鲁番进贡夷人赏赉有差。先是，远夷求索者嘉靖初止奏文二十八道，比至末年，遂增至二百四十八道，朝廷不忍尽绝，故每量给，以示羁縻云。

《明穆宗实录》卷三十二

隆庆四年（庚午 1570）

[九月，甲戌]，先是，土鲁番马黑麻新立为王，遣使谢恩求贡，而其兄弟琐非速坛、虎来失速坛、阿卜撒亦速檀亦各遣使援例以请，歇阙待命，久之未报。督抚官议，许例外增加夷使四人。礼部覆言："琐非等所请，本令甲不载。而远人效顺，难以终绝。若一姓而四遣正使，又于礼不可。宜权令琐非等各附一使于马黑麻为随从之数以羁縻，后勿为例。附近诸夷，亦不得援琐非等例。"从之。

《明穆宗实录》卷四十九

远夷谢恩求贡疏

殷士儋

主客清吏司案呈该："总督三边军务都察院右都御史王崇古题'土鲁番

新王子马黑麻速坛兄弟九个，因旧土鲁番马速（与）已故沙王子是远房伯叔，不该做王子，伊兄弟系亲支，该做土鲁番［王子］，把马速王父子俱绑在牙儿坎地方去了，亲王子马黑麻做了。各差夷使赍本，赍带方物进贡谢恩。节行到司，查例分别进存人数，核验方物造册具呈。原差正使五名，随从四十五名，据呈分别定拟番主马黑麻谢恩问安二事，止并正使一名，随从七名；琐非等番主共并正使一名，随从七名；共一十六名。起送间，据各夷使屡具番文告称，各番主俱因新立谢恩，通名尊敬天地，祝赞圣人，乞通行起送，各申番情。再三乞求，共准二十五名，特为奏请，甚至流涕。审据情词，名正义顺，直拒之恐拂其情，径起之有违常例，况夷使执称奏请，情不容抑。臣复思各夷兄弟五人，各据一方，自立为王，各遣夷使纳款，似有分据其国不相统钤之迹。若止容其一人之使入进，则众必起争竞之端；若止容马黑麻与其兄二人之使，恐其余三人必相疾怨。此系番夷离合向背之机，事出异常，难拘往例。伏乞圣明俯察夷情，矜念地方，敕下该部勘议，允增马黑麻兄弟五人正使各一名，裁酌随从。仍乞严谕，以后五年进贡，止许马黑麻，其余番主不许妄行援扰。定拟正副使随从名数，不许随带妇女，若多余者驱阻出关，不许借以存留，多添人数，永为遵守，庶情法两全，恩威并著矣'等因。奉圣旨：'礼部知道。'钦此。

　　查得嘉靖二十五年正月内，该陕西总督、镇巡等官都御史王珩等题称：'马黑麻速坛始因沙州种田，意在抢掠，被逃夷泄漏机谋，乃递番本求贡。'该兵部覆议'移咨总督、镇巡等官，再行译审前项夷情，果出输诚纳款，查照旧例入贡之期，夷使之数，遵奉举行'等因。节奉世宗皇帝圣旨：'马黑麻速檀踵习父兄旧恶，包藏祸心，今又结亲瓦剌，阴据哈密，占种沙州田土，意在内侵。止因谋泄，遂尔投降，原非本意。姑且俯顺其情，照旧规，容其入贡。'钦此。至嘉靖二十五年六月内，该夷使客列等八名，各备方物赴京进贡，已经本部查例题赏讫。又查得嘉靖四十五年三月内，该甘肃巡抚都御史戴才等题称：'土鲁番王沙速坛因抢达虏射死，伊弟速坛马速新立为王，比例求贡。'该本部覆议'速坛马速新立，即求入贡，比之马黑麻速坛阴据哈密悔罪投降者不同，相应俯顺夷情，容令入贡。但西域种族繁多，若一概徇其请求，不无骚扰糜费。今后其余杂番旁族，原定常贡年分，方许验放，不许妄援此例，以滋冒滥'等因。题奉世宗皇帝圣旨：'是。'钦此。至嘉靖四十五年六月内，该夷使满剌阿力马黑麻等八名，各备方物赴京进贡，又经本部查例题赏讫。今据马黑麻求贡事情，大略与前例相同，而兄弟一时并贡，则前所未有者。且所议起送人数，亦属太多，呈乞酌议上请。"案呈到部。

看得各夷入贡，原有常期，亦有常数，所以明中朝一定之法，杜远夷无厌之求，其例至严也。土鲁番五年一贡，乃其定额。先年马黑麻速坛以谢恩求贡，一时俯从，遂至速坛马速，缘以为例，已称滥矣。今马黑麻为众拥立，首循此例以请，尚属有名；而兄弟五人，并求遣使，其渎滥则为已甚。据该总督、镇巡等官反覆驳勘，阻拒再三，乃有是不得已之请，盖无非为夷情虑，为地方计也。但旧有之例，势既难阻，而滥贡之端，渐不可开。节该本部题请申饬诸番，不许妄援，意正为此。使今所求皆遂，则岂惟本番后复为例，而各边诸夷转相传效，且将有不胜其求者。所据兄弟五人并贡之请，难以议允，即马黑麻亦止宜许其谢恩。至问安一事，亦所当裁，合无恭候命下，容本部移咨该督抚衙门，再为议处。马黑麻止许以谢恩入贡，仍定正使一名，随从七名，方物悉照旧例，不许过多。其兄弟琐非等极力抚谕，悉听彼中从厚赏阻回。果能如议，即将马黑麻之使，起送前来。如或念各番恳请之诚，守候之久，万不得已，亦须另议具奏，以凭覆请。或将马黑麻之使，为首分别正从，其余兄弟各附一使，准作从数，不得仍议正使名色，以图并遣。其方物亦宜照数减省。务令国纪严明，夷情慑服，庶不失为驭远之常道也。

《金舆山房稿》卷四

议处熟番以昭威信疏

王崇古

....

又土鲁番王速坛马速先年自立谢恩，部议已准五年通贡，各贡使尚未到京。去岁春初，据肃州道副使张蕙呈，称：续有新立土鲁番王黑麻速坛兄弟八人投递番文，内称已将马速王子拿送西去，伊兄弟自立为王，求请通贡。事属悖逆，臣驳行抚镇该道执义阻回，俟查彼中争国实迹，另议容否。延久未极。……其土鲁番后次夺国求贡之使，应否容阻，定议行该镇抚遵行，以定华夷之分，以昭威信之施，庶免贻将来殷忧焉。

《皇明经世文编》卷三百十八《王鉴川文集》

隆庆五年（辛未 1571）

［十月，乙卯］，土鲁番王马黑麻差夷使卯剌纳阿必卜剌等十二人进贡方物、马匹，宴赉如例。

《明穆宗实录》卷六十二

十三　明万历时期（1573—1619）

万历二年（甲戌 1574）

[六月，戊申]，刑部题参：鸿胪寺回回馆通事序班王良相于隆庆六年五月内差伴送土鲁番夷使前往甘肃地方，行至河南彰德府，各夷称入京时曾将玉货、马匹赊与平乡等王府宗室仪宾人等，取讨价值，住候四月余，又沿途增添箱箧，驿递应付不前。至万历元年十二月，方到甘肃。除将王良相送大理寺审录具奏外，合行各处抚按遇有夷使往还，地方诸色人等交通卖买，拿问参奏，货物追夺入官。河南抚按官行令赵府长史司启王，知会将平乡等交通夷使宗仪严加戒饬，仍咨礼部今后夷使回还，箱箧车辆令会同馆查见在人数，填入勘合，如沿途分外增添，即追来历处治。

报可。

《明神宗实录》卷二十六

万历三年（乙亥 1575）

[四月，辛巳]，土鲁番酋速坛马黑麻阿力卜把都儿新立为王，差夷使赍番来马匹、方物谢恩求贡。甘肃巡抚侯东莱以闻。

《明神宗实录》卷三十七

远夷谢恩求贡事

石茂华

题为远夷谢恩求贡事。准巡抚甘肃右副都御史侯会稿，据整饬甘肃兵备陕西按察司副使孙坤呈，准肃州参将姜显宗手本，据肃州卫呈，准本卫掌印指挥陈守廉关称，依蒙公同总理夷情指挥梅济抚调今来回夷头目火者马黑木到官。审据本夷执称："先年土鲁番王沙速檀病故，将叔伯弟速檀马速立王，并弟速檀马黑麻阿力卜把都儿俱在土鲁番住坐。后被牙儿坎地方叔伯弟瑣非速檀等兄弟四人领人马来到土鲁番，强占为王，伊将旧王马速并弟速檀马黑麻阿力卜把都儿二人，俱绑往迤西撒马儿罕地方去了，将速檀马黑麻阿力卜把都儿丢在撒马儿罕，把他哥哥马速口著往水西阳地方远处去了，将瑣非速檀第三的弟马黑麻在土鲁番为王，坐了四年。有土鲁番守城头目们，因马黑麻为王不仁，众人商量着要害他。马黑麻听见了，自家回往牙儿坎地方去了。众人打听着，才把速檀马黑麻阿力卜把都儿打撒马儿罕取着来立王。如今差我火者马黑木带领五十个人，赶马一百匹，馈了回回青一百斤，金钢钻一两，大刀一把，西马一匹，阿剌骨马一匹，达马五匹，玉石五十斤，帖角皮十张，羚羊角五十只，打察力失地方差着我们前来，教我比著先年卯剌纳阿必卜剌事例，馈朝廷谢恩求贡来了。到了哈失卜剌地方，遇着达子，把我们二十多个人三十四匹马赶散了，并回回青、玉石、帖角皮，羚羊角他们倒回拿着去了，止丢下我们见在男子二十六个，妇女二口，马四十六匹，方物金钢钻六钱五分、玉石五十斤、回回青三十八斤、大刀一把前来。蒙委官周都司到了嘉峪关，同掌印、抚夷等官验放入关。可怜见照着卯剌纳阿必卜剌的例起送。"

随据各夷投递有印番本一纸，责令译字夷人皮尔马黑麻译云"大明皇帝：我速檀马黑麻阿力卜把都儿的话，把我们牙儿坎地方的王子捉着去来，我自家的地方上来着把他们赶出去了，我做了王子的话，大明皇帝爷知道着。把火者马黑木做着头目谢恩去了。我的祖宗们干好事着，进贡买卖不断着走来，我照着旧例，火者马黑木后头把大进贡买卖差着去俚。我进的一百斤回回青、一两金钢钻、一把米西俚大刀、一匹西马、一匹阿剌骨马、五匹达马、五十斤玉石、十根帖骨皮、五十个羚羊角。我做了王子了，我的求讨的穿的好蟒衣膝襕、遍地金锦被、茶壶、定碗、定盘、云南的宝石、鞦口、银镫、茶叶、丝线、扇子、洗脸盆、汤瓶。把好的这个求讨，好好的馈我，准着拿着来。大明爷爷案下知道"等情。

据此，查得嘉靖四十四年土鲁番王速檀马速自立为王，遣差头目满剌阿力马黑麻带领回夷二十名，赍执番本、方物，前来谢恩问安。议呈详允，止准赴京夷使八名，自进并带进马一十匹，方物金钢钻一两，玉石、回回青各五十斤，准贡讫。隆庆四年，马黑麻占据土鲁番自立为王，同伊兄弟琐非等各遣差头目卯剌纳阿必卜剌等带领回夷男妇九十一名口前来求贡谢恩问安，屡蒙题覆，止许谢恩入贡起送赴京正使一名，从人七名，及伴送琐非等姑准作从人四名，共一十二名，自进并带进马一十四匹，方物金钢钻一两，玉石、回回青各五十斤准贡讫。委与各夷事体相同，除将递到番本，封收在官，将各夷并马匹、货物点验入关，安插夷厂，拨军关防，听候明文外，该本道会同参将姜显宗、都司周镇议照土鲁番王速檀马黑麻阿力卜把都儿因伊新立为王，特遣头目火者马黑木赍执番本，随带方物前来，叩关谢恩求贡一节，诚为恭顺之义，似难阻回。合无将火者马黑木等比照卯剌纳阿必卜剌事例，量准八名起送赴京，谢恩进贡，其余过多人马方物径自阻回等因，具由通呈讫。……

臣会同巡抚甘肃等处地方赞理军务都察院右副都御史侯议照土鲁番酋速檀马黑麻阿力卜把都儿新立为王，比照先年番王速檀马速并马黑麻立王差遣夷使满剌阿力马黑麻与卯剌纳阿必卜剌事规，差遣头目火者马黑木带领各夷赍执番本及马匹、方物，叩关通名，谢恩求贡，无非尊敬天朝输诚效款之意。既经抚臣屡次驳行兵守等官查与先年番王速檀马速等事规相同，反覆译审马黑木及同来进贡回夷火者哈辛等，众执委无别情，其人马数目亦与历年事例相合，系干番酋立王通名谢恩求贡重典，相应题请。如蒙乞敕礼部覆议，明示臣等行令该司遵照具奏造册起送，以慰远夷。缘系远夷谢恩求贡事理，臣等未敢擅便，为此具本，专差承差刘江赍谨题请旨。

《毅庵总督陕西奏议》卷六

［八月，丁卯］，陕西慧济扯巴寺差番僧八名，甘州北关寄住哈密卫都督米儿阿黑麻等十五名俱赴京进贡。赐宴赏如例。

《明神宗实录》卷四十一

万历四年（丙子 1576）

［三月，庚戌］，土鲁番等五地面头目火者马黑木哈辛等、肃州卫寄住正副使阿纳的纳等各贡还，宴待如例。

《明神宗实录》卷四十八

［四月，己巳］，土鲁番王速檀马黑麻阿力卜把都儿差夷使火者马黑木等贡马匹、方物，如例赏给，仍赐番王表里。时土鲁番、天方国、撒马儿罕、鲁迷、哈密伍地面番王头目速坛马黑麻阿力卜把都儿等差夷使火者哈辛等贡马匹、方物，亦赏赉如例。

《明神宗实录》卷四十九

远夷进贡事

石茂华

题为远夷进贡事。准巡抚甘肃右副都御史侯咨，据陕西行都司呈，据肃州卫呈，案查先为分处进贡夷人以靖地方事，该礼部议覆：土鲁番、天方国、撒马儿罕、鲁迷四地面准贡夷使二百五十名，每各自进马一匹，并带进番王马四匹，共马二百五十四匹，刀锉各四百把，余物无拘。哈密伴送夷使四十名，年例进贡夷使八十名，共一百二十名，自进并带进马共一百二十一匹。五地面共该夷使三百七十名，马共三百七十五匹。正使每十人起送二人，土鲁番等四地面共五十人，哈密共二十四人，通共七十四人，起送赴京入贡。其余分发甘肃二处听赏。马匹查照原验等第给军给驿，每五年准贡一次。又该本部议覆：以后如遇回夷进贡之年，镇巡等官即查照先年题奉钦依事理，凡刀锉等项方物，除正进验收外，其余多带者着于本地面自行货卖，不许仍带来京，设立自进复进名色，希图赏赐。仍取具各夷并伴送通事人等决不复进甘结，先行咨部照验。如再故违，该边验放官员及译审通事人等，定行从重参究。珍禽异兽，严加拒绝。其应解之物应贡之人，查照《大明会典》开载数目，方准起送。各题奉钦依通行钦遵外，今将查明土鲁番等地面夷使火者哈辛等，遵照往年事规，每十人起送二人，并马匹、方物，造册，批差百户李经、通事马名等伴送到司案查。先蒙巡抚甘肃右副都御史侯案验，据整饬甘肃兵备副使孙坤呈，会同参将姜显宗查得节年贡例，五地面止该三百三十五人，进贡者每十人起送二人，其伴送夷使原无定例。今土鲁番等四地面夷使火者哈辛等六十名，哈密伴送满剌马黑麻等六名，并应进马匹、方物，已该委官都司周镇会同本道及参将姜显宗督令监督通判李一经、掌印总夷守备等官陈守廉、梅济、张继芳等，于万历二年八月二十九日验放入关。续来哈密进贡夷使卯剌纳、火者阿都瓦黑等四十七名，具由呈报，巡抚批行本道会同参将姜显宗，督令陈守廉等译审。各夷执称：因达房惊扰，未得一同前来。并马匹于万历三年正月二十一日验放入关。前后五地面通共夷使一百一十三名，及应进方物，分析造册，差官伴送陕西行都司，定拟进存人数，分别起送。又称："覆查速檀马黑麻阿力卜把都儿，原系土鲁番王亲枝，先被马黑麻强占为王，将伊兄弟逐害。委系头目马黑麻提米尔咱等保取新立为王，先遣夷使火者马黑木等通名谢恩，后差回夷火者哈辛等带领四地面夷使年例进贡，委系的据，再无别情。取具各夷保结在官。"……

今准前因，为照土鲁番、哈密等地面番王具本，遣使进贡，原系五年一次，乃其尊敬天朝输诚效款之意，既该镇巡官督行该道参将都司抚夷等官反覆译查番本人数方物，俱各明的，并无违例。遵照上次事例，应起送者，照例填给勘合应付，仍差官通伴起行，多余夷使，查照旧规，存留甘肃二卫夷厂，拨军关防听候，及取具不许违例复进刀锉甘结。抚臣咨缴礼部其各原来番本六十二道，已该总兵官李震封缴，并译出本内缘由。原进方物，已经镇巡官备细会题，不敢重复开具外，应照往年事体，将该镇译放过各夷进贡缘由，理合具题。缘系远夷进贡事理，为此，具本专差承差林威亲赍谨具题知。

《毅庵总督陕西奏议》卷九

万历七年（己卯 1579）

[十月，丙子]，土鲁番速坛阿卜纳西儿呵黑麻袭立为王，援例特遣头目卯剌纳等备方物、马匹谢恩求贡。命差贡使及所进方物悉照先年额数，不许过多，仍照五年一贡限，不得违例奏渎。

《明神宗实录》卷九十二

万历八年（庚辰 1580）

［八月，戊戌，朔］，土鲁番头目卯剌纳、阿都马黑蛮等八名来贡马匹，如例宴赏之。

《明神宗实录》卷一百三

万历九年（辛巳 1581）

［十月，庚子］，土鲁番、天方国、撒马儿罕、鲁迷、哈密等伍地面头目各差人贡马匹、方物。赏赉如例。

《明神宗实录》卷一百十七

万历十年（壬午 1582）

［五月，丁卯］，哈密卫畏兀儿、哈剌灰署都督印指挥同知站卜剌差夷使也先卜剌等，并袭国师马你阿纳的纳等，袭都督同知舍人米尔马黑麻等各朝贡，袭职给赏如例。

《明神宗实录》卷一百二十四

［七月，辛巳］，哈密卫都督同知米尔马黑麻等乞袭职，许之。

《明神宗实录》卷一百二十六

万历十一年（癸未 1583）

［十月，戊午］，礼部覆陕西总督兵部尚书石茂华题称："土鲁番速坛马黑麻虎答遍迭新立为王，遣使叩关谢恩求贡。明年大贡届期，相应俯从所

请，止许正使一名，从人七名。所进方物悉照先年额数。仍遵照五年一贡期限。"许之。

《明神宗实录》卷一百四十二

万历十三年（乙酉 1585）

［二月，甲辰］，土鲁番头目沙亦等贡方物。套虏威正等邀而夺之。巡按御史屠叔方言："虏公然寇攘，失今不问，边事将不可为。且虏酋贪汉物，虏妇极惧捣巢，宜断其抚赏，声言剿杀，斯制虏之机也。"上是其言。

《明神宗实录》卷一百五十八

［三月，己卯］，土鲁番使者马黑麻羽速来朝，求入贡，命彰武伯炳宴于礼部。

《明神宗实录》卷一百五十九

万历十四年（丙戌 1586）

［九月，丁巳］，土鲁番等五地面夷使头目火者沙亦黑牙思等四十六名，哈密伴送买得克等一十二名，阿都呱黑等一十二名，各赴京进贡。宴赏如例。

《明神宗实录》卷一百七十八

［十月，乙丑］，土鲁番等五地面夷使各赴京进贡。赐宴，俱命临准侯李言恭待。

《明神宗实录》卷一百七十九

万历十五年（丁亥 1587）

［三月，己亥］，宴甘州北官寄住哈密卫头目都督同知米尔马黑麻等

一十五名，以进贡事毕还卫也。

《明神宗实录》卷一百八十四

［五月，戊午］，时陕西抚臣奉诏求红黄玉，遣人于天方国、土鲁［番］、撒马儿罕、哈密诸夷中购之，皆无产者。户部尚书梁材状闻。上曰："尔等仍多方求访，并行巡抚诸臣设法悬购，务求必得，以称朕礼神之意。"

《明神宗实录》卷一百八十七

万历二十年（壬辰 1592）

［六月，辛丑］，土鲁番回夷头目阿都沙他儿等八名赴京进贡，赐宴如例。

［丙午］，礼部题："土鲁番王哈喇哈失贡献金钢钻、玉石、回回青等方物，验回回青非真，惟嘉其效顺，悯其跋涉，姑与进收。以后甘肃抚按宜先辨验，方许起送。"上是其言。

《明神宗实录》卷二百四十九

［八月，庚寅］，土鲁番地面番王哈喇哈失贡方物，赏赉如例。

《明神宗实录》卷二百五十一

万历二十二年（甲午 1594）

［五月，乙酉］，土鲁番速檀阿黑麻王等五十九王各遣使贡马乞赏，土鲁番速坛虎答扁迭等五十二王各遣使贡诸方物乞赏。俱宴赏如例，并颁赐王。

《明神宗实录》卷二百七十三

万历二十四年（丙申 1596）

［闰八月，癸未］，先是，奏回青出土鲁番异域，去京师万余里，去嘉峪关数十里。而御用回青系西域回夷大小进贡，买之甚难。因命甘肃巡抚田

乐设法召买解进，以应烧造急用，不许迟误。

《明神宗实录》卷三百一

万历三十年（壬寅 1602）

［七月，辛未］，宴哈密卫朝贡夷人畏兀儿肃州寄住贡夷孛剌等三十六名，命侯文炜待。

《明神宗实录》卷三百七十四

［十二月，丙午］，宴哈密卫贡夷畏兀儿肃州东关寄住贡夷乩右禄、孛剌等三十五名，命侯陈良弼待。

《明神宗实录》卷三百七十九

万历三十七年（己酉 1609）

［六月，戊寅］，哈密卫回夷都督同知米尔马黑麻等贡马，赐彩币有差。

《明神宗实录》卷四百五十九

万历四十年（壬子 1612）

［闰十一月，己巳］，礼部覆按臣徐养量条陈："处贡夷以省縻费。肃州哈密等处各种夷人住居者几四百名，岁费粮二千余石。又有土鲁番等国贡夷，除赴京七十人外，尚留三百名，半住甘州，半住肃州。每名月食粮一石五斗，岁支五千余石。自三十六年入贡，今尚未回。嘉峪关至会同馆六千余里耳，岂有四年不能往返者。不过假此市物营利，徒为邮驿骚扰。昨岁番王遣夷使来促之使归，今宜敕遣速回，且令以后往返定三年为限，逾期先将食粮住止，仍转谕番王知会。"奉旨："如议行。"

《明神宗实录》卷五百二

万历四十二年（甲寅 1614）

［二月，戊子］，土鲁番夷使马黑麻等八名进献玉石、金钢钻、回回青等物，准进收宴赏，并回赐番王彩段六表里。

《明神宗实录》卷五百十七

万历四十六年（戊午 1618）

［三月，丁亥］，命伯赵世新宴土鲁番、天方国等二地面夷使沙黑等三十二名。

《明神宗实录》卷五百六十七

［四月，戊戌］，土鲁番、天方国、撒马儿［罕］、鲁迷、哈密等各进贡方物、马匹。

《明神宗实录》卷五百六十八

［六月，丙戌］，宴土鲁番五地面夷使头目沙黑等，命伯赵世新管待。

《明神宗实录》卷五百七十一

［七月，癸巳］，给散土鲁番、天方国、撒马儿［罕］、鲁迷、哈密等赏赐有差。

《明神宗实录》卷五百七十二

十四　明天启时期（1621—1627）

天启元年（辛酉 1621）

　　［八月，乙酉］，土鲁番王阿都剌因遣使进玉石、钢钻等方物，赏赉如例。

《明熹宗实录》卷十三

天启六年（丙寅 1626）

　　［七月，戊戌］，土鲁番阿都剌因投状礼部，言："前差使臣米尔咱者等进贡，在陕州张茅所被秀才王汝全等将贡夷殴打重伤，内殴死一人，抢夺玉石、金钢钻、刀等物。状告府、县衙门，各官受贿，都不准理。"礼部以闻，得旨："著行彼处抚按查究虚实处分。远夷不便久羁，仍宜刻期究结，速遣还国。"

《明熹宗实录》卷七十四

天启七年（丁卯 1627）

　　［七月，甲申］，西夷五地面土鲁番进贡。

《明熹宗实录》卷八十六

十五　明崇祯时期（1628—1644）

崇祯十一年（戊寅 1638）

是年，土鲁番、琉球入贡。

《明史》卷二十四《庄烈帝二》

崇祯十六年（癸未 1643）

是年，暹罗、琉球、哈密入贡。

《明史》卷二十四《庄烈帝二》

第三部分 其他资料

一 《大明会典》(节录)

哈密，畏兀儿附

哈密，古伊吾庐地，在敦煌北大碛外，为西域诸番往来要路。其国部落与回回、畏兀儿三种杂居，非贵族不相下。永乐二年，以封元孽安克帖木儿为忠顺王，而授其头目马哈麻火只等为指挥等官，分居苦峪城。忠顺王数世袭封，赐金印诰命，领西域职贡，而三种各立都督以佐之。诸番贡使皆由哈密译送。成化元年，令哈密每年一贡，以八月初旬验放入关，多不过三百人，内起送三十人赴京。九年以后及弘治、正德间，数被土鲁番驱掠，朝廷每遣大臣经略，还其金印、城池，复立酋长。然驱掠如故。嘉靖八年，定每贡不拘三百之数，止据到数十人起送二人，前起贡回尽数出关，后起方许入关。十一年，定五年一贡，每贡不过一百人，起送不过三十人。四十二年，定哈密、畏兀都督俱五年一贡，每贡三十人，起送十三人，余留边听赏。

贡物：马、驼、玉、速来蛮石、青金石、把咱石、金钢钻、梧桐碱、铁器、诸禽皮等物。

土鲁番、火州、柳陈城

火州古车师地，东七十里为柳陈城，西百里为土鲁番。永乐七年，火州遣使朝贡。宣德五年，火州王哈散、土鲁番万户赛因帖木儿、柳陈城万户瓦赤剌俱遣使贡马及玉璞。其后朝贡者止称土鲁番。成化九年，番酋阿力侵陷哈密，虏王母，夺金印。弘治初，其子阿力麻复诱杀罕慎。六年，又虏陕巴，以金印去。朝廷遣官经略，绝其贡。十年效顺，复许通贡。自后叛服不常。正德四年、五年俱来贡。嘉靖二年以后定五年一贡。

贡物：马、驼、玉石、镔铁刀、镔铁锉，各色靶小刀、金钢钻、梧桐碱、羚羊角、铁角皮、红绢道布、柳青撒哈剌禅衣、鞍子、撒袋、花手巾。

卷一百七《礼部六十五·朝贡三》

西域哈密。永乐四年赐忠顺王纻丝六十匹，绢二百一十四匹；祖母、母、妃各纻丝六匹，绢六匹；婶母纻丝四匹，绢四匹。六年，赐王纻丝五十匹，绢二十匹，织金纻丝衣三套，皂麂皮靴二双，毡袜二双；祖母并妃各彩段六表里。成化三年，故忠顺王外孙为都督，赐铜印并织金衣一套。八年，其都督赴京袭职，除马驼给价外，加赏彩段一表里，绢一匹，织金纻丝衣一套，并靴韈各一双。进贡到京使臣分五等，一等彩段五表里，绢四匹。二等四表里，绢三匹。三等三表里，绢二匹。四等二表里，绢一匹，布一匹。五等一表里，绢一匹。俱纻丝衣一套，靴韈各一双。存留甘州男女人等，有进贡者，照五等例赏；无者每人绢布各一匹。奏事到京使臣，不分等第，每人彩段二表里，绢一匹，纻丝衣一套，靴韈各一双。

十二年奏准寄住苦峪城使臣赏例，仍分五等，比前表里、绢各减其一，不与衣服靴韈。存留甘州有进贡者照前五等例，无者赏绢一匹。

嘉靖四十三年，到京正使从人名色，照四等例赏。隆庆五年，照五等例赏，寄住甘州有进贡者，俱与彩段一表里，不与衣服靴韈。

回赐：大马每匹彩段四表里。达马不分等第，每匹二表里。驼每只四表里，驼羔每只纻丝一匹，绢二匹，倒死驼绢六匹，折钞绢一匹。锁服每段绢六匹。金钢钻上等每颗绢四匹。成化十年，金刚钻二等每颗绢二匹，三等每颗绢一匹，四等每二颗绢一匹，五等每颗布一匹。番砂水晶石不与价。弘治三年奏定价例：玉石每斤绢一匹。夹玉石四斤绢一匹。速来蛮石二斤绢一匹。青金石一斤绢一匹。把咱石十斤绢一匹。螺子石六块绢一匹。松都鲁石即水珀，旧例每斤钞十五贯。正统四年添作一百贯，每二百贯折绢二匹。石头靶八个、硇砂八斤各绢一匹。鱼牙靶小刀每把绢二匹。镔铁大刀每把绢五匹。拐棍刀每把绢五匹。两刃剑每把绢八匹。镔铁锉一把，镔铁镜一面，各绢二匹。镔铁二斤绢一匹。撒哈剌马、黑瞒每段各绢九匹。刀䌷（番名黄马海牙儿）每段绢一匹。马服屯（即番夏布）每二段绢一匹。虎力麻五匹绢二匹。蓝花手巾二条绢一匹。桫馥兰每斤绢四匹。硝子阿思马亦一个，绢一匹。硝子遮眼（番名矮纳）三个绢一匹。蛤蚧四个绢二匹。梧桐碱十斤、雄黄十五斤各绢一匹。蛇角二枝一表里。羚羊角四斤绢一匹。豹皮（即舍列孙皮）二张彩段一表里。金线豹皮一张一表里。狮子皮一张二表里。哈剌虎剌皮一张一表里。铁角皮二条绢一匹。银鼠皮六个、貂鼠皮三个、青鼠皮二十个、白兔皮三个、白狐皮一张、驼皮獭皮每一个各绢一匹。乩马尺（即羊甸皮）五张绢二匹。卜剌硤儿皮（即牛甸皮）四张绢一匹。哈剌卜花二十张绢一匹。桦皮弓一张绢八匹。回回木梳细者六个绢一匹，粗者十个绢一匹。珊瑚珠正统中每十四两绢四匹，今每两绢二匹。锁锁葡萄每斤绢一匹。使臣自进中等马每匹纻丝一匹、绢八匹，折钞绢二匹。下等马每匹纻丝一匹、绢七匹、折钞绢一匹。新生马驹、中途倒死马每匹绢三匹。驼每只三表里、绢四匹。带进西马每匹五表里。阿鲁骨马每匹六表里。

求讨：正统四年忠顺王奏讨，与纻丝四表里。天顺四年，王母差来使臣领去厚榜纸、中夹纸各三百张，心红三斤，金箔一百帖，胡椒、荜茇各十斤，桐油十斤，白矾十斤，丁香、乳香、檀香各三斤，良姜、桂皮各五斤，细茶三十斤，洗面铜盆一个。成化十二年，苦峪城使臣奏讨加绢一匹。十三年，又准加折衣绢一匹。十五年再加绢一匹。

使臣进贡到京者每人许买食茶五十斤，青花瓷器五十副，铜锡汤瓶五个，各色纱罗、绫段各十五匹，绢三十匹，三梭绵布、夏布各三十匹，绵花三十斤，花毯二条，纸马三百张，颜料五斤，果品、沙糖、干姜各三十斤，药饵三十斤，乌梅三十斤，皂白矾十斤，不许过多。就馆中开市五日，除违禁之物并鞍辔弓箭外，其余段匹纱罗等项不系黄紫颜色龙凤花样者，许官民各色铺行人等持货入馆，两平交易。该城兵马司差人密切关防，及令通事管束，毋得纵容铺户、夷人在外私自交易。如有，将违禁等物及通事人等故违者，许各该委官体察，通行拏问。

后又奏准：未领赏前开市二日，领赏后开市三日。

其奏讨沿途收买牛羊、铁锅、犁铧者，听于临洮府阑（兰）州地方，与军民两平收买，不许过多。仍令伴送人员及所在官司防范，不许将熟铁兵器夹卖及因而生事扰人。

土鲁番。使臣到京并存留赏赐，自进并带进驼马等物回赐，及卖买，俱照哈密例。

嘉靖二年，玛瑙数珠一串与绢四匹，红绢道布一匹，绢六匹。鞍子一面，绢四匹。撒袋一付，绢二匹。其镔铁锉多不真正，每贡不过百把，每二把与绢一匹。三十三年，进贡回回青三百三十一斤八两，会估每斤与银二两。三十八年题准，五地面自进并带进过各番王头目马匹，阿刺骨上等每匹彩段六表里，中等每匹彩段三表里，下等每匹彩段一表里。达马中等每匹纻丝一匹、绢八匹、折钞绢二匹，下等每匹纻丝一匹、绢七匹、折钞绢一匹。上等达马原无赏例，比照中等达马赏例外，每匹量加生绢一匹。四十三年进狮子，每只彩段八表里。

各地面夷使除正进方物给赏外，其随身带有刀锉等物边官不能阻回要行复进者，嘉靖十六年题准，礼部验拣堪用者，量与进收，裁减赏例。每小刀一把止与绢一匹。锉十把内五把赏绢二匹，五把折钞八十贯。各色浆水玉每一斤八两与绢一匹。其或所进方物原无赏例者，本部行取宛、大二县铺行，验估价值，斟酌给赏。

各地面夷使求讨织金段子等物，正德十六年题准该边镇巡等官转奏题请，于每名下量点一、二给与。若夷人到京自行奏讨不由镇巡官转奏者不行。

卷一百十二《礼部七十·给赐三》

管待番夷土官筵宴。凡诸番国及四夷使臣，土官人等进贡，例有钦赐筵宴一次，二次。礼部预开筵宴日期，奏请大臣一员待宴，及行光禄寺备办，于会同馆管待，教坊司用乐，鸿胪寺令通事及鸣赞供事，仪制司领宴花，人一枝。若使臣数多，分二日宴。如遇禁屠斋戒，移后三、四日举行。回还之日，差官伴送。沿途备办饭食，经过去处，茶饭管待，各有次数，许镇守总兵或三司或府卫正官二、三员陪席。

…………

哈密，筵宴二次。使臣回还至良乡，汤饭，陕西布政司茶饭，管待一次。土鲁番。筵宴二次。使臣回至良乡，汤饭，陕西布政司管待一次。

…………

火州。永乐间筵宴一次。

…………

柳陈城。永乐间筵宴一次，使臣回经过府卫茶饭管待。

卷一百十五《礼部七十二·精膳清吏司》

二 《大明一统志》(节录)

哈密卫（南抵沙州，西拒火州，北连瓦剌，东南至肃州一千五百十里）

沿革　本古伊吾庐地，在敦煌郡北大碛之外，为西北诸胡往来要路。汉明帝始取其地，后为屯田兵镇之所，未为郡县。后魏始置伊吾郡，后又为胡戎所据。唐贞观初，内附，置西伊州，寻改伊州，或为伊吾郡。五代时号胡卢碛，小月氏遗种居之。宋时伊州将姓陈氏，其先自唐开元初领州，凡数十世。元有忽纳失里者，封威武王，改封肃王。卒，弟安克帖木儿嗣。本朝永乐二年，设哈密卫，改封安克帖木儿为忠顺王，以其头目马哈麻火只等为指挥等官。三年，忠顺王卒，无子。其兄子脱脱俘居中国，乃袭封遣还，赐以诰印玉带文绮。六年，脱脱暨其祖母速哥失里俱遣使朝贡。九年，脱脱卒，以其从父子免力帖木儿嗣，改封忠义王，赐诰印彩币玉带。自是朝贡不绝。后又封忠顺王。

风俗　人性犷悍，居惟土房，衣服异制，饮食异宜。（陈诚《西域记》："回回、鞑靼、畏吾儿杂处，故衣服异制，饮食异宜。"）

山川　天山（在哈密城北，一名雪山，番名折罗漫山。匈奴过此者必下马拜。南二里有盐池）马骏山（在哈密东南境，近有望乡岭，岭上石龛有李陵题字处）畏吾儿河（在哈密城东一百三十余里，沿河沙柳蓊郁）娘子泉（在畏吾儿河东，胡呼可敦卜剌）合罗川（在哈密卫东南境，乃唐回鹘公主所居地，城基尚在，近有汤泉池）甘露川（在哈密卫西北三百里，唐景龙四年于此置伊吾军）。

土产　马、橐驼、玉石、镔铁（有砺石，谓之吃铁石，剖之得镔铁）、稷米、豌豆、麦、大尾羊（羊尾大者重三斤，小者一斤，肉如熊，白而甚美）、楸子、胡桐律、阴牙角、香枣。

古迹　伊吾废县（在哈密卫，汉置伊吾屯，后魏置县，唐为伊州治。县南去玉门关八百里，东南去阳关二千七百三十里）纳职废县（在哈密卫境东南，汉破匈奴，置宜禾都尉，以为屯田。唐贞观四年以鄯善故城置纳职县。开元中省，后复置。《宋史》云：城在大患鬼魅碛之东南，望玉门关甚近）柔远废县（在哈密卫境，唐置县，属伊州。神功初，省入伊吾）。

火州（东距哈密，西连亦力把力，南抵于阗，北接瓦剌，东南至肃州凡一月程）

沿革　本汉时车师前后王地。前王治交河城，即唐交河县，去长安八千一百里。后王治务涂谷，即唐蒲类县，去长安八千九百里。汉元帝时，置戊己校尉，屯田于前王庭，以其地势高敞，遂名为高昌垒，有八城。晋时前凉张骏于交河城置高昌郡。后魏初，有阚伯周者，始为高昌王。其后麴嘉称王于此。自后魏至隋，皆来贡献。唐贞观中，平高昌，以其地置西州及都督府。开元中，改金山都督府。天宝初，改州为交河郡，领高昌、交河、柳中、蒲昌、天山五县。初，西突厥据后王地，与高昌相影响，及高昌平，惧而来降，以其地置庭州，领金满、蒲类、轮台三县。长安初，置北庭都护府，后俱陷于吐蕃。其地有回鹘杂居，故亦谓之回鹘。宋建隆间，西州回鹘遣使来贡。太平兴国中，遣王延德等使高昌，雍熙初还。景德初，又遣使来贡。元时号畏兀儿地，太祖平西域，置达鲁花赤监治之。本朝其地名曰火州。城东七十里曰柳陈城，即唐柳中县。城西百里，曰土鲁番，即唐交河县。其风俗物产，大抵相同。永乐七年，火州遣使朝贡。宣德五年，火州王哈散、土鲁番万户赛因帖木儿、柳陈城万户瓦赤剌等俱遣使贡马及玉璞，至今入贡不绝。

风俗（略）[①]

[①]　这一部分都是从《汉书》、《文献通考》等前代史籍中节录的，与明代无关，故不录。

山川　灵山（在土鲁番西北，石皆黑，纹如毛发，又白石堆，石骨坚润，夷呼为十万罗汉削发涅槃之所）赤石山（在土鲁番西北，峰峦秀美，石多赤色）贪汗山（在赤石山北七十里，夏有积雪，此山之北，铁勒界也）火焰山（在柳陈城东，连亘火州。《宋史》云"北庭北山中出硇砂，山中常有烟气涌起，无云雾，至夕光焰若炬火，照见禽鼠皆赤采"者，疑即此）丁谷山（在柳陈城北，中有唐时古寺及碑刻无量寿窟塔，《宋史·高昌传》云："佛寺五十余区，皆唐朝所赐额，中有《大藏经》、《唐韵》、《玉篇》、《经音》等。"）天山（在交河城北，一名祁连山，唐天山县从此为名）蒲类海（在土鲁番西南，一名盐泽，又名婆悉海，周四百里，葱岭、于阗以东之水皆注于此。汉张骞道西域，度玉门，见二水交流，发葱岭，趋海阗，汇盐泽，伏流千里，至积石而再出）瀚海（在柳陈城东，地皆沙碛，若大风则行者人马相失，夷人呼为瀚海。《宋史》云："沙深三尺，不育五谷，沙中生草，名登相，收之以食。"）交河（在土鲁番西二十里，源出天山，河水交流，绕断岸下。夷名崖儿城，唐交河县也）

土产　马、橐驼、胡桃、葡萄、蚕、砂鼠（大如兔，鸷禽捕食之）、硼砂、胡桐律、刺蜜（羊刺草上生蜜，味甚佳）、盐（白者如玉，赤者如朱）、白氎布（野蚕结茧苦参上，丝如细纑，取织为布，名白氎子，用以市易）、镔铁、阴牙角、速霍角、阿魏（有草根株独立，枝叶如盖，臭气逼人，生取其汁熬膏曰阿魏。）

卷八十九

三 《高昌馆课》

编者按，明朝设有四夷馆，培养各种边疆民族语言文字和邻国语言文字的翻译人员，高昌馆即四夷馆的一个下属机构。高昌是土鲁番的古名，高昌文字即回鹘文。北京图书馆藏《高昌馆课》（明抄本）收录回鹘文文书多件，主要是西域哈密、土鲁番等地的来文，也有一些东北建州等卫的文书。每件文书都有汉文和回鹘文两种文本。本书原收中国社科院历史所图书馆藏《高昌馆来文》（蓝晒本）只有十三件文件。此次修订收录《高昌馆课》中的西域哈密、土鲁番等地来文汉文本，共八十四件。另有三件明朝政府的文书夹杂其中，共八十七件。为了醒目起见，统一按原书先后编号。其中有几件根据使者名字是可推知其时间的，但为便于读者比较使用，不再抽出收入本书的"编年"部分。《高昌馆来文》中十一件与《高昌馆课》同，但第一、二两件为《高昌馆课》所无，现作为附录收入。

（一）

哈密地面差来使臣都督佥事力伯颜答大明皇帝前叩头，奏：先年因地方不安，少差人来进贡。如今路途平稳，今差使臣到京朝见，将骟马十匹、西马四匹进贡去了。望朝廷收留的，怎生恩赐，奏得圣旨知道。

（二）

哈密地面差来使臣都督佥事力伯颜答仰望天皇帝洪福。奴婢每来京进贡，求讨回去，乞赐织金缎子二匹，青二匹，素二匹，磁碗磁碟，乞赐与的，奏得圣旨知道。

（三）

近年边方法度严谨，昼夜用心设法处治，严加禁约。贼盗少有，地方安稳，人民快乐。

（四）

哈密地面差来使臣把把亦速等大明皇帝前叩头，奏：奴婢每来京朝见，将本土出产方物进贡骟马二匹、玉石、皮条等物，仰望朝廷怜悯收留的，怎生恩赐，奏得圣旨知道。

（五）

哈密地面差来使臣把把亦速等奴婢到京，朝见进贡，求讨回去。乞赐衣服、银汤瓶、银壶等件，奏得圣旨知道。

（六）

吩咐守边官军知道，俱各谨慎，或有贼人在边墙外打围牧放，谨守地方，差人哨嘹。如有贼人走过边内，即调大军捉获，重罪不饶。

（七）

火州王撒哈剌奏：这几年因地方不安，不曾差使臣来京朝贡。今闻得地方安稳，仰望朝廷洪福，天下人民安稳。我撒哈剌备马六匹，玉石一块重五斤，今差头目罕完前去，到京进贡去了。奏得圣旨知道。

（八）

火州地面差来使臣罕完前来到京进贡事完，求讨赏赐回去。望赐与织金缎子、素青缎子，并磁碟等件。奏得圣旨知道。

（九）

哈密地面差来使臣法虎儿丁大明皇帝前叩头，奏：奴婢路途行走艰难，仰赖朝廷洪福，平安到京。今将骟马四匹、硇砂、皮条等物进贡，怎生恩赐，奏得圣旨知道。

（十）

哈密地面进贡使臣法虎儿丁大明皇帝前叩头，奏：奴婢每多受恩赐，今回本土，望赐与衣服表里、金绣胸背缎子并磁壶等件。今乞赐与的，奏得圣旨知道。

（十一）

土鲁番地面差使臣火只亦恩麻因多受天恩，本土无有好物，今将骟马四匹、金钢钻、皮条、眼镜等物来京进贡。快些打发回去的，奏得圣旨知道。

（十二）

土鲁番地面差来使臣火只亦思麻因等奏：奴婢路途远行，多受辛苦，来京日久，仰望朝廷怜悯，乞赐回去的，奏得圣旨知道。

（十三）

速坛阿黑麻王差使臣哈只马哈麻等大明皇帝洪福前叩头，奏：我是远方人民，路途艰难，今将进贡西马四匹、玉石四斤，快些打发回去的，怎生恩赐，奏得圣旨知道。

（十四）

速坛阿黑麻王差来使臣哈只马哈麻等奏：朝贡到京，求讨赏赐，乞赐银壶、金碗及磁碗碟等件的缘故，怎生恩赐，奏得圣旨知道。

（十五）

戍地面速坛把牙大明皇帝洪福前叩头，奏：比先年间差使臣往来，行走不绝，只因路途不安，少来进贡。今因路途安稳，照依前例进贡西马四匹、骟马六匹，今进贡去了，怎生恩赐，奏得圣旨知道。

（十六）

速檀阿黑麻王大明皇帝洪福前叩头，奏：奴婢差使臣往来，我每年老的祝赞，年小的效力，仰望朝廷洪福。上天可怜见，今差使臣火只法虎儿丁、迭儿必失进贡阿鲁骨马四匹去了。怎生恩赐，奏得圣旨知道。

（十七）

速坛阿黑麻王差来朝贡使臣火只法虎儿丁、迭儿必失求讨回还本土，给赐蟒龙并磁碗、磁碟等件，赏赐与的，奏得圣旨知道。

（十八）

哈密地面差来使臣把把格等，大明皇帝洪福前叩头，奏：奴婢在路多受辛苦，十分用心。今将阿鲁骨马二匹、羚羊角三十枝进贡到京。奏得圣旨知道。

（十九）

哈密地面差来进贡使臣把把格等奏：奴婢来京求讨回去，仰望朝廷怜悯，赏赐衣服表里、金壶、金碗、磁碟等件。怎生恩赐，奏得圣旨知道。

（二十）

亦力把力地面专差使臣头目拾剌马合木舍等大明皇帝洪福前叩头，奏：奴婢在路行走，多受劳苦。地方不出好物，今进贡骟马三匹、西马二匹到京。奏得圣旨知道。

（二十一）

亦力把力地面差头目拾剌马哈木舍等朝贡回还，求讨赏赐。仰望朝廷怜悯，给赐胸背缎子，并磁碗磁碟等件。奏得圣旨知道。

（二十二）

哈密地面差来使臣都督金事力伯颜答大明皇帝洪福前叩头，奏：奴婢照依先年事例来京进贡金钢钻、番红花、骟马二匹，望朝廷怜悯收留的，奏得圣旨知道。

（二十三）

哈密地面差来使臣都督金事力伯颜答大明皇帝洪福前叩头，奏：使臣来京朝贡日久，求讨回去。仰望朝廷怜悯，赐与大红缎子、白缎子并金壶、银壶等件。奏得圣旨知道。

（二十四）

满剌马哈麻专差使臣哈只等大明皇帝洪福前叩头，奏：奴婢每在路辛苦，将方物进贡了。今求讨赏赐回去。奏得圣旨知道。

（二十五）

火州王撒哈剌差头目罕完等大明皇帝洪福前叩头，奏：这几年地方无有希罕好物，误了进贡。今闻得朝廷天下太平，我撒哈剌备马十匹，玉石一块，进贡去了。恩赐奏得圣旨知道。

（二十六）

火州地面差来使臣头目罕完等奏：朝廷前求讨衣服、胸背缎子、素青缎子、红绢并磁碗磁碟，恩赐远人的，奏得圣旨知道。

（二十七）

哈密地面差使臣法虎儿丁等大明皇帝洪福前叩头，奏：奴婢每在路行走艰难，多受劳苦，今将玉石、硇砂、皮条等物进贡到京。恩赐与的，奏得圣旨知道。

（二十八）

哈密地面差来使臣法虎儿丁等大明皇帝洪福前叩头，奏：使臣来京日久，求讨恩赐回去。今赐与织金胸背缎子、红锦、紫锦、洗白衣服等件。奏得圣旨知道。

（二十九）

把丹沙地面速坛马黑麻王差使臣火只忽辛敏哈秃等大明皇帝洪福前叩头，奏：奴婢每照依先年事例，进贡西马二匹、阿鲁骨马五匹、骟马九匹去了。奏得圣旨知道。

（三十）

把丹沙地面速坛马黑麻王专差使臣火只忽辛、敏哈秃等来京朝贡，求讨回去。仰望朝廷怜悯，赐与奴婢每织金缎子、素青缎子等件。奏得圣旨知道。

（三十一）

满剌马哈麻差来使臣哈只等大明皇帝洪福前叩头，奏：奴婢远在边方守护，书夜用心，今将阿鲁骨马二匹、骟马三匹、金钢钻、番红花等物，进贡去了。奏得圣旨知道。

（三十二）

满剌马哈麻差来使臣哈只等到京进贡，求讨回去。望朝廷怜悯，赐与玉壶、玉带、膝襕、蟒龙、汤瓶等件。奏得圣旨知道。

（三十三）

哈密地面专差使臣镇抚阿思蛮等大明皇帝洪福前叩头，奏：奴婢每备马六匹、阿鲁骨马二匹、梭服、剪绒、番红花，进贡去了。奏得圣旨知道。

（三十四）

大明皇帝洪福前，速坛阿力王奏：奴婢在边效力年久，多有功劳，进贡不缺。今仍照旧例专差使臣进贡各样方物，与同文书去了。奏得圣旨知道。

（三十五）

大明皇帝洪福前，羽奴思王奏：自祖父以来皆受朝廷厚恩，感戴不尽。如今专差使臣都督赛亦虎仙等进贡大西马四匹、小西马四匹并各样方物去了。怎生恩赐，奏得皇帝知道。

（三十六）

高昌国主马黑麻王叩头，奏：奴婢每累世蒙天皇帝厚恩有来，至今往来进贡不绝。近年因土鲁番无道理，时常抢杀，不得行走。仰望朝廷禁约他。奏得圣旨知道。

（三十七）

速坛满速儿王差来头目火只舍黑叩头，奏：如今仰望朝廷洪福，天下太平，人民安稳，就是一草一木，皆蒙化育。因此照依旧例，进贡玉石、眼镜等物，到京朝见。就乞讨金银洗面盆、黄剪绒、罟罟帽、毡衫、各色绢布。怎生恩赐，奏得圣旨知道。

（三十八）

哈剌怀地面奴婢陕得克奏有：我祖父在时曾差人往来进贡不绝，皆蒙朝廷厚恩，至今感戴不尽。如今仍照旧例，进贡大西马二匹，阿鲁骨马二匹，仰望天皇帝可怜见，赏赐些应用的物件，使奴婢好效力。为此奏得圣旨知道。

（三十九）

吐鲁番地面满剌马哈麻叩头，奏：奴婢是速坛阿力王的使臣，往来进贡年久，加升千户职事有。我王说，今差你每去进贡文书，仰望大明皇帝好名声，地方安稳，得了哈密城池、印信，照例进贡。因此，专差奴婢赴京叩头，乞望重重赏赐。奏得圣旨知道。

（四十）

高昌地主哈尼克奏：为进贡事。奴婢祖阿黑麻因效力边方有功，蒙天朝封为王爵，颁给印信，就在本处管束夷众，传及至今，进贡不缺。今照前例，特差指挥佥事格格捏等十人进贡金钱豹一项、花豹一项并各样土产物件去了。伏望早赐收受，以表远人诚敬。奏得圣旨知道。

（四十一）

阿速地面小奴婢阿把把吉儿叩头，奏：我今仰赖天朝洪福，远居边方，一心遵守礼法，不敢违背。今差火只前去进贡镔铁腰刀一把、骟马九匹去了。乞讨应用的物件金瓶、金碗、各色花素瓷器等物，如蒙恩赐与的。奏得圣旨知道。

（四十二）

大明皇帝洪福前，也先卜花王奏：奴婢照依先年事例，进贡到京，途中多受辛苦，十分用心，仰望朝廷怜悯，赐与玉带、蟒龙段子、汤瓶、马鞍等件。怎生恩赐远人的，奏得圣旨知道。

（四十三）

哈密忠顺王陕巴奏：今仰慕天朝奴（好？）名声如日月一般，无处不照，无人不仰。今进贡青白西马四匹、小驼二只，并各样方物，特差大头目火只也先等进贡去了。就乞讨大红织金纻丝衣服二件、大帽一顶、金带一条。怎生恩赐与的，奏得圣旨知道。

（四十四）

　　大明皇帝前，太师阿把把吉儿叩头，奏：奴婢仰望朝廷洪福，在边一心遵守礼法，不敢违背。今差使臣亦思麻因进贡镔铁腰刀四把、番红花五十斤、眼镜二十面，伏望万岁主人收受，照例给赏织金蟒龙、拧丝通袖膝襴、段子、各色绢布等物。怎生恩赐，奏得圣旨知道。

（四十五）

　　大明皇帝前，也先卜花王叩头，奏：奴婢累世蒙朝廷厚恩重赏，至今感戴不尽。专差使臣火只进贡玛瑙二块、大西马十匹，伏望万岁主人怜悯远夷，赏赐些应用的物件。奏得圣旨知道。

（四十六）

　　吐鲁番地面阿黑麻王奏：为乞讨事。奴婢祖父在边多有功劳，未蒙升赏。今进贡大西马四匹，伏望朝廷怜悯，照例重赏，奴婢每好往来进贡。怎生恩赐，奏得圣旨知道。

（四十七）

　　火州地面差使臣铁木儿等大明皇帝洪福前叩头，奏：奴婢来京进贡，求讨赏赐回去，望赐与玉带、蟒袍等件。奏得圣旨知道。

（四十八）

　　柳城地面差来使臣法虎儿丁等大明皇帝洪福前叩头，奏：奴婢路途行走艰难，仰赖朝廷洪福，平安到京。今进贡玉石一块、珊瑚二支、番红花五十斤，与同文书去了。奏得圣旨知道。

（四十九）

曲先地面专差使臣敏哈秃等仰望天朝洪福，地方人民安稳。今将本土出产方物进贡，骟马二匹、眼镜二十面，望朝廷收留的，怎生恩赐，奏得圣旨知道。

（五十）

哈密地面差来使臣火只奏：奴婢远居边方，来京朝贡，多受辛苦。望赐与衣服表里、汤瓶、磁器等件，怎生恩赐，奏得圣旨知道。

（五十一）

速檀地面差来使臣火只法虎儿丁等到京朝见进贡事完，求讨恩赐回去。奴婢来京居住日久，仰望朝廷怜悯，乞赐与奴婢每，奏得圣旨知道。

（五十二）

大明皇帝洪福前，速檀马黑麻叩头，奏：我小奴婢远居边方，效力日久，今专差哈只答剌罕赴金阙下朝见，为因道路开通，常川差人往来。今闻得朝廷好名声有，我子孙照依前例进贡不缺，奏得圣旨知道。

（五十三）

兀端地面镇抚阿思蛮奏：奴婢仰赖天皇帝主人洪福，地方安稳，夷众快乐。今差头目阿力进贡狮子一项、哈剌虎一项，赴金阙前叩头，以表奴婢诚敬，不敢乞讨赏赐。为此，奏得圣旨知道。

（五十四）

大明皇帝前，速檀阿黑麻王奏：自比先年间曾差使臣往来开通道路，我每年老的祝赞，年小的效力，仰望朝廷洪福。上天可怜见，今差火只法虎儿丁、迭儿必失进贡西马二匹、金钱豹一项，以表远人诚敬之心。奏得圣旨知道。

（五十五）

把丹沙地面马哈麻差使臣哈只等大明皇帝前叩头，奏：奴婢在边守护，昼夜用心，今将小西马二匹、骟马二匹、玉石二块重五斤，遣大头目赴京进贡，望朝廷可怜见收了使，奴婢每好往来进贡。奏得圣旨知道。

（五十六）

满剌阿黑麻王差来使臣敏哈秃等大明皇帝洪福前叩头，奏有：奴婢每在边效力年久，多有功劳，进贡不缺。如今仍照旧例，专差使臣进贡各样方物，与同文书去了。怎生恩赐，奏得圣旨知道。

（五十七）

曲先地面兀也思王奏：今仰望天皇帝洪福，地方安稳，人民快乐，奴婢每感戴不尽。今备土产方物专差头目罕完赴金阙下，求讨衣服、胸背缎子，并磁碗磁碟等件。奏得圣旨知道。

（五十八）

土鲁番地面马哈木王叩头，奏：奴婢地方艰难，无好土产，惧怕朝廷法度，不曾进贡。奴婢每有罪了，望天皇帝怜悯饶了，使远人好往来进贡。今奏得圣旨知道。

（五十九）

兀端地面指挥火只舍黑叩头，奏：今照前人事例，进贡狮子一项、小驼二只，与同文书去了。怎生恩赐，奏得圣旨知道。

（六十）

黑娄地面指挥阿力平章叩头，奏：今仰望天皇帝好名声，进贡土产方物去了，就乞讨各色织金缎子并汤瓶、马鞍，怎生恩赐，奏得圣旨知道。

（六十一）

大明皇帝洪福前，忠顺王陕巴奏：奴婢祖父以来年年进贡不缺，皆蒙朝廷厚恩，至今感戴不尽。如今仍照比先旧例，专差使臣都督罕慎等进贡大西马四匹、阿鲁骨马二匹、眼镜二十面、铁角皮二十条去了。怎生恩赐，奏得圣旨知道。

（六十二）

大明皇帝洪福前，速鲁坛马黑麻王奏：如今地方安稳，夷众快乐，仰赖朝廷洪福，奴婢每皆得安生。今专差弟马哈木等进贡狮子一项、金钱豹一项、镔铁腰刀二把、鱼牙靶刀四把、玉石二块，与同文书去了。就乞讨大红蟒龙缎子、通袖膝襕段子并金银汤瓶、各色花素纻丝，望赐与的，奏得圣旨知道。

（六十三）

大明皇帝洪福前，速坛满速儿王奏：奴婢祖父在时，曾差人往来进贡不绝。近年因地方艰难，不曾进贡，奴婢每有罪了。如今仍照旧例进贡土产各样方物，专差使臣参政象加失里等赴金阙前叩头朝见去了。奏得圣旨知道。

（六十四）

土鲁番地面也先卜花王叩头，奏：今仰望天皇帝好名声，专差正使都督昂克孛罗、火只忽辛、敏哈秃，副使指挥马哈麻、火只法虎儿丁等，进贡骟马十匹、哈剌虎剌一项、小驼二只去了，伏望朝廷重重的赏赐给与回来。奏得圣旨知道。

（六十五）

高昌地面阿黑麻王奏：为乞讨事。如今奴婢缺少大红织金纻丝、黄花缎子、罟罟帽、金银洗面盆，专差使臣都督赛亦虎仙进贡珊瑚二枝、玛瑙二块、羚羊角二支、番红花五十斤，与同文书去了。怎生恩赐，奏得圣旨知道。

（六十六）

迤西地面都督土儿的叩头，奏：奴婢在边守护年久，多有功劳，至今未蒙升赏。今进贡小西马二匹、花豹一项，伏望天皇帝照例升赏，使后人好效力。奏得圣旨知道。

（六十七）

畏兀儿地面真铁木儿王奏：奴婢是阿黑麻王子，仰望天皇帝主人洪福，地方安稳，马匹蕃盛。今进贡大小骟马二十匹去了，不敢乞讨赏赐。为此，奏得圣旨知道。

（六十八）

西域地面赛亦倒剌伯斤奏：奴婢是阿黑麻王的妃，年年进贡不缺。如今缺少织金黄花缎子、销金幔子、金台盏、银汤瓶、虎儿斑绢等物，望赐与的。奏得圣旨知道。

（六十九）

大明皇帝洪福前，高昌国王阿黑麻奏：自祖以来，常川差人赴京进贡，蒙天朝重赏，奴婢每感戴不尽。如今仍照比先年间旧例，专差都督卜答失力等进贡狮子一项、金钱豹一项、骟马九匹并各样方物，与同文书去了。怎生恩赐，奏得圣旨知道。

（七十）

把丹沙地面真铁木儿王奏：小奴婢远居西域，进贡不绝。近年以来，赏赐都减少了。如今专差使臣都督昂克孛罗等进贡马匹、方物去了，就乞讨大红织金蟒龙缎子、通袖膝襕缎子、花素纻丝、虎儿斑绢并汤瓶、马鞍等物，望赐与的，奏得圣旨知道。

（七十一）

迤西地面兀也思王奏：自比先年间，奴婢祖父在时，曾差人往来进贡。近年因地方艰难，不曾进贡。如今仍照旧例，差头目火只忽辛等进贡西马四匹、铁角皮五十条去了，望朝廷收受。奏得圣旨知道。

（七十二）

曲先地面马黑麻王奏：奴婢远居边方，与朝廷效力多年，至今未升赏。今专差长男马哈木进贡各样方物，赴金阙前叩头朝见去了。伏望天皇帝怜悯远人多有功劳，照例升赏。奏得圣旨知道。

（七十三）

速坛阿力王说与都督罕慎等：今差你每去天朝进贡，途中经过衙门，不许无道理。如违犯了理法，定罪不饶。如今天皇帝的法度，远近夷人皆都惧怕，因此说与你每知道。

（七十四）

哈剌怀地面也先卜花王叩头，奏：今仰慕朝廷好名声，特差头目皮儿马哈麻等进贡珊瑚二枝、玛瑙二块、番红花五十斤、硇砂二十斤，就乞讨大红织金胸背缎子、通袖膝襕缎子、汤瓶、马鞍等物，望赐与的。奏得圣旨知道。

（七十五）

柳城地面指挥哈林叩头，奏：奴婢在边效力年久，未蒙重赏。如今进贡西马二匹、骟马六匹，以表奴婢诚敬。伏望天皇帝主人怜悯远人多有功劳，重重的赏赐，使后人好效力。奏得圣旨知道。

（七十六）

兀端地面指挥亦卜剌欣叩头，奏：奴婢是忠顺王的头目，常往来进贡，途中多受劳苦。如今地方艰难，仰望天皇帝怜悯，赏赐些缎绢物件，奴婢每好往来进贡。怎生恩赐，奏得圣旨知道。

（七十七）

剌术地面镇抚阿思蛮叩头，奏：奴婢每仰赖天皇帝主人洪福，夷众快乐，地方安稳。今进贡阿鲁骨马二匹、哈剌虎剌一项、花豹一项、镔铁腰刀二把、金钢钻一百块，与同文书去了。不敢乞讨赏赐，奏得圣旨知道。

（七十八）

火州地面千户亦思麻因叩头，奏：奴婢是安定卫所管的头目，在边效力年久，未蒙升赏。羊儿年土鲁番抢掠，也曾效力。仰望天皇帝怜悯，照例加升都指挥职事，奴婢在边好用心补报。今为此奏得圣旨知道。

（七十九）

高昌地面马黑麻王奏：为进贡事。奴婢祖父在时，往来进贡不绝。如今仍照旧例，专差使臣都督昂克孛罗等进贡大西马十匹、花豹一项、珊瑚四枝、玛瑙二块并各样方物去了。怎样恩赐，奏得圣旨知道。

（八十）

哈密地面羽奴思王奏：奴婢远居边方，蒙朝廷厚恩，至今感戴不尽。专差使臣参政象加失里等进贡金钢钻一百块、镔铁腰刀四把、银鼠皮五十张、骟马六匹去了。伏望万岁主人不要见罪。奏得圣旨知道。

（八十一）

大明皇帝洪福前，也先卜花王奏：奴婢累世蒙朝廷厚恩重赏，至今进贡不缺。奴婢长男火只雅牙在边曾有功劳，未蒙升赏，伏望万岁主人怜悯，照例升授都督职事，使奴婢每好在边方效力。为此，奏得圣旨知道。

（八十二）

哈剌怀地面马哈木王奏：奴婢在边效力二十多年，赏蒙重赏，今进贡西马四匹、小驼一只，仰望天皇帝仍照旧例给赏回来，奴婢每感戴不尽。奏得圣旨知道。

（八十三）

曲先地面兀也思王奏：今仰望大皇帝洪福，地方安稳。奴婢每感戴。今专差火只忽辛、敏哈秃等进贡各样方物与同文书去了。奏得圣旨知道。

（八十四）

柳城地面都督赛亦虎仙奏：近年以来地方艰难，奴婢又往来进贡，途中辛苦。伏望天皇帝可怜见，赏赐些应用的物件，使奴婢每好往来进贡。为此，奏得圣旨知道。

（八十五）

兀端地面指挥哈林叩头，奏：奴婢在边守护，土鲁番都不敢来抢了。因此，连年道路开通，往来进贡不绝。今进贡土产方物去了，怎生恩赐，奏得圣旨知道。

（八十六）

敕亦里把里地面火者王头目马哈木等：尔能敬顺天道，尊事朝廷，遣使以阿鲁骨马来进，诚意可嘉。特赐尔彩缎表里。尔宜益坚臣节，永效勤诚，以副朕望。故谕。

（八十七）

皇帝洪福前，罕东左卫都督只克奏：奴婢每在边外地方出气力有。千户阿儿乞纳在地方有紧事，差他领人马提防，他多有功劳。因此，今奴婢保升他职事。望朝廷怎生怜悯，升与他职事，使后人好出气力。怎生恩赐，圣旨知道。

附：《高昌馆来文》

（一）

哈密地面差来使臣把把格等大明皇帝前叩头，奏：奴婢地方风寒土冷，无希罕物件。今差使臣将阿鲁骨马四匹、羚羊角三十枝进贡去了。望天皇帝怜悯，怎生恩赐，奏得圣旨知道。

（二）

哈密地面差使臣把把格奏：仰望朝廷洪福，奴婢来京进贡，求讨回去，乞赐胸背通袖膝襕、青红布匹等物，望赐与的，奏得圣旨知道。

四 《写亦虎仙供词》

编者按，写亦虎仙是哈密回回的一个头目，明代中叶，奔走于明朝政府与土鲁番地方政权之间，挑起事端，从中取利，起了很坏的作用。这篇供词，对于了解他的活动，以及明朝政府与哈密、土鲁番之间的关系，有重要参考价值。原见《后鉴录》卷下。《后鉴录》系明人谢贲所编，未曾刊行。本文是从北京图书馆所藏抄本抄录的。

刑部为开读事。陕西清吏司案呈准锦衣卫经历司手本内开，正德十六年四月二十二日，钦奉诏书内一款："回夷写亦虎仙交通土鲁番，兴兵构乱，搅扰地方，以致哈密累世受害，罪恶深重，曾经科道镇巡官勘问明白，既而夤缘脱免。锦衣卫还拿送法司，查照原拟，开奏定夺。钦此。"钦遵奉行，拘回夷写亦虎仙到官，开送到司，已经查照原拟，开呈刑部具题。奉圣旨："写亦虎仙并伊子婿情罪，还会多官议拟了来说。钦此。"钦遵会问得犯人一名写亦虎仙，年六十五岁，原系哈密卫都督，状招：

永乐年间，开设哈密卫，降给金印，封酋长脱脱为忠顺王，与赤斤、罕东二卫番、达，俱为甘肃藩篱。成化年间，忠顺王故，乏嗣，遗王母弩温答力与都督罕慎守国，被土鲁番酋首速檀阿力占夺城、印。成化十八年，速檀阿力病故，罕慎复将哈密城夺守。弘治元年又有速檀阿力弟速檀阿黑麻诱杀罕慎，夺占城池。至弘治四年，献还，又封脱脱同宗枝子陕巴为王，是虎仙与未到都督满剌哈三、畏兀儿都督奄克孛剌、今故都督失并烟答俱辅佐守国。虎仙不合欺凌陕巴，要得谋夺王爵。又不合商同未到今守哈密城妻父哈即，构引速檀阿黑麻，捉获陕巴，到土鲁番羁住。弘治十一年，该镇巡官奏，差侍郎张海、都督侯谦前来处置，闭关绝贡。彼时西域诸夷归怨，速檀阿黑麻方才悔过。将陕巴送回哈密住守。速檀阿黑麻故，伊子满速儿为酋首。

弘治十四年，虎仙不合商同哈即，设计构引速檀满速儿庶母也先答力所生弟真帖木儿，前来哈密，却将陕巴逼令带印逃走沙州潜住，要将真帖木儿扶立为王。有沙州属番报知镇巡官，差抚夷官哈只哈三同今降指挥使董杰等前到哈密，将真帖木儿诱取甘州羁住，仍将陕巴送回哈密住守。病故，该镇巡官奏封陕巴男速檀拜牙即为王。虎仙又不合不守国，自成化等年以来，节次更调名讳进贡，贪图赏赐，盗受廪粮。及带同原买昭留先已发落义男家人亦速把剌火者、添哥的儿等，及肃州卫军余脱蹄亦投虎仙作为家人，并今未到男米儿马黑麻及已发落侄马亦所都剌、妻弟满剌黑麻，各亦随从，指以进贡，往来买卖，使唤营利，家资富盛。在于甘肃地方，置买庄田，包娶妻妾五房，用度过奢，尚患不足。常起逆谋，及使令发亦速把剌火者、母阿力为好汉，行凶抢杀柴城儿夷人帖木儿等，及递年进贡，跟随搅扰驿递，生事害人。

彼有已问发土鲁番回回火者马黑麻系本土家差，虎仙与满剌哈三等送口速檀满速儿收留。虎仙要得诏谀速檀满速儿图富，不合向本酋说称："甘肃风土好过，若要夺他不难。"又央头目牙木兰为媒，求说真帖木儿母也先答力为妾。伊已依允，虎仙嫌老不娶，回还。

正德八年内有阿剌思罕儿并阿都阿哇、满剌允都见得甘肃年荒，城堡空虚，辄起异心，令阿剌思罕儿已发落家人满可力捎书前去，与哈即并虎仙今未到女婿火者马黑木，令各夷转向速檀满速儿诱说："领人马来夺甘肃城子，好生不难。"又说"速檀满速儿要来时，先将哈密占了，才好领人马来到肃州外边，因抢人民，我每城里发火焚烧，若夺了肃州，怕他甘州不得"等情。及有真帖木儿闻知，俱因先在甘肃久住，探知风土好过，亦教速檀满速儿领兵侵犯。本酋先令哈即并虎仙，各不合听从，将忠顺王速檀并牙即用计吓说："速檀满速儿王子怪你行事不公，要杀死你来。可预先投顺免祸。"速檀并牙即被吓带印自行投到速檀满速儿处收留。速檀满速儿又要将哈密守国都督奄克孛剌拿去土鲁番，有奄克孛剌闻知，慌惧逃走肃州，报知分守官处，报镇巡官，会本具奏讫。

彼有速檀满速儿见得速檀并牙即好汉，与伊母商说，要行伊妹婚并牙即为妻。虎仙闻知，又不合要得辄起奸谋，要与速檀满速儿结为姻亲。潜去土鲁番，向速檀满速儿诱说侵犯甘肃，又向火者他只丁说称"速檀并牙即是西番骨头，不可做亲。你向速檀满速儿央说，把他妹子与我为婚，我就守掌哈密，每年进送段子三百匹、盔甲一百付"等语。火者他只丁向速檀满速儿说知前情，本酋发怒怪说："写亦虎仙是卖胭脂卖粉的回回，欺心辱我。"要送在于冰眼里喂鱼杀死。虎仙慌惧，向火者他只丁央说："我许送王子段子一千匹，谢你五百匹，将我饶了罢。"火者他只丁与本酋劝说听信，就令火者他只丁同虎仙来到哈密收取段匹。有已发落百户马俊知证："有速檀满速儿带人马到哈密向虎仙说要前许段匹，虎仙先将段一百匹与伊收讫，其余段匹回说待去甘肃收拾送来。"彼时镇守巡官因奄克孛剌报道，差已发落通事千户马训、百户马昇到哈密探听，虎仙向伊等说称："你每不来也罢，如今王子见往甘州来抢，你们怎得回去？"马训等自亲见速檀满速儿说称"定要把旗插在城门上"等语。马训等又向虎仙讨要瓜种，虎仙怪说"甘州城子眼下就是土鲁番的，还要瓜种有谁种"等语。马训等急回报知镇巡官，奏差总兵彭都御史统兵前来甘州住扎，计处征进。又赍敕责速檀满速儿并火者他只丁等，令其献还哈密城金印，送还速檀并牙即归国。

正德十年正月内虎仙用计教令火者他只丁、火者马黑木率领百人马到甘州边抢掠王子庄、苦峪、赤斤、柴城、扇马城等处人口头畜不计其数。因此，总督彭都御史差马训等赍送敕书并赏赐段梭、氆布、银物等件，到哈密、土鲁番及取速檀并牙即回国。速檀满速儿收了赏赐，差人去土鲁番，向伊弟把巴叉处迎取速檀并牙即来回，先将城池交与满剌哈三掌管，留火者他只丁仍在哈密占住。速檀满速儿回还土鲁番，将金印交与马训等，及差火者马黑木领带夷人哈丹等将带方物、宝石、马匹前来谢恩进贡。火者他只丁又差伊今故弟火者撒者儿，速檀满速儿又差虎都不亦，各不合假作送印，监押虎仙取讨前许未送段匹，就行探听消息。彼时虎仙明知速檀满速儿设计假称进贡，实求谋夺地方，又不合不行劝阻，隐匿不报。虎仙怕出段匹，又怕速檀满速儿仇杀，推称伴送贡使来在甘州躲避，一向不去。被火者撒者儿、马黑木等各将不与段匹情由，令回夷满剌朵思、亦思马因传报，速檀满速儿恼怒，于本年六月内先差火者他只丁、牙木兰领五百人马，将哈密城又行夺占，满剌哈三、哈即等并今故回回怯林乱的俱已投顺。牙木兰差哈密卫今故回子倒剌火者前到柴城儿，被也仙哥人马赶杀，倒剌火者脱走到嘉峪关，被把关军捉送已发落肃州兵备陕西按察司副使陈九畴处，审出前情，监候病故。

正德十一年四月内牙木兰因见倒剌火者不回，恐有泄漏事情，报知速檀满速儿，差已死夷人斩巴思、俄六思等，将带马、驼、牛、羊、骡等，牙木兰等又捎带番书十纸，内一纸云："写亦虎仙根前，头目牙木兰多多的上复，我每见你的一般平安无事，天把你保佑，我每早晚也见你面。天地洪幅上，你和我说了一千五百匹段子，迟了不见来了，因为这么干事，十分恼你。在有什么事，便斩巴思根着说着来。"番书令斩巴思等藏于衣服底合包内。及火者他只丁、牙木兰又怕甘肃各官防备，却写假文书诈称买卖，及与肃州大人上递文书，就向阿剌儿思罕儿上问声息。及分付斩巴思暗与阿剌思罕儿约下，待王子到来，着他与关厢寄住回子里边放火，待人救火，着他们先把城门开放我们进来，等情。斩巴思等于今年十月初十日到关。转送副使陈九畴处，审出前情，就于斩巴思衣服内搜出前项书信，译写明白，同阿剌思罕儿俱收，令今死通事毛见、毛进、吕城关防看守。毛见等各因先曾去哈密，与斩巴思相熟，要与阿剌思罕儿通诱消息举谋，又诱叫高彦名备办熟食、酥油、羊肉二皮袋等候。毛见、毛进又将弓箭撒袋各二付隐情寄在已省放酒主张子义家，准备回贼到于城下之日穿用，打夺斩巴思出城。

彼有速檀满速儿、火者他只丁、牙木兰等因等候斩巴思等日久不回，不得消息，商议带领人马起身，于本年十一月十五日到嘉峪关迤南，打倒边墙二处入境，到思儿坝地方。当有游击芮宁并参将蒋存礼俱于十六日巳时由北门出兵，彼有芮宁不依议约，本日卯时统领游兵官军一千一百余员名从南门往西进兵，约行十里，地名沙子坝，遇着回贼一千余骑，四面攻敌，陆续添至三千。至本日申时分，被贼将芮宁射死，全军败没。陈九畴闻知贼众，恐城内寄住回回变乱，当将男子隔在关厢，妇女收入城内，散住防守。彼时高彦名骑马往来打探，要与斩巴思等内应，夺城出门。陈九畴察知，就将高彦名并毛见等一同捉拿，究出内应情弊，责与斩巴思等面审是的，俱发收监。彼有虎仙今未到男米儿马黑麻将虎仙日前造铁盔四顶、甲二付，钢铁炮四个、大刀四把不合丢在伊家井内藏放，被未到邻人刘贵访知首告，陈九畴差人收获，发肃州卫库收照。十九日，陈九畴见得贼在城外扎营攻抢，及因芮宁军马丧败人俱惊惶，要得警众弭变，将毛见等并斩巴思等八名俱拿赴街市，焚香告于天，登时打死。至二十二日，被贼攻开乱骨堆堡，抢房掌堡指挥夏忠，杀死官军男妇，抢去人口头畜杂粮及军火器械等项。十二月初三日，贼到中截堡；初九日，又到大庄堡；本月十五日，又到盐池上塞堡，并镇儿马营堡，俱被攻烧，杀死男妇，及抢去人口头畜军器杂粮等件。本月十八日，速檀满速儿差头目虎剌力带领从人巴都儿前来投递番书说"这个反事是写亦虎仙弄的，我们如今和了罢"等情，各回去讫。二十四日，前贼复遣夷使拔都儿等赍递番书，又说"前头的事，都是写亦虎仙作的，如今我每和了罢"等情。

　　二十七日早，各贼起营西去讫。该镇巡官会本奏行兵部，即将肃州失事并各项事情奏差吏科董给事中前到肃州，会同巡按赵御史会行陕西布、按二司施参议、高副使、董佥事，查提虎仙到官，逐一详审前情明白，会问虎仙谋叛，但共谋者不分首从，律斩决不待时，妻妾子女给付功臣之家为奴，财产并入官，父母子孙兄弟不限籍之同异皆流三千里安置。会本于正德十三年正月内具奏前来。彼蒙兵部参称招情不明，题奉钦依将虎仙等提解到京。虎仙又不合捏饰虚词具奏，该法司、锦衣卫会同审问，虎仙又不合隐下谋反情由，致蒙拟以奏事诈不以实，减等，杖九十，徒二年半，送工部用灰。再会多官复审相同，会本具奏题奉武宗皇帝圣旨发落讫。

　　虎仙与婿火者马黑木并侄女婿米儿马黑麻各不合纳贿交结已处决都督钱宁，俱蒙送会同馆安歇，虎仙等各不合巧为惑诱引先帝常幸会同馆。本年九月内虎仙男米儿马黑麻亦为虎仙所犯事，先该甘肃镇巡衙门监候米儿马黑麻不合主谋，向已问完监候家人添哥乩儿的、拜只克并已故昝卜、损奔四人说"你到哈密里与我父的丈人哈即说，着差人往土鲁番去，有王子馈王子说，没王子馈火者他只丁说，我每坐了二年牢了，有盘缠的也使没了，没钱的都饿死了。着他有心要和，便差的当使臣来和，便把我每放里，就着哈即多多的捎带盘缠与我每。不和，便和厮杀"等语。添哥乩儿的各不合走出嘉峪关境，向西奔走，事发，被先在甘肃巡抚邓都御史将米儿马黑麻等前情，奏行兵部，于正德十四年七月内题，奉武帝皇帝圣旨，差刑部等衙门陈郎中、彭千户前去会勘。本月内，火者马黑麻又不合与钱宁扶同捏奏，就带官校差往肃州选取人口，地方几致激变。

　　本年八月十一日，虎仙与侄女婿米儿马黑麻各不合贪缘改从姓朱，俱传升锦衣卫指挥使。本月二十二日，俱随驾南征。正德十五年五月内，陈郎中等会同巡按潘御史查勘米儿马黑麻等情，明白会问，拟添哥乩儿的、拜只克俱犯该越度缘边关塞因而出外境律，各绞，秋后处决。米儿马黑麻犯该比依强盗窝主造意不行又不分赃律，减等，杖一百，徒三年。各罪名具奏，未蒙间本。本年十二月终，驾到南京，火者马黑木从陕西径到彼处，奏见先帝，亦就跟随，与虎仙等各不合生事害人，及沿途索要经过军卫有司财物各有千余两。本年十二月初十日，圣驾到北京，虎仙等仍俱在会同馆安歇。彼〔米儿〕马黑麻、火者马黑木各先放回去讫。

于正德十六年三月十四日，先帝驾崩。本年四月二十二日，该锦衣卫钦奉诏书，将虎仙拿送刑部监候。其家人添哥乩儿的等于本年五月内奉钦依刑部移咨都察院，转送巡按甘肃监察御史，将添哥乩儿的等依拟监候处决，米儿马黑麻查照诏旨发落。本年六月内，蒙刑部将科道官原拟虎仙谋叛罪名具题，奉钦依会同多官将虎仙并未到男米儿马黑麻、婿火者马黑木、侄女婿米儿马黑麻各详审前情明白。虎仙执称父母祖兄弟俱故年久，亦无孙，止有妻古立哈屯，妾你家儿哈屯，与男米儿马黑麻见在甘州城居住。又有妾倒喇哈屯、猛的力哈屯，在哈密居住。及蒙查得虎仙与女婿米儿马黑麻俱改姓传升官职，遇诏革除。米儿马黑麻与婿火者马黑木俱先放回各是实，将虎仙再问罪犯，照出写亦虎仙财产并律该缘坐未到妻古力哈屯，妾你家儿哈屯、猛的力哈屯、倒喇哈屯，男米儿马黑麻及侄女婿米儿马黑麻等俱各抄招，移咨都察院转行巡按甘肃御史，查提到官，各依律议拟，财产抄投入官，径自奏请发落。议得写亦虎仙所犯，除不应并教诱人犯法及境内消息走透于外人各罪名外，合依原拟谋叛但共谋者不分首从律，斩决不待时。妻妾子女给付功臣之家为奴，财产并入官。缘写亦虎仙系重刑及夷官并系该夷情，合候会议毕日奏。

五 《西域行程记》(节录)

陈诚 李暹

永乐十二年正月十三日巳时出行,由陕西行都司肃州卫城北门外过涧水八九处,约行五里,度一大溪,北岸祭西域应祀之神,以求道途人马平安。祭毕,安营住二日。

十六日,晴。早起向西行,约有七十里,至嘉峪山关近安营。

十七日,晴。过嘉峪关,关上一平冈,云即古之玉门关,又云榆关,未详孰是。关外沙碛茫然。约行十余里,至大草滩,沙河水边安营。

十八日,晴。早起向西行,南北皆山。约行七十里,地名回回墓,有水草处安营。

十九日,晴。大风。明起向西行,约五十里,地名骟马城安营。

二十日,晴。三更起,向西行,约九十里,有古城一所,城南山下有夷人种田。城西有溪水北流,地名赤斤安营。

二十一日,晴。四更起,向西北行,渡溪水,入平川。当道尽皆沙砾,四望空旷。约行百余里,有古墙垣,地名魁里安营。

二十二日,晴。大风。平明起,向西北行。道傍有达帐房。约行五十里,有古墙垣,地名王子庄,安营住一日。

二十四日,晴。早起,向北行。途中有树,枝干似桑榆而叶如银杏,名梧桐树。约行七十里,地名芦沟儿安营。

二十五日,晴。早起向北行,一路沙砾高低,四望空旷,惟南有山。约行一百余里,有夷人种田处,富水草,地名卜隆吉,安营住二日,大风。

二十八日,晴。明起,过卜隆吉河,向西北行,入一平川,四望空旷,并无水草,惟黑石磷磷。沿途多死马骸骨。北有远山。白日极冷。约行百余里，不得水，止路傍少憩一宿。

二十九日，晴。早起，向北行，约五十余里，始尽平川。有小涧冻冰处安营，凿冰煮水，以饮人马。

二月初一日，晴。早起，向西北行。一路沙碛高低，绝无水草。约行七十余里，至小沟冻冰处安营，凿冰得水饮马。

初二日，晴。早起向北行，一路冈源高下，并无水草，亦无冻冰，人马不得饮食。约行五十里，至晚于沙滩上空宿。

初三日，晴。早起向北行，入山峡中。山粗恶，中道有小冰窟，不能周给。通行百五十里，有冰池及泉孔处，地名斡鲁海牙安营。

初四日，晴。早起，向西行，四望空阔。约有五十余里，有泉水一处，地名可敦卜剌安营。

初五日，晴。平明起，向北行。山道崎岖，绝无水草。约行一百余里，至晚于山谷间安歇。

初六日，晴。早起，向北行，过一平川，渡一大溪，名畏兀儿河。溪南有古寺，名阿里忽思脱因，有夷人种田，好水草，系哈密大烟墩处。约行七十余里安营，住一日。

初八日，晴。早起，向西行。过一平川，约行一百三十里，方有水草，安营。哈密使人来接。

初九日，晴。明起，向西行，皆平川。约行九十里。至哈密城东南果园边安营，住五日。

十五日，晴。明起，由哈密城东门外渡溪水向西行，皆平川。约行有七十余里，有人烟好水草处安营。

十六日，晴。明起，向西行，有古城名腊竺，多人烟树木，败寺颓垣。此处气候与中原相似。过城通行九十余里，好水草安营。

十七日，晴。早起，向西北行。高低沙砾，绝无人烟，路径粗恶。约行九十余里，略有水草处安营。

十八日，晴。早起，向西北行。上坡下坡，尽皆黑石。约五十余里，地名探里，有少水草处安营。

十九日，晴。早起，向西北行，入大川，绝无水草。午后至一沙滩，上有梧桐数株，云是一站，亦无水草。行至中宵，又到一处，有土屋数间，小水窟三二处，苦水一池，云是一站。人马难住，仍行。至二十日巳时分，又至一所，有土房一二处，小水窟二处，略饮，人马复行。至一沙滩，有小泉孔三四处，少供人饮。于此少息，中夜复行。至二十一日巳时分，至一大草滩，旁有小山，山下有大泉，山上有土屋一所，地名赤亭。自十九日起入川行，经二昼夜，约有五百里，方出此川。于此安营，住一日。

二十三日，晴。早起，向西行。中途有古城一处。约行九十里，有夷入帐房处，地名必残，安营住一日。

二十五日，晴。早起，向西北行，道北山，青红如火焰，名火焰山。道南有沙冈，云皆风卷浮沙积起。中有溪河一派，名流沙河。约有九十里，至鲁陈城，于城西安营，住四日。

三月初一日，晴。明起，向西行中道，有小城，人烟甚富，好田园。约行五十余里，至火州城，于城东南安营，住三日。

初五日，晴。明起，向西北行平川地，约有七十里，至土尔番城，于城东南安营，住一日。

初七日，晴。移营于城西三十里崖儿城边水草便处安营，住十七日。

二十四日，晴。明起，由崖儿城南顺水出山峡，向西南行。以马哈木王见居山南，遂分南北两路行，约有五十里，于有草处安营。

二十五日，晴。明起，向西行平川地，约行五十余里，有小城，地名托逊。于城东南水草便处安营。

二十六日，晴。明起，向西行，约行五十余里，于人家近处安营。

二十七日，晴。明起，向西行，约有三十余里有水草处，地名奚者儿卜剌安营。

二十八日，晴。中宵起，向西行，经一平川，约行一百五十余里，有一大烟墩，地名阿鲁卜古迹里。过此入山峡中，沿石涧西行。至晚，于涧边路傍安歇，马食枯叶而已。

二十九日，晴。明起，沿涧水西行，四面皆石山，路径崎岖，约行六十余里，于石滩上安歇。

三十日，晴。明起，沿涧水向西行，约有五十余里一草滩上安歇。

四月初一日，晴。五更，沿涧水西行，过石崖四五处，路稍宽，约行一百余里，于草滩上安营。

初二日，晴。微明起，向西北行，过高山二处，第二山上有水一泓，地名窟丹纳兀儿。下山度一平川，约有九十余里，于南边山傍地名哈剌卜剌安营。是夜大雪，住三日。

初六日，晴。明起，向西北行。过高山三处，路径崎岖。约行九十里，一高山［名］博脱秃，于下山峡中安歇。

初七日，晴。明起，向西南行，顺山峡而出，复西北行，尽平川地。约行七十里，地名点司秃［安］营，夜大雪。

初八日，雪，晴。早起，向西北行，路上雪深数尺。午至一石崖下，名塔把儿达剌，复大雪。约行九十余里，于原上雪中安营。

初九日，雪，晴。明起，向西行，平坦，路多涧水。约行七十余里，地名尹秃司安营。

初十日，晴。早起，向西南行，度平川，多涧水。约行百余里，近川口北山下安营，地名斡鹿海牙。

十一日，晴。早起，向西南，出峡口，山根乱泉涌出，地多陷。出峡复向北行，又一大川。约行百里，于山坡安营。夜大雪。

十二日，雪。明起，顺行向西北行，约有七十余里，于山坡雪中安营。

十三日，晴。明起向北行，过阿达打班，山高雪深，人马迷途。先令踏雪寻路，至暮方得下山，约有五十余里，乱歇沙摊上。

十四日，晴。明起，向北行，皆平地。约行五十余里，有青草处地名纳剌秃安营。

十五日，大雪。午后晴，起北行，过一山，约行五十余里，下山。东西一大川，有河水西流，地名孔葛思，安营住一日。

十七日，晴。明起，向西行，约有五十余里，地名忒勒哈剌，近夷人帐房处安营。马哈木王遣人来接。住一日。

十九日，晴。明起，顺河西下，行五十里，近马哈木王帐房五七里设站舍处安营，住十三日。

（下略）

六 《西域土地人物略》(节录)

编者按，此文作者不详，见于《嘉靖陕西通志》卷十《西域》。其中详细记载了由河西至哈密、土鲁番及以西地区的地理里程。可与《西域行程记》及《哈密分壤》互为补充。此处加以节录，以与本资料有关的地名为限。

嘉峪关西八十里为大草滩（其北广而多草）。滩西四十里为回回墓（以地有回回三大塚，故名。迤北为钵和寺，寺西五十里为柴城儿）。墓西二十里为扇马城（中有二水北流）。城西三里为三棵树（以地有三树，故名）。树西三十里为赤斤城（即我皇明所设赤斤卫处也，迤南二十里为小赤斤）。赤斤西百五十里为苦峪城（即我皇明所设苦峪卫处也。东有河，城中有三墩，迤北五十里为王子庄）。苦峪西二十里为古墩子（墩西有塔）。墩西六十里为阿丹城（西北有河，河北为羽即戎卜隆吉儿）。阿丹西南三十里为哈剌兀速城（其西北为叉班城，哈剌兀速、叉班间有河）。哈剌兀速西南百里为瓜州城，瓜州西六十里为西阿丹城（其叉班西南五十里为卜隆吉儿城，卜隆吉儿西南八十里亦会于西阿丹、义班之西，卜隆吉儿之北。其南路为垣力，为提乾卜剌、察提儿卜剌、额失乜、大羽六温，其北路为澳赤赡求，为垣力，为哈喇哈剌灰，又为哈剌灰。西珂丹城西为兀兀儿秃，为牙儿卜剌陈，为答失卜剌。迤北为王子树，庄西北为哈剌灰，为召召温虎都、乩失虎都，为俄偏肖，为阿赤，为卜儿邦，为哈儿葛，为赛罕）。西阿丹西二百里为沙州城（即我皇明所设沙州卫处，古所谓流沙地也。城西为虎木哥城，为答失虎都，为牙卜剌，为哈失卜剌。西北为阿子罕，为阿赤，为引只克，为哈密头墩，为羽术脱云，为乞儿把赤，为克儿革乜思）。沙州西三百里为哈密城（城东有河，河上有桥，有水磨。城北三十里为速卜哈剌灰，南三十里为畏兀儿把力）。

哈密西十里为阿思打纳城（城北五十里有卜古儿，卜古儿西五十里至阿打纳城，又西为乜帖木儿，又西五十里为剌木城。又西有巴儿海子、双山儿、崄把儿山，西又有双山儿，有钵和寺城，城西五十里至哈剌帖乩，其西北为剌木城，剌木至哈剌帖乩五十里。自哈剌帖乩而西有察黑儿，有川中双泉城。又西百里有中中泉，又西百里有双泉儿墩）。阿思打纳西为把儿思阔，又西为脱合城儿，又西为北昌，又西为鲁珍城儿（城南有剌上，有芦菱芊墩，有懒真城，有半截土墩，有巴思阔山）。鲁珍北为羊黑城儿，又西五十里为哈剌火者，又西五十里为我答剌城。

城西百里为土鲁番（回回种，田产各色果品树木，西北有委鲁母）。土鲁番西二百里为俺石城儿（城南有俺鼻城儿，北有撒剌池）。又西五十里为苏巴失（北有兔真城儿），又西二百里为昆迷失（其南有白山儿，其山东至俺鼻城，行六日，其北有池，有昌都剌城）。昆迷失西二百里为阿剌木，又西百里为叉力失城（叉力南有他林河）。叉力失西二百里为哈剌哈失铁城（其南格卜城儿扯力昌河，北有苦他巴城儿，黑松林河）。又西百里为瀼巴泉，又西百里为黑水泉（泉北有察力失城，丁城儿，泉儿河，其南为扯力昌城）。泉西百里为双山儿城，又西百里为独树城儿（城北有兀马河，及撒力瀼巴河，西有一昼夜川）。独树西百里为察力察井（井北有火炎山）。又西二百里为淤泥泉（泉南为克列牙城儿，其城东至扯力昌城行八程）。泉西百里为察兀的河（其河南北俱与山相接）。河西百里为榻子河（其河亦南北与山相接）。榻子河西十里为古克兀城（城北有雅思雅阿城，南有涝池）。又百里为苦先城，又西百里为西牙河城（城北有双山关，有阿思马力城，西北有迤西阔海子，西有沙的郎哈，西南有花蛇河，南有赤剌店）。西牙河西三百里为阿黑马力城，城西南百里为土力苦扯城（其城东至摆城四十里）。土力苦扯西北百里为阿速城（三城相连，周环山水）。阿速西二百里为阿亦地里城（城北有也列河，南有阿丹城，西有泉）。又西百里为克力宾城（城南有二回回墓及黑玉河，北有石店子）。

（下略）

七 《哈密分壤》

郭 绅

自肃州城西七十里至嘉峪关，嘉峪关西七十里至大草滩，番达千户哈剌那孩等住牧。自此分一路。由此而西，西有大钵和寺都指挥佥阿他儿等族，又有柴城儿、帖木儿等族住牧。大草滩西七十里，至回回墓，指挥哈六等族住牧。十里至一骟马城，指挥总失加等族住牧。骟马城西三十里，至三棵树，也先克等族住牧。三棵树西五十里至赤斤城，卜柬儿加等族住牧，今赤斤蒙古卫即此地。赤斤西一百七十里，至善（苦？）峪，都督卜剌召等族住牧，今为善（苦？）峪卫即此地。自此路分为三，一路从南而西，至阿丹城八十里。阿丹城西一百一十里至瓜州地，总卜克等族住牧。瓜州城西七十里，至阿丹，榜何脱大赤等族住牧。途过敝剌城之北，又有察班城。阿丹六十里，至革的儿，帖乩等族住牧。革的儿西五十里，至牙卜剌。牙卜剌西七十里，剌陈。剌陈西三十里至哈卜儿哈。哈卜儿哈西六十里，至他失卜剌，阿八儿等族牧。他失卜剌西一百里至沙州城，都督卜克等族住牧，即今之沙州卫是也。沙州北八十里，至乩失牙兰海子，卜木儿古等族住牧。乩失牙兰西一百八十里，至阿［咨］罕，其南又有虎木奇城。阿咨罕西一百七十里，至哈剌哈剌灰，其西南尚有也克古墩。哈剌灰西一百七十里至哈失卜剌，［哈失卜剌］西一百二十里至牙卜剌，牙卜剌西八十里至也力帖木儿，也力帖木儿西北一百四十里至哈密城。

皇明立哈密卫，封其酋长为忠顺。天顺、成化间，邻封土鲁番构逆，杀其王，夺其印，行又掠其子女。守臣建议，求其族曰陕巴者嗣之，逆虏速檀阿黑麻复虏而去，又以其党牙兰据其城。弘治中，朝廷命都督侯谦、兵部侍郎张海遣肃州卫千户杨翥深入其国抚谕，往返三次，虽已献还金印，而陕巴仍留弗遣，据地如故。张海等上言，绝其贡献，不容与中国通。既而总兵刘宁与太监陆訚、都御史许进等合谋，驻军王子庄为后援，遣副总兵彭清督偏师直至哈密城，破其众，斩首六十余级，乃班师。彼方震惊，且以朝廷绝其贡路，则凡资于中国者皆不可得，乃复求通贡，归前房掠，还复侵疆。是固刘宁等征讨之功，而张海之策亦不可诬也。朝廷录其功，升赏有差。

一路分自苦峪，从中而西四十里，至王子庄，弘治八年太监陆訚、都御史许进、总兵刘宁、少监沈让率大军驻扎于此。王庄西北一百六十里至袄秃六蟒来，西一百三十里至体干卜剌。体干卜剌西一百三十里至察提儿卜剌。察提儿卜剌西一百三十里至额失乜。额失乜西一百一十里至羽六温，羽六温西一百二十里至哈剌哈剌灰，哈剌哈剌灰西一百三十里至召文虎都。召文虎都西一百七十里至乩失虎都，乩失虎都一百三十里，至呵赤。呵赤西一百五十里，至引只克。自此过也先帖木儿至哈密三百五十里矣。

一路分自苦峪，从此而西，至羽寂灭。绰儿吉等族住牧。羽寂灭正北一百二十里至蟒来。蟒来西一百四十里至垣力。垣力西一百五十里至哈剌哈剌灰。哈剌哈剌灰西一百二十里至哈至。哈至西一百一里至坡儿那。坡儿那西一百四十里至六温羽。六温羽西一百二十里至俄伦咲。俄伦咲西九十里至俄例海牙。俄例海牙西一百四十里至阿赤。阿赤西一百七十里至克力把赤，其东北又有他失把力哈逊城。克力把赤西一百三十里至撒力哈密失，撒力哈密失西五十里至哈剌木提。哈剌木提西四十里至哈密剌头墩。其哈密城南有畏兀儿把力城，畏兀儿即古高昌国。按元奎章阁侍书学士虞集撰《高昌王世勋碑》云："高昌王家畏吾儿之地，有和林山，二水出焉。"可验矣。其城之南又有钵和寺城，西南有哈密剌帖乩城，西有剌木城，西北有阿思他纳城，东木哈剌灰城、卜骨儿城，北有脱大赤城。大抵皆西域诸国之地，但世代变迁，名称不一，无可考证。今姑存之，以备参考。

《皇明经济文录》卷四十

八 《进哈密事宜疏》

桂　萼

近朝议哈密事，纷纷不一。志事功者主于兴复，悯民命者颇议弃绝，此皆不通时势，而胶于一偏之见者也。臣因以平日所闻，参互考证，而得其说，数以质之前在陕西实心经理其事者，莫不以为所访其中事情并处置之宜，款款切实。今辄开列如类备照册子式样，随此进呈，以备圣览。盖恐兵部复本与百官建议之言，多失事实，并繁文太多；其番语又不易通晓，故敢不惮尘渎。计开：

吐鲁番夷情

一，回夷疆土。东至哈密界六百里，西至曲先有七百里，南北相去约有百里。北山后为瓦剌达子，南山后为番子。大小城堡共有十五、六座，每堡一头目掌管。速坛满速儿居一土城，周围约有二百里（？），南北土门二座。城北墙有高土台一个，阔数丈，名曰：土剌，速坛王子居于其上。台上有吊桥，夜则悬之。城郭内外俱有居人，烟火林木宛如中国。

一，回夷部落。其部下男女约有一万余人，除老弱其余可以上马挽弓者止六七千人。秋冬居城堡，春夏随水草孳牧。或各山川种田，或打围射猎。速坛亦不时出猎，其妻皆随之。

一，回夷兵马。其将侵犯中国，预先纠集人马，差头目数人，分投于各族抽取。如父子兄弟有十余人者，抽取四、五丁。有六、七人者，抽取三、四丁。有三、五人者，抽取一、二丁。各夷亦有生理恋妻子不肯随之，强逼然后肯行。每一兴兵，必得四、五个月，然后人马得齐。虽催促至紧，亦得两、三个月。速檀王子赏以布帛粟米，杀牛羊犒劳，然后齐心而来。

一，回夷谋略。其将欲发兵之时，先聚集各头目，到于速檀王子宅上，有小房一座，上席铺红毡毯，傍铺白毡。王子坐于上，诸头目傍坐，凡小回子有识见者，亦许下坐，互相辨难。王子曰："假如汉人这等摆阵，这等行兵，却如何御他？"众论纷纷，取其长者用之。凡事皆有成算，然后行。谋定之后，断然行之，至死亦不改易。

一，回夷战阵。凡回夷将战之时，有金鼓旗帜，行列部伍，其阵森严整齐，穿长甲至膝，左手悬铁牌一面。下马步战，能用弓刀。自朝至夕，直战一日不退，非如北房三两冲即退也。

一，回夷羽翼。其山北为瓦剌达子，部落约有十万，其性比宣大达子稍和缓，自来与中国不通贡，亦不犯边。近来贫困，亦稍有入侵意。而吐鲁〔番〕欲犯顺，辄便纠合以助声势，瓦剌之贫穷无赖，多随之抢掳人口财物。瓦剌得者属瓦剌，回子得者属回子，及驱沙、瓜州属番为前锋。是以一举动便有万人，其实皆乌合之众。

一，回夷情状。夷性最淫最贪，凡入贡或作买卖，专为得利，行动必带妻子。其入贡妻子俱寄放肃州。其言多变诈，十句无一、二句可信者。其需于中国者曰茶，曰大黄，曰麝香。此三物吐鲁番用之不甚急，但以西番诸国非麝无以医毒蛇，非大黄则人马大便不通，非茶则郁闷不解。吐鲁番得此，欲转货各国，以取重利。诸国欲通贡，其所需亦在此也。吐鲁番当诸夷之要冲，诸夷欲入贡作买卖者，必假道于此，别无道路。而诸国亦畏吐鲁〔番〕之强。

一，回夷风俗。有为盗一次，责令赔偿。二次割手一只。三次打死。有打死人者，如苦主强盛，则将凶犯竟自拿获打死抵命。如力不能胜者，则告王子处，差头目拿来打死。其争斗及犯奸者告满剌处责治。凡婚姻父母令女出外自择其所欲者纳之。夫妇不相得，女得以休男，男不得以休妻。而有五谷蔬菜果品，但味不如中国嘉耳。凡女子十一二岁者，皆从满剌读书写夷字，只礼拜天地，不信佛教。

一，回夷戚属。速檀王子有三妻，置之三处。每妻有二使女为妾，每妻处住三日，周而复始，如在此处，则饮食衣服俱在此处管待。有兄弟五人，同母弟名巴巴乂。异母弟一名真帖木儿，一名忍帖木儿，二人俱不得所，仅能度日。惟巴巴乂强盛，居乂力失城，在吐鲁［番］城之西，约有四五百里，其部下约有一二千人，与速檀王子不和，时常领人马来扰害。王子无奈曲意忍之，往往厚赠而去。王子有子尚幼，如王子故则巴巴乂必图为王。

一，哈密国王兴废始末。永乐年封元之遗孽为忠顺王，居哈密，为中国藩篱。使凡诸进贡者，皆由哈密通进。后故，其子孛罗帖木儿复立。后绝嗣，乃立孛罗之甥罕慎为王。回夷以为非贵族，何以为王，诱而杀之。又有安定王，与忠顺王同宗，封曲先卫为王，其子孙陕巴公直有力量，又系贵族，取立为王。后故，立其子速檀摆牙即，其人淫乱无度，众心不服，今被吐鲁番抢去，再无可立为王者。如立一别类，则众心以为非贵族，断不附之。安定之后，虽有一孙名汪占尔加，其人甚懦弱无知，部下尚有番子五、六千人，亦不能约束，每向部下诸番乞食，其狼狈至此。

一，哈密羽翼。辅佐忠顺王有三种夷人。一种回回，元系吐鲁番族类，名为佐忠顺王，其实与吐鲁［番］同心。一种畏兀，一种哈剌灰，俱系番达，前时部落繁盛，有一、二千人。自摆牙郎（即）为国之后，回回遂与吐鲁［番］合谋，战（占？）据哈密城，畏兀、哈剌灰二种，俱逃来肃州，见在东关厢及各山散住，部落十散七八，止有五、六百人，且贫弱不勇。罕东、赤斤等卫番达，各住居沙州、瓜州、苦峪、扇马城、回回墓等地方，前时甚富庶，赖为中国藩篱。近因吐鲁［番］劫杀抢掠，部落亦各散亡，贫困不能自存。每吐鲁［番］入犯，驱之为先锋，彼其实不忍负中国也。近日吐鲁［番］消息，亦多赖其传报。

一，闭关绝贡利害。所谓闭关绝贡者，是因回夷之犯顺，而吾以威慑之也。必须修我之边备，使仓廪充实，士马精强，城堡完固，而将士日夜淬砺以待之。如回夷果能悔过输诚而求贡，然后容其入关。如其桀傲侵犯，则仗义征剿，使之痛遭挫衄而归。如此则闭关彼以为威，开关彼以为恩，而后边境宁谧。今日之事，一闭关绝贡之后，边备之事置之不问，今闭关绝贡已数年矣，仓廪空虚犹昔也，士马寡弱犹昔也，城堡颓坏犹昔也。内治狼狈如此，故回夷之求和未必诚也，而镇巡不敢深拒，恐其侵掠地方，稍不得利，即率乌合之众，长驱深入，如蹈无人之境，必获大利而归，昔年之事可鉴也。盖因我边备不修，闭关彼不以为威，而开关彼亦不以为惠，故今日之事，不在于关门之闭与不闭，惟在于内治之修与不修也。

一，哈密之取舍缓急。今哈密之地，必欲兴复，其势有五不可。城池颓坏，地土荒芜，农器、子种不备，辄难修理，一不可也。忠顺、安定二王之后，俱无可立之人。欲立他族，则众心不服，罕慎之事可鉴，二不可也。三种夷人，回回不与我同心，畏兀、哈剌灰又微弱不可恃，况住居肃州日久，有恋土之意，必欲驱之复入哈密，是置之必死之地，且失其心，三不可也。甘肃之地已为穷边，近来又荒歉，在官食廪空虚，在民十室九空。甘肃西路虽新设游击三千人马，号为三千，其实不满二千，俱各卫新选之人，其势不足以慑吐鲁〔番〕而护庇哈密，四不可也。纵使勉强兴复，随复随败，徒劳中国，且伤国威，益资吐鲁〔番〕之利，五不可也。

势虽不可兴复，亦不可废弃。一则祖宗所立之疆土不当弃，一则指以恢复为名，以羁縻夷心。彼以为汉人必不舍此地，常以为奇货诱我，如弃而不讲，彼以为我不以哈密为轻重，必启其侵谋肃州之心，大为不可。故哈密之地，不可恢复而亦不可弃也。

甘肃边事

一，地方疲敝。甘肃之地，比之他边不同，极为孤悬。自兰州过河至肃州，有一千四五百里，中间止有一线之路，北为达子，南为番子，声息时时有之。其近城堡之地，乃敢耕种，离城堡远者弃之，恐达子卒至抢掳人畜。虽云春种、秋收之时有人马护之，亦虚文耳，不能济事。其地专靠水利，近来水利甚微，不能浇溉，说者以为势豪占夺。虽不占夺，其利亦微，不可全归咎于此也。自正德初年至今，雨旸不调，通不收成，十室九空，人人饥色。又加以西夷北虏劫杀数次，客兵、主兵不时住扎，此地方所以日削月弱以至今日也。

一，粮储空虚。边军全赖屯田子粒，近因地土无收，拖欠甚多。又陕西民运之粮，改为轻赍银两，而主客官军，不时费用，以致仓廪空虚。各卫官军每一年之间，名为官米十二石，止得实米五、六石，其余每月支银七钱，且如肃州一钱白银，止买米三升；支银七钱，才买米二斗一升。军士乌得不贫。

一，兵马寡弱。各卫人马以贫困之故，身无完衣，腹无饱食，马匹瘦损，不堪驰逐，器械朽钝，不堪击刺。近年以来夷虏劫杀及逃亡事故，名为一万者不满三、五千，名为三千者，不满一、二千。其各墩台哨守之人，有经年不得更换者，有一身应二、三役者，有二、三岁小儿报名纳粮者，军士乌得而不寡弱。

　　一，兴修先务。臣窃考之，昔汉赵充国备边，首称屯田积谷，诚万世之至言也。故为今日计，惟在安静以养兵民，羁縻以缓他变，则兴复之道耳。若闭关绝之，则急逼无渐，其势必合力以为害。若出兵加之，则轻率损威，彼必驱我瓜、沙之民，以为前锋，使我自杀其归附之夷以报捷，是求之益急而自伤益多。竭国以奉军，倾中以资外，乃不识时宜书生无深谋远虑者之谈也。故近日霍韬所论，惟言边盐当复旧法一节，则是实事。臣尝考之，宣德、正统间，天下盐商尽在三边输纳本色草料米粟，其价甚轻，而户部并无收银转解之法，此所以边粟益多，边农益增，而天下盐价亦贱，中外咸受其利，所以三边安固，而居民充实。自弘治初，徐溥在内阁，叶淇为户部尚书，因与扬州盐商至亲，遂改此法，遂致中国盐贵，而年例之银，尽归边官，其三边屯农粮料为之大耗。臣尝建言于灾异本中。而韬之所访，则与臣合，为得其实。今日所欲议拟兴修，莫有大于此者，而复之亦有渐，则在户部得人计处而已。

《皇明经世文编》卷一百八十一《桂文襄公奏议三》

九 《论土鲁番入贡事》

李承勋

甘肃之忧在粮食不足，恐日后不能自守，而吐鲁番之患其次也。方木兰既降，彼之谋主已丧，虽诚伪不可知，羁住甘州，在我掌握，但须丰其廪饩以坚其归心，保其妻子以制其逸志，谨其防闲以消其他虞可也。带来瓜、沙诸夷就食于我者，闻已各还旧居，若其果然，又边境一幸也。其有未去者，速宜济以行粮，劝令早归本土，趁时耕种。在彼为长久之便，在我无肘腋之患矣。

其入贡诸夷，于吐鲁番，宜谕以瓜、沙诸夷，皆我良民，防尔扰害，远来附我，今已遣还。尔等宜各守封疆，毋相侵害，则进贡之路长久可保。若仍前侵扰，彼来赴愬，则当拘尔贡使，绝尔赏赐，依前闭关，不复容尔往来矣。于天方诸国使臣，宜谕往岁闭关，止因吐鲁番犯顺。尔等自来忠顺，不在所绝，今后宜依期入贡。□常贡一子，圣主义在柔远，不贵异物，毋得常格外别贡珍玩以邀厚赏。又闻诸夷入关，各官颇有求索，沿途又多稽难，宴犒之类，亦甚菲恶。宜通行戒谕，毋致生怨起衅。

至于哈密一事，固未敢遽议兴复，以劳人费财；亦未可轻议弃置，以辜瓜、沙诸夷仰望之心，姑羁縻之而已。其吐鲁番国势，昔有人自其国逃来言，彼国都东西可二三百里，南北七八十里。人以种植田猎为业，帐族散处，每帐能战者，三分之一。通国一起可五六千人，必数月而后合。命则其主延首领及散卒素有谋者并入一密室谋之。室中上铺红毯，其主南向而坐，东西相向，各铺白毡。首领以下，依次就坐。主乃策其下曰："用兵如此所以小而能强，我等出兵，若中国布如此阵，何以破之？用如此器，何以御之？"首领以次各陈其见，择一善者。乃杀牛设誓，期以必死，故每战虽败不退，最能支久，自彼国至哈密六百余里，经黑风川三百余里，无水草，瓦剌多于此邀而覆之。自哈密至嘉峪关一千二百里，亦有无水草去处。成化时刘宁出军四十八日而后到，路虽近而行难故也。王子速檀满速儿有同母弟曰：巴巴乂，最强，素欺其兄，异日必夺其国。异母弟二人，曰：真帖木、忍帖木，仅能自存。彼将入寇，必驱瓜、沙诸夷以为前驱，又约瓦剌以助其声势。

使我镇巡有谋，宜结瓦剌以伐其交，厚瓜、沙诸夷以为间谍。俟其兵至肃州，我但坚守不出，小堡难守者悉并入大堡而坚守之，数日之后，彼之锐气无施，自然挫矣。我乃出兵二三千，立牢固营盘而守之，每出游轶以扰其牧放，彼追则走，彼去复来，不过数日，彼将计穷而遁归。俟彼返路，我以精兵随其后，彼若来攻，固守而不与交锋。我无亡矢遗镞，而彼之进退狼狈。则瓦剌、瓜、沙皆将作难于彼，而我收全功。至于所以挑瓦剌、瓜、沙者，又在将官用机用智，难预图也。

《皇明经济文录》卷四十，
又见《皇明经世文编》卷一百《李康惠公奏疏》

十 《甘肃边论略》

许　论

甘肃即汉之河西四郡，武帝所开，以断匈奴右臂者。盖自兰州为金城郡，过河而西历红城子、庄浪、镇羌、古浪六百余里，至凉州为汉武威郡。凉州之西历永昌、山丹四百余里，至甘州，为张掖郡。甘州之西，历高台、镇夷四百余里。至肃州为酒泉郡。肃州西（七十里）出嘉峪关，为故沙、瓜二州，地缘赤斤、苦峪，以至哈密等处，则皆敦煌郡也（与前四郡皆隶甘肃镇）。洪武五年宋国公冯胜下河西，定以嘉峪关为界，遂弃敦煌焉。东自庄浪歧而南三百余里，今为西宁卫，古曰湟中。中自凉州折而北二百余里，今为镇番卫，古曰姑臧。此河西地形之大略也。

夫以一线之路孤悬几二千里，西控西域，南隔羌戎，北遮胡虏，经制长策，自古为难（……）。况兹凋敝之余，非豪杰任事之臣，其孰能为。且哈密甘肃之藩篱，诸番之领袖，成化以来，陷于土鲁番，恢复之议，至廑累朝。顾在今日有难者二，有当缓者四，不可例以往日。何也？哈密累败之余，丧亡略尽，今纵复国，彼岂能固守，此一难也。兴复哈密，晓谕土鲁番不从，必烦声讨而后可，试问今日镇兵可复能为深入之事乎！虚喝谩恐，难以震动，此二难也。往建哈密，以其能制诸夷为藩蔽也，今不能矣，立之何益！是故盛衰之会殊，强弱之形异，哈密昔为要区，今为散地，当缓一也。哈密其君身事仇国，转徙之众，亦已长子孙，是彼无共天之义而忘之，反遗我同舟之急而求济，此何为乎，当缓二也。累朝以哈密之故，劳费万状，议论无已。是以番贼视之为奇货，以为中国一日不可无哈密也。今日索金币，明日求进贡，今日送金印，明日还城池，假令自今不复言哈密事，彼当何为乎！以为将遂有哈密也，则岂待中国弃之而后取之；以为不能，则哈密犹旧也。况闭关绝贡，可以制诸夷之命，当缓三也。赤斤蒙古、安定、曲先等卫，亦皆中国藩蔽。赤斤等卫破于土鲁番，安定等卫破于亦不剌，何不闻为彼恢复而切切于哈密乎，当缓四也。

审于六者之间，则哈密可复不可复，宜复不宜复，园机之士，必当破众说而建长策矣。（下略）

《殊域周咨录》卷十二《西戎·哈密》
《皇明经世文编》卷二百三十二
《许恭襄公边镇论》载此疏，文字有异同

十一 《筹边疏》

赵 伸

一曰：兴复哈密。幅员之内，惟西域最远，而夷人种类亦繁。……永乐二年，乃即哈密地，封元之遗孽脱脱为忠顺王，赐金印，令为西域之噤喉，以通诸番之消息，凡有夷使入贡方物，悉令此国译文具闻。脱脱故，其子孛罗帖木儿袭封。孛罗帖木儿故，无嗣，王母理国事。成化九年，土鲁番锁檀阿力王虏王母金印以去，本国番夷离散，逃居苦峪、肃州，亦有阴随土鲁番者。上命高阳伯李文、右通政刘文抚之，比至，止调集罕东、赤斤番兵数千驻苦峪不敢前，自此番兵渐轻中国之兵矣。成化十四年，锁檀阿力王故，其子阿黑麻主事。十八年，甘州守臣乘间奏以王母之甥畏兀儿种类都督罕慎袭封为王。弘治元年，寻为阿黑麻杀之，兵部具以闻，请降玺书赍赐阿黑麻，切加责谕。弘治四年，本酋遂以城池、金印来归。五年集议，奏以脱脱裔派陕巴袭封忠顺王，主哈密事。未几，诸夷以陕巴无所犒赐，而阿黑麻复怒大头目都督阿木郎尝剋其赏赐，又尝虏其部落头畜，遂杀阿木郎，复虏陕巴及金印以去。时弘治六年也。乃议兵部右侍郎张某、都督金事侯谦率阿黑麻先所遣入贡头目写亦满速儿等四十余人，往经略焉。既抵甘州，议令写亦满速儿等，并遣在边通事先以敕谕阿黑麻顺天道，归陕巴、金印。而诸夷使缘此皆欲同回，张、侯等不可，惟遣哈密夷人赍敕以往。迨久未回，张、侯等遂以上命请嘉峪关清各卫久居哈密回回名数以闻，复捕哈密久通阿黑麻黠诈回回二十余人，发戍广西，诸夷颇知畏惧。张、侯等于弘治七年归，上怒其不进图本，又无成功，张降外任，侯住俸闲住。自此，阿黑麻愈肆骄横，大抵哈密回回有以教之也。无何，阿黑麻复令牙兰率众侵据哈密。于时兵部探访肃州抚夷指挥杨翥所以袭杀牙兰之策，乃于弘治八年请敕甘州守臣拣选汉兵三千，令分肃州副总兵彭清统领，取道南山，驰至罕东，急调番兵，乘夜袭斩。牙兰预知之，遁去。兵至哈密，追剿之，仅斩首六十余，而威大振于西域。阿黑麻以是畏威悔过，计无所出，遂遣使入贡，并以陕巴、金印以归，时弘治九年也。正德年来，哈密头目都督写亦虎仙等构引土鲁番为患日久，而当其局者急于成功，纳之厚币，以自损威，杀其已降以重失信。外失哈密，酋首亡命，而城、印无存。内侵嘉峪，将领舆尸，而甘肃摇动。自是，边备大坏，结怨外夷，日益深矣。

臣谓弃其地非王者无外之义，欲穷兵又非朝廷柔远之体。今之全陕将领如鳞，岂无如昔时彭清者乎！要之，兴师外夷，亦为危道。且土鲁番至哈密十数程，中经黑风川，俱无水草。哈密至苦峪十数程，亦无水草。入贡往返，驮水而行。使我整其兵以俟，谨烽火，明斥堠，彼至肃州，我以逸待劳，纵兵出奇一击，必使彼匹马不还矣。不然，所谓闭关绝贡，亦一策也。况哈密三大头目，都督写亦虎仙系回回，奄克索罗系畏兀儿，并迭庄迷失系哈剌灰，种类颉颃，阴谋跋扈。北山一带，又有小列秃、野也克力数种强虏，时至哈密需索，稍不如愿，辄肆凭陵，至难为守。必须仍得元之遗孽袭封以理国事，庶可慑服诸夷，兴复哈密，此今日第一急务也。

臣又闻之，三种头目夷落射猎为生，多不乐居哈密，宜即奏令各夷量留室家之半住居肃州，并听往来，以系其心。其哈密离散久住甘州夷人，应发两广者押发两广安置，应还本土者咸给牛、种子、布匹、衣粮，遣抚夷官护入哈密，以遂其愿。设副总兵于肃以协威，立屯田都督御史以久治。复奏各夷贡使著令若干，扣计京师往返之日若干。不得利所有而致后言，不得自多事而招外侮，不得匿其人而与守臣之选，不得一二载而遂迁其官。其曰赤斤、罕东诸卫，本其番落，处之可也。弃之不可也。斯其经略乎哉！

（下略）

《皇明经世文编》卷二百三十四
《赵中丞奏疏》

十二 《议处夷情以固边防疏》①

臣切照甘肃一镇，专以防御回虏。西番诸夷之中，惟土鲁番回夷性极狂狡，而夷酋速檀满速儿尤如鬼蜮之不可测也。距肃州一千二百余里曰哈密，本元人脱脱之国，洪武年间，以其国来降，乃改为哈密卫，封脱脱为忠顺王，俾世守哈密，以掌西夷入贡之戎。又于沙州等处立蒙古、罕东、曲先、赤斤、苦峪等卫，分处番属，以卫我甘肃地方，相维相保，庶几藩篱之固焉。成化年间，土鲁番速檀阿力并其子阿黑麻生事边境，值忠顺王索罗帖木[儿]故，其母理事，速檀阿力乃因而虏之。既罕慎袭封，又杀罕慎。陕巴继袭，阿黑麻又执陕巴，及拘诱陕巴子并木（牙）即，自兹哈密夷众散亡矣。其时彼回尚止与哈密为仇，未敢侵及沙州之区也。正德七年，速檀满速儿听信奸夷火者他只丁、牙木兰、虎力奶翁等拨置，及有写亦虎仙、满剌哈三阴构其间，乃敢窃据哈密而有之，渐侵沙州以东，而蒙古、罕东、曲先、赤斤、苦峪城池，俱被残破，番属俱被杀逐，于是，甘肃藩篱荡焉。而撒（？）甚至勾引瓦剌诸夷，正德十一年直犯肃州，戕杀将领。嘉靖三年深入甘州，围困城堡，地方荼毒，不可胜言。该提督尚书金献民、抚按等官陈九畴、卢问之俱议闭关，绝其贡路，又该提督镇巡等官都御史寇天叙等议令速檀满速儿将所占哈密城池退出，抢去人口送还，仍许通贡不绝。盖因彼回求贡甚坚，而我亦无终绝之理，持以困之，便知许之之难，将来不敢轻叛，以坚其归向之心。而续该提督尚书杨一清立经权之论，特酌于理，又该总制尚书王琼执曲直之辨，姑假以辞，大抵俱言能阻彼回入贡之路，而终不遏其入寇之路也。随该尚书王琼亲诣甘州，同镇巡等官都御史唐泽等会议，具奏开关，容彼回

---

① 此疏作者佚名。

照旧通贡，仍令退回哈密城池，处置已俱得宜。嘉靖十一年内，速檀满速儿差虎力奶翁、天方国等处夷使各赍方物进贡，但番文内俱挟讨牙木兰，及将哈密城池仍前占据。走回人口赵月等又供：彼回要待奶翁回还，收拾人马来侵犯肃州等语。桀黠之气，固未除焉。幸而奶翁在途病故，彼回又方与瓦剌达子仇杀，未遑他图。

近据逃来夷人哈陆剌等供执，彼回要将哈密城池交与都督米儿马黑木母管理，似渐有感恩悔祸去逆效顺之意，是固中国之利亦彼回之福也。但彼回谲诈之性，素不可测，人口供执之词，亦未足凭。驭之之道，亦惟有顺则抚之以恩、逆则震之以威二端而已。况今又当进贡之期，防处事宜，尤宜预计。以后彼回果能输诚纳款别无叛心，则固许其通贡，不轻绝之，仍务令遵照三年或五年一次例，不许搀期。夷使虽多，每十人中止起送二人，不许过数。在地方务要听该镇巡官约束，不许生事。镇巡官尤各要严立防范之规，兼尽绥柔之意，凡所买卖，令其两平交易，严禁通事一切人等，弗得抑勒骗赖，以失远夷之心。在途听所在官司催督，日行一程，不许稽延，骚扰驿递。仍预行沿途大小王府，毋辄与买卖，致亵国体。及到京该管衙门严加关防，及禁私相往来之人。一应合用通事，俱务择小心畏法人员，其中敢有透漏事情哄赚财物教诱为非者，必置于法。若彼回仍讨要牙木兰，则明谕以牙木兰乃我番属，非彼回种，既已安置日久，断不可发，以绝其希望之心。尤要谕令将哈密城池作急退还，庶几法制不疏，而他虞可杜也。

臣又窃料彼回若猛兽然，饥则求食，饱则噬人。且其垂涎甘肃固有年矣，虽称奶翁已故，牙木兰已安置，安知夷众之中不复有拨置之者乎！彼回昔尝纠瓦剌以犯甘肃矣，而今虽与之仇杀，终同夷类，易于相亲，又安知不合达众为我边患乎！皆不可不深虑者也。仍合行该镇巡各官区画粮饷，务要充实；训练兵马，务要精强；修理城堡，务要坚固；增置烽堠，务要严谨。如或彼回稔恶不悛，敢来侵犯，即便并力隄防，随机截杀。兴声罪致讨之师，申闭关绝贡之议，使其进而遭衄，退而失利，庶几缓急有备，战守无虞，得先王制夷之策，而彼回之奸潜消，我之边防常固矣。

《皇明经济文录》卷四十

十三 《应诏陈言边患疏》

林希元

....

以西边言之，甘肃三州等卫，即汉所开断匈奴右臂之地也，我太宗皇帝又设哈密国、蒙古、赤斤、罕东等卫，以为甘肃藩蔽，为谋何深远也。夫何胡元之余灰不燃，脱脱之国嗣不继，哈密之封遂折入于吐鲁番，而甘肃之藩篱失矣。弘治年间，尚书许进盖尝复之，岂不足以推亡固存。奈何尚书金献民，狐鼠小夫，谬膺重寄，欺君误国，遂使哈密之地，不可复收。祖宗千百年之贻谋，废于一旦，岂不重可恨与！而其人乃仅得轻典，可怪也。又闻吐鲁番自通贡之后，每一入贡，辄留数十人于甘肃，今积至二千余人矣。此其志欲何为也？彼尝谓瓜、沙二处，系彼祖宗故地，有谋据之志，此举可知也。不及今遣之，待数十年后，人马益众，则甘肃危矣。如此则不惟哈密之失，将并甘肃而失之也。夫甘肃开于汉武，千余年矣，若至我朝而失之，岂非千古之羞哉！岂惟千古贻羞，三秦之民，必无贴席之日也。而封疆之臣，亦未闻以为忧，何与？

夫哈密之可复与否，论之者多矣。以臣愚见，天之所废，谁能兴之！哈密之不可复，天也。罕东、赤斤二卫，独不可培植与？罕东、赤斤之势或单弱也，野乜克力、小列秃诸戎独不可联结与？诚驱逐吐番，分哈密之地与二卫，皆封为王。给以金印，使连兵以守，联结诸戎以为之援，则哈密虽失而不失，甘肃之藩篱已撤而复树矣。

然举事以食为先。今国家财用不裕，各处边储缺乏，加之甘肃连岁不登，斗米银二钱，此时而欲举事难矣。原甘肃所以岁不登者，缘其地四邻羌胡，迩来边备废弛，戎马时扰，不得耕收。又黑河之水，陷而低下，不能上灌田亩，所以致此。虽天时地利，亦人事有未修也。若依臣之计，先饬兵备而修屯田之政，又宽两淮盐商，使得厚利，乐输粟于彼。则军输有余裕，而哈密之事可举矣。（下略）

《皇明经世文编》卷一百六十三
《林次崖先生文集》

十四 《继世纪闻》(节录)

编者按，《继世纪闻》是一部笔记，主要记载明代中叶一些政治事件。其中对明朝政府内部围绕着土鲁番问题的矛盾和斗争，叙述得相当详细，代表了其中一派的意见。

汉时张掖郡置金城属国以处蛮夷降者，又于匈奴昆邪王故地置酒泉郡，隔绝匈奴与羌酋通路。至宋，俱为西夏所据。国朝于张掖设甘州五卫，于酒泉郡设肃州卫，命将屯兵拒守。肃州外为嘉峪关，关外蛮夷各因其种类建卫，曰：赤斤，曰：苦峪，曰：蒙古，曰：安定，曰：沙州，曰：曲先，曰：罕东左，降给印信，各命其酋长管束夷众，内附肃州，外捍达贼。又于肃州外千里许建哈密卫，授官降印，如赤斤诸卫之制，而推其番酋之效顺者封为忠顺王，降金印，令其世守哈密，外通土鲁番、撒马儿罕、天方国诸夷朝贡往来。自古据有河西，修饬武备，羁縻羌戎之法，惟本朝最为精密。守臣相继抚驭诸夷，一遵旧规，不敢坐视启衅，所以百五十年来，西陲晏然无事。

弘治初年，哈密卫都指挥阿木郎与达贼野乜克力引路，抢杀土鲁番人畜，又将赏赐土鲁番衣服尅留。土鲁番王阿黑麻率众来哈密，刀刺死阿木郎。彼有陕巴系元遗孽安定王子，不知阿木郎所为，土鲁番不忍杀，携归其国，由是哈密失守。朝廷下诸兵部，马尚书文升议请令右侍郎张海往经略之。海至彼，上言："远夷不可加兵，来则厚抚，叛则拒绝之而已。"朝廷用其策。至弘治十一年，阿黑麻因不得通贡，自将陕巴送回复立，土鲁番通贡如旧。

弘治十七年，哈密属夷阿孛剌等怨陕巴揹尅，阴附［阿］黑麻子真帖木儿，时年十三岁，来攻哈密。陕巴弃城走沙州。真帖木儿亦退避剌木城曰：

"我来恐达贼夺占哈密耳，若有人来哈密，我归本土，无他意也。"镇巡官差官舍董杰等同哈密卫都督奄克孛剌、写亦虎仙至哈密，抚谕夷众，仍令陕巴守国。阿孛剌等执迷不听，欲真［帖］木儿守城，奄克孛剌等将阿孛剌等六人擒杀，余党方才畏服。董杰等回报镇巡官，复差都指挥朱瑄统领官军，送陕巴到哈密复立。时阿黑麻已死，诸子仇杀离散，真帖木儿不肯回，愿依奄克孛剌暂住哈密，朱瑄恐陕巴怀疑生变，携真帖木儿往甘州羁住。正德七年放回。

陕巴死，子速檀拜牙即立，贪酒好色，不行正事。夷哈郎（即）欲诉害之。正德八年，走入土鲁番。［土鲁番］王速檀满速儿领头目火者他只丁占守哈密，遣使遗书甘州镇巡官曰："哈密城、金印在我，与我银一万，将城与他。差去使臣速打发出来。不来，我领军马往汉人地方去。"巡抚都御史赵鉴、总制都御史邓璋以土鲁番书奏闻，且言："逆虏所求不可允，乞照先年差侍郎张海故事，差官经略。"时都御史彭泽，陕西兰州卫人也，与大学士靳贵同年进士，皆大学士杨廷和门生。泽在四川征剿流贼，事完回京无缺。兵部尚书陆完乃与杨廷和议曰："番夷挟求赏币不可与，差官经略不可行，彭泽素有才望，请命泽调延宁人马，外逼番夷，内逐达贼。"请敕都督奄克孛剌、写亦虎仙等共守哈密，又敕赤斤等卫，如遇番夷内侵，并力捍御。命下，御史张麒上言："邓璋见在总制，不宜复令彭泽总督。且泽籍贯陕西，不宜差本贯公干。"给事中伍江上言："治病药无二君，奕棋局无二帅，不宜并用二人总制。"皆不听。

泽至甘州，集延宁诸路兵万余，借户部粮价银买马，盗取为赂，侍郎冯清专供甘肃军饷银，费以百万计。适土鲁番火者他只丁寇赤斤、苦峪诸处，杀掠甚惨，遣人来甘州遗书曰："速送段来。"泽素卤莽任情，以为番夷好利，可以利啖，乃故违敕旨，坐视杀掠，按兵不救，遣使直造虏庭，纳币二千，银酒器一付，赎取哈密城印。哈密都督奄克孛剌、失拜烟答在肃州，写亦虎仙、满剌哈三在哈密，彭泽遣通事火信、马训等纳币土鲁番，以写亦虎仙、火者马黑本等皆土鲁番亲族，故遣同往，谕之曰："忠顺王不得，城印与了，小段子儿甚么希罕，我奏朝廷，蟒衣膝襕、织金段、纱罗、银器、珍珠都讨发与尔。"正德七年二月初二日，火信等出嘉峪关。十六日到哈密。三月初八日，候土鲁番未至，泽遽奏西事宁，乞休致。奉旨："彭泽待处置哈密事停当，行取回京。"巡按陕西御史燕澄真定人，泽先为真定知府，相善。泽阴托澄奏言："陕西一省，璋、泽二人总统戎务相掣肘，乞取彭泽回京，委以重大之寄。"泽亦自奏："西夷就降，事已宁息。土鲁番虽欲侵犯甘肃州，决不可得。"时杨廷和丁忧去任，泽书嘱靳贵、陆完，转赂锦衣掌印钱宁，因燕澄之奏，取泽回京。适都察院缺长，荐泽掌都察院印，催就道。

方燕澄之奏也，甘肃御史冯时雍奏言："土鲁番之酋长尚尔骄悍，哈密之城、印犹未报复。遣使讲好，大开沟壑之欲，要我以难从之事，后来之变故无形，非愚臣之所能逆觇。"靳贵令陆完寝其奏。泽又奏言："土鲁番速檀满速儿王畏威悔祸，已将哈密印、城池献还，乞将镇巡等官各加恩典。"时写亦虎仙等尚在途，未至土鲁番之地得见速檀满速儿，计议不协。陆完改吏部，户部尚书王琼代完。琼素以冯时雍所奏为是，乃覆请乞留彭泽在甘肃候写亦虎仙等回，处置停当，方许回京。靳贵等从中沮之，竟不可夺。泽之憾琼始此。

是年闰四月，彭泽回京。八月，写亦虎仙等方到土鲁番，交割缯币，又许送段币一千五百匹，取回金印，退还哈密城。土鲁番差头目虎都六写亦、火者撒者儿同来，送印取赏，十二月方入嘉峪关。正德十一年四月，土鲁番进贡使臣四十二名，哈密进贡使臣六十名，伴送土鲁番使臣、彭泽原差传谕夷情送赏抚取城印哈密使臣都指挥火者马黑本等十二名，验放入嘉峪关。初，彭泽之纳贿求回也，都御史赵鉴与彭泽、靳贵俱同年进士，泽之贿皆出于鉴，鉴因是亦得转南京操江都御史，不候代，辄离任。陕西左布政使李昆亦贵、泽同年，代鉴巡抚甘肃。时肃州兵备副使陈九畴自称有才，亦轻率寡谋，印来，以杂币二百匹付来使亦思马因、满剌朵思遗速檀满速儿、火者他只丁，令其送忠顺王密（？）复回国，留虎都六写亦、火者撒者儿于甘州，以制其变。九畴言于昆曰："彭总督当火者他只丁犯赤斥、苦峪之时，曲为抚处，厚加赏赐，被其愚弄，犹模棱干事，不能身任利害以主国，是何复面目立于天地间。"昆不能违。

亦思马因等回，以质留二夷告。速檀满速儿怒，差火者他只丁、牙木兰复来占守哈密，差倒剌火者来问甘肃消息。陈九畴监禁致死。速檀满速儿又差斩巴思等于肃州，遗番书云："我几差人去为和好，不从，监禁责打，如箭射石不得透。"九畴以斩巴思为奸细，捶死。满速儿领兵到沙州，牙木兰到瓜州，候斩巴思等不回，遂直犯肃州。总兵官史镛欲自甘州领兵来防御，九畴以粮乏止之。及肃州急，九畴令游击将军芮宁、参将蒋存礼出兵御之，番兵锋甚锐，芮宁全军败没，蒋存礼几不免。攻破砦堡，杀掠人民甚惨。九畴惶惧，恐哈密夷人居肃州城者谋为内应，仓卒之际，驱逐出城，夷众扰乱。都督失拜烟答者进贡自京，九畴初亦遣出御土鲁番，既而疑其为变，捶挞系狱死。又疑通事毛见等通土鲁番，皆于贼退后捶死，斩巴思等皆以为奸细捶死，虎都六写亦、火者撒者儿亦以为奸细拘系。又以写亦虎仙知土鲁番入寇不行劝阻，及先年许土鲁番段一千五百，勾惹边患，与失拜烟答皆谋背本国，潜从他国，以叛逆论。报至京师，彭泽大惧，密谋于内阁大学士梁储，事未下兵部。传旨差大臣提督军务，兵部会吏部诸衙门推举上请，储言于吏部、工部："还须彭济物往。"盖泽自知奸欺败露，欲自往弥缝，奏讨银五十五万两充军费。

先是，芮宁之败，巡按甘肃御史王光暨兵科都给事汪玄锡等劾奏："李昆等负抚绥之重任，昧经国之远图，养成回贼之患，大损中国之威。"兵部请敕切责昆等戴罪防御，事宁勘究。至是，奏差给事中黄臣往甘肃，会同巡按御史赵春勘问。黄臣未至，赵春遽奏："李昆有功无过，乞除其戴罪，令吏部推用。"兵部不从。及黄臣至，与赵春依凭李昆、陈九畴原案回奏，无一异词。兵部以彭泽、李昆前后欺罔事迹疏闻，乞令法司按实议罪。毛纪与大学士蒋冕力庇之，票旨令兵部会多官议，密嘱付译者沮兵部奏。吏部侍郎王鸿儒素与泽厚，托礼部尚书毛澄、户部尚书石玠阿内阁议称："大夫出使于外，苟有利于国家，专之可也。今事须再勘。"兵部王琼曰："纳币房廷，失信夷人，致遗后患，于国家利乎？不利乎？事已勘明，更勘何事。"众多是兵部议，而无一人复为曲庇者。奏上，彭泽罢免为民，李昆、陈九畴等提赴刑部。会多官于午门前复审彭泽擅差写亦虎仙等往土鲁番讲和，送与段匹，复又审彭泽失信，致启边衅，并李昆坐视玩寇，辱国丧师。皆无异词。杨廷和服阕在阁，与蒋冕、毛纪票旨："泽已罢免，不罪。李昆降级，陈九畴为民，黄臣、赵春调外任。"因是，内阁与王琼不协。

正德辛巳四月，颁诏捕写亦虎仙下狱，令法司查黄臣、赵春原拟问奏。又于科道劾官本内票旨以琼为勾引奸夷，令法司查问。法司以事关重大，不敢从。后乃以写亦虎仙问结后事入罪，死于狱。连及彭泽所差取印夷使火者马黑木，及辨冤供明米儿马黑麻，皆坐与写亦虎仙罪，同死之。未几，御史杨秉中上言："琼害泽罢免，乞罪琼起泽。"乃催取彭泽赴京为兵部尚书，李昆升都御史，寻升兵部侍郎，陈九畴升都御史，就令巡抚甘肃。土鲁番因写亦虎仙等皆被杀，复聚兵三万余，嘉靖三年八月深入甘州寇掠。以杀降为词，攻破堡砦，屠戮人民，其祸甚惨。王琼系狱，比党颇多，给事中史道因劾杨廷和。彭泽参称史道巧诋元臣，奏下，吏部尚书乔宇乞下法司治罪。遂下道锦衣狱，谪南阳府通判。给事中于桂及御史曹嘉相继劾廷和，彭泽结党乱政，扶同奏启，南北科道官亦交章劾泽沮塞言路。由是，谪曹嘉外知县，于桂亦升淮安知府。廷和屡疏乞休，吏科都给事中杨一滢上言："廷和孤忠，时望所同，而史道开诬诋之源，于桂则导其流，曹嘉则扬其波，奏乞暴白是非，恳留以慰中外之望。"朝廷降旨是其说，慰安廷和，令速起视事。给事中闵闳平日与曹嘉、史道议论相合，欲攻击内阁。给事中毛玉、御史刘廷簠遂劾史道、曹嘉、闵闳危疑忠良，变乱国事。由是，史道再谪陕西金县县丞，曹嘉四川茂州判官，闵闳已升佥事，复降云南蒙自县丞。给事中孟奇、御史吴铠等十九人相继论救不得。游击将军靳英以赃败，御史郭浦劾兵部用人徇私，给事中曹怀论泽门如市道之交，家有受金之弟。泽遂致仕而去。

《继世纪闻》卷六

十五 《哈密志》

王世贞

哈密故唐伊州地，东接甘肃，西距土鲁番，为西域诸国之喉咽。元族属威武王安克帖木儿居之。永乐四年，遣使入贡，诏封为忠顺王，赐金印，即其地置哈密、曲先、罕东、罕东左凡四卫。其西域天方等三十八国贡使至者，咸置哈密，译文具闻乃发。而土鲁番者，强番也，控弦可五万骑。忠顺王三传而至脱脱，卒，子孛罗帖木儿立，为其下者林所弑。王母弩温答力守国。成化中，土鲁番酋阿力调其众掠赤斤蒙古，不从，恚，即以兵劫王母及金印归。王母之外孙罕慎遁肃州。久之，甘肃守臣奏纳罕慎，复王哈密。而阿力死，子阿黑麻代之。罕慎贪而残，失夷众心。弘治初，阿黑麻挟诈杀罕慎，据其城，上言罕慎非王裔，不称，请自王哈密。下兵部，尚书马文升议不许，仍赐玺书切责。阿黑麻悔惧，上金印及还所据城，诏褒予金帛有差。乃行求忠顺之近族故安定王裔孙陕巴为王，使哈密头目阿木郎辅之。阿木郎勾引哈剌灰夷掠土鲁番，阿黑麻怒，复以兵入，劫陕巴及金印，而支解阿木郎以徇。

弘治六年，事闻，命侍郎张海、都督缑谦经略之，戍土鲁番使四十余人于两广。阿黑麻遂自称可汗，略罕东诸卫，声欲取甘州，而海等以奉使下狱谪免矣。八年，阿黑麻留其将牙兰守哈密，精兵不过四百骑。甘肃抚臣许进、帅臣刘宁谍知之，乃以三千骑袭破哈密，牙兰走，获陕巴妻女并牛羊三千，宥其胁从八百人。还，升赏各有差。九年，阿黑麻复据哈密，乃奏送回陕巴及金印、城池，易故四十余使。诏起前咸宁伯王越帅诸路。议还其使，陕巴至则复故封，遣兵护之国，所以劳赐阿黑麻良厚。

十七年，哈密诸部以陕巴嗜酒掊克，欲迎阿黑麻次子真帖木儿来为王。陕巴惧，跳之沙州。而会阿黑麻死，诸兄弟争立，真帖木儿弗果来。都督写亦虎仙等部诛谋叛者，迎陕巴复之。十七年卒，子拜牙即立。时真帖木儿以乱故，依中国，留甘州，而其兄满速儿稍定国乱自立矣，上书求真帖木儿，未许。正德六年，始议遣还，汤沐衣币，护之出境。而满速儿已复袭下哈密，逐拜牙即走。诏左都御史彭泽帅师往经略之，泽宿将也，度未易兵定，乃以缯绮二千、白金器皿入土鲁番庭，说令和好。满速儿喜，因请还金印及城池。而泽不俟报，辄上书言事定，乞归，召还掌院事。满速儿谍知兵罢，即不肯遽还金印、城池，所要求无已，而使出入肃州不绝，且颇与肃降夷款。兵备副使陈九畴疑之，悉捕下狱，而阻劳赐金币不出关。于是，满速儿以万骑寇肃州，游击芮宁出战不利，亡八百骑。九畴婴城自守，复疑其使内应，悉摧杀之，而使使媾瓦剌达兵掠土鲁番部落。速檀〔满速〕儿狼狈走，军从后徼之，颇有斩获。而兵部尚书王琼与泽有郄，发其辱国欺罔，及陈九畴轻率专擅，激变丧师，上闻。大学士杨廷和等雅与彭泽善，不获已，夺官，又捕陈九畴下之狱。

亡何，武宗崩，给事御史劾王琼挟私忌功，廷和为内主，乃逮琼戍之，起彭泽为兵部尚书，出陈九畴于狱，以都御史抚甘肃。寻速檀〔满速〕儿以二万骑入甘州，焚庐舍，剽人畜。九畴拒之出境，斩获亦相当，又遇海西虏亦不剌败之，卤首百余，即上言速檀中流矢死矣。捷闻，迁秩有差。会廷和坐议礼罢，彭泽亦罢，新贵人璁、萼用事，廷和仇也，知王琼怨之，故力荐为西帅。琼复上书辨泽、九畴事，且言速檀〔满速〕儿实不死，按验，当九畴诬罔论戍，而琼出扬兵境上，喻速檀〔满速〕儿利害，迁哈密、罕东诸部，散之近地。速檀〔满速〕儿詟，不敢为寇，诸国稍通贡，然哈密竟不复城，而金印失矣。

尚书胡世宁，略士也，与璁、萼善，然颇不甚直琼，而极言九畴材武，数推毂，不果用。

夫国家立哈密，欲以为外臣，藩西陲耳。卒之兵连祸结，其言何如也。其害何如也。即厌兵不能灭土鲁番，弃哈密，闭关绝朝贡，置之度外可也。兵不足威，赏不足结，奈之何！竭中国之财力而填之，竟取辱也。虽然，其内事犹有可论者。夫彭泽躁而轻，然其不用兵旨可采也；陈九畴果而擅，然其材不可失也，功罪亦相当。杨廷和似有挟，然其所超进皆才也。王琼愎而修怨，然其经略之策似长也。璁、萼似公，然其所快在私也。合而论之，可思已。

《弇州史料前集》卷十八

十六 《肃镇华夷志》

编者按，《肃镇华夷志》成书于明万历年间，对研究明代后期河西走廊的历史文化有重要价值。本书收录了其中与土鲁番、哈密有关的一些记载，供研究者参考。

卷三 宦籍

陈九畴，山东曹州人。壬戌进士，正德十一年任［肃州兵备道副使］。时土鲁番速檀满速儿拥万余骑入寇嘉峪关，游击芮宁御之，败绩死，军民死者无算。城中寄住回夷斩巴思及失拜烟答等将谋内应，公先事觇察，悉捕戮之，躬环甲胄，随机战守，不事应援，竟保孤城。后失拜烟达子米儿马黑麻突赴京诬奏，公被逮下狱。时权奸用事，而奸夷写亦虎仙者贿赂往来关节禁闼，兵部又附合覆奏，公竟落职为民。时肃州卫监生唐儒能抗疏，极论公捍御之功。嘉靖改元，诏捕写先虎仙，正以大辟处死，兵部尚书王琼亦坐视谪戍，遂起公陕西按察使，寻升右佥都御史，巡抚甘肃，公论人心始快。时值地方变乱之后，公极力镇抚，民用安辑。三年，亲率兵援总兵官武振于凉州人头坡，与北虏迎战，大捷获。三年八月，速檀满速儿复拥众入寇，主将员缺，公帅裨将御于嘉峪关。公觇贼有捣虚意，乃率数骑从间道急趋甘州。贼果掩至，意在必得，忽闻公已先入城，相顾神异。寄住回夷亦名等佯请御敌，实欲内应，公不许。随间谍得情，检获所藏兵器，悉捕斩亦名等。贼计穷，分略红水、黑城等堡，公又尾击之，大捷获，贼始远遁，一镇赖以无虞。甘人思公能捍大患，至今北屋尸祝之。今所传《西番事碛》[①]一书，极诋

---

① 编者按，"碛"疑应作"绩"。

毁公，出自仇嫉之口，事多失实。

属夷内附略

酒泉疆域虽属雍州，而河西千有余里，地最荒远，以故番夷杂处，种类不一，然内外原自有辩，而西戎节叙以来至今往往内向。我朝威德广被华夏，蛮貊罔不率俾肃地，远夷自永乐二年以至今日归心内附，沿革大略有可述者。

肃州卫西去七十里为嘉峪关，又西为古敦煌郡，又有赤斤蒙古卫（永乐三年置）；罕东左卫（即沙州地，永乐二年置卫）；苦峪卫（传闻有此卫，不知何代建置）。西有哈密卫（永乐四年因帖木儿遣使朝贡，遂封忠顺王，赐金印，立为卫）。是三卫（赤斤、罕东、哈密也）曩时俱授官赐印，俱非我中夏人。如哈密卫曰忠顺王，蒙古、罕东二卫皆都督职也。所辖地方若刺术城、哈刺哈尔畏堡，并速卜、哈刺灰、畏兀儿、巴刀之属，皆领于都督而听于忠顺王者也。若苦峪、王子庄、瓜州、小赤斤并骟马城、回回墓、柴城儿之属，皆分领于指挥、千户而听于西番都督者。今皆内附肃州近地。盖哈密卫者，古之伊吾庐地也。汉、唐、宋俱属于土番。元封其族子忽纳失里为威武王，王卒，其弟安克帖木儿继立。时永乐四年，帖木儿遣使朝贡，遂改威武为忠顺王，赐金印，升都督四员。又移扬州乐户一族撒力畏兀儿等以侍之，俾藩卫肃州，以昭当代德化之远被也。自成化九年土鲁番速檀阿力（速檀者华言王也，阿力其名也）始调哈密夷众东掠赤斤、罕东诸番，而哈密忠顺王与关西沙、瓜地唇齿渐弗宁矣。其相继立忠顺王者曰脱脱（元之遗孽安克帖木儿之孙），曰字罗帖木儿（乃脱脱子，被头目者林所杀）曰王母奴温答力（乃脱脱之妻，子死守国），曰罕慎（乃王母外孙，哈密卫都督把他木儿之子，因贫贱阻勒贡路，被速檀阿黑麻诱杀），曰夹巴（乃西宁安定王亦板丹之孙，因与脱脱同宗，取立为王，被土鲁番执去，后又立，被废），曰真帖木儿（乃速檀马黑麻之次子也，哈密头目儿夹巴嗜酒酗魁，欲迎为王，彼不从，摄事而复还；曰拜牙即乃夹巴子，为王，道逼走土鲁番，不能守），皆接踵为王，数被土鲁番害。于是哈密都督名奄克孛刺者（即今乩吉卜刺之父也）于正德间遂率部属（畏兀儿、哈刺灰夷）以归，哈密金印复还，而诸番舍彼就此矣。

究厥①种族哈剌灰者，本安定王之部卒，前元之达种（凡有所为与回夷同俗，但不剔发缠头，自以为回回骨头也。）

曰畏兀儿者，乃撒力畏兀儿是也（史有高昌畏兀儿，此云撒力畏兀儿，疑恐亦安定王烟帖木儿同族，未知是否？又相传云畏兀儿乃扬州乐户者，因封忠顺王，遂以此族迁于哈密，以待②忠顺王，以指挥职与之。今拜言不剌为净修国师，亦莫知其为何代封职也。诸夷私相议：拜言卜剌国师之职是别人之职也。凡所动履，似西番。俗少近于夏，食豕肉，带达马，与回回不同俗焉。）

曰新哈剌灰者，又他失拜力城之达虏也（以其后归附肃州，故以先来者为旧哈剌灰，而后来者为新哈剌灰，初到似虏之性，今亦不食豕肉，与回回同俗焉）。今皆寄居酒泉东关厢内，存亡相继，裔孽渐多，耕牧为生，间充行伍。欲西之心虽未萌动，而永怀之图尚难保终，犷悍之性虽曰少抑，而人伦礼法终属夷种。

此关厢属夷之大略也。

种　属

一种畏兀儿。原系扬州乐户，元朝迁之，以侍脱脱者也。凡其服食皆随于夷后。永乐初年因西夷入贡，又封脱脱为忠顺王，以居哈密。时脱脱从西宁往哈密，遂以此夷为撒力畏兀儿，带至哈密，加以指挥之职。后因哈密被扰不宁，正德间归附肃州，准其进贡。国师拜言卜剌管束，万历中属见袭国师把的卜剌管束。

一种旧哈剌灰。乃元之达种，属哈密卫都督管束，土鲁番之夷亦间有之。凡所服食与西夷同俗，在哈密卫剌术、哈剌哈儿畏等堡。后因土鲁番侵掠不宁，都督俺克卜剌正德间率领部落以归，准其袭职进贡，属都督乩吉卜剌管束，万历中属见袭都督把都哞啰管束。

---

① 编者按，"究厥"应是"突厥"之误。
② 编者按，"待"应作"侍"。

一种新哈剌灰。乃达种，在哈密北他失他力城住坐，与北山也密克力达房交通。后因哈密不宁，瓦剌抢掠，见先哈剌灰投顺肃州近地，嘉靖初年亦投肃州。初则效北房行事，今亦与旧哈剌灰同俗，因其后至肃州，故以新哈剌灰名焉。亦属乩吉卜剌管束。万历中亦属把都哱啰管束。

（下略）

族　类

畏兀儿　头目拜言卜剌族。原系撒力畏兀儿是也。祖乃乐户，元为撒力畏兀儿，明国初在于西宁安定王部下，永乐中封元之遗孽脱脱为忠顺王，居哈密卫，将此族迁以侍之，后加指挥职事，静修国师之职非朝所封，乃哈密卫先朝之国师，后绝袭，拜言卜剌祖剃发为僧念经，为诸夷礼佛之状，后将静修国师之职，遂袭于拜言卜剌之祖，今在东关厢住焉。今大小头目、舍人部落男妇五百余人。此畏兀儿夷人之一族也。

新旧哈剌灰　头目都督乩吉卜剌族。新旧亦已注前，详见前。归附肃州先后不一，凡所行事与西夷无异，虽居关厢，实通四境。先年未筑夷厂，各街杂居，违法多端，被兵备副使天津张愚笞背游街，虽少畏服，实非心格也。后筑夷厂，以静地方，但彼潜通四夷，恐非可养之虎也。大小头目并舍人、部落新旧约有一百五十余人，见在城东小泉堡一带买置田产，数多粮草寄于经历司带管。此哈剌灰之大略也。

（下略）

住　处

在城东关厢寄住属番三族　国师把的卜剌、都督把都孛罗、畏兀儿族、旧哈剌灰族、新哈剌灰族，外有西番夷人一名郎头，亦先年沙州夷也，今遗于东关厢住坐。

（下略）

风　俗

　　畏兀儿俗　男发垂髻，女首加帽，孳牧为业，饮食颇同于华夏，婚媾不忌乎五服。迩年渐事耕牧，将知礼法焉。

　　哈剌灰俗　重杀好饮，服饰礼节与西夷相同，赖牛羊乳汁以资食，藉孳牧之息以生利。近年颇事耕牧，渐释犷捍之性矣。

　　好尚　诸番好尚大抵相同，嗜酒重肉，内外不异。若哈剌灰、畏兀儿则好耕牧，北虏则惯骑射，务孳牧，好置铠甲。……

　　番礼　诸番行礼各种不同，若哈剌灰，则效回夷之礼，把斋为戒，散饭施恩。嫁女毡抬，相揖交股，今居东关厢。见汉人则长揖鞠恭，盖亦因人而施也。见头目则跪拜，见官府则如汉人。聘定婚姻，则以布梭、牛羊为礼。会亲友及共语，围地而坐，不用桌凳。叔伯姐妹则相为夫妻而不忌，叔亡侄存，亦娶婶母为妻。汉人见此，互为讥诮，近年或见人则面赧。孰谓诸夷无良心也！此哈剌灰之大略也。……属夷畏兀儿之属，率多习西夷之礼，近来亦效中国之衣食。其行事之迹，多与哈剌灰同焉。

　　以诸番之法言之，除畏兀儿、哈剌灰之属，则听令与国师拜言卜剌、都督乩吉卜剌，如有不惧官府奸盗诈伪者，轻则会同拷笞，或二十，或三十，重则禀过本道，或治以死律。（下略）

货　利

　　诸夷货利，大抵皆同，内外杂处，不无少异。如东关厢寄住各夷，若哈剌灰、畏兀儿之属，食则足于田亩，衣则足于孳畜。凡遇进贡之年，各夷买京师茶斤段匹，运至肃州，与南北番夷交易，相换马匹牛羊以为利。如茶五包约重三斤，易羊一只，值价六钱。以段匹易麦，仍照市价以为多寡，犏牛一只，值价三两五钱，亦如之。若段匹梭布，亦视物以偿，大约与市价，在夷为贵耳。如段一匹，可值价三钱者，易羊一只可值五钱。其他如绒毛之类，视粟之贵贱耳。若麦粮每斗值银一钱，可买绒毛三斤；若麦粮每钱止籴五升，可买绒毛五斤。有口袋毛毯、毡衫绒带、直纹驼毼之类，以易布麦。

冬则射猎卖瓜鸡、松鸡、青羊、黄羊、狐兔之类，夏则羊壮。又打酥油为利，冬则每斤值米六升，夏秋每斤则值米仅四升耳。西番货利止于数类，其彼之所爱而为贵者，段匹、铜锅、兵器之属为上耳。所以铜铁货利者为禁，而不定其价也。

附录 关于明代土鲁番的几个问题

陈高华

明代，我国西北新疆地区处于封建割据的状态。其中，土鲁番政权势力较大，与明朝的关系也比较密切。关于这一时期土鲁番政权的状况，迄今没有得到认真的研究。本文拟就搜集到的汉文资料，提出一些初步的看法，请同志们指正。[①]

一、土鲁番地面的土地和人口

唐代后期，回鹘西迁，其中一支迁到今新疆东部，占有高昌（今土鲁番）、别失八里（今吉木萨）等地，史称高昌回鹘。12世纪末13世纪初，通称高昌回鹘为畏兀儿，畏兀儿王称为亦都护。此时，别失八里是畏兀儿亦都护居住之所。畏兀儿一度臣服西辽，蒙古兴起后，转而归顺成吉思汗，成为大蒙古国的一个组成部分。大概在13世纪的四五十年代，亦都护已由别失八里迁居哈剌火州（即高昌）。忽必烈称帝，改国号为大元后，西北窝阔台系和察合台系诸王接连举兵反抗，哈剌火州成为双方争夺的一个地区，连年遭受兵祸。亦都护被迫内迁永昌（今属甘肃）。14世纪上半期的大部分时间里，元朝政府仍然保持着对哈剌火州的控制。元顺帝至正七年（1347），"西蕃盗起，

[①] 若干中亚史籍（如米尔咱·海答儿的《拉什德史》）也谈到了这一时期土鲁番的历史。在这个问题上，就汉文史料和其他文字的中亚历史文献做比较的研究是非常必要的。由于考虑到有关的许多汉文文献过去并没有受到应有的注意，所以本文先就汉文文献做一些探讨，希望能引起大家的重视。至于各种文字文献的比较研究，则将在下一步进行。

凡二百余所，陷哈剌火州，劫供御葡萄酒"①。自此以后，迄止元亡，文献中再不见有关哈剌火州的记载。②

明朝建立（1368）后，在相当长的一段时间内，哈剌火州不曾与明朝发生直接的联系。永乐四年（1406），明成祖朱棣遣使前往别失八里，途经土鲁番、哈剌火州、柳陈三城，"赐其王采币"。土鲁番、哈剌火州、柳陈三城，都属于前代的哈剌火州地区。土鲁番城即今土鲁番县所在地，哈剌火州在土鲁番城东一百里，柳陈则在火州东七十里。③自此以后，土鲁番等三城不断遣使入贡。永乐十一年（1413），明成祖朱棣遣李达、陈诚等护送中亚哈烈等处使臣还国，途经上述三城。据陈诚记述，土鲁番"城方一二里，居平地中"。"广有屋舍。信佛法，僧寺居多。"火州"城方十余里，风物萧条。昔日人烟惟多，僧堂佛寺过半，今皆零落"。柳陈"城方二三里"。④这时的哈剌火州与前代的哈剌火州显然是同一个地方，经过长期战乱之后，它已趋于萧条衰落了。土鲁番则是这一时期新兴的居民点，前代未见记载，但是当时规模并不大。陈诚等还说，这"三处民风土产大概相同"，"有为回回体例者"，"有为畏兀儿妆束者"，"方音皆畏兀儿语言"。可见，当地主要是畏兀儿人。所谓"为回回体例者"，应指畏兀儿人中信奉伊斯兰教者，所谓"为畏兀儿妆束者"，应指没有信奉伊斯兰教的畏兀儿人，他们中有很多是佛教徒。⑤还值得注意的是，据陈诚等说，柳陈、火州、土鲁番三地，并非独立的地方政权，它们当时都在别失八里政权的"封域之内"。别失八里政权的统治者是元代察合台系宗王的后裔。柳陈、火州、土鲁番三地的首领也应该是察合台系宗王的后人。

别失八里王歪思汗（1418—1428年在位）西迁到伊犁河流域，自此改称亦力把里。歪思汗死后，其属部分裂。土鲁番逐渐强大，在15世纪中叶，

---

① 《元史》卷四十一《顺帝纪四》。
② 陈高华：《元代新疆史事杂考》，见《新疆历史论文续集》。
③ 陈诚等：《西域番国志》。同作者的《西域行程记》说鲁陈至火州"约行五十余里"。又佚名作者《西域土地人物略》（载《天下郡国利病书》第三十四册）说鲁珍"西五十里为哈剌火者"。鲁陈、鲁珍即柳城的异译。
④ 陈诚等：《西域番国志》。
⑤ 当时相继向明朝进贡的土鲁番人中有不少是僧人，其中有的还有"总统"、"大师"等称号。

吞并了柳陈（鲁陈）、哈剌火州二处①，然后把目标指向哈密。哈密是受明朝直接管辖的藩属，其首领是元朝贵族豳王纳忽里的后裔，被明朝封为忠顺王，"给与印信，掌管哈密城池"②。15世纪上半期，哈密受到瓦剌等游牧部落侵扰，势力逐渐衰弱。天顺四年（1460），忠顺王卜列革卒，无子，由王母弩温答失里主事，内部更加动荡不定，"国无其主，众叛亲离"③。土鲁番首领速檀阿力乘机多次"引兵劫掠哈密诸部地，已略尽"。到了成化九年（1473），便攻破哈密，执王母，夺明朝赐予的金印，留人据守。④明朝政府闻讯，立即遣李文、刘文二人到甘州（今甘肃张掖），策划恢复。第二年，李文等派遣千户马俊到土鲁番，"往谕速檀阿力，俾还哈密城，及归王母"。马俊的使命并未成功，但对土鲁番的情况有所了解，据他回报说："速檀阿力所部精兵不过三百，马步兵不满二千。"⑤依此估计，这时土鲁番全部人口估计不到万人。⑥哈密地区的居民为数更少，估计不过三四千人。⑦

　　成化十八年（1482），明朝组织力量，支持哈密首领罕慎夺回哈密。但罕慎在哈密的统治只维持了很短的时间，弘治元年（1488），土鲁番速檀阿黑麻以结亲为名，将他诱杀，哈密再次为土鲁番占有。四年（1491），速檀阿黑麻将哈密城和金印献还明朝，明朝政府从河西安定卫选择蒙古贵族后裔陕巴（与原哈密王室有亲属关系），立为忠顺王，镇守哈密。弘治六年（1493），阿黑麻又发兵攻占哈密，执陕巴去。明朝政府派遣张海等前往甘肃处理这一事件。弘治七年，张海上安边方略七事，其中谈到了土鲁番的情况："今访之，土鲁番在哈密迤西七百里，土城大如营者三，小如堡者十六。戈甲不满三百，兵马不满三千。亲党俱亡，止兄一人，与相仇杀。左右亲者十一人，与治国事。"⑧

---

① 景泰三年（1452），土鲁番王也密力虎者与哈剌火州等地面头目一起遣使入贡（参见《明英宗实录》卷二百二十四），自此以后再不见有关于哈剌火州与柳陈（鲁陈）的记载，估计二地被并应在此后不久。
② 姚夔：《为夷情事》，《姚文敏公遗稿》卷十。
③ 同上。
④ 《明宪宗实录》卷一百十五。按哈密地区有十余城堡，"诸部地"即指诸城堡而言。
⑤ 《明宪宗实录》卷一百三十。
⑥ 后来土鲁番的居民与士兵约为三或二比一（见下文）。此时比例应大致相同。
⑦ 成化十八年（1482）复哈密时"得人一千五百"（《明宪宗实录》卷二百二十六）。而当时迁居甘肃的哈密首领罕慎部下兵七百（《明宪宗实录》卷一百八十），所辖居民总数应为二千或更多。两者合计，不过三四千人。《明宪宗实录》卷二百二十六说复哈密时罕慎兵八千六百，疑有误。
⑧ 《明孝宗实录》卷八十九。

这里所说的"土城大如营者三",应即土鲁番、哈剌火州、柳陈(鲁陈)三城。而所谓"戈甲",显然就是上面马俊所说的"精兵","兵马"则应是马俊所说的"马步兵"。二十年前,"马步兵不满二千",此时则"不满三千",说明在此期间已有所增加。①

16世纪20年代,土鲁番速檀满速儿进攻甘肃,号称"二万骑"。②这次事件使明朝政府大为震动,痛感有了解土鲁番情况的必要。大臣桂萼"以平日所闻,参互考证",并且"数以质之前在陕西实心经理其事者",写成材料,呈报皇帝。据他说:

一,回夷(指土鲁番——引者)疆土。东至哈密界六百里,西至曲先有七百里,南北相去约有百里。北山后为瓦剌达子,南山后为番子。大小城堡共有十五六座,每堡一头目掌管。速檀满速儿居一土城,周围约有二百里("百"字疑衍——引者),南北土门两座。城北墙有高土台一个,阔数丈,名曰土剌,速檀王子居于其上。台上有吊桥,夜则悬之。城郭内外俱有居人,烟火林木宛如中国。

二,回夷部落。其部下男女约有一万余人,除老弱,其余可以上马挽弓者止六七千人。秋冬居城郭,春夏随水草孳牧,或各山川种田,或打围射猎。速檀亦不时出猎,其妻皆随之。③

大概与桂萼同时,另一位大臣李承勋在奏疏中也说:

其土鲁番国势,昔有人自其国逃来言:彼国都东西可二三百里,南北七八十里。人以种植、田猎为业。帐族散处,每帐能战者三分之一,通国一起可五六千人,必数月而后合。④

---

① 速檀阿黑麻曾"调了四千人马",准备往汉人地方上去抢(许进:《平番始末》卷上)。其中应包括受他裹胁的哈密等处人马。
② 《明世宗实录》卷四十三。
③ 桂萼:《进哈密事宜疏》,《皇明经世文编》卷一百八十一。
④ 李录勋:《论土鲁番入贡事》,《皇明经世文编》卷一百。

桂萼和李承勋所说的情况大体是相同的。从他们所述看来，这时土鲁番的全部人口不到两万，其中可以用来作战的不过三分之一，即五至七千人。那么，上面提到满速儿率领的"二万骑"又从何而来呢？当时已有人指出，土鲁番"势驱沙、瓜，姻连瓦剌，借名诸番，拥众二万"[①]。除了土鲁番人之外，还包括哈密以北的瓦剌人，沙州（今甘肃敦煌）罕东左卫所属的帖木哥、土巴部，以及瓜州（今甘肃安西）的一些部落。[②]

根据上面所说的情况，可以看出，从15世纪末到16世纪20年代，大约三十年左右时间内，土鲁番可以用来作战的士兵增加了一倍，由不满三千增加到六七千人。可以推知，土鲁番全体居民人数增加的比例大致也应是如此。土鲁番人口的这种增长速度，当然不可能是自然增殖的结果，而应是不断发动战争兼并、掳掠的结果。而人口的增加，对于土鲁番首领的对外活动有着直接的影响。在15世纪下半叶，土鲁番只有二三千名可用来作战的士兵，只能侵扰、掠夺邻近的哈密；到了16世纪上半期，它的武装力量增加了一倍，因而就敢于裹胁其他部落，远道向甘肃进犯了。

了解土鲁番疆域的人口，对于研究这一时期土鲁番的发展及其与明朝的关系，有重要的意义。过去有不少记载对土鲁番的人口做出了夸大的结论。例如，明代史家王世贞说："土鲁番，强番也，控弦可五万骑。"[③] 这个说法与事实相去太远。固然，速檀满速儿在进攻甘肃时曾经声言："会众番王备下人马五万又有五千至此。"[④] 但一则是虚声恫吓，数字定有夸大；二则明言"会众番王"，并非土鲁番一家的人马。因此，是不能据此断言土鲁番有五万骑兵的。现代有的著作说速檀阿力时土鲁番即有"军队五万人"[⑤]，不知何据。前面我们征引的官方报告说明，速檀阿力"马步兵不满二千"，"五万人"之说是无法令人置信的。

---

① 卢问之奏疏，参见杨一清：《关中奏议》卷十二附录。
② 严从简：《殊域周咨录》卷十三《土鲁番》。
③ 王世贞：《弇州史料前集》卷十八《哈密志》。
④ 胡世宁：《回达入境官军击斩退去随递番文讨要羁留夷使疏》，《胡端敏公奏议》卷十。
⑤ 冯家升等：《维吾尔史料简编》上册，第137页。

二、土鲁番速檀的世系

　　永乐五年（1407），土鲁番地面三城首次入贡，哈剌火州的首领是王子哈散，土鲁番是万户赛因帖木儿，柳陈是万户瓦赤剌。① 显然，哈剌火州的首领是伊斯兰教徒，土鲁番和柳陈的首领尚保留元朝的官衔，还不是伊斯兰教徒。

　　15世纪中期，土鲁番强盛，兼并哈剌火州、柳陈，其首领也密力火者"遂僭称王"②。从这个首领的名字来看，大概是一个伊斯兰教徒。15世纪60年代，土鲁番首领阿力自称速檀（Sultan），这是伊斯兰国家中君主的称呼。也密力与阿力交替的准确年代，尚难确定，但至晚在成化五年（1469），阿力已成为土鲁番的首领了。③ 在速檀阿力统治时期，发生了第一次土鲁番兼并哈密事件。

　　成化十四年（1478），速檀阿力死，子阿黑麻承袭。④ 阿黑麻既称速檀，又称可汗⑤，同时采用两种称号。这说明他是一个信奉伊斯兰教的蒙古贵族。阿黑麻"亲党俱亡，止兄一人，与相仇杀"⑥。他的兄长速檀马黑麻，与明朝往来甚少。⑦ 在速檀阿力与速檀阿黑麻之间，可能还有一个"速檀兀也思王"，也可能和阿黑麻即是一人。⑧ 在阿黑麻统治期间，土鲁番势力有所发展，发生了第二次和第三次侵吞哈密事件。

　　弘治十七年（1504），阿黑麻死，长子满速儿嗣立。满速儿兄弟五人（一说四人），同母弟把巴乂（一译把巴歹），异母弟一名忍帖木儿，一名真帖木儿，

---

① 《明太宗实录》卷六十六。
② 《明史》卷三百三十九《土鲁番传》。
③ 《明宪宗实录》卷七十二。
④ 《明史》卷三百三十九《土鲁番传》。按，《明武宗实录》卷三十九言阿黑麻是阿力之弟。
⑤ 许进：《平番始末》卷上。
⑥ 《明孝宗实录》卷八十九。
⑦ 《明孝宗实录》卷一百三十一。
⑧ 《明宪宗实录》卷一百九十四"成化十五年九月甲子"条记："译报速檀阿力已死"，但未言准确时间及嗣位者名字。成化十七年十一月，明朝政府"赐土鲁番速鲁檀兀也思王"等礼物（《明宪宗实录》卷二百二十一）。成化二十三年九月，"土鲁番兀也思太子及兀也思王等进贡"（《明孝宗实录》卷三），十一月，"土鲁番兀也恩王为其使臣奏乞职事"（《明孝宗实录》卷七）。此后不见记载。《明史·土鲁番传》未提及此人。

另一不可考。①真帖木儿一度被明朝拘留于甘州，后遣还。把巴叉占据阿速城（今新疆阿克苏）。明朝第二次恢复哈密，立陕巴为王。陕巴死后，子拜牙即嗣立。正德八年（1513），拜牙即投奔土鲁番，即被安置于"阿速城速檀满速儿之弟把巴歹之所"。②把巴义与满速儿之间"兄弟不和"，③明朝政府曾"宣谕"把巴义，要他将拜牙即"送回本国"，但这道敕书及赏赐只能由"土鲁番进贡头目同哈密都督头目"④赍往阿速城开读，显然，这是满速儿从中阻挠，故意不让把巴义直接与明朝发生联系。据记载，把巴义与满速儿之间不和，是因为他"嗔伊兄（指满速儿——引者）做歹，把金路断了"⑤。所谓"做歹"是把满速儿屡次用兵，以致明朝宣布闭关绝贡，停止中原与新疆地区的贸易往来。"金路"就是指贸易的路线。除了把巴义据有的阿速之外，满速儿还曾"调察力失人马，要来汉人地面"⑥抢掠。察力失在土鲁番之西，即今新疆焉耆。据此，则察力失与土鲁番亦有隶属关系。嘉靖十六年（1537），严嵩说："自土鲁番到乂力失六、七百里，即汉之盐泽，皆土鲁番种类。"⑦说明当时明朝政府就把察力失（乂力失）看成土鲁番政权属下的一部分。桂萼说把巴义"居察力失城，在吐鲁[番]城之西，约有四五百里，其部下约有一二千人"⑧。这与其他记载（把巴叉居阿速城）不符，也许他先居察力失后居阿速，也许是误传，但在满速儿统治时期察力失和阿速均属土鲁番政权，看来是可以肯定的。这说明在16世纪上半期，土鲁番的势力是相当大的。

嘉靖二十四年（1545），"满速儿死，长子沙嗣为速檀。其弟马黑麻亦称速檀，分据哈密"⑨。嘉靖四十四年（1565）或四十六年（1566）初，"沙速檀潜掠北虏（指瓦剌——引者）部落，中流矢死。马速其弟也，拥众嗣立"⑩。但是，马速在位时间并不长，隆庆四年（1570），速檀马黑麻"因旧土鲁番马

① 桂萼：《进哈密事宜疏》。
② 《明武宗实录》卷一百三十七。
③ 王琼：《为远夷悔过献还城印等事》，《晋溪本兵敷奏》卷六。
④ 王琼：《为夷情事》，《晋溪本兵敷奏》卷六。
⑤ 王琼：《为夷人供报虏情事》，《晋溪本兵敷奏》卷六。
⑥ 王琼：《为远夷悔过献还城印等事》，《晋溪本兵敷奏》卷六。
⑦ 《议处甘肃夷贡》，《南宫奏议》卷二十九。
⑧ 严嵩：《进哈密事宜疏》。
⑨ 桂萼：《明史》卷三百二十九《哈密传》。
⑩ 《明世宗实录》卷五百五十六。

速［与］已故沙王子是远房伯叔，不该做王子，伊兄弟系亲支，该做土鲁番［王子］，把马速王父子俱绑在牙儿坎地方去了。"①马黑麻自己成为土鲁番统治者，向明朝进贡。牙儿坎即今新疆莎车。这个新上台的速檀马黑麻有兄弟九人，其中同时向明朝进贡的还有速檀琐非、速檀虎来失、速檀阿卜撒亦三人。速檀马黑麻夺得统治权后，土鲁番王族内部的矛盾斗争并未了结，万历三年（1575），"土鲁番酋速檀马黑麻阿力卜把都儿新立为王"②，遣使向明朝进贡。派来的使者火者马黑木报告说："先年土鲁番王沙速檀病故，将叔伯弟速檀马速立为王，并弟速檀马黑麻阿力卜把都儿俱在土鲁番住坐。后被牙儿坎地方叔伯弟琐非速檀等兄弟四人领人马来到土鲁番，强占为王，伊将旧王马速并弟速檀马黑麻阿力卜把都儿二人，俱绑往迤西撒马儿罕地方去了。将速檀马黑麻阿力卜把都儿丢在撒马儿罕，把他哥哥马速着往水西阳地方远处去了。将琐非速檀第三的弟马黑麻在土鲁番为王坐了四年有。土鲁番守城头目们因马黑麻为王不仁，众人商量要害他。马黑麻听见了，自家回往牙儿坎地方去了。众人打听着，才把速檀马黑麻阿力卜把都儿打撒马儿罕取着来立王。"③

这段记载非常宝贵。从中可以看出，隆庆四年（1570）自立为王的速檀马黑麻兄弟，来自牙儿坎地方。他们是速檀沙的叔伯兄弟。前面已经说过，土鲁番的满速儿与镇壇守阿速的把巴义是亲兄弟，阿速与牙儿坎相去较近，很可能速檀马黑麻兄弟就是把巴义的后人，故与速檀沙是叔伯兄弟。而马速则应是满速儿另一兄弟的后人。马黑麻绑走马速自立为王，主要理由是"伊兄弟系亲支"，后来速檀马黑麻阿力卜把都儿为王，理由也是"原系土鲁番王亲支，先被马黑麻强占为王，将伊兄弟逐害"。④他们都以土鲁番王室"亲支"自我标榜，其实血缘关系应是一样的。由此看来，至少在16世纪（甚至更早）南疆各割据地面的首领，大都有亲属关系。此外，马速被绑送撒马儿罕等地，也是一个很值得注意的现象，说明撒马儿罕地区的统治集团与南疆各割据地面的首领们之间也有密切的联系。

《明史·土鲁番传》说："嘉靖二十四年，满速儿死，长子沙嗣为速檀，

---

① 殷士儋：《远夷谢恩求贡疏》，《金舆山房稿》卷四。
② 《明神宗实录》卷三十七。
③ 石茂华：《远夷谢恩求贡事》，《毅庵总督陕西奏议》卷六。
④ 石茂华：《远夷进贡事》，《毅庵总督陕西奏议》卷九。

其弟马黑麻亦称速檀，分据哈密。……隆庆四年，马黑麻嗣兄职，遣使谢恩。其弟琐非等三人，亦各称速檀，遣使来贡。"这段话是很含糊的。首先，在速檀沙之后根本没有提到速檀马速，这样很容易使人理解为马黑麻直接继承速檀沙的王位，例如《维吾尔史料简编》（上册，第137页），就是如此。第二，这段话也容易使人将嗣位的马黑麻和原来占据哈密的马黑麻视为一人。其实，前者是速檀琐非的兄弟，与速檀沙是叔伯兄弟；后者则是速檀沙的叔伯兄弟。二者名字相同，但并非一人。①

　　速檀马黑麻阿力卜把都儿在位的时间不长。万历七年（1579），"土鲁番速檀阿卜纳西儿阿黑麻袭立为王"。② 新速檀与原速檀之间是什么关系，无记载可考。万历十一年（1583），又换了一个新速檀："土鲁番速檀马黑麻虎答遍迭新立为王。"③ 万历二十年（1592），土鲁番王哈剌哈失进贡。④ 万历二十二年（1594），"土鲁番速檀阿黑麻王等五十九王各遣使贡马乞赏，土鲁番速檀虎答遍迭等五十二王各遣使贡诸方物乞赏"⑤。按，嘉靖二年（1523）、八年（1529）起，"土鲁番称王号者始多至十一二人"。嘉靖十二年（1533），竟多至七十五王。这是因为明朝对使臣人贡的人数有限制，所以用多立名号的办法，多派使臣，多得回赐和更多地进行贸易。明朝政府不得不加以限制，规定"每国称王只准一人，余俱作头目字样"⑥。但事隔六十年，土鲁番称王者竟达一百十一人，而明朝政府也改变过去的态度，加以承认。这时土鲁番的真正统治者应是阿黑麻或虎答遍迭，也许是两人并列，处于分裂状态。此后，天启元年（1621），"土鲁番王阿都剌因遣使进玉石、钢钻等方物"⑦。这是见于明代记载的最后一个土鲁番速檀。崇祯十一年（1638），土鲁番仍入贡，但其速檀名字不见记载。《明史·土鲁番传》终于隆庆四年马黑麻入贡，对以后的土鲁番速檀名字，均失记载。有的研究著作更断言速檀马黑麻"以后世

---

① 速檀沙是满速儿的长子，马黑麻是次子，参见《明世宗实录》卷三百十二。又，嘉靖三十八年（1559），哈密已为速檀沙之子速檀脱列占据，马黑麻下落不明（《明世宗实录》卷四百七十八）。
② 《明神宗实录》卷九十二。
③ 《明神宗实录》卷一百四十二。
④ 《明神宗实录》卷二百四十九、卷二百五十一。
⑤ 《明神宗实录》卷二百七十三。
⑥ 夏言："议处降答各夷敕书称谓疏"，《桂洲先生文集》卷十二。
⑦ 《明熹宗实录》卷十三。

系不明", 这是沿袭《明史》之说未加考究之故。

这里顺便说一下土鲁番的政权组织情况, 从现在一些记载看来, 土鲁番的政权组织是相当简单的。前面已经提到, 在速檀满速儿统治时期, 整个土鲁番地区"大小城堡共有十五六座, 每堡一头目掌管"。各堡头目之上, 便是速檀。土鲁番不过一万余人, 各城堡头目所管辖多者千余, 少者数百。这就是说, 速檀和各城堡头目, 组成了土鲁番的统治集团。在此以前, 速檀阿黑麻时"左右亲者十一人, 与治国事"①, 这十一人也应即是各城堡的头目。此外, 满剌（伊斯兰教士）也有很大的势力, 除了偷盗和打死人的案件由速檀处理外, "其争斗及犯奸者告满剌处责治"②。显然, 当地通行的是伊斯兰法典。但是当时教权与政权还是分离的。

三、土鲁番与明朝的关系

从永乐四年（1406）起, 一直到明朝灭亡前夕, 土鲁番一直与明朝保持着密切的关系。根据形势的变化, 大体又可分为三个阶段。

从永乐四年到成化八年（1472）, 为第一阶段。在此期间, 土鲁番不断派遣使臣向明朝进贡, 并在内地贸易, 明朝政府则授予使臣们各种官职, 给予大量"回赐"。双方的关系是和睦的。成化九年（1473）到嘉靖七年（1528）为第二阶段。在此期间, 土鲁番势力渐大, 几次侵吞哈密, 与明朝发生冲突。正德十一年（1516）以后, 它还直接出兵攻打甘肃。但与此同时, 朝贡仍在时断时续地进行着。嘉靖八年（1529）起为第三阶段, 土鲁番内部矛盾加剧, 势力渐衰, 与明朝关系渐趋缓和, 朝贡次数、人数不断增多。

土鲁番与明朝, 大小悬殊, 实力不能相比, 这是显而易见的。但是, 在第二阶段中, 土鲁番一贯采取主动进攻, 而明朝则除了弘治八年（1495）采取过一次主动进攻外, 其他场合均处于被动应付的状态。甚至在16世纪上半期土鲁番直接侵犯甘肃时, 也没有进行过有力的反击。明朝政府在军事上

① 《明孝宗实录》卷八十九。
② 桂萼：《进哈密事宜疏》。

表现得如此软弱，看起来好像不合情理，其实并非偶然。自从"土木之变"后，北方的瓦剌一直是明朝的主要威胁，必须全力应付，对于距离较远的土鲁番，事实上已无力顾及。成化十四年（1478），有人提出要出兵夺回哈密，朝臣会议认为："第今北虏犯边，南蛮久叛，军饷调发，未有宁岁"，主张"缓图"。这个意见得到皇帝的同意。① 由此一例，可及其余。上述弘治八年明朝采取的夺取哈密行动，一个重要原因是因为得到了瓦剌部落的协助。而随着时间的推移，明朝政治日益腐败，边境军备十分松弛。嘉靖五年（1526）总制陕西军务杨一清在奏疏中指出："今甘肃地方兵马寡少，钱粮空乏，城堡无金汤之固，战马无充厩之良。原额戍伍，逃亡接踵，而其名徒存，见在军人，饥寒困惫，而其形徒在。"② 嘉靖八年（1529），都御史唐泽等也说："我之军额百无一补而兵不足，屯田满望十有九荒而食不充。"③ 这样的局面，防御尚且不足，哪里还有力量采取任何的主动行动。

土鲁番政权的疆域和人口都很有限，但其统治者却是有称霸西北的野心的。阿黑麻以蒙古皇族后裔自居，自称可汗，在夺取哈密后，侵扰瓜、沙等州部落，逼令进贡："今后若差人投顺与我进驼马便了，不然，便动人马问罪来也。"他先抢沙州，再抢瓜州，还调集人马，"要往汉人地方上去抢"。当时明朝的官员已经觉察到："揆其动静，为志不小。"④

后来满速儿进犯甘肃，一再声称："你每原许下的都昧了，说了谎，你。一切反事都是你每引起的。"⑤ "犯边的不在我身上起，因是陈都堂来。"⑥ 似乎责任都在明朝一边，自己是不得已而采取行动。其实并非如此。所谓"原许的都昧了"，指的是明朝总督军务都御史彭泽答应满速儿交还哈密城印后给予一千五百匹缎子，但没有兑现。事实并非如此。答应给满速儿一千五百匹缎子的是名为明朝奔走、实为土鲁番效劳的哈密人写亦虎仙，而且这是他得罪了满速儿以后作为赎命的代价提出来的，与彭泽并无关系。

---

① 许进：《平番始末》卷下。
② 杨一清：《捉获奸细将引大势回贼犯边等事疏》，《关中奏议》卷十二。
③ 《明世宗实录》卷一百。
④ 许进：《平番始末》。
⑤ 王琼：《为夷情事》，《晋溪本兵敷奏》卷六。这段文字是从"番文文书"直译而成的。
⑥ 嘉靖八年正月哈密满剌米牙番文，参见《四夷广记·哈密》。

这个情况满速儿是很清楚的。① 至于说犯边因陈都堂（陈九畴）而起，更是诬陷之词。肃州兵备副使陈九畴在满速儿第一次攻打肃州时，坚决抗击，为了防备内部有变，先行将土鲁番派来的奸细杀死。满速儿怀恨在心，便故意施行反间计，把责任都推到他的头上，利用明朝政府的内部矛盾，对陈九畴进行报复，同时也以此掩饰自己的野心。② 事实上，在并吞哈密以后，满速儿便处心积虑以甘肃为下一步的目标。正德八年（1513）以前，写亦虎仙"要得谄谀速檀满速儿图富"，向他献计："甘肃风土好过，若要夺他不难。"正德八年，一些寓居甘肃的土鲁番人私下策划，要用外攻内应的办法夺取肃州，"若夺了肃州，怕他甘州不得"。满速儿的兄弟真帖木儿曾羁留甘肃数年，"探知风土好过，亦教速檀满速儿领兵侵犯"。满速儿本人屡次扬言："定要把旗插在甘州城门上"③，要亲自"领军马往汉人地方去"④。大量事实说明，土鲁番统治者侵犯甘肃，决非偶然，而是由来已久的既定方针。他们发动战争的目的是为了掠夺财富和扩张势力，战争的性质是非正义的。

但是，土鲁番的统治者并没有能实现自己的目的。满速儿起初气焰嚣张，不可一世，曾几何时，便痛哭流涕地表示悔改，"我在前干的歹事也悔了，以后再也不干了"，"我再犯边时，天也不容"。⑤ 这种急剧的转变，同样有它的深刻的内在原因。首先，这是由于土鲁番内部矛盾的尖锐化。热衷于发动掠夺战争的，只是以速檀为首的少数上层分子，广大劳动人民是反对的，不愿参加战争的。据明朝方面了解到的情况："其民皆安土饱食，不愿入寇。"⑥ 每

---

① 谢蕡：《后鉴录》卷下《写亦虎仙供词》。按，土鲁番侵犯甘肃后，明朝政府在内部追究责任，掀起一场大波。王琼、桂萼等人对彭泽大加攻击，认为他处置不当，轻许失信，以致使事态扩大。他们用来作为证据的，就是土鲁番送来的文书。王琼、桂萼等与彭泽在政治上属于不同派系，所以利用这一机会，进行打击。
② 土鲁番的使臣常到内地进贡、贸易，对于明朝政治的腐败颇有了解，常常利用明朝统治集团的内部矛盾来达到自己的目的，满速儿所为不过是其中一例，陈九畴果然受到严厉处分。所以后来守边的官员"率皆缩颈敛手，不敢片言理论"。他们都说："是夷奸险，某年诘奏某人，已拿问矣；某年诘奏某人，已落职矣。以是不敢。"（杨博：《开陈制御西夷事宜疏》，《皇明经世文编》卷二百七十三）。明朝统治者之昏庸，由此可见。
③ 谢蕡：《后鉴录》卷下《写亦虏仙供词》。
④ 箬陂：《继世纪闻》。
⑤ 嘉靖八年正月哈密满剌米牙番文。
⑥ 胡世宁：《回、达入境官军击斩退去随递番文讨要羁留夷使疏》。

当出兵之时"亦有生理恋妻子不肯随之，强逼然后肯行"①。这样一支强迫组成的军队，势必不能持久。土鲁番速檀除了强迫本地居民出兵之外，还裹胁其他部落"以助声势"。特别是瓜、沙二州的蒙古部落，每被驱为"前锋"。②不仅如此，土鲁番速檀还"年例索其子女、牛畜，来寇就其刍粮、马匹，需求扰害，殆无宁岁"③。这些部落难以忍受苛重的压迫，常常起来反抗，逃附明朝便是常见的反抗方式之一。例如，嘉靖七年（1528），"沙州番族帖木哥、土巴"二部，就因土鲁番"威属之，岁征其妇女、牛马，不胜侵暴"，因而到甘肃"叩关求附"④。这些原来"被彼驱胁供馈接应者"归附明朝以后，土鲁番东来"所经空地千里，供馈无资，又过流沙，水无所得"，要想侵犯甘肃比以前要难得多。⑤因此，在帖木哥、土巴二部归明后，土鲁番再也没有发起过大规模的进攻。其次，更为重要的是，明朝政府采取的闭关绝贡政策，是对土鲁番的沉重打击，迫使它不得不表示悔过，以求重新通贡。

　　土鲁番与中原地区的经济联系是十分密切的。"缎匹、铁、茶"等物，"彼之难得，日用之不可缺者"，都仰给于明朝。⑥此外，中原出产的大黄、麝香等药材，也是他们渴望得到的东西，"回鹘贾胡耳，仰华夏以为利，籍黄、麝以厚生"⑦。药材主要用来转手贸易。土鲁番和明朝之间的经济联系，主要采取朝贡的形式。土鲁番派遣的使节团，少则数十人，多则数百人。朝贡的经济目的有二：一是向明朝进贡马匹、玉石等物，换取相应的"回赐"。明朝政府对各种物品的"回赐"标准有很详细的规定，如大马每匹"回赐"采缎四表里，驼每只四表里，金刚钻上等每颗绢四匹，二等每颗绢二匹，等等。不在规定之内的物品则临时"会估"而定"回赐"数目。⑧可见，这种"回赐"实际上是考虑到"进贡"物品的价值的，实质上是一种贸易关系。明朝政府的"回赐"物品通常比"进贡"物品的价值要高一些，这是包括土鲁番

---

① 桂萼：《进哈密事宜疏》。
② 桂萼：《进哈密事宜疏》。
③ 严从简：《殊域周咨录》卷十四《罕东》。
④ 《明世宗实录》卷八十九。二部男妇老小共五六千人，参见王廷相：《与胡静庵论吐鲁番书》，《王氏家藏集》卷二十九。
⑤ 胡世宁：《回、达入境官军击斩退去随递番文讨要羁留夷使疏》。
⑥ 卢问之奏疏，参见杨一清：《关中奏议》卷十二。
⑦ 康海：《贺少傅兵部尚书晋溪王公平土番序》，《康对山全集》卷三十四。
⑧ 《大明会典》卷一百十二，《礼部七十·给赐三》。

在内的一些地区性政权乐于"进贡"的重要原因。二是利用进贡的机会,携带各种土特产到内地贸易,换取各种生活必需品和药材。明朝政府规定,进贡的使节可以"量带方物来京贸易"①。在进贡之后,于会同馆(使节居住之所)开市五日,"许官民各色铺行人等持货入馆,两平贸易"②。有时还允许他们在河西临洮府等处开市贸易。土鲁番用来进贡和贸易的物品以马匹和玉石为大宗,此外还有回回青(染料)、刀锉、兽皮、眼镜等。③ 他们通过"回赐"和开市所得的中原商品有缎匹、瓷器、茶叶、铁器、药材等。

新疆地区自古以来就与我国中原地区有着密切的政治和经济联系。千百年来,政治风云变幻无常,但是经济上的联系却随着时间的流逝而不断加强。明代新疆地区各地方政权争相向明朝进贡,除了历史上长期形成的对中原地区的政治向心力之外,经济上加强联系的迫切需要是一个极其重要的原因。前面曾经提到,他们把对明朝的"朝贡"说成是"金路",可见这种经济联系在他们心目中的地位。明朝政府一旦闭关绝贡,对于吐鲁番以及土鲁番以西的各地方政权都是很大的打击,"彼绝贡路,采缎不去,则彼无华衣;铁锅不去,则彼无美食;大黄不去,则人畜受暑热之灾;麝香不去,则怵榻盘虺蛇之害"④。明朝政府曾警告土鲁番速檀说,通贡"实尔国无穷之利,比之据守孤城(指占夺哈密——引者),自阻道路,其得失无难辨者"⑤。事实正是这样。一旦绝贡,缎匹、瓷器、铁锅等物来源断绝,土鲁番人民的经济生活便受到很大影响;⑥而茶、麝香、大黄等物断绝,就便土鲁番上层和商人失去了转手贸易、从中取利的机会。⑦ 不仅如此,绝贡之后,新疆以及新疆以西的许多地方政权也不能再与明朝贸易,这必然引起它们对土鲁番的不满。因此,闭关绝贡是明朝对付土鲁番的强有力的武器。土鲁番速檀虽有很大的野心,但在这个武器

---

① 《明武宗实录》卷四十三。
② 《大明会典》卷一百一十二,《礼部七十·给赐三》。
③ 回回青供烧造瓷器之用,"御用回青系西域回夷大小进贡,买之甚难"。(《明神宗实录》卷三百一)眼镜在明代还是稀罕之物,土鲁番用来进贡(《高昌馆来文》),民间要用"良马"才能换到(赵翼:《陔余丛考》卷三十三,《眼镜》)。
④ 陈九畴奏疏,参见杨一清:《关中奏议》卷十二。
⑤ 陈九畴奏疏,参见杨一清:《关中奏议》卷十二附录。
⑥ 铁锅在明朝与北方以及西北各地方政权的经济交往中,起着重要的作用,值得专门加以研究。
⑦ 桂萼就指出:"其需于中国者,曰茶,曰大黄,曰麝香,……土鲁番得此,欲转货各国,以取重利。"(《进哈密事宜疏》)

面前不能不败下阵来,低头认输。

除了哈密以外,明朝政府没有在新疆其他地区设置过行政管理机构。尽管如此,新疆地区与中原地区的政治、经济联系仍是很密切的。与中原地区的贸易往来,已经成为当时新疆各族人民经济生活中不可缺少的组成部分。这个因素对于土鲁番与明朝之间关系的发展变化,起着明显的制约作用。后来清朝统一新疆,正是长期以来政治、经济联系发展的必然结果。

(本文原载《民族研究》1983年第2期)

引用书目

《明实录》台北"中研院"史语所校印本
《明史》中华书局标点本
《大明会典》明万历刻本
《大明一统志》李贤等　明天顺刊本
《殊域周咨录》严从简　故宫博物院图书馆刊本
《后鉴录》谢蕡　北京图书馆藏抄本
《华夷译语》火源洁　涵芬楼秘笈本
《西域番国志》陈诚、李暹　北平图书馆善本丛书本
《西域行程记》陈诚、李暹　北平图书馆善本丛书本
《全边略记》方孔炤　北平图书馆刊本
《陕西通志》马理　明嘉靖刻本
《弇州史料前集》王世贞　明万历刻本
《黎阳王襄敏公集》王越　明万历刻本
《关中奏议》杨一清　清嘉庆五华书院刊本
《王氏家藏集》王廷相　明嘉靖刊本
《胡端敏公奏议》胡世宁　清光绪刊本
《商文毅公集》商辂　明隆庆刊本
《桂洲先生文集》夏言　清康熙刻本
《金舆山房稿》殷士儋　明万历刻本
《晋溪本兵敷奏》王琼　明嘉靖二十三年刻本
《姚文敏公遗稿》姚夔　明弘治三年刻本
《张文忠公集》张孚敬　明万历四十三年刊本

《涂水先生集》寇天叙　明嘉靖三十一年刊本
《南宫奏议》严嵩　明嘉靖钤山堂刻本
《钤山堂集》严嵩　明嘉靖刊本
《康对山全集》康海　明万历刻本
《继世纪闻》箬陂　纪录汇编本
《皇明经世文编》陈子龙等　中华书局影印本
《四夷广记》慎懋赏　玄览堂丛书续集本
《平番始末》许进　金声玉振集本
《兴复哈密记》马文升　金声玉振集本
《高昌馆课》北图藏明抄本
《高昌馆来文》中国社会科学院历史研究所藏蓝晒本
《皇明经济文录》方表辑　明嘉靖刊本
《明九边考》魏焕　清同治长沙永丰书局刊本
《明世宗宝训》朱厚熜　台北"中研院"史语所校印本
《毅庵总督陕西奏议》石茂华　明万历刻本
《肃镇华夷志校注》李应魁撰，高启安等点校　甘肃人民出版社 2006 年版

索 引

本索引收入正文中主要人名、地名、族名，按音序排列，条目后数字为本书页码。

A

阿力（速檀阿力）005、006、013、015、085、108、111—124、140、178、186、187、192、272、279、283、368、381、382、389、394、417、419、428、432、439、441、442

阿木郎 006、134—136、142、143、145—148、151、158、162、175、246、417、423、428

阿端 026、035、037、079、317、319

阿儿察王 098、099、100、103、107

阿黑麻（速檀阿黑麻）006、007、008、013、014、015、134—160、162—166、168—182、184、186、188、190、192、196、246、247、264、270、272、283、287、362、377、378、383、384、385、394、395、406、417—419、423、424、428、429、432、439、440、442、445—447

安克帖木儿 002、003、024、025、026、027、029、074、079、337、368、372、428、432

安定 002、004、006、007、009、012、026、060、099、100、101、103、106、111、112、114、115、123、127、141、142、147、149、152、154、167、178、199、248、261、287、310、312、317、319、390、410、411、416、423、428、432、433、434、439

B

把巴乂（巴巴歹）200、213、215、218、442、443、444

把塔木儿 004、005、098、105、106、107、110、127、133

白圭 111、114

拜牙（并牙即、摆牙即）008、009、011、015、184、186—200、203、205、208、218、220、225—227、232、234、238、241、244、245、247—249、252—255、257、259、284、285、287、292、295、320、395、396、410、424、429、432、443

拜迭力迷失 007、152、154、164、165、172、173、174、176、177、178、181、184、188

别失八里 012、013、026—028、030、034—036、437、438

别列怯 018、022、023

卜列革 004、090—092、098、439

卜答失里 003、041、046、047、049、050、051、052、053、054、055、056、057、058、059、060、061、062、063、064、074、079

C

陈九畴 009、010、011、016、200—205、216、220—224、227—230、235、239、241、246、247、250、251、260—265、268、269、273、276—279、282、286—288、290—296、299、301、305、310、311、314、328、342、397、419、425、426、427、429—431、448、450

陈诚 012、034、035、038、372、400、438、452

赤斤蒙古 056、063—066、068—071、073、081、083、085、087、094、100、101、103、111—113、117、126、130、134、153、192、248、251、252、319、320、406、416、428、432

D

邓璋 192—196、206、223、234、239—245、248、252、254—256、424

G

甘州 007—010、013—015、046、057、060、062、085—087、096、097、100、103、112—115、118、121、129、134、135、149、150—158、160、161、163、164、166、167、169、176、179、180、184、186、189—193、196、197、201—204、208、210、212—215、221、223、225、227、232、233、235、236、240、242、244—248、251、253、256、259—272、275、280、281、289、291、292、296、298—301、311、315、318、320、、322、329、

345、346、350、357、361、363、
369、395、396、399、413、415、
417—419、423—431、439、443、
448
猴谦 006、147—149、151、154—156、
158、206、264、267、428
鬼力赤 002、003、025、026、029、
032、098、110
桂萼 010、263、286、288—290、294、
295、408、440、441、443、446、
448—450

H

哈力锁鲁檀 064
哈密 002—016、018、020、022—230、
232—261、264、265、269—290、
292、294—310、312—328、331、
333、335—337、340—350、352、
357—369、371—373、375—381、
383、385、391—399、401、404—
408、410、411、413—429、431—
434、439—443、445—451、453
哈剌灰 003、006、007、011、026、
033、141、142、148、153、154、
158、161、164、166、173、176、
178、179、181、182、184、188、
191、201、251、252、254、266、
270、276、277、284、289、292、
295、296、309、313、315、316、

318、320、360、404、406、407、
410、411、418、428、432—435
罕慎 005、006、008、013、014、110、
114、116、119、121—123、125—
141、146、147、150、152、154、
157、163、174、178、182、184、
186、187、192、239、248、270、
272、279、283、295、309、310、
368、387、389、394、410、411、
417、419、428、432、439
罕东 004—007、016、026、059、060、
063、067、068、070、078、081、
082、085、094、096、099、101、
111、112、113、114、119、122—
124、126、127、129、130—136、
142、145、149、152—154、156、
160、162—166、168—170、177、
179、184、215、248、251、252、
292、298、299、301、304—306、
309、314、317—319、327、392、
394、410、417—419、421、423、
428、429、432、441、449
何福 003、029—031
火州（哈剌火州）001、011—013、
023、025、027、028—032、034、
039、069、079、085、368、371、
372—374、376、377、380、384、
390、402、437—440、442
火者马黑木 008、009、184、188、
192、198、204、217、218、221、

222、225—227、231、250、259、260、356—359、395、396、398、399、444

胡世宁 010、011、016、292、293、295、310、316、319、321、429、441、449、452

黄骥 043、044

回回 003、006、007、011、012、018、020、023—026、028—033、036、038—043、045、048—050、052、054、056—058、076、078、083、097、104、109、111、113、120、133、141、152—155、177、179、202、209、216、230、231、233、237、247、250、264、277、283、292、295、313、318、339、355—357、362、364、368、370—372、394—387、400、404—406、410、411、417、148、432、433、438、450

霍韬 011、016、286、304、305、308、311、314、325、412

J

金献民 010、263—266、268、276、279、283、287、290、292—294、419、421

K

苦峪 004、005、007、008、025、027、069、081、101、104、111、113、114、115、119、121—123、131、133—135、139、140、142、143、145、147、148、149、152、154—160、164、166—168、171、174—178、181—184、197、207、208、223、233、242、248、252、254、267、276、277、288、289、301、323、368—370、396、404、407、415、417—419、423—425、432

困即来 056、059、060、063—066、068—071、073

L

兰州 010、130、149、191、206、264、265、266、283、287、294、411、415、424

李文 005、013、111、113—117、267、417、439

李达 028、034、035、040、438

李昆 009、010、196、197—202、204、205、206、210、211、213—216、218—224、226—230、232、234、237、238、240、245、247、249—251、253、262、287、292—294、425—427

柳城 011—013、020、034—036、042、053、054、066、069、384、390、392、438

刘真 018、022、023

刘帖木儿 012、027、028、030

M

马文升 006、014、134、141、148、155、162、163、168、172、428、453

马云 004、089、091、094、095、274、280、302

速檀马速 350、356、357、444、445

速檀马黑麻（马黑麻速檀）345、352、356—359、385、432、442—446

满剌哈三 119、181、190、191、195、197、209、210、220、225、226、230、232—236、239—241、249、250、254、270、320、394—396、419、424

满速儿（速檀满速儿）008—011、015、016、186—193、195、196、198、199、203—206、208、209、211、213、216—218、220、221、223、224—227、230、232—234、238—241、244、245、247、248、255、257、261、269、271、272、274、275、277、278、280、281、283、284、285、287、289—297、302、303、309、313、314、317、321、324、325、327、328、331、340、343—345、382、387、395—398、408、414、419、420、424、425、429、431、440—448

免力帖木儿（勉力帖木儿）033—035、039—043、045—048、050、372

N

纳忽里（兀纳失里）001、018、022、023、439

乜克力（野乜克力）005、006、007、114、119、121、128、131、141、144、145、146、153、160、161、163、164、176、179、246、296、421、423

弩温答失里 004、095、096、098、439

P

彭泽 008—010、015、192—196、198、199、200、206、207、209—213、221—230、233、236、238、242、246、248、249、251—253、255、262、263、266、267、270、283、286—288、291、293—295、424—427、429、430、447、448

濮英 018、020

Q

曲先 012、013、015、026、111、114、116、141、142、176、178、248、272、297—299、301、303、310、311、317、319、323、385、386、389、391、408、410、416、419、423、428、440

郤永 009、206、207、212—214、216、242、267

乩加思兰 004、091、093—099、101、104、108、118、119、123、124、161、171

R

任礼 062、069、071、072、075、077、078、082

芮宁 009、201—203、205—207、212、221、223、224、227、228、251、259、397、426、429、431

S

沙州 003、004、007—009、016、056、059、060、062—066、068—073、075、076、078、081、082、100、101、103、111、124、135、158、159、162—165、168、184、186、204、215、218、223、244、248、251、252、254、264、274、297—302、317、318、323、325、337、344、345、349、352、372、395、404、406、410、419、423、425、429、432、434、441、447、449

撒马儿罕 004、010、012、014、028、030—032、034、035、037、039、040、043、044、059、060、065、076、078、079、083、087—089、094、097、118、119、125、128、138、143、152、155、169、176、183、189、193、194、209、210、215、238—240、252、258、260—262、273、278、282、286、299、300、317、319、327、331、333、336、337、340、343、346、348、349、356、358、360、362、423、444

沙迷查干 026—028

舍诚 205、222、231、236、237、240

失拜烟答 009—011、182、185、190、201—203、221、223、224、235、239、241、246、254、262、303、320、321、424、426、431

速哥失里 027、028、372

陕巴 006—008、015、141—148、150—157、162、168、171、174—180、182—188、191、192、196、

238—240、246、247、259、261、264、265、270、272、279、283、295、296、310、383、387、394、395、406、410、417—420、423、424、428、429、439、443

速檀沙（沙速檀）349、356、443—445

宋晟002、003、012、018、022—024、026—029

速檀琐非（琐非速檀）356、444、445

T

他只丁（火者他只丁、火者它只丁、火者塔只丁）008—010、015、016、191、192、195—201、203—205、209、217、221、225—228、232、244、247—251、253、259、265、272、275、280、295、296、309、314、396—398、419、424、425

帖木哥254、255、264、274、297—299、302、313、315、317—319、323—327、441、449

土巴016、264、274、297—299、312、313、315、317—319、324—327、441、449

土鲁番001、004—008、011—013、016、027、028、030—032、034—036、038—043、045、046、048、049—055、057—062、068、069、072、076、080、083、084、089、091、093—098、104、108、110—121、123—130、132—140、142、143、145—152、154—158、160—162、165—230、232—234、236—280、282—284、287—292、294、312、314—337、340—371、373—375、377、382、386、387、390、392、394—396、398、404—406、413、415—419、423—429、431—433、437—451

脱脱002、003、006、025—034、039、040、045—049、052、054、055、058、062、065、066、069、073—075、077—081、084、092、097、113—115、119、121、133—135、140、141、143、146、154、159、160、161、163、164、166、173、177、178、190、192、214、270、274、275、280、283、295、372、394、417、419、421、428、432、434

脱欢帖木儿003、004、050—053、055—059、062、105—107

脱脱塔木儿003、062

W

王玺122、124、126—128

王越 007、177、179、242、428
王琼 009、010、015、016、194、195、198、199、203—206、208—211、213、216、218、220—224、229、231—238、240、241、244—246、252、254—256、262、286—288、291、297、298—300、302、304、305、308、309、311—313、315、317、319—325、419、425—427、429—431、433、443、447、448
王邦奇 010、286、288、290—296
瓦剌 003—006、009—011、013、016、035—038、041、042、051、056、060—064、068—082、085、092、095、108、109、116、127、129—133、142、145、149、163、165、170、176、182、193、201、212、213、218、220、221、237、238、240、248、255、264、274、275、276、292、295、296、303、308—311、313、314、322—325、336、342、345、346、352、372、373、408、409、414、419、420、429、434、439—441、443、447
畏兀儿 002、003、005、006、011、012、026、033、036、038、114、141、166、173、179、201、252、254、266、270、276、277、288、289、292、295、296、309、313、315、316、320、360、363、373、

388、394、401、404、407、417、418、432—435、437、438
兀也思王 125、132、386、389、391、442

X

写亦虎仙 007—010、015、016、141、143—145、150、152、154、159、165、175—177、179、183、184、186—188、190、191、195、198、199、203、204、213、217、221、223—227、229—231、233—236、239—241、244、246—254、258—260、263、268—270、272、278—280、282、286、287、291、295、296、309、314、394—399、418、419、424—427、429、431、447、448
写亦满速儿 014、142—145、147、148、151、154—156、158、176、179、180、287、417
许进 007、015、121、153、154、156、157、159—161、163、167—170、206、314、342、343、407、421、428、440、442、447
小列秃 006、007、127、130、141、163—166、168、170—174、176、177、179、264、418、421
夏言 328、329、331、332、445

Y

奄克孛剌 006—009、135—137、141、143、145、147、150、152—154、158—161、164、165、170、172—178、183、184、186—188、190—193、195—197、210、211、213、215、230、231、236、239—241、247、248、252、254、270、295、319、394—396、424、432

牙兰（牙木兰）005—007、010、011、013、015、016、113、117、122、124、126、129、135、136、141、145、151—154、157—159、162—174、184、196、200、202、204、206、215、216、221、226、244、250、272、274、275、277、278、280、281、286、289、290、292、293、295—299、301—312、314—318、321、323—328、335、340、345、395—397、406、417—420、425、428

严嵩 337、340、342、443

杨一清 010、266、267、269、273—279、286、287、290、292、299、300、419、447、449、450

杨廷和 009、010、223、286—288、291、294、295、424—427、429、430

姚夔 004、013、100、103、106、108、439

亦力把里 040、044、051、052、054、055、062、069、077、084、085、087—089、091、092、438

也先 004、013、046、054、062、066、068—078、080—082、084—088、092、095、128、201、202、360、383、384、387、390、391、395、406、407

尹吉儿察 012、013、042、043、045、046、048、051、053、054、059

于谦 004

Z

斩巴思 200—202、204、224、226、227、230、250、251、296、397、425、426、431

张海 006、014、015、147、149、151—156、158、206、228、246、248、264、267、394、406、407、423、424、428、439

张璁 010、286、291、294、310

真帖木儿 008、015、097、183、184、186、187、189—193、226、235、246、247、264—266、296、395、409、423、424、429、432、443、448